Performatives Selbstbewusstsein

Stefan Lang

Performatives Selbstbewusstsein

mentis

Gedruckt mit Unterstützung des Förderungsfonds Wissenschaft der VG WORT

Bibliografische Information der Deutschen Nationalbibliothek

Die Deutsche Nationalbibliothek verzeichnet diese Publikation in der Deutschen Nationalbibliografie; detaillierte bibliografische Daten sind im Internet über http://dnb.d-nb.de abrufbar.

Internet: www.mentis.de

Einbandgestaltung: Anna Braungart, Tübingen
Herstellung: Brill Deutschland GmbH, Paderborn

ISBN 978-3-95743-168-4 (paperback)
ISBN 978-3-95743-727-3 (e-book)

Inhalt

Vorwort

Diese Untersuchung stellt die für die Drucklegung bearbeitete Fassung meiner an der Martin-Luther-Universität Halle-Wittenberg eingereichten Habilitationsschrift dar. Ich danke sehr herzlich den Gutachtern meiner Arbeit: Herrn Prof. Dr. Dres. h.c. Manfred Frank, Herrn Prof. Dr. Ulrich Schlösser und Herrn Prof. Dr. Jürgen Stolzenberg.

Ich danke vielmals dem mentis Verlag und insbesondere Herrn Dr. Michael Kienecker und Frau Lisa Sauerwald für die Drucklegung der Untersuchung und die sehr gute Zusammenarbeit. Die VG Wort hat die Veröffentlichung der Arbeit großzügig unterstützt. Dafür bedanke ich mich herzlich.

Dieses Buch ist während meiner Tätigkeit als wissenschaftlicher Mitarbeiter am Seminar für Philosophie der Martin-Luther-Universität in Halle an der Saale verfasst worden. Ich danke Jürgen Stolzenberg herzlich für das Vertrauen und die ausgezeichnete Unterstützung. Sigrun Rößler danke ich vielmals für die vielseitigen Hilfestellungen und Gespräche. Schließlich danke ich insbesondere Frau Dr.in Brigitte Bargetz.

Wien, im August 2019 — Stefan Lang

Einleitung

Die Theorie der Subjektivität hat seit Beginn der Neuzeit eine stürmische und höchst wechselhafte Geschichte erfahren. Zur Zeit der Klassischen Deutschen Philosophie stand sie im Zentrum philosophischer Debatten. Sie galt vielen Philosophen als »philosophia prima«, die das Fundament der theoretischen und der praktischen Philosophie bildet. In der Mitte des 20. Jahrhunderts hatte sie demgegenüber beachtlich an Bedeutung verloren. Kernfragen der Theorie der Subjektivität spielten eine untergeordnete Rolle. In der aktuellen Gegenwart hat sie zwar ihre ausgezeichnete Stellung als »philosophia prima« nicht wiedererlangt. Schlüsselfragen der Theorie der Subjektivität gehören jedoch zu den zentralen philosophischen Untersuchungsgegenständen. Zu diesen Schlüsselfragen zählen: Ist Selbstbewusstsein ubiquitär, das heißt, begleitet es alle bewussten mentalen Zustände? Wie gewinnt eine Person Selbstbewusstsein? Ist Selbstbewusstsein egologisch oder anonym verfasst, das heißt, schließt es die bewusste Information mit ein, dass man Bewusstsein von *sich selbst* besitzt, oder enthält es diese Information nicht? Wie ist die Einheit von Selbstbewusstsein möglich und wie wird das Bewusstsein der Identität des Subjekts gewonnen,[1] das heißt, wie werden unterschiedliche Arten von Selbstbewusstsein, bspw. körperliches Selbstbewusstsein und begriffliches Selbstbewusstsein, verbunden und wie gewinnt eine Person die Information, dass unterschiedliche Fälle von Selbstbewusstsein Informationen über ein und dasselbe Subjekt, nämlich es selbst, enthalten?

Die folgende Untersuchung leistet einen Beitrag zur Beantwortung dieser Fragen. Sie beschränkt sich auf die Untersuchung eines Ausschnitts menschlicher Subjektivität, und zwar auf die Untersuchung von *egologischem* Selbstbewusstsein, das bei der Produktion von linguistischen *Ausdrücken*, insbesondere *indexikalischen* Ausdrücken wie ›ich‹, ›hier‹ oder ›sie‹, besteht. Es werden sechs Thesen vorgestellt und begründet. Die *erste* These lautet, dass Selbstbewusstsein die Produktion von Wörtern begleitet, wenn die Person, die Wörter verwendet, bestimmte Voraussetzungen erfüllt. Zu den Voraussetzungen zählen bspw., dass sie die linguistische Bedeutung der von ihr produzierten Ausdrücke versteht sowie Bewusstsein vom jeweils produzierten Ausdruck besitzt. Die *zweite* These besagt, dass dieser Fall von Selbstbewusstsein *egologisch*

---

1 Im Rahmen dieser Einleitung bezeichnen die Ausdrücke ›Person‹ und ›Subjekt‹ einen raumzeitlichen Gegenstand, der mentale und physische Eigenschaften aufweist, praktisch auf Gegenstände in der Welt einzuwirken vermag sowie egologisches Selbstbewusstsein zu entwickeln vermag. In Kapitel 33 wird die Bedeutung dieser Wörter näher bestimmt.

 | DOI:10.30965/9783957437273_002

verfasst ist. Es schließt die Informationen mit ein, dass *man selbst* ein Wort *produziert* sowie dass man selbst *Bewusstsein* von diesem Wort besitzt und dass man selbst Bewusstsein von der Produktion dieses Wortes hat. Die *dritte* These lautet, dass diese Varietät von Selbstbewusstsein ein Bewusstseinsphänomen *sui generis* ist. Das bedeutet u.a., es ist von begrifflichem Selbstbewusstsein, Wahrnehmungsbewusstsein, Gefühlen und Empfindungen zu unterscheiden.

Die *vierte* und die *fünfte* These enthalten die spekulativen Kernaussagen dieser Untersuchung. Die vierte These besagt, dass das egologische Selbstbewusstsein, das die Produktion von Wörtern begleitet, ein *performatives Bewusstseinsphänomen* ist. Performative Bewusstseinsphänomene zeichnen sich dadurch aus, dass sie mit der Verwendung von Wörtern *entstehen*. Sie enthalten Informationen über das konstituierte Phänomen. Schließlich bilden diese Aspekte eine Einheit. Sie sind Bestandteile eines Phänomens, sodass das konstituierte Phänomen besteht, wenn diese Aspekte vorhanden sind.[2] Das Selbstbewusstsein, das die Produktion von Wörtern begleitet, weist diese Eigenschaften auf: Es entsteht mit der Produktion von Wörtern und stellt ein Bewusstseinsphänomen dar, das Informationen über die Phänomene enthält, die entstehen: Es schließt Bewusstsein vom produzierten *Wort* mit ein sowie von der *Produktion* des Wortes und dem *Bewusstsein* von diesen Phänomenen. Schließlich besteht dieser Fall von Selbstbewusstsein nur dann, wenn eine Person Wörter verwendet. Mit und durch die Produktion von Wörtern besitzt eine Person das Bewusstsein, dass sie selbst diese Wörter produziert. Es ist daher ein performatives Phänomen. Es weist in struktureller Hinsicht Übereinstimmungen mit performativen Phänomenen auf.

Die fünfte These enthält die zweite Schlüsselaussage. Sie lautet, dass auch *autobiographisches* Bewusstsein, das eine Person bei der indexikalischen Identifizierung von Gegenständen gewinnt, ein performatives Phänomen ist. Der Ausdruck ›indexikalische Identifizierung‹ bezeichnet die mentale Leistung einer Person, durch die sie unter Verwendung von indexikalischen Ausdrücken wie bspw. ›ich‹, ›jetzt‹ oder ›dieser‹ einen Gegenstand aus einer Gruppe von Gegenständen herausgreift. Eine autobiographische indexikalische Identifizierung zeichnet sich dadurch aus, dass eine Person eine Information über *ihr* Verhältnis zu Gegenständen (Personen, Zeitpunkte, Örter usw.) in der Welt gewinnt. Wenn eine Person bspw. den Satz äußert »Morgen findet die Eröffnungsfeier der Wiener Festwochen statt«, weiß sie, in welcher zeitlichen Beziehung sie sich zur Eröffnungsfeier der Wiener Festwochen befindet.

2 Diese Interpretation performativer *Phänomene* wird im Anschluss an v.a. John L. Austins und J. R. Searles Analysen performativer *Äußerungen* begründet. Performative Phänomene sind jedoch von performativen Äußerungen zu unterscheiden.

Autobiographisches Bewusstsein ist daher ein Fall von egologischem Selbstbewusstsein. Es ist zudem ein performatives Bewusstseinsphänomen. Es weist die strukturellen Merkmale performativer Phänomene auf. Das autobiographische Bewusstsein entsteht mit der Verwendung indexikalischer Ausdrücke. Zudem werden Gegenstände bestimmt: Es wird – mit Hector-Neri Castañedas und Tomis Kapitans Worten gesprochen – einem Gegenstand eine *extrinsische* und *ephemere* Eigenschaft zugeschrieben,[3] bspw. *hier* zu sein oder *dort* zu sein, die er vor der Identifizierung nicht aufweist. Außerdem wird ein Gegenstand als der Referent eines Ausdrucks bestimmt, also bspw. als der Referent der Ausdrücke ›hier‹, ›dort‹ oder ›morgen‹. Das autobiographische Bewusstsein zeichnet sich durch einen Gehalt aus, der Informationen über die Phänomene enthält, die mit der indexikalischen Identifizierung entstehen: Es enthält bspw. die Informationen, dass ein bestimmter Ort *hier* ist und er der Referent des Wortes ›hier‹ ist sowie dass man selbst sich am Ort des Referenten dieses Wortes befindet, sodass dieser Ausdruck auf den eigenen Standort referiert. Sodann zeichnet sich autobiographisches Bewusstsein durch die Einheit dieser Merkmale aus. Es entsteht mit und durch die Verwendung indexikalischer Ausdrücke. Es ist daher ein performatives Phänomen. Die zentrale spekulative Aussage dieser Untersuchung lautet somit, dass ein Aspekt menschlicher Subjektivität, – egologisches Selbstbewusstsein, das die Produktion von Wörtern begleitet, sowie autobiographisches Bewusstsein –, ein performatives Phänomen ist.

Im Anschluss an die Darstellung der performativen Theorie wird die Skizze einer Theorie der Einheit von Selbstbewusstsein und des Bewusstseins der Identität des Subjekts entwickelt. Das heißt, es wird gezeigt, wie performatives Selbstbewusstsein mit anderen Arten von Selbstbewusstsein verbunden ist, sodass eine Person sich als das Subjekt dieser Fälle von Selbstbewusstsein begreift. Die *sechste* These lautet, dass die Einheit von Selbstbewusstsein und das Bewusstsein der Identität des Subjekts durch drei Faktoren gewonnen werden: Es sind dies die *Self-Notion*, das heißt, der kognitive Speicher für Informationen, die eine Person als Informationen über sich selbst begreift, die *kognitive Architektur* des menschlichen Organismus, die bestimmt, dass Informationen unterschiedlicher Varietäten von Selbstbewusstsein in der Self-Notion gespeichert werden, sowie *Synthesishandlungen*, durch welche die bewusste Information gewonnen wird, dass aktuell bewusste Informationen unterschiedlicher Typen von Selbstbewusstsein, die in der Self-Notion gespeichert sind, die bewussten Informationen eines und desselben Subjekts sind sowie dass sie Informationen über ein und dasselbe Subjekt, nämlich über einen selbst, enthalten.

---

3 Castañeda 1989a, 69, Kapitan 2006, 391.

Die These dieser Untersuchung lautet somit nicht, dass menschliche Subjektivität insgesamt ein performatives Phänomen ist. Bspw. besitzen Personen körperliches Selbstbewusstsein oder auch anonymes Selbstbewusstsein, wenn sie keine Wörter produzieren. Diese Varietäten von Selbstbewusstsein sind keine performativen Phänomene. Die performative Theorie erklärt einen *Aspekt* menschlicher Subjektivität. Menschliche Subjektivität ist zu vielfältig, als dass *ein* Modell sie vollständig erklären könnte. Jedoch ist es möglich, die in dieser Untersuchung entwickelte performative Interpretation menschlicher Subjektivität mit dem Ansatz von Judith Butler inhaltlich sinnvoll zu verbinden.[4] Auch das »soziale« Subjekt ist (zumindest partiell) ein performatives Phänomen. Außerdem enthalten bspw. auch die Systeme der Deutschen Idealisten, Fichte, Schelling und Hegel, performative Interpretationen menschlicher Subjektivität und menschlichen Wissens.[5] Performativität ist ein Kennzeichen menschlicher Subjektivität und auch der europäischen Geistesgeschichte.

Diese kurze Übersicht über zentrale Thesen dieser Arbeit verdeutlicht zwei Punkte. In dieser Untersuchung werden semantisch-pragmatische, bewusstseinstheoretische und metaphysische Fragestellungen und Themen verbunden. Das ist nicht ungewöhnlich. Diese Verbindung begegnet einem in der Geschichte der Philosophie immer wieder.[6] Im Rahmen dieser Untersuchung kommt zudem der Ontologie des Selbstbewusstseins eine besondere Rolle zu. Das vorgeschlagene performative Modell entwickelt ein ontologisches Erklärungsmodell von Selbstbewusstsein und enthält Antworten auf bewusstseinstheoretische Fragestellungen.

4 Vgl. Butler 1995, 2002.

5 Vgl. Lang 2010, 2011, 2014, 2018a, 2018b.

6 Vgl. Anscombe 1996^2, Nozick 1982^4.

TEIL I

Die Ubiquität von Selbstbewusstsein

KAPITEL 1

Selbstbewusstsein und der Ausdruck ›ich‹

Die Untersuchung des Personalpronomens der ersten Person singular ist oftmals der Ausgangspunkt philosophischer Untersuchungen menschlichen Selbstbewusstseins. Im Zentrum der Untersuchungen des Ausdrucks ›ich‹ stehen Regeln, die nach Ansicht vieler Philosophen die Verwendung dieses Ausdrucks auszeichnen. Zu diesen Regeln zählen:

1. Der Ausdruck ›ich‹ referiert auf diejenige Person, welche diesen Ausdruck verwendet.[7]

2. Im Fall der Verwendung des Ausdrucks ›ich‹ existiert der Referent dieses Ausdrucks.[8]

3. Im Fall der Verwendung des Ausdrucks ›ich‹ weiß der Sprecher, dass dieser Ausdruck auf ihn selbst referiert.[9]

4. Im Fall der Verwendung des Ausdrucks ›ich‹ weiß der Sprecher, dass er selbst diesen Ausdruck verwendet.[10]

Bei diesen Regeln ist folgendes zu beachten. *Erstens* gelten diese Regeln nicht nur im Fall der schriftlichen Artikulation des Ausdrucks ›ich‹. Sie gelten sowohl wenn der Ausdruck ›ich‹ schriftlich oder mündlich artikuliert wird als auch wenn er »im Stillen« (nicht sinnlich wahrnehmbar, »innerlich«) verwendet wird. *Zweitens* ist zu beachten, dass die Regel 2 besagt, dass der Referent des Ausdrucks ›ich‹ *existiert*. Ein Ausdruck kann jedoch auch einen Referenten haben, obwohl der Referent nicht existiert. Bspw. hat der Eigenname *Napoleon*

---

7 Vgl. Carl 2014, 1, 30, O'Brien 2007, 7, Recanati 1987, 6, Romdenh-Romluc 2008, 145, Sidelle 1991, 526, Wyller 2002, 31.

8 Vgl. Frank 1995, 48, Predelli 2008, 60.

9 Vgl. Carl 2014, 30, Nozick 1982[4], 79ff.

10 Im Folgenden werden die Ausdrücke ›Person‹, ›Subjekt‹, ›Ich‹, ›Selbst‹, ›Sprecher‹ und ›Denker‹ zunächst bedeutungsgleich verwendet. Sie bezeichnen einen raumzeitlichen Gegenstand, der mentale und physische Eigenschaften aufweist, praktisch auf Gegenstände in der Welt einzuwirken vermag sowie egologisches Selbstbewusstsein zu entwickeln vermag. Wenn ein Unterschied bei der Verwendung dieser Ausdrücke zu beachten ist, wird dieser Unterschied erläutert.

 | DOI:10.30965/9783957437273_003

Bonaparte einen Referenten, den ehemaligen Kaiser von Frankreich, obgleich der Referent zum gegenwärtigen Zeitpunkt nicht existiert. *Drittens* ist bei den Regeln 3 und 4 zu berücksichtigen, dass sie sowohl im Fall der Selbstzuschreibung mentaler als auch physischer Prädikate gelten sowie unabhängig davon, ob eine Person sich ein Prädikat zu Recht zuschreibt oder nicht. Ein Sprecher weiß auch dann, dass er selbst den Ausdruck ›ich‹ verwendet und dass dieser Ausdruck auf ihn selbst referiert, wenn er sich eine Eigenschaft zuschreibt, die einer anderen Person zukommt. Bei einer falschen Selbstzuschreibung eines Prädikats unterläuft dem Sprecher ein Fehler bei der Identifizierung der Person, welche dieses Prädikat auszeichnet. Dies bedeutet jedoch nicht, dass der Sprecher nicht weiß, dass er selbst den Ausdruck ›ich‹ verwendet und dass er selbst der Referent dieses Ausdrucks ist. Im Fall einer falschen Selbstzuschreibung eines mentalen oder physischen Prädikats irrt sich der Sprecher dahingehend, dass ihm selbst das Prädikat zukommt. Er irrt sich jedoch nicht bezüglich dessen, dass der Ausdruck ›ich‹ auf ihn selbst referiert.[11]

Viertens ist zu beachten, dass die Regeln 3 und 4 nicht gelten, wenn ein Sprecher anstelle des Personalpronomens der ersten Person singular seinen Eigennamen oder eine Kennzeichnung verwendet. Mit Blick auf Eigennamen zeigt dies folgende Modifizierung von John Perrys berühmtem Beispiel von Rudolf Lingens. Lingens erinnert sich infolge von Amnesie nicht mehr an seinen eigenen Namen. Dennoch weiß er sowohl, dass er selbst den Ausdruck ›ich‹ verwendet, als auch dass dieser Ausdruck auf ihn selbst referiert, wenn er diesen Ausdruck verwendet.[12] Wenn Lingens den Satz äußert »Ich bin nicht Rudolf Lingens«, weiß er, dass er selbst der Referent des Ausdrucks ›ich‹ ist und dass er selbst diesen Ausdruck verwendet.[13] Er weiß jedoch nicht, dass er selbst der Referent des Eigennamens ist, obwohl er selbst der Referent ist. Dies gilt auch im Fall der Verwendung einer Kennzeichnung, die auf einen selbst zutrifft. Wenn Immanuel Kant den Satz äußert »Ich bin nicht der berühmteste Philosoph Königsbergs«, dann weiß Kant, dass er selbst der Referent des Ausdrucks ›ich‹ ist und dass er selbst diesen Ausdruck verwendet. Demgegenüber weiß Kant nicht, dass er selbst der Referent der Kennzeichnung ist. *Fünftens* ist bei den Regeln 3 und 4 zu berücksichtigen, dass die Ausdrücke ›ihn selbst‹ und ›er selbst‹ Quasi-Indikatoren sind. Nach Hector-Neri Castañeda sind

11 Vgl. Gallagher 2012, 204: »When I look in the mirror and say ›I have a sunburn‹, I may be wrong about who has a sunburn, but the word ›I‹ refers to no one other than myself – and that's precisely why my judgment is mistaken.«

12 Vgl. Perry 1977, 492.

13 Sätze sowie Begriffe werden im Folgenden mit doppelten Anführungszeichen thematisiert, Wörter bzw. Ausdrücke mit einfachen Anführungszeichen.

Quasi-Indikatoren Ausdrücke, welche die Verwendung von indexikalischen Ausdrücken in Oratio obliqua bezeichnen. Im Fall der Regeln 3 und 4 sind die Ausdrücke ›ihn selbst‹ und ›er selbst‹ sprachliche Mittel, mit denen dem Sprecher Selbstbewusstsein zugeschrieben wird, das er (in der Regel) unter Verwendung der Ausdrücke ›ich‹ oder ›mich‹ sprachlich artikulieren würde.[14]

Im Zentrum dieser Untersuchung steht die Regel 4. Wie in den folgenden Kapiteln dargelegt wird, unterscheidet sie sich von den Regeln 1, 2 und 3 durch ein besonderes Merkmal. Im Unterschied zu diesen Regeln ist die Regel 4 – unter der Voraussetzung, dass bestimmte Bedingungen erfüllt sind, die in Kapitel 4 erläutert werden –, *allgemeingültig*. Sie gilt in jedem Fall der Verwendung des Personalpronomens der ersten Person singular. Dies gilt jedoch nicht für die Regeln 1, 2 und 3. Entgegen einem verbreiteten Standpunkt sind diese Regeln nicht allgemeingültig. Es gelten somit folgende Regeln:

5. In einigen Fällen der Verwendung des Ausdrucks ›ich‹ referiert dieser Ausdruck nicht auf diejenige Person, welche diesen Ausdruck verwendet.

6. In einigen Fällen der Verwendung des Ausdrucks ›ich‹ existiert der Referent dieses Ausdrucks nicht.

7. In einigen Fällen der Verwendung des Ausdrucks ›ich‹ weiß der Sprecher, dass dieser Ausdruck nicht auf ihn selbst referiert.

Die Regeln 1, 2 und 3 gelten jedoch in den meisten Fällen, in denen der Ausdruck ›ich‹ verwendet wird. Es gelten somit die Regeln:

8. In den meisten Fällen der Verwendung des Ausdrucks ›ich‹ referiert dieser Ausdruck auf diejenige Person, welche diesen Ausdruck verwendet.

9. In den meisten Fällen der Verwendung des Ausdrucks ›ich‹ existiert der Referent dieses Ausdrucks.

10. In den meisten Fällen der Verwendung des Ausdrucks ›ich‹ weiß der Sprecher, dass dieser Ausdruck auf ihn selbst referiert.

---

14 Castañeda 1982, 161: »Ich nenne *Quasi-Indikatoren* jene Ausdrücke, die in *Oratio obliqua* die Verwendungen von Indikatoren, vielleicht nur implizit, bezeichnen«. Nach Christoph Jäger bedeutet Castañedas Hinweis, dass Quasi-Indikatoren »vielleicht nur implizit« die Verwendung von indexikalischen Ausdrücken bezeichnen, dass Castañeda »nicht nur (laut- oder schriftsprachlich) *geäußerte* Bezugnahmen im Auge hat, sondern auch rein gedanklich vollzogene Referenzakte.« Jäger 1999, 108.

Es ist wichtig zu beachten, dass die Allgemeingültigkeit der Regel 4 ausschließlich für den *Sprecher*, nicht aber für Zuhörer gilt. Es ist möglich, dass ein Zuhörer nicht weiß, wer den Ausdruck ›ich‹ verwendet, oder dass ein Zuhörer einer anderen Person als dem Sprecher zuschreibt, dass er den Ausdruck ›ich‹ verwendet. Die Regel 4 zeichnet sich somit durch eine *Asymmetrie* aus. Es gilt daher die Regel:

11. Die Regel 4 ist *für den Sprecher* allgemeingültig.

Auf den ersten Blick scheint auch die Regel 3 eine Asymmetrie auszuzeichnen.[15] Dies ist jedoch nicht richtig. Wie in Kapitel 3 dargelegt wird, ist es möglich, dass der Ausdruck ›ich‹ auf den Sprecher referiert und dass eine andere Person weiß, wer der Referent dieses Ausdrucks ist, während der Sprecher *nicht* weiß, dass dieser Ausdruck auf ihn selbst referiert. Es gilt:

12. Die Regel 3 zeichnet nicht eine Asymmetrie aus.

In den Kapiteln 2 und 3 wird begründet, warum die Regeln 1, 2 und 3 nicht allgemeingültig sind sowie warum die Regel 12 gilt. Anschließend wird die Regel 4 näher bestimmt und begründet, warum diese Regel allgemeingültig ist.

15 Vgl. Carl 2014, 30.

KAPITEL 2

Kaplans Theorie indexikalischer Ausdrücke

In den letzten Jahren haben u.a. die Untersuchungen von Quentin Smith, Stefano Predelli, Komarine Romdenh-Romluc sowie von Eros Corazza, William Fish und Jonathan Gorvett gezeigt, dass die Regeln 1, 2 und 3 nicht allgemeingültig sind.[16] Der Ausgangspunkt dieser Untersuchungen ist David Kaplans Theorie indexikalischer Ausdrücke in *Demonstratives* und *Afterthoughts*.[17] Um die Begründung der These, dass diese Regeln nicht allgemeingültig sind, nachvollziehen zu können, ist es erforderlich, Grundlagen von Kaplans Interpretation von indexikalischen Ausdrücken *soweit* zu skizzieren, wie dies für das Verständnis der Untersuchungen von Sidelle usw. erforderlich ist.

Kaplan zählt zu den indexikalischen Ausdrücken Pronomen wie ›ich‹, ›mein‹, ›er‹ oder ›sie‹, Demonstrativpronomen wie ›dies‹ und ›das‹, Adverbien wie ›hier‹, ›jetzt‹ und ›morgen‹ sowie Adjektive wie ›aktuell‹ und ›gegenwärtig‹. Indexikalische Ausdrücke sind *kontextrelative* Ausdrücke. Das bedeutet, dass ein indexikalischer Ausdruck in unterschiedlichen Kontexten unterschiedliche Referenten haben kann. Bspw. referiert der Ausdruck ›jetzt‹ auf unterschiedliche Zeitpunkte, und zwar je nach dem, wann dieser Ausdruck verwendet wird. Im Zentrum von Kaplans Theorie steht die Untersuchung der indexikalischen Verwendung dieser Ausdrücke. Das heißt, dass Kaplan bspw. Pronomen wie den Ausdruck ›er‹ untersucht, insofern dieser Ausdruck demonstrativ verwendet wird, wie etwa in dem Satz »Er [der Sprecher zeigt auf eine Person] ist verdächtig«.[18]

Kaplan unterscheidet zwischen *reinen indexikalischen Ausdrücken* (pure indexicals), zu denen bspw. das Personalpronomen der ersten Person singular sowie die Adverbien ›hier‹ und ›jetzt‹ zählen, und *echten Demonstrativausdrücken* (true demonstratives), wie etwa ›er‹ oder ›dies‹.[19]

---

16 Smith 1989, Predelli 1998a, Predelli 1998b, Romdenh-Romluc 2006, Corazza & Fish & Gorvett 2002.

17 Kaplan 1989a, Kaplan 1989b.

18 Die nicht-demonstrative Verwendung von indexikalischen Ausdrücken steht nicht im Zentrum seiner Untersuchungen. So wird bspw. das Personalpronomen der dritten Person singular in dem Satz »Every man believes that he is a spy« wie eine gebundene Variable verwendet. Das heißt, dass dieser Ausdruck wie eine Varible verwendet wird, die durch den quantifizierenden Ausdruck *every man* bestimmt ist. Vgl. Braun 2009, 2 (unpaginierte Internetversion).

19 Es ist umstritten, welche Ausdrücke zu den reinen indexikalischen Ausdrücken zählen und ob die von Kaplan vorgeschlagene Unterscheidung zwischen reinen indexikalischen

Reine indexikalische Ausdrücke unterscheiden sich von echten Demonstrativausdrücken dadurch, dass die linguistische Bedeutung dieser Ausdrücke gemeinsam mit bestimmten Parametern des Kontexts der Äußerungssituation die Referenten dieser Ausdrücke bestimmt. Die linguistische Bedeutung des Ausdrucks ›ich‹ lautet in etwa, dass dieser Ausdruck auf den Sprecher referiert.[20] Die linguistische Bedeutung des Ausdrucks ›hier‹ besagt, dass dieser Ausdruck auf den Ort referiert, an dem ein Satz geäußert wird, (der diesen Ausdruck enthält).[21] Die linguistische Bedeutung des Ausdrucks ›jetzt‹ lautet, dass dieser Ausdruck auf den Zeitpunkt referiert, zu dem die Äußerung erfolgt, (welche diesen Ausdruck enthält).[22] Im Fall reiner indexikalischer Ausdrücke sind die für die Bestimmung des Referenten relevanten Parameter des Kontextes der Sprecher, der Ort und der Zeitpunkt (sowie die Welt) der Äußerung. Bei der Verwendung von echten Demonstrativausdrücken genügt die Verbindung von der linguistischen Bedeutung mit den kontextuellen Parametern – Sprecher, Ort und Zeitpunkt (sowie die Welt) der Äußerung – nicht für die Bestimmung der Referenten. Zusätzlich zur linguistischen Bedeutung von echten Demonstrativausdrücken und den kontextuellen Parametern sind weitere Faktoren zu beachten. Kaplan behauptet in *Demonstratives*, dass (in Wahrnehmungssituationen) zusätzlich eine Demonstration erforderlich ist, wie bspw. ein Zeigen mit einem Finger auf einen Gegenstand, damit ein echter Demonstrativausdruck auf einen Gegenstand referiert.[23]

In seiner Theorie indexikalischer Ausdrücke (reiner indexikalischer Ausdrücke und echter Demonstrativausdrücke) unterscheidet Kaplan zwischen

---

Ausdrücken und echten Demonstrativausdrücken sinnvoll ist. Vgl. Corazza & Fish & Gorvett 2002, Smith 1989, Braun 2009.

20 Kaplan verwendet in *Demonstratives* die Regel: »›I‹ refers to the speaker or writer.« Kaplan 1989a, 505. Es gibt unterschiedliche Formlierungen dieser Regel. Vgl. Sidelle 1991, 526: »An utterance of ›I‹ refers to whoever utters it.« Vgl. Tugendhat 1997^{6}, 73, Shoemaker 1996, 43, 48, 57. In dieser Untersuchung wird die linguistische Bedeutung dieses Ausdrucks nicht bestimmt.

21 Vgl. Sidelle 1991, 526: »An utterance of ›here‹ refers to the location of the utterance.«

22 Vgl. Sidelle 1991, 527: »An utterance of ›now‹ refers to the time of the utterance.« Vgl. Corazza & Fish & Gorvett 2002, 1.

23 »In *Demonstratives* I took the demonstration, »typically, a (visual) presentation of a local object discriminated by a pointing,« to be criterial for determing the referent of a demonstrative. [...] I am now inclined to regard the directing intention, at least in the case of perceptual demonstratives, as criterial, and to regard the demonstration as a mere *externalization* of this inner intention.« Kaplan 1989b, 582. Während Kaplan in *Demonstratives* die *Demonstration* betont, hebt er in *Afterthoughts* die *Intention* des Sprechers als entscheidenden Faktor hervor. Der Ausdruck ›Gegenstand‹ bezeichnet (im vorliegenden Kontext) nicht bloß raumzeitliche Gegenstände, sondern bspw. auch Zeitpunkte.

dem *Character*, dem *Context* und dem *Content*. Unter dem *Character* ist die linguistische Bedeutung eines Ausdrucks bzw. eines Satzes zu verstehen.[24] Der Character bestimmt mit dem Context den Content. Als *Context* bezeichnet Kaplan die Faktoren bzw. *Parameter* eines Kontexts, die gemeinsam mit dem Character den Referenten eines indexikalischen Ausdrucks bzw. die Proposition, die mit einem Satz ausgedrückt wird, bestimmen. Wie erwähnt zählt Kaplan zu den Parametern des Contexts reiner indexikalischer Ausdrücke den Sprecher, den Ort der Äußerung, den Zeitpunkt der Äußerung sowie die Welt, in der die Äußerung stattfindet.[25] Der Ausdruck ›*Content*‹ bezeichnet das, was mit einem Ausdruck oder Satz in einem Context gesagt wird (what is said).[26] Wenn bspw. Kaplan den Ausdruck ›ich‹ verwendet, ist der Content die Person David Kaplan.[27] Der Content eines Satzes in einem Context ist eine Proposition, die einen Wahrheitswert in jeder möglichen Welt besitzt. Propositionen enthalten im Fall der Artikulation von Sätzen der Form »Ich bin ein Philosoph« ein Individuum und eine Eigenschaft.[28] Bspw. enthält die

---

24 Kaplan 1989b, 577: »There [in Demonstratives] I claimed that Character = Linguistic Meaning.«

25 Die Bestimmung des Wahrheitswertes eines Satzes (Evaluierung), der einen indexikalischen Ausdruck enthält, hängt somit von zwei Faktoren ab, und zwar vom Context und von der Welt (double relativization). Vgl. Predelli 2008, 58. Bspw. ist der von Kaplan geäußerte Satz »Ich bin ein Philosoph« in der aktuellen Welt wahr. In einer anderen möglichen Welt, in der Kaplan kein Philosoph ist, ist dieser Satz jedoch falsch.

26 Kaplan 1989a, 500. Wie erwähnt werden an dieser Stelle Grundlagen von Kaplans Theorie skizziert, soweit das für das Verständnis der Kritik von Sidelle usw. erforderlich ist.

27 Indexikalische Ausdrücke sind nach Kaplan *direkt referierende* Ausdrücke. Das Individuum ist selbst der Content eines indexikalischen Ausdrucks. Der Referent steht nicht vermittelst eines Fregeschen Sinns mit einem linguistischen Ausdruck in Beziehung: »Directly referential expressions are said to refer directly without the mediation of a Fregean *Sinn*. What does that mean? [...] It [means] that the relation between the linguistic expression and the referent is not mediated by the corresponding propositional component, the content or what-is-said.« Kaplan 1989b, 568. Vgl. Kaplan 1989b, 569. Zur näheren Diskussion des Ausdrucks *direkt referierende Ausdrücke* vgl. Recanati 1993, 7–19. Direkt referierende Ausdrücke sind, allgemein gesprochen, *rigide Designatoren*. Vgl. Kaplan 1989a, 493. Das bedeutet, dass, wenn ein indexikalischer Ausdruck in einem bestimmten Context einen Referenten hat, dieser Referent in allen möglichen Welten derselbe ist, und zwar gleichgültig, ob der Referent in einer Welt existiert oder nicht. Vgl. Kaplan 1989a, 492f; Kaplan 1989b, 569f. Der Ausdruck *rigider Designator* wird unterschiedlich interpretiert. Vgl. Recanati 1993, 12ff.

28 Kaplan bezeichnet die Proposition als *strukturierte* Proposition. Er betont jedoch, dass es sich hierbei um ein metaphysisches Bild (metaphysical picture) handelt. Kaplan 1989a, 493: »[...] I slide back and forth between two metaphysical pictures: that of possible worlds and that of structured propositions. It seems to me that a truly semantic idea should presuppose neither picture, and be expressible in terms of either.« Vgl. Kaplan 1989a, 496.

Proposition des Satzes »Ich bin ein Philosoph«, wenn er von David Kaplan geäußert wird, Kaplan und die Eigenschaft, ein Philosoph zu sein.[29] Der von Kaplan geäußerte Satz besagt somit, dass David Kaplan ein Philosoph ist.

Kaplan entwickelt in *Demonstratives* eine logisch-semantische Theorie indexikalischer Ausdrücke. Das bedeutet, er entwickelt eine Theorie von *Sätzen in Contexten* (sentence-in-a-context) und nicht von *Äußerungen* (utterance).[30] Äußerungen zählen für Kaplan zur Sprechakt-Theorie und nicht zur Semantik. Äußerungen sind Handlungen eines Sprechers, die Zeit beanspruchen, was zur Folge hat, dass der Kontext einer Äußerung während der Äußerung sich verändern kann. Eine logische Theorie von indexikalischen Ausdrücken erfordert jedoch, dass mehrere Prämissen und die Konklusion in einem und demselben Kontext bewertet werden.[31] Es ist daher zu beachten, dass die Ausdrücke *Context, Character* und *Content* Ausdrücke der semantischen Theorie sind. Mit dem Context ist *nicht* der reale Kontext der Äußerung eines Satzes gemeint. Zum realen Kontext zählen Faktoren und Begleitumstände, wie etwa die sprachliche Kompetenz der Kommunikationsteilnehmer. In Kaplans semantischer Theorie zählen allein der Sprecher, der Ort der Äußerung, der Zeitpunkt der Äußerung und die Welt zu den *contextuellen Parametern*.[32] Die Parameter des Contexts sind logische Begriffe der semantischen Theorie.[33] Kaplan bezeichnet die Parameter des *Contexts* daher als Agenten$_x$, Ort$_p$, Zeitpunkt$_t$ sowie Welt$_w$ (x, p, t, w).[34] Auch der Begriff *Character* ist ein Begriff der semantischen Theorie. Der *Character* entspricht zwar der linguistischen Bedeutung eines Ausdrucks. Als Begriff der semantischen Theorie stellt er eine

---

29 Diese Proposition wird in der Regel in der Form <Kaplan, Philosoph zu sein> repräsentiert.

30 Vgl. Kaplan 1989a, 522, 546.

31 Kaplan 1989b, 584: »As I carefully noted in *Demonstratives*, my notion of an *occurance* of an expression in a context – the mere combination of the expression with the context – is not the same as the notion, from the theory of speech acts, of an *utterance* of an expression by the agent of a context. An occurance requires no utterance. Utterances take time, and are produced one at a time; this will not do for the analysis of validity. By the time an agent finished uttering a very, very long true premise and began uttering the conclusion, the premise may have gone false.« Vgl. Kaplan 1989a, 522.

32 Kaplan 1989a, 509.

33 Corazza & Fish & Gorvett 2002, 2: »The *agent* is […] an essentially logical notion, a contextual parameter filling the argument of the character (*qua* function), and giving us the referent of the indexical, and, as such, is logically distinct from the notion of an utterer.« Vgl. Predelli 2002, 311.

34 Vgl. Kaplan 1989a, 508f. Der zuvor notierte Satz »Wie erwähnt zählt Kaplan zu den Parametern des Contexts […] den Sprecher, den Ort der Äußerung, den Zeitpunkt der Äußerung sowie die Welt, in der die Äußerung stattfindet« lautet somit präziser formuliert: »Wie erwähnt zählt Kaplan zählt zu den Parametern […] den Agenten$_x$ des Contexts, den Ort$_p$ des Contexts, den Zeitpunkt$_t$ des Contexts sowie die Welt$_w$ des Contexts.«

Funktion vom Context zum Content eines Ausdrucks bzw. eines geäußerten Satzes dar. Der Character des Ausdrucks ›ich‹ ist also bspw. eine Funktion, die für jeden *Context* als Argument den Agenten$_x$ und als Wert den Content, den Referenten dieses Ausdrucks bestimmt.[35]

Es ist jedoch wichtig, den Zusammenhang zwischen Äußerungen und Sätzen in Contexten zu beachten. Äußerungen artikulieren Sätze. Die Äußerung eines Satzes bestimmt einen Context. Eine Äußerung hat einen Sprecher, sie erfolgt zu einer bestimmten Zeit und an einem bestimmten Ort (sowie in einer bestimmten Welt). Da der Character mit dem Context einen Content bestimmt, hat der geäußerte Satz einen Content. Wenn eine Person eine Behauptung (aufrichtig) äußert, affirmiert sie den Content des Satzes im Context.[36] Mit Blick auf die Regeln 1, 2 und 3 scheint somit folgendes zu gelten: Wenn Kaplan den Satz äußert »Ich bin ein Philosoph«, dann besteht mit dieser Äußerung ein Context und ein Character, welche einen Content bestimmen. Kaplan ist der Sprecher und Agent$_x$ sowie kraft des Characters des Ausdrucks ›ich‹ der Referent dieses Ausdrucks. Es gilt daher die Regel 1. Da die Festlegung des Contexts dadurch erfolgt, dass Kaplan diesen Satz *äußert*, ist garantiert, dass der Referent des Ausdrucks ›ich‹ existiert. Und wenn Kaplan die linguistische Bedeutung des Ausdrucks ›ich‹ versteht, weiß er, dass dieser Ausdruck auf ihn selbst referiert. Es gelten die Regeln 2 und 3.

---

35 Vgl. Kaplan 1989a, 505.

36 »For instance, Fred and Wilma utter the sentence ›I am female‹, and Kaplan's theory says that this sentence has a certain character that determines a content in every context. Fred's utterance has a certain agent (Fred himself), and occurs at a certain time, place, and world, so his utterance determines a certain Kaplanian context, and the sentence that Fred utters has a content in that context. If Fred assertively utters that sentence in that context, then he (plausibly) asserts that sentence's Kaplanian content in that context. So Kaplan's theory, together with some other plausible assumptions, implies that Fred asserts a certain proposition.« Braun 2009, 12f (unpaginierte Internetversion). Vgl. Recanati 1987, 7.

KAPITEL 3

Kritik an Kaplans Ansatz (Sidelle, Corazza, Fish und Gorvett)

Kaplans Theorie indexikalischer Ausdrücke ist vermutlich die einflussreichste Interpretation indexikalischer Ausdrücke. Untersuchungen von Alan Sidelle, Eros Corazza, William Fish und Jonathan Gorvett zeigen jedoch, dass Kaplans Theorie nicht vollständig überzeugt.[37] Mit Blick auf die Regeln 1, 2 und 3 sind insbesondere zwei Einwände gegen Kaplans Theorie bedeutend. Sie zeigen, dass diese Regeln nicht allgemeingültig sind. Der erste Einwand lautet folgendermaßen: Kaplan setzt in *Demonstratives* voraus, dass der Context of Interpretation (CoI) identisch ist mit dem Context of Utterance (CoU).[38] Der Ausdruck ›CoI‹ bezeichnet den Context, der für die semantische Interpretation von Bedeutung ist. Der Ausdruck ›CoU‹ bezeichnet den Context, in dem eine Äußerung erfolgt. Der erste Einwand besagt, dass es möglich ist, dass der CoU von dem CoI sich unterscheidet. Der zweite Einwand lautet, dass Kaplan voraussetzt, dass der Sprecher stets der Agent_x und der Referent des Ausdrucks ›ich‹ ist. Dies ist jedoch falsch. Es gibt Verwendungsweisen des Ausdrucks ›ich‹, bei denen der Sprecher nicht der Agent_x und der Referent ist.

a) Sidelles Anrufbeantworter-Paradoxon

Im Zentrum von Alan Sidelles Überlegungen steht Kaplans Behauptung, der Satz »I am here now […] is deeply and […] universally true.«[39] Nach Kaplan ist somit der Satz »I am not here now« in jedem Fall seiner Äußerung falsch. Der Satz »I am here now« ist in jedem Fall wahr, da Kaplan lediglich *propere* Contexte berücksichtigt. Es sind dies Contexte, in denen der Agent_x sich *am* Ort_p und Zeitpunkt_t des Contexts befindet. Kaplan begründet jedoch nicht näher, warum er ausschließlich propere Contexte berücksichtigt. Er behauptet lediglich, dass impropere Contexte »like impossible worlds« sind und

37 Neben den genannten Personen haben zum Thema der folgenden Ausführungen insbesondere Stefano Predelli und Komarine Romdenh-Romluc weitere wichtige Beiträge geliefert. Vgl. Predelli 1998a, 1998b, 2001, 2002, 2004, 2008, 2011, Romdenh-Romluc 2002, 2006.

38 Vgl. Predelli 1998b, 400.

39 Kaplan 1989a, 509.

 DOI:10.30965/9783957437273_005

dass »no such contexts *could* exist and thus there is no interest in evaluating the extensions of expressions with respect to them«.[40] Nach Kaplan sind *impropere* Contexte für eine semantische Theorie indexikalischer Ausdrücke nicht von Bedeutung. Sidelles Ausführungen zeigen jedoch, dass impropere Contexte berücksichtigt werden müssen.[41] Sidelle kritisiert die These, dass der Satz »I am not here now« in jedem Fall seiner Verwendung falsch ist. Er macht darauf aufmerksam, dass es Situationen gibt, in denen die Äußerung des Satzes »I am not here now« intuitiv als die Äußerung eines wahren Satzes empfunden wird. Sidelle führt als Beispiel einen Anrufbeantworter an, der den Satz »I am not here now« wiedergibt, sobald ein Anruf erfolgt.[42] Intuitiv betrachtet ist dieser Satz wahr, wenn der Referent des Ausdrucks ›ich‹ nicht zu der Zeit zuhause ist, da ein Anruf erfolgt und der Anrufbeantworter den Satz »I am not here now« wiedergibt. Nach Sidelle referiert in diesem Beispiel der Ausdruck ›ich‹ zwar auf den Sprecher des Satzes, den *Encoder*. Der Ausdruck ›jetzt‹ referiert aber *nicht* auf den Zeitpunkt der Aufnahme des Satzes, sondern auf den Zeitpunkt der Wiedergabe der Nachricht, die *decoding time*.[43] Sidelles Anrufbeantworter-Beispiel zeigt somit, dass die Äußerung des Satzes »I am not here now« in bestimmten Situationen wahr ist. Dies bezeichnet Sidelle als *Anrufbeantworter Paradox*. Nach Kaplans semantischer Theorie gilt, dass der Satz »I am not here now« in jedem Fall seiner Verwendung falsch ist, Nachrichten auf Anrufbeantwortern zeigen jedoch, dass dies nicht richtig ist.[44]

Nach Sidelle zeigt dieses Paradox, dass Kaplans Theorie indexikalischer Ausdrücke einer Korrektur bedarf. Sidelle beabsichtigt Kaplans Theorie durch die Einführung einer Unterscheidung zu ergänzen, die es erlaubt, das Anrufbeantworter Paradox im Rahmen von Kaplans Ansatz zu lösen. Sidelle

40 Kaplan 1989a, 509.

41 Sidelle behauptet nicht explizit, dass impropere Contexte berücksichtigt werden müssen. Dies ist jedoch eine Einsicht, die durch seine Kritik an Kaplans Theorie gewonnen werden kann.

42 Kaplan erwähnt in *Demonstratives* Beispiele, die in weiterer Folge gegen seine Theorie vorgebracht wurden. Dazu zählt das von Sidelle diskutierte Beispiel eines Anrufbeantworters, der eine Nachricht abspielt. Kaplan hält diese Beispiele für nicht bedeutend genug, um seine Theorie modifizieren zu müssen. Vgl. Kaplan 1989a, 491. Kaplans Beurteilung der Bedeutung dieser Beispiele für eine semantische Theorie indexikalischer Ausdrücke wird von vielen Philosophen nicht geteilt. Vgl. bspw. Smith 1989, Predelli 1998a, 1998b, Romdenh-Romluc 2006, Corazza & Fish & Gorvett 2002.

43 Vgl. Sidelle 1991, 533ff.

44 Sidelle 1991, 526: »This is the answering machine paradox: the semantics for ›I,‹ ›here,‹ and ›now‹ seem to ensure the truth of any utterance of ›I am here now,‹ and consequently, the falsity of any utterance of ›I am not here now‹, yet answering machines provide us with ›I am not here now's‹ which are true.«

unterscheidet zwischen der *Produktion* bzw. dem *Akt der Äußerung* eines Satzes und der *genuinen Äußerung* (*genuine utterance*) eines Satzes. Mit Blick auf das Anrufbeantworter-Beispiel ist der *Akt der Äußerung* der Moment, in dem der Sprecher den Satz »I am not here now« aufnimmt. Die *genuine Äußerung* findet zu einem späteren Zeitpunkt statt. Es ist dies der Zeitpunkt, zu dem ein Anruf erfolgt und der Anrufbeantworter den Satz »I am not here now« wiedergibt. Für die semantische Analyse ist die genuine Äußerung, jedoch *nicht* der Akt der Äußerung entscheidend. Bei der Aufnahme des Satzes bereitet der Sprecher eine Aussage vor oder, mit Sidelles Worten gesprochen, *verschiebt* die Äußerung (deferring an utterance) auf einen *späteren* Zeitpunkt:[45]

> When one records an answering machine message [...] one is not, at that time, (typically) making an utterance, or at least, making an assertion. One is not saying that one isn't there when one is recording/writing – this would be pointless. One is rather arranging to make an utterance at a later time, or, if one likes, *deferring* an utterance. The genuine utterance(s) will occur when someone calls and hears the message.[46]

Durch die Einführung dieser Unterscheidung gelingt es Sidelle, das Anrufbeantworter-Paradox zu lösen. In den Fällen, in denen der Zeitpunkt des Akts der Äußerung eines Satzes nicht identisch ist mit dem Zeitpunkt der genuinen Äußerung des Satzes, ist es möglich, dass der Sprecher sich zum Zeitpunkt der genuinen Äußerung *nicht* am Ort der Äußerung des Satzes befindet. Dies erklärt, wie es möglich ist, dass der Satz »I am not here now« wahr sein kann.

Sidelles Ausführungen zeigen, dass impropere Contexte berücksichtigt werden müssen. Um das Anrufbeantworter-Paradox lösen zu können, nimmt Sidelle an, dass der Sprecher sich zum Zeitpunkt der Äußerung (genuine utterance) des Satzes »I am not here now« *nicht* am Ort der Äußerung befindet.[47] Es gilt somit:

---

45 Sidelle weist darauf hin, dass er nicht behauptet, dass zum Zeitpunkt des Akts der Äußerung keine Äußerung stattfindet. Er behauptet, dass zu diesem Zeitpunkt jedoch auch eine Äußerung vorbereitet wird, die zu einem späteren Zeitpunkt stattfindet: »I don't want to insist that one isn't making an utterance at the time of the recording, only that one is at least *also* arranging to make a later utterance.« Sidelle 1991, 535.

46 Sidelle 1991, 535.

47 »Maybe we should give up the claim that a speaker is always located at the place of his utterances at the time he utters them.« Sidelle 1991, 532.

13. In einigen Fällen der Verwendung des Ausdrucks ›ich‹ befindet der Sprecher sich zum Zeitpunkt der Äußerung dieses Ausdrucks nicht am Ort der Äußerung.

Dies ist für Kaplans semantische Theorie von Bedeutung. Kaplan setzt voraus, dass der Sprecher der Agent_x ist sowie dass der Zeitpunkt und der Ort der Äußerung den Zeitpunkt_t und Ort_p des Contexts des geäußerten Satzes bestimmen.[48] Sidelles Hinweis, dass der Sprecher sich zum Zeitpunkt der Äußerung des Satzes nicht am Ort der Äußerung befindet, bedeutet, dass der Agent_x sich zum Zeitpunkt_t nicht am Ort_p des Contexts befindet. Sidelle zeigt daher, dass impropere Contexte berücksichtigt werden müssen. Es gilt:

14. In einer semantischen Theorie indexikalischer Ausdrücke sind impropere Contexte zu berücksichtigen.[49]

Sidelles Ausführungen zeigen zudem aber auch, dass in manchen Fällen der Verwendung indexikalischer Ausdrücke der CoU sich von dem CoI unterscheidet.[50] Zum Zeitpunkt der Aufnahme des Satzes (CoU) »I am not here now« befindet der Sprecher sich am Ort der Äußerung des Satzes. Zum Zeitpunkt der Wiedergabe dieses Satzes (CoI) jedoch nicht. Außerdem ist der Zeitpunkt der Aufnahme des Satzes (CoU) nicht identisch mit dem Zeitpunkt der Wiedergabe des Satzes (CoI). Die Parameter des CoI unterscheiden sich somit von den Paramtern des CoU. Mit Blick auf die Regel 2 ist diese Unterscheidung von Bedeutung.[51] Zu dem Zeitpunkt, an dem der Sprecher den

---

48 Vgl. Kaplan 1989a, 505: »[›I‹] refers to the speaker or writer of the relevant *occurrance* of ›I‹, that is, the agent of the context.«

49 Dies ist eine bedeutende Kritik an Kaplans semantischer Theorie. Stefano Predelli macht darauf aufmerksam, dass die Beschränkung auf propere Contexte ein Bestandteil von Kaplans *Definition* des Begriffs *Context* ist: »In Kaplan's system, the class of contexts appropriate for semantic evaluation is explicitly defined so as to include only what he calls ›proper‹ contexts, that is, contexts *c*, such that the agent of *c*, exists at the time and possible world of *c*, and is in the location of *c* at that time and world. Kaplan's restriction [...] plays a *semantic* role, since it is assumed within the very definition of the parameters available to semantic interpretation, and consequently within the account of the relationships between meaning and truth provided by his approach.« Predelli 2008, 60. Vgl. Predelli 2004, 461.

50 Predelli macht darauf aufmerksam, dass für die semantische Theorie somit die Untersuchung der Frage von Bedeutung ist, wie der CoI bestimmt wird. In den letzten Jahren wurden mehrere Ansätze entwickelt, die zu erklären versuchen, wie diese Frage zu beantworten ist. Die Diskussion ist noch im Gang. Vgl. bspw. Predelli 2011, Stevens 2009.

51 Der Unterschied zwischen dem CoI und dem CoU ist nicht identisch mit dem Unterschied zwischen properen und improperen Contexten. Es ist möglich, dass der CoI nicht

Satz »I am not here now« auf Tonband spricht (CoU), existiert der Sprecher. Anderenfalls könnte er diesen Satz nicht äußern. Da es möglich ist, dass der Zeitpunkt des CoU sich von dem Zeitpunkt des CoI unterscheidet, ist es jedoch möglich, dass der Sprecher zum Zeitpunkt der genuinen Äußerung (CoI) dieses Satzes nicht mehr existiert. So ist etwa mit Blick auf das Beispiel von Sidelle zu erkennen, dass es möglich ist, dass der Referent des Satzes »I am not here now« zu dem Zeitpunkt verstorben ist, an welchem die Nachricht vom Anrufbeantworter abgespielt wird.[52] Der Nachweis, dass der CoU nicht (notwendigerweise) identisch ist mit dem CoI, zeigt somit, dass die Regel 2 *nicht* allgemeingültig ist. Es ist möglich, dass der Referent des Ausdrucks ›ich‹ zum Zeitpunkt_t der genuinen Äußerung (CoI) nicht mehr existiert.

b) Der Referent des Ausdrucks ›ich‹ (Corazza, Fish und Gorvett)

Corazza, Fish und Gorvett kritisieren die zweite Prämisse von Kaplans Theorie indexikalischer Ausdrücke. Wie erwähnt setzt Kaplan voraus, dass der Sprecher der Agent_x und der Referent des Ausdrucks ›ich‹ ist. Nach Kaplan gilt:

15. Sprecher = Agent_x = Referent

Die Untersuchungen von Corazza, Fish und Gorvett zeigen, dass diese Identitätsbeziehungen *nicht* allgemeingültig sind. In manchen Fällen der Verwendung des Ausdrucks ›ich‹ ist der Sprecher *nicht* der Referent dieses Ausdrucks. Es ist möglich, dass eine Person den Ausdruck ›ich‹ verwendet und dass dieser Ausdruck nicht auf den Sprecher, sondern auf eine andere Person referiert.[53] Es gilt:

16. In einigen Fällen der Verwendung des Ausdrucks ›ich‹ ist der Sprecher nicht der Agent_x und der Referent dieses Ausdrucks.

---

der CoU ist, obwohl ein properer Context vorliegt. Dies ist bspw. der Fall, wenn ein Portier die Nachricht »Ich bin da. Bitte läuten!« an der Eingangstür einer Pension befestigt. In diesem Fall ist der CoU nicht identisch mit dem CoI. Der Zeitpunkt des CoU ist der Zeitpunkt, an dem der Satz notiert wird oder an der Tür befestigt wird. Der Zeitpunkt des CoI ist (auch) der Zeitpunkt, an dem die Nachricht von Pensionsgästen gelesen wird. Wenn der Portier sich am Ort und am Zeitpunkt sowohl des CoU als auch des CoI befindet, ist der Context jedoch proper.

52 Predelli erwähnt ein vergleichbares Beispiel, und zwar eine Testamentverlesung, bei welcher der Satz »I do not exist any longer« geäußert wird. Vgl. Predelli 1998a, 108.

53 Corazza & Fish & Gorvett 2002, 6: »However taking this line explicitly contradicts Kaplan's plausible account of the linguistic meaning of »I« where »I« always refers to the utterer.«

Corazza, Fish und Gorvett begründen ihre Kritik an der Regel 15 mit folgendem Beispiel:

> Joe is not in his office one day and Ben notices that a number of students keep approaching his door and knocking. They then stand around and look bemused for a while before leaving. Taking pity on these poor souls wasting their time, Ben decides to attach his »I am not here today« note to Joe's door. The trick works; the students, instead of knocking and waiting, take one look at the note and then leave. [...] [I]n this case, Joe has no knowledge of, and has played no role in, deferring these utterances. At the moment one student looks at the note, and an utterance is made, the expressions »today« and »here« successfully refer to the day and place the note is read, but to what does »I« refer?[54]

In diesem Beispiel notiert Ben den Satz »I am not here today« und befestigt ihn an Joes Bürotür, um Studierende zu informieren, dass Joe nicht anwesend ist. Corazza, Fish und Gorvett behaupten, dass in diesem Fall die Person, welche den Ausdruck ›ich‹ verwendet, also Ben, *nicht* der *Referent* dieses Ausdrucks ist. Der Referent ist Joe, an dessen Tür Ben die Nachricht befestigt: »I am not here today«. Es gilt somit die Regel 16. Corazza, Fish und Gorvett begründen dies damit, dass es erstens nicht sinnvoll ist, anzunehmen, dass Joe der Erzeuger (Sprecher) der Äußerung des Satzes »I am not here today« ist, dass es zweitens nicht sinnvoll ist, anzunehmen, dass der Ausdruck ›ich‹ nicht referiert, und dass es drittens nicht sinnvoll ist, anzunehmen, dass Ben der Referent des Ausdrucks ›ich‹ ist.

Der *erste* Erklärungsansatz ist nach Corazza, Fish und Gorvett auszuschließen, da Joe weder einen Beitrag zur Erzeugung des Ausdrucks ›ich‹ leistet – er hat die Äußerung nicht erzeugt oder an seiner Tür befestigt –, noch weiß, dass Ben eine Nachricht an seiner Tür befestigt hat. Es ist somit »implausible to suppose that Joe is the utterer in this situation.«[55] Der *zweite* Erklärungsansatz ist auszuschließen, da im Rahmen von Kaplans Theorie die Regel 15 gilt. Würde der Ausdruck ›ich‹ nicht referieren, würde dies bedeuten, dass es keinen Erzeuger der Äußerung »I am not here today« gibt. Dies ist offensichtlich falsch, denn da eine Äußerung vorliegt, muss es jemanden geben, der sie hervorgebracht hat.

Die Widerlegung des *dritten* Erklärungsansatzes ist das eigentliche Ziel der Untersuchung von Corazza, Fish und Gorvett. Es besteht in dem Nachweis, dass die Tatsache, dass Ben den Ausdruck ›ich‹ erzeugt, nicht garantiert, dass dieser Ausdruck auf Ben referiert. Corazza, Fish und Gorvett begründen diese These

54 Corazza & Fish & Gorvett 2002, 5. Weitere Beispiele sind u.a. enthalten in Predelli 1998b, 408, Smith 1989, 182ff., Romdenh-Romluc 2008, 147.

55 Corazza & Fish & Gorvett 2002, 5.

mit einem Hinweis auf die Konsequenzen, die sich durch moderne Formen der Kommunikation für die semantische Interpretation von Sätzen ergeben, wenn an der Regel 15 festgehalten wird. Sie erläutern sie anhand des Beispiels eines professionellen Sprechers von Anrufbeantworter-Ansagen, welcher den Satz »I am not here now« für Anrufbeantworter auf Tonband spricht.[56] Wäre es nicht möglich, dass jemand anderer als der Erzeuger des Ausdrucks ›ich‹ der Referent dieses Ausdrucks ist, würde dieser Ausdruck stets auf den professionellen Sprecher referieren. Dies ist offensichtlich nicht richtig. Der Ausdruck ›ich‹ referiert auf den Besitzer des Anrufbeantworters bzw. auf den Besitzer der Wohnung, in dem das Gerät sich befindet. Die Annahme, dass das Personalpronomen der ersten Person singular ausschließlich auf den Sprecher eines Satzes referiert, führt somit zu falschen Ergebnissen bei der Interpretation von Sätzen, die durch moderne Formen der Kommunikation artikuliert werden. Die Regel 15 ist daher nicht allgemeingültig. Es gilt die Regel 16.

Die Interpretation des Beispiels von Corazza, Fish und Gorvett bereitet keine Schwierigkeiten, wenn die Regel 16 berücksichtigt wird. Wenn diese Regel angewandt wird, ist es möglich, dass der Ausdruck ›ich‹ auf Joe referiert, obwohl Ben den Ausdruck ›ich‹ erzeugt hat. Diese Interpretation hat den Vorteil, dass sie sowohl mit Bens Intention übereinstimmt als auch mit der Interpretation der Studierenden, welche die Notiz an Joes Tür lesen. Sie klopfen gerade deswegen nicht an Joes Tür, weil sie glauben, dass der Ausdruck ›ich‹ auf Joe referiert.

Es ist wichtig zu beachten, dass die Regel 16 nicht bloß für die Unterscheidung des *Erzeugers* des Ausdrucks ›ich‹ vom Referenten gilt, sondern auch für die Unterscheidung des Referenten des Ausdrucks ›ich‹ von derjenigen Person, welche diesen Ausdruck *verwendet*. Der *Erzeuger* ist die Person, die ein Token von ›ich‹ produziert, also bspw. auf Papier notiert oder auf Tonband aufnimmt. Der *Verwender* ist die Person, die ein (bereits zuvor erzeugtes) Token verwendet, um einen Satz bzw. einen Ausdruck zu artikulieren. So ist bspw. ein professioneller Sprecher von Anrufbeantworter-Ansagen der Erzeuger der Sätze »I am not here. Please leave a message!«, während der Verwender dieses Satzes diejenige Person ist, welche diesen Satz auf ihrem Anrufbeantworter benutzt. In dem Beispiel von Corazza, Fish und Gorvett ist Ben der Erzeuger und der Verwender des Ausdrucks ›ich‹. Der Referent ist jedoch Joe. Die Regel 16 gilt sowohl für den Erzeuger als auch für den Verwender des Ausdrucks ›ich‹.

Die Kritik an der Regel 15 zeigt, dass die Regeln 1, 2 und 3 nicht allgemeingültig sind. Dies ist mit Blick auf die Regel 1 offensichtlich. Die Regel 16 besagt, dass es möglich ist, dass der Sprecher nicht der Referent des Ausdrucks ›ich‹

56 Corazza & Fish & Gorvett 2002, 6.

ist. Da die Regel 1 nicht allgemeingültig ist, ist leicht zu erkennen, dass auch die Regel 2 nicht allgemeingültig ist. Da es möglich ist, dass der Ausdruck ›ich‹ auf eine andere Person referiert, als auf diejenige Person, welche diesen Ausdruck produziert, ist es möglich, dass der Referent nicht existiert. Bspw. ist es möglich, dass Ben die Nachricht »I am not here today« an Joes Tür befestigt und dass Joe bei einem Unfall stirbt. In diesem Fall existiert der Referent des Ausdrucks ›ich‹ nicht, wenn die Studierenden nach Joes Ableben die Nachricht lesen. Das Beispiel von Corazza, Fish und Gorvett zeigt, dass auch die Regel 3 nicht allgemeingültig ist. Da Ben den Satz »I am not here today« notiert, um die Studierenden zu informieren, dass Joe nicht anwesend ist, und Ben weiß, dass der Ausdruck ›ich‹ auf Joe referiert, weiß Ben, dass dieser Ausdruck nicht auf ihn selbst referiert.

Im Anschluss an diese Ausführungen ist zu erkennen, dass die Regel 12 richtig ist. Es ist möglich, dass der Ausdruck ›ich‹ auf den Sprecher referiert und dass der Sprecher nicht weiß, dass dieser Ausdruck auf ihn selbst referiert, obwohl eine andere Person weiß, dass dieser Ausdruck auf den Sprecher referiert. Dies zeigt eine kleine Ergänzung eines Beispiels von Komarine Romdenh-Romluc. Ihr Beispiel lautet:

> Tarquin is found dead on the sofa. The rather zealous, local constabulary are convinced that he was murdered. Anxious to apprehend the murderer before she or he strikes again, they call in MaGuckla the world-renowned criminal psychologist to build a profile of Tarquin's killer. After feverishly considering the case, MaGuckla reaches his conclusion about the sort of person who murdered Tarquin. He bursts out of the office and says to the local constabulary,
>
> (5) I am a white Caucasian female, about twenty-five years old, who drives a red pick-up truck.
>
> MaGuckla intends to convey information about Tarquin's killer to the local constabulary [...]. In a strange twist of fate, MaGuckla is the murderer, but suffers from amnesia and has no memory of carrying out the ghastly crime. After spending some time piecing together the evidence, MaGuckla announces, (5) I am a white Caucasian female, about twenty-five years old, who drives a red pick-up truck.[57]

Romdenh-Romluc schildert den Fall eines Polizeipsychologen, der einen Mordfall untersucht, in dem er selbst der Mörder ist. Da der Psychologe an Amnesie leidet, weiß er nicht, dass er der Mörder ist. Wie der Psychologe den Mörder mit den Worten charakterisiert »I am a white Caucasian female, about twenty-five years old, who drives a red pick-up truck« referiert das Personalpronomen der ersten Person singular auf ihn selbst. Er ist sich dessen jedoch

57 Romdenh-Romluc 2008, 151ff.

nicht bewusst. Dieses Beispiel zeigt nach Romdenh-Romluc, dass es möglich ist, dass eine Person den Ausdruck ›ich‹ verwendet und dass dieser Ausdruck auf sie selbst referiert, obgleich die Person nicht weiß, dass sie selbst der Referent dieses Ausdrucks ist.

Durch eine kleine Ergänzung dieses Beispiels ist zu erkennen, dass die Regel 12 richtig ist. Diese Ergänzung besagt, dass Sherlock Holmes am Tatort einen Fingerabdruck von MaGuckla entdeckt und erkennt, dass MaGuckla der Mörder ist. Wie MaGuckla den Satz artikuliert »I am a white Caucasian female, about twenty-five years old, who drives a red pick-up truck« weiß Sherlock Holmes, dass der Ausdruck ›ich‹ auf MaGuckla referiert, während MaGuckla dies nicht weiß.[58] Holmes weiß, dass das Personalpronomen der ersten Person singular auf den Sprecher referiert, obwohl der Sprecher dies nicht weiß. Holmes äußert daher den Satz »Yes, indeed! You are the murderer.«

In den letzten Jahren wurden die Ansätze von Corazza, Fish und Gorvett sowie von Sidelle und Romdenh-Romluc intensiv diskutiert.[59] Für diese Untersuchung ist ein Einwand von Lucy O'Brien von Bedeutung. Sie vertritt den Standpunkt, dass die Untersuchung von Corazza, Fish und Gorvett *nicht* zeigt, dass die Regel 1 nicht allgemeingültig ist.[60] O'Brien begründet dies damit, dass in denjenigen Fällen, in denen der Ausdruck ›ich‹ nicht auf den Sprecher zu referieren scheint, die *Identität* des Sprechers neu bestimmt wird.[61] Wenn Ben die Nachricht »I am not here now« verfasst und an Joes Tür befestigt, um Studenten zu informieren, dass Joe nicht im Büro ist, schreibt er diesen Satz

---

58 Folgendes Beispiel schildert eine Situation, die zu demselben Ergebnis führt: »Ein professioneller Sprechkünstler hat den Satz »Ich bin nicht hier« auf Tonband aufgenommen. Die Aufnahme wird von ihm und von seinen Freunden, Peter und Paul, auf ihren Anrufbeantwortern verwendet. Eines Abends verabredet der Sprechkünstler sich mit Peter und Paul. Paul verspätet sich und der Sprechkünstler möchte ihn mit seinem Handy anrufen. Durch eine Unachtsamkeit wählt er irrtümlich seine eigene Telefonnummer. Wie der Sprechkünstler die Nachricht hört »Ich bin nicht hier« glaubt er nicht, dass der Ausdruck ›ich‹ auf ihn selbst referiert, obwohl er weiß, dass er diesen Satz erzeugt hat. Als der Sprechkünstler Peter sein Handy leiht, bemerkt dieser, dass der Sprechkünstler die falsche Nummer gewählt hat und bei sich zuhause angerufen hat.« Dieses Beispiel bestätigt die Regel 12. Der Sprecher weiß nicht, dass der Ausdruck ›ich‹ auf ihn referiert, während eine andere Person dies weiß.

59 Graham Stevens, Dylan Dodd und Paula Sweeney versuchen Kaplans Theorie zu rehabilitieren. Sweeney und Todd räumen jedoch ein, dass es linguistische Daten gibt, die mit ihrem Ansatz nicht zu vereinbaren sind. Stevens entwickelt lediglich eine grobe Skizze einer Theorie indexikalischer Ausdrücke und berücksichtigt nur das Anrufbeantworter-Paradoxon. Vgl. Dodd & Sweeney 2009, Stevens 2009. Beide Ansätze zeigen daher nicht, dass die dargelegte Kritik falsch ist.

60 O'Brien 2007, 50.

61 O'Brien 2007, 51–55.

als ob er Joe wäre. Wenn Ben die Nachricht verfasst, nimmt er die Identität Joes an. Die Identität des Sprechers ist somit neu bestimmt worden. Der Sprecher ist in Wahrheit Joe und nicht Ben. Wenn Ben die Nachricht »I am not here now« verfasst, ist Joe der Sprecher und der Referent des Ausdrucks ›ich‹. Die Regel 1 bleibt daher in Kraft.

O'Briens Ausführungen sind nicht überzeugend. Wenn Ben die Nachricht »I am not here now« an Joes Tür befestigt, ist zwar – in Übereinstimmung mit O'Briens Überlegung – Joe der Referent des Ausdrucks ›ich‹, sobald Studierende die Nachricht lesen. Der entscheidende Punkt ist jedoch, dass Joe *nicht* der Sprecher ist, sondern Ben. Schließlich äußert nicht Joe den Satz und er hat Ben auch nicht beauftragt, die Nachricht an seiner Tür zu befestigen. Der Sprecher ist Ben, der Referent des Ausdrucks ›ich‹ jedoch Joe. Die von O'Brien angeführte »re-assignement« der Identität des Sprechers betrifft nicht den *Sprecher*, sondern die Identität des $Agenten_x$ des CoI und damit des Referenten des Ausdrucks ›ich‹. Die Identität des Sprechers, eines raumzeitlichen Gegenstandes, ist konstant. Die Identität des $Agent_x$ des CoI bzw. des Referenten wird neu bestimmt. Dies bedeutet nun aber nichts anderes, als dass die Regel 1 nicht allgemeingültig ist: Es gibt sinnvolle Verwendungen des Ausdrucks ›ich‹, bei denen der Sprecher *nicht* der Referent dieses Ausdrucks ist. Wenn Joe bspw. die Nachricht liest, die Ben an seiner Tür befestigt hat, weiß Joe, dass er selbst nicht der Sprecher bzw. Erzeuger der Nachricht ist, obgleich er erkennt, dass er der Referent des Ausdrucks ›ich‹ ist. Die dargestellte Kritik an der Regel 1 wird durch O'Briens Einwand nicht widerlegt.

Ein weiterer Einwand ist naheliegend. Er besagt, dass bei der Untersuchung der angeführten Regeln der Unterschied zwischen der Sprecher-Referenz und der semantischen Referenz nicht beachtet wird.[62] Der Sprecher-Referent ist derjenige Gegenstand, über den der Sprecher in einer bestimmten Situation zu sprechen wünscht und von dem er glaubt, dass er der semantische Referent des verwendeten Ausdrucks ist. Der semantische Referent ist demgegenüber derjenige Gegenstand, der durch Konventionen einer Sprachgemeinschaft als der Referent dieses Ausdrucks bestimmt ist.[63] Es ist möglich, dass die Sprecher-Referenz sich von der semantischen Referenz unterscheidet. Saul Kripke gibt folgendes Beispiel: Zwei Personen sehen Smith in der Ferne und halten ihn für Jones. Sie rufen ihm zu »What is Jones doing?«. In diesem Fall referiert ›Jones‹ in semantischer Hinsicht nicht auf Smith, sondern auf Jones. Smith ist jedoch der Referent für den Sprecher. In diesem Beispiel unterscheiden sich daher die Sprecher-Referenz und die semantische Referenz

62 Vgl. Kripke 1977, Bach 2005.
63 Kripke 1977, 263–264.

voneinander. Die zwei Sprecher möchten über Jones sprechen und glauben, dass die Person, die sie sehen der semantische Referent des Wortes ›Jones‹ ist. Das trifft jedoch nicht zu. Der Einwand gegen die dargestellte Diskussion der Regeln besagt somit, dass die Unterscheidung zwischen Sprecher-Referenz und semantischer Referenz auch im vorliegenden Kontext zu beachten ist. Die Argumente von Corazza usw. zeigen nicht, dass das Wort ›ich‹ nicht auf den Sprecher referiert. Dieser Ausdruck referiert im Sinn der semantischen Referenz in jedem Fall seiner Verwendung auf den Sprecher. Die Möglichkeit, dass der Ausdruck ›ich‹ auf eine andere Person als den Sprecher referiert, gilt lediglich für die Referenz für den Sprecher.

Es ist fragwürdig, ob die Unterscheidung zwischen der Sprecher-Referenz und der semantischen Referenz im vorliegenden Kontext angebracht ist und ob sie dazu führt, dass die Regeln 1, 2 und 3 mit Blick auf die semantische Referenz als allgemeingültig angesehen werden können. Selbst wenn das zutreffen sollte, ist dieser Einwand indes für die Belange dieser Untersuchung nicht von Bedeutung. Das Thema dieser Untersuchung ist die Theorie der Subjektivität und nicht die Semantik. Selbst wenn es zutreffen sollte, dass die Regeln 1, 2 und 3 aus semantischer Perspektive allgemeingültig sind, sind sie doch zweifelsfrei mit Blick auf die Sprecher-Referenz nicht allgemeingültig. Die Sprecher-Referenz ist für die Theorie der Subjektivität jedoch von primärer Bedeutung. Für eine Theorie des Selbstbewusstseins ist entscheidend, wie sich die Regeln 1, 2 und 3 *für das Subjekt* darstellen. Wenn MaGuckla bspw. den Satz äußert »I am a white Caucasian female«, dann ist *für MaGuckla* er selbst nicht der Referent dieses Ausdrucks. Das gilt auch dann, wenn mit Blick auf die semantische Referenz gelten würde, dass er der Referent ist.

KAPITEL 4

Das Bewusstsein von der Produktion des Ausdrucks ›ich‹

Die Regel 4 zeichnet sich gegenüber den Regeln 1, 2 und 3 dadurch aus, dass sie allgemeingültig ist. Dies gilt jedoch nur insofern die Regel 4 näher spezifiziert wird. Sie ist allgemeingültig, wenn bestimmte Voraussetzungen erfüllt sind. *Sieben* Einschränkungen sind zu berücksichtigen. 1. Diese Regel gilt nur dann, wenn eine Person den Ausdruck ›ich‹ sinnvoll zu verwenden vermag. Die Regel 4 setzt voraus, dass der Sprecher die deutsche Sprache beherrscht. 2. Sie gilt im Moment oder im Augenblick der Verwendung des Ausdrucks ›ich‹. Es ist möglich, dass eine Person diesen Ausdruck verwendet und kurze Zeit später vergessen hat, dass sie diesen Ausdruck verwendet hatte. Das Bewusstsein, dass man selbst den Ausdruck ›ich‹ verwendet, ist ein *instantanes* Phänomen. Es besteht *als solches* im Augenblick der Produktion eines Ausdrucks.[64] Es ist möglich, dass eine Person kraft ihrer Retention für einige Zeit sich bewusst ist, dass sie selbst den Ausdruck ›ich‹ verwendet hat. Aber dann besteht dieses Bewusstsein nicht als solches. Die Information, dass man selbst einen Ausdruck verwendet, wird mit der Retention mit dem zeitlichen Index ›vergangen‹ versehen.[65] 3. Diese Regel gilt, wenn eine Person wach und bei Bewusstsein ist. Es ist möglich, dass eine Person schläft und träumt und den Ausdruck ›ich‹ produziert. In diesem Fall ist es fragwürdig, ob die Regel 4 gilt. 4. Diese Regel besagt näher betrachtet, dass der Sprecher sich bewusst ist, dass er selbst den Ausdruck ›ich‹ *innerlich* (nicht sinnlich – akustisch, visuell – wahrnehmbar, »im Stillen«) produziert.[66] Dieser Fall von Selbstbewusstsein

64 Vgl. Dorsch 2009, 41: »Another is that, while events of forming a judgement are often, or perhaps even always, instantaneous, the formed judgements may remain in continuous experience for a considerable amount of time«. Vgl. Delius 1981, 170.

65 Der Ausdruck ›Information‹ bezeichnet im Rahmen der in dieser Untersuchung entwickelten Darstellung der performativen Interpretation von Subjektivität bzw. der Regeln 4* und 17 einen (potentiell) bewussten Inhalt bzw. Gehalt. In der analytischen Philosophie wird oftmals angeführt, dass »there is no information without a causal link between the information-bearer and that which the information concerns.« Recanati 1993, 119. Die Frage, ob eine jede Information eine kausale Beziehung voraussetzt, wird in dieser Untersuchung nicht behandelt.

66 Der Ausdruck ›innerlich‹ besagt, dass eine Person einen Ausdruck auf eine nicht sinnlich wahrnehmbare Weise produziert. Wie im Folgenden dargelegt wird, ist das Bewusstsein von dieser innerlichen Weise der Produktion eines Ausdrucks kein Fall von

 DOI:10.30965/9783957437273_006

ist von dem Selbstbewusstsein zu unterscheiden, dass man selbst der *Sprecher* ist. Dies zeigt folgendes Beispiel von Albert Newen:

> Imagine Freud is wearing headphones without knowing it. The headphones are hooked up to some strange recording system which produces everything he can hear. Freud does not know that his auditory input is dependent on this system. He utters the sentence »I am a famous psychologist«. While recording this, the system immediately plays back the same type of utterance earlier made by a collegue of his. Then, after a certain period of time, the system plays back Freud's utterance. In such a situation it is possible for him to believe that the utterance he first heard was his own utterance, although in fact it was not, and that the utterance he later heard was not his own utterance, although in fact it was. If he falsely believes that the speaker of the later utterance is his collegue and furthermore believes that his collegues is not famous, he takes the utterance content to be false. Nevertheless, he believes that he himself is a famous psychologist.[67]

In diesem Beispiel nimmt Freud ausschließlich durch Kopfhörer Äußerungen wahr, ohne dass er jedoch weiß, dass er Kopfhörer trägt. Die Kopfhörer sind mit einem Wiedergabegerät verbunden, welches diejenigen Sätze abspielt, die Freud durch den Kopfhörer wahrnimmt. Wie Freud den Satz »I am a famous psychologist« äußert, spielt das Wiedergabegerät – im selben Augenblick – denselben Satz ab, den jedoch eine andere Person kurze Zeit zuvor geäußert hat. Freuds Äußerung dieses Satzes wird erst einige Zeit später eingespielt. In dieser Situation ist es möglich, dass Freud glaubt, dass er selbst denjenigen Satz äußert, den er wahrnimmt, obgleich in Wahrheit eine andere Person diesen Satz äußert. Es ist aber auch möglich, dass Freud den Satz, den er selbst geäußert hat und der zeitverzögert eingespielt wird, nicht als einen Satz erkennt, den er selbst geäußert hat.[68] Dieses Beispiel zeigt, dass es möglich ist,

---

propositionalem Bewusstsein. Eine Person fasst keinen Gedanken, wenn sie das Bewusstsein besitzt, dass sie selbst einen Ausdruck innerlich produziert. Wenn eine Person das Bewusstsein besitzt, dass sie einen Ausdruck innerlich produziert, ist sie sich auch *innerlich bewusst*, dass sie einen Ausdruck produziert. Sie gewinnt dieses Bewusstsein bspw. nicht durch eine äußere, etwa akustische Wahrnehmung. Vgl. Kapitel 12.

67 Newen 1997, 114. Kapitan, Newen und Schrenk, Peacocke und Wyller liefern weitere Beispiele, die zeigen, dass das Bewusstsein, der Sprecher eines Satzes zu sein, von dem Bewusstsein, dass man selbst im Stillen Wörter produziert, zu unterscheiden ist. Vgl. Kapitan 2013, 6, Newen & Schrenk 2008, 119, Peacocke 1983, 134, Wyller 2002, 35.

68 Newen präsentiert ein recht abenteuerliches Beispiel. Das von ihm geschilderte Szenario wird plausibler, wenn Zusatzannahmen eingeführt werden, und zwar erstens, dass beide Personen, welche den Satz »I am a famous psychologist« äußern, zum Verwechseln ähnlich klingende Stimmen haben. Unter Voraussetzung dieser Annahme ist es plausibel anzunehmen, dass Freud nicht erkennt, dass er in Wahrheit nicht seine eigene Stimme hört, wie er den von einer anderen Person geäußerten Satz »I am a famous psychologist« wahrnimmt. Wenn zweitens zusätzlich angenommen wird, dass Freud weiß, dass

dass ein Sprecher weder weiß *wer* der Sprecher ist noch, dass *er selbst* der Sprecher eines Satzes ist, den er wahrnimmt. Es ist daher auch möglich, dass dem Sprecher ein Fehler bei der Identifizierung des Sprechers eines Satzes unterläuft, den er selbst äußert. Diese Möglichkeiten sind jedoch mit Blick auf das Bewusstsein, dass man selbst den Ausdruck ›ich‹ innerlich produziert, ausgeschlossen. In Newens Beispiel weiß Freud, dass er selbst den Satz »I am a famous psychologist« im Stillen verwendet. Was er nicht weiß, ist, wer der Sprecher des Satzes ist, den er wahrnimmt. Die Regel 4 besagt daher nicht, dass ein Sprecher im Fall der Produktion des Ausdrucks ›ich‹ weiß, dass er selbst der *Sprecher* ist, der diesen Ausdruck erzeugt. Diese Regel besagt, dass im Fall der Verwendung des Ausdrucks ›ich‹ die Person, die diesen Ausdruck produziert, das Bewusstsein besitzt, dass sie selbst diesen Ausdruck *innerlich* verwendet. Es ist wichtig zu beachten, dass dies jedoch nicht bedeutet, dass die Regel 4 nur dann gilt, wenn eine Person einen Ausdruck ausschließlich nicht sinnlich wahrnehmbar produziert. Auch wenn eine Person einen Satz bspw. akustisch wahrnehmbar äußert, besitzt sie innerlich ein Bewusstsein von den Ausdrücken, die sie produziert.

5. In Kapitel 3 wurde erläutert, dass der Verwender eines Ausdrucks vom Erzeuger zu unterscheiden ist. Die Ausdrücke ›Erzeugung‹ und ›Produktion‹ eines Ausdrucks bezeichnen die aktuelle *Erzeugung* eines Ausdrucks (tokens). Der Ausdruck ›Verwendung‹ bezeichnet die Verwendung eines Ausdrucks, der bereits produziert worden ist bzw. von einer anderen Person erzeugt worden ist. So wird bspw. der von einem Sprechkünstler erzeugte Satz »Ich bin nicht zuhause« von einer anderen Person *verwendet*, wenn sie diesen Satz auf ihrem Anrufbeantworter benutzt. Es ist möglich, dass sie diesen Ausdruck verwendet, ohne dass sie ein Bewusstsein davon besitzt. Dies ist bspw. der Fall, wenn der Anrufbeantworter den Satz »Ich bin nicht zuhause« wiedergibt und der Besitzer des Anrufbeantworters dies nicht hört. Die Regel 4 besagt daher näher betrachtet, dass eine Person dann, wenn sie selbst einen Ausdruck produziert, weiß, dass sie selbst diesen Ausdruck produziert.

Der Ausdruck ›produziert‹ bezeichnet nicht die physische Produktion eines Ausdrucks. Er bezeichnet nicht die Niederschrift des Ausdrucks ›ich‹ bspw. auf einem Blatt Papier oder die akustische Produktion eines Wortes, etwa die Bewegungen der Zunge. Dieser Ausdruck bezeichnet die *mentale* Aktivität, durch die ein Ausdruck innerlich produziert wird.[69] Das bedeutet, er bezeichnet

---

ein Stimmenimitator seine Äußerungen nachspricht, ist es möglich, dass Freud nicht erkennt, dass er selbst den Satz »I am a famous psychologist« geäußert hat, welcher einige Zeit nach Freuds Äußerung eingespielt wird.

69 In Kapitel 7 wird die Bedeutung dieses Ausdrucks näher erläutert.

keine Handlung (action), wenn Handlungen sowohl mentale als auch physische Tätigkeiten mit einschließen, wie bspw. die absichtliche manuelle Positionsveränderung einer Figur auf einem Schachbrett.[70] Im Unterschied zu physischen Handlungen bezeichnen die Ausdrücke ›Produktion‹ oder auch ›Erzeugung‹ (im Rahmen dieser Untersuchung) Tätigkeiten, die (in der Regel) nicht von anderen Personen beobachtet werden können, das heißt, die nicht aus der Perspektive der dritten Person wahrgenommen werden können.[71]

6. Es ist möglich, dass eine Person einen Ausdruck erzeugt, ohne dass sie ein Bewusstsein von diesem Ausdruck besitzt und somit ohne dass sie sich bewusst ist, dass sie *diesen* Ausdruck *produziert*. Dies belegen Versprecher. Wenn eine Person bspw. den Eigennamen ›Kapitan‹ verwenden möchte, jedoch infolge eines Versprechers die Wörter ›Kapitän‹ oder ›Kaplan‹ artikuliert, ist es möglich, dass sie kein Bewusstsein von demjenigen Ausdruck besitzt, den sie äußert. Dies zeigen psycholinguistische Untersuchungen.[72] Sie belegen, dass Personen nicht jeden Fehler entdecken, der ihnen bei der Produktion von Wörtern unterläuft. Es ist somit grundsätzlich möglich, dass eine Person im Zusammenhang mit einem Versprecher den Ausdruck ›ich‹ produziert, ohne dass sie ein Bewusstsein von diesem Ausdruck besitzt. Sie besitzt somit auch nicht das Bewusstsein, dass sie selbst *diesen* Ausdruck produziert, obgleich sie diesen Ausdruck erzeugt. Die Regel 4 gilt daher nicht in jedem Fall der Produktion eines linguistischen Ausdrucks *überhaupt*. Sie gilt nur in denjenigen Fällen, in denen eine Person ein *Bewusstsein* von einem Ausdruck, den sie produziert, besitzt.

7. Die Regel 4 gilt für *rationale* Sprecher. Dies bestätigen Untersuchungen zum Verhältnis zwischen Rationalität und Schizophrenie. Der Psychiater Clive S. Mellor schildert folgenden Bericht eines schizophrenen Patienten:

> I look out of the window and I think the garden looks nice and the grass looks cool. But the thoughts of Eammon Andrews (a famous ›media personality‹ at this time) come to my mind. There are no other thoughts there, only his. He treats my mind like a screen and flashes his thoughts on to it like you flash a picture.[73]

Mellors Patient leidet an einer Krankheit, die als Gedankeneingebung (*thought insertion*) bezeichnet wird. Diese Krankheit wird beschrieben als »having

70 O'Brien 2007, 129.

71 Vgl. Soteriou 2009b, 231–234. Die Einschränkung »in der Regel« ist zu beachten, da Gehirnaktivitäten nunmehr mit technischen Hilfsmitteln abgebildet werden können.

72 Postma & Kolk 1992, 1028.

73 Fulford 1994, 7.

thoughts in your own head, thoughts consciously present to you, and thoughts which in this sense *you* are thinking, yet which you experience at the same time as the thoughts of some *other person or agency*«.[74] Die Frage, wann eine Person eine rationale Person ist, ist ohne Zweifel schwer zu beantworten. Nach Gold & Hohwy ist jedoch soviel klar: Eine Person ist dann nicht rational, wenn sie einen Gedanken hervorbringt und sich nicht bewusst ist, dass sie selbst diesen Gedanken hervorbringt.[75] Eine Person, welche den Ausdruck ›ich‹ innerlich produziert und nicht das Bewusstsein besitzt, dass sie selbst diesen Ausdruck erzeugt, ist daher keine rationale Person. Die Regel 4 lautet somit näher spezifiziert folgendermaßen:

> 4⁺. In jedem Fall der *Produktion* des Ausdrucks ›ich‹ weiß eine *rationale* und *wache* Person, welche diesen Ausdruck *sinnvoll* zu verwenden vermag und ein *Bewusstsein* vom produzierten Ausdruck besitzt, in dem *Augenblick*, in dem sie den *mentalen* Akt der Produktion dieses Ausdrucks vollzieht, dass sie selbst diesen Ausdruck (*innerlich*) produziert.

Die präzisierte Regel 4^+ ist allgemeingültig.[76] Sie gilt in jedem Fall der Produktion des Ausdrucks ›ich‹. Sie unterscheidet sich daher von den Regeln 1, 2 und 3. Diese Regeln sind auch dann nicht allgemeingültig, wenn die dargestellten Voraussetzungen für die Allgemeingültigkeit der Regel 4^+ erfüllt sind. Es ist bspw. möglich, dass eine rationale Person den Ausdruck ›ich‹ produziert und dass sie (für sich) nicht der Referent dieses Ausdrucks ist.[77]

---

74 Fulford 1994, 6–7. Vgl. Campbell 1999.

75 Gold & Hohwy 2000, 147: »We claim that schizophrenic delusion is a paradigm case of irrationality and [...] that it is brought about by a violation of a constraint on rational thought we call *egocentricity*, a thought's manifesting itself in consciousness as having originated in one's own mind«. Vgl. Peacocke 2005, 244: »A conception of ownership which involves origination is thus crucial for rational thought and action.« Vgl. Fulford 1994, 14–15.

76 Seit der Niederschrift dieser Arbeit sind einige Jahre vergangen. Ich vertrete nun nicht mehr den Standpunkt, dass die Regel 4+ (und auch die Regeln 17 und 18) allgemeingültig ist. Dies nicht aus dem Grund, dass ich zeigen könnte, dass sie nicht allgemeingültig ist. Der Grund besteht vielmehr darin, dass ich mir nicht sicher bin, ob es im Bereich der Theorie der Subjektivität möglich ist, allgemeingültige Regeln zu formulieren, die informativ sind und als allgemeingültig ausgewiesen werden können. Das bedeutet nicht, dass die Ausführungen in diesem Kapitel überflüssig geworden sind. Ich verstehe sie nunmehr als einen Leitfaden, um der Leserin das Phänomen vor Augen zu führen, das ich im Blick habe.

77 Vgl. die in Kapitel 3 erwähnte Literatur. Die Modifizierung eines Beispiels, das bereits zur Sprache gekommen ist, soll diesen Punkt verdeutlichen. In diesem Beispiel äußert MaGuckla den Satz: »I am a white Caucasian female« und MaGuckla ist nicht der Mörder.

Gegen die Regel 4^+ scheint insbesondere ein Einwand zu sprechen. Er lautet, dass diese Regel besagt, dass ein Sprecher *weiß*, dass er den Ausdruck ›ich‹ produziert. Die Regel 4^+ schließt jedoch aus, dass ein Sprecher sich irrt, wenn er glaubt, dass er selbst einen Ausdruck innerlich produziert. Etwas zu wissen, bedeutet demgegenüber, dass die Möglichkeit nicht ausgeschlossen ist, dass ein Sprecher sich irrt. Die Darstellung der Regel 4^+ enthält somit einen Fehler. Das Bewusstsein eines Sprechers, dass er selbst den Ausdruck ›ich‹ produziert, ist kein Fall von Wissen.

In diesem Einwand wird vorausgesetzt, dass es nur dann sinnvoll ist, von *Wissen* zu sprechen, wenn die Möglichkeit eines Irrtums besteht.[78] Nach Ansicht von Ernst Tugendhat ist dies eine dogmatische Festsetzung, die mit dem faktischen Sprachgebrauch nicht übereinstimmt. Tugendhat erläutert dies folgendermaßen:

> Andererseits haben wir gesehen, daß bei den ›ich φ‹-Sätzen ebenso wie bei den Ausrufen die für die kognitiven Sätze charakteristische Möglichkeit des Irrtums nicht gegeben ist. Wenn aber bei einem assertorischen Satz ein Irrtum ausgeschlossen ist, heißt das eben, daß man das mit ihm Gemeinte weiß, weil man daran nicht zweifeln kann. Sollte Wittgenstein mit dem logischen Ausgeschlossensein des Zweifels *dieses* Nichtzweifelnkönnen meinen, so bestünde darin eine dogmatische Festlegung des Wortes ›wissen‹, die wiederum unserem faktischen Sprachgebrauch widerspräche.[79]

Als ›ich φ‹-Sätze bezeichnet Tugendhat Sätze, welche die Form haben: Ich weiß, dass ich φ. Es sind dies Sätze, in denen ein Sprecher sich selbst einen Bewusstseinszustand zuschreibt, also bspw. das Prädikat, Schmerzen zu haben.[80] Der Einwand, dass die Regel 4^+ einen Fehler enthält, da der Begriff *Wissen* verwendet wird, ist nicht überzeugend. Der faktische Sprachgebrauch zeigt, dass von *Wissen* gesprochen wird, wenn die Möglichkeit eines Irrtums ausgeschlossen ist. Da der Begriff des Wissens für die zentralen Aussagen dieser Untersuchung jedoch keine Schlüsselfunktion besitzt, wird im weiteren Verlauf dieser Untersuchung folgende Formel verwendet:[81]

In diesem Fall ist es möglich, dass die in der Regel 4+ erwähnten Bedingungen erfüllt sind und zugleich gilt, dass der Ausdruck ›ich‹ nicht auf die Person referiert, die diesen Ausdruck verwendet; dass die Referentin nicht mehr lebt und dass MaGuckla weiß, dass dieser Ausdruck nicht auf ihn selbst referiert.

78 Vgl. Saporiti 2003, 375.

79 Tugendhat 1997, 132. Vgl. Lang 2010, 57f.

80 Tugendhat 1997, 50.

81 Aus stilistischen Gründen wird gelegentlich jedoch auch der Ausdruck ›wissen‹ verwendet.

> 4*. In jedem Fall der *Produktion* des Ausdrucks ›ich‹ ist sich eine *rationale* und *wache* Person, welche diesen Ausdruck *sinnvoll* zu verwenden vermag und ein *Bewusstsein* vom produzierten Ausdruck besitzt, in dem *Augenblick*, in dem sie den *mentalen* Akt der Produktion dieses Ausdrucks vollzieht, *bewusst*, dass sie selbst diesen Ausdruck *innerlich* produziert.

Mit Blick auf die Diskussion der Regeln 1, 2, 3 und 4 sind (zumindest) vier Fälle von Selbstbewusstsein zu unterscheiden, die im Zusammenhang mit der Äußerung des Ausdrucks ›ich‹ bestehen können. Eine Person verfügt erstens über das Bewusstsein, dass sie selbst den Ausdruck ›ich‹ innerlich produziert (Regel 4*). Sie weiß (in den meisten Fällen der Verwendung dieses Ausdrucks) zweitens, dass sie die Sprecherin ist, die den Ausdruck ›ich‹ verwendet. Die Person weiß drittens, dass der Ausdruck ›ich‹ auf sie selbst referiert. Wenn ein Sprecher sich bewusst ist, dass er einen Ausdruck innerlich produziert, dass er der Sprecher ist, und dass der Ausdruck ›ich‹ auf ihn selbst referiert, besitzt er viertens ein Identitätsbewusstsein. Der Sprecher ist sich bewusst, dass er sowohl einen Ausdruck innerlich produziert als auch der Sprecher ist sowie der Referent des Ausdrucks ›ich‹. Die Regel 4* gilt ausschließlich für den ersten Fall von Selbstbewusstsein.

Es ist wichtig zu beachten, dass die Regel 4* somit *nicht* erklärt, wie ein Subjekt die bewusste Information besitzt, selbst der Referent des Wortes ›ich‹ zu sein. Dies zeigt das in Kapitel 3 dargestellte Beispiel von Corazza, Fish und Gorvett. Wenn Joe die an seiner Tür befestigte Nachricht »I am not here now« liest, weiß er, dass der Ausdruck ›ich‹ auf ihn selbst referiert, obgleich er auch weiß, dass er diesen Ausdruck nicht produziert hat, während Ben weiß, dass er der Produzent des Ausdrucks ›ich‹ ist und dass dieser Ausdruck nicht auf ihn selbst referiert. Dieser Hinweis zeigt, dass Lucy O'Briens Ansatz in *Self-Knowing Agents* nicht überzeugt. O'Brien vertritt den Standpunkt, dass erstpersonale Referenz genau dann möglich ist, wenn drei Bedingungen erfüllt sind. Der Ausdruck ›erstpersonale Referenz‹ bezeichnet Fälle, in denen eine Person den Ausdruck ›ich‹ verwendet und dieser Ausdruck sowohl auf den Sprecher referiert als auch der Sprecher das Bewusstsein besitzt, dass er selbst der *Referent* dieses Ausdrucks ist. Diese Bedingungen lauten:

> A. Mastery of SRR: A subject who is able to refer first-personally uses the term or concept ›I‹ as governed by the rule that it refers to its user.
> B. Knowledge of use of ›I‹: A subject who is able to refer first-personally must have a capacity to know that she, herself is using ›I‹ when she is.
> C. Agent's Awareness: A subject who is able to refer first-personally must have a capacity to be aware of her own acts of thinking and uttering that does not imply a prior capacity for first-person reference.

> The suggestion is that if these three components are in place then we have a subject who is capable of first-person reference. [...] The central idea is that a subject who uses ›I‹ in accordance with SRR, and who has agent's awareness of what she is doing, thereby simultaneously refers to herself first-personally and is able to know that she is so referring. We call this the agency account.[82]

Nach Ansicht von O'Brien ist erstpersonale Referenz dann möglich, wenn eine Person erstens die linguistische Bedeutung des Ausdrucks ›ich‹ versteht und diesen Ausdruck regelkonform anzuwenden vermag; zweitens das Vermögen besitzt, Bewusstsein davon zu haben, dass sie selbst diesen Ausdruck verwendet; und drittens das Vermögen besitzt, ein Bewusstsein von ihrer mentalen Aktivität zu haben, welches nicht erstpersonale Referenz voraussetzt. Das Bewusstsein von der eigenen mentalen Aktivität darf nicht erstpersonale Referenz voraussetzen, da anderenfalls die Erklärung zirkulär wäre: Das zu erklärende Phänomen wäre vorausgesetzt, um eben dies Phänomen erklären zu können.

Die Ausführungen in diesem Kapitel sowie in Kapitel 3 zeigen, dass O'Briens Ansatz nicht überzeugt. Das Bewusstsein, selber einen Ausdruck zu erzeugen, ist weder eine notwendige noch eine hinreichende Bedingung für *referentielles Selbstbewusstsein*. Der Ausdruck ›referentielles Selbstbewusstsein‹ bezeichnet das Bewusstsein eines Subjekts, selbst der Referent des Wortes ›ich‹ zu sein. Es ist möglich, dass ein Sprecher sich sowohl bewusst ist, dass er selbst den Ausdruck ›ich‹ verwendet, als auch, dass dieser Ausdruck dennoch auf eine andere Person referiert. Ebenso ist es möglich, dass eine Person weiß, dass er selbst der Referent des Wortes ›ich‹ ist, obwohl er weiß, dass er diesen Ausdruck nicht produziert hat. Es folgt daher nicht, wie O'Brien behauptet, dass erstpersonale Referenz bereits dann – oder auch nur dann – erfolgt, wenn die von ihr angeführten Punkte A bis C erfüllt sind.

82 O'Brien 2007, 77.

KAPITEL 5

Das egologische Selbstbewusstsein

Die Regel 4* enthält eine *egologische* Interpretation von Selbstbewusstsein. Sie besagt, dass eine Person sich bewusst ist, dass *sie selbst* den Ausdruck ›ich‹ produziert bzw. dass Bewusstsein von ihrer Tätigkeit als ihrer *eigenen* Tätigkeit besteht.[83] Einige Philosophen vertreten jedoch den Standpunkt, dass es Fälle nicht-egologischen bzw. *anonymen* Selbstbewusstseins gibt. Das heißt, Selbstbewusstsein schließt nicht die Information mit ein, dass man Bewusstsein von *sich selbst* besitzt bzw. von der *eigenen* Tätigkeit.[84] So lautet etwa Lichtenbergs berühmter Einwand gegen Descartes' *sum cogitans*: »*Es denkt*, sollte man sagen, so wie man sagt: *es blitzt*. Zu sagen *cogito*, ist schon zu viel, so bald man es durch *Ich denke* übersetzt.«[85] Nicht-egologische Interpretationen von Selbstbewusstsein bestreiten nicht notwendigerweise, dass Bewusstsein und mentale Zustände oder Aktivitäten einem Subjekt zuzuschreiben sind. Der entscheidende Punkt ist, dass Selbstbewusstsein zwar bspw. ein Bewusstsein von einer mentalen Aktivität eines Subjekts enthält, dass es jedoch nicht die Information mit einschließt, dass man Bewusstsein von der *eigenen* Tätigkeit bzw. von *sich selbst* besitzt. Es bedarf daher einer Begründung, warum das Bewusstsein von der (eigenen) Produktion des Ausdrucks ›ich‹ ein Fall von *egologischem* Selbstbewusstsein ist.

Für diese These sprechen insbesondere vier Überlegungen. 1. Es ist m.E. eine Tatsache des Bewusstseins, dass eine Person sich bewusst ist, dass sie selbst einen Ausdruck produziert, wenn sie einen Ausdruck produziert. Fragen wie bspw. »Bist Du Dir sicher, dass *Du* diesen Ausdruck (innerlich) produzierst?« sind sinnlos, da die Antwort nur lauten kann: Ja, daran besteht gar kein Zweifel. Diese Frage ist insofern sinnlos als eine Antwort, die nicht »ja« o.Ä. lauten würde, unsinnig wäre.[86] Eine Person, die einen Ausdruck

83 Die Ausdrücke ›produzieren‹, ›hervorbringen‹ und ›erzeugen‹ werden gleichbedeutend verwendet. Dies gilt auch für ›Aktivität‹ und ›Tätigkeit‹.

84 Henrich 1970, 275–280, Kapitan 1999a, 36, 39–40, Lichtenberg 1979, 97, Sartre 1997, 45, Strawson 2003, 120–125.

85 Lichtenberg 1979, 97. Vgl. Sarte 1997, 45–46. Nicht-egologische Theorien treten in zwei Varietäten auf. Nach Strawson bestreiten Vertreter des »No-ownership« Ansatzes, dass es ein Subjekt gibt. Strawson 2003, 120–121. Es ist jedoch auch möglich, anzunehmen, dass es ein Subjekt gibt, welches anonymes Selbstbewusstsein besitzt.

86 Vgl. Henrich 1970, 266.

 | DOI:10.30965/9783957437273_007

produziert, besitzt nicht nur ein Bewusstsein von ihrer mentalen Aktivität, sondern auch das Bewusstsein, dass es ihre *eigene* Tätigkeit ist.

2. Nach Robert Nozick besitzt eine Person nur dann das Bewusstsein, dass sie selbst der Referent des Ausdrucks ›ich‹ ist, wenn sie weiß, dass sie selbst diesen Ausdruck produziert.[87] Nozick begründet dies folgendermaßen:

> How do I know I am referring to myself? We might have the following picture. I produce a sentence token, for example, »I am in Cambridge«, with the intention of invoking its standard sense. So I know that the »I« in the token refers to its producer. I know, then, that the producer referred to himself; but in what does my reflexive knowledge that I produced it consist, what is the nature of my knowing I was that producer? [...] For me to have reflexive self-knowledge is not merely for me to know that some token sentence containing »I« is true of whoever produced it, even when that token is one I produced. I must also know reflexively that I produced that token. This further knowledge cannot consist merely in knowing that some other token containing »I« is true, for once again I would have to know that this other token is produced by me.[88]

Nozick untersucht, *was* eine Person kraft der linguistischen Bedeutung des Ausdrucks ›ich‹ weiß. Die linguistische Bedeutung des Ausdrucks ›ich‹ besagt nach Nozick, dass dieser Ausdruck auf den Erzeuger des Ausdrucks ›ich‹ referiert. Die linguistische Bedeutung ermöglicht einer Person zu erkennen, dass der Ausdruck ›ich‹ auf diejenige Person referiert, welche diesen Ausdruck produziert, und dass somit ein Fall von Selbstreferenz vorliegt. Was der linguistischen Bedeutung nicht zu entnehmen ist, ist jedoch die Information *wer* diesen Ausdruck produziert. Damit eine Person weiß, dass der Ausdruck ›ich‹ auf sie selbst referiert, ist daher vorausgesetzt, dass sie weiß, dass sie selbst diejenige Person ist, welche diesen Ausdruck produziert. Der linguistischen Bedeutung des Ausdrucks ›ich‹ ist diese Information aber *nicht* zu entnehmen. Eine Person besitzt kraft der linguistischen Bedeutung dieses Ausdrucks die Information, dass der Ausdruck ›ich‹ auf diejenige Person referiert, *welche auch immer* diesen Ausdruck produziert. Sie erhält aber nicht die Information, wer der jeweilige Sprecher bzw. Denker ist. Wenn eine Person die linguistische Bedeutung eines Satzes versteht, kennt sie somit zwar die Bedingungen, die erfüllt sein müssen, damit ein Satz wahr ist. Bspw. weiß eine Person, die die linguistische Bedeutung des Satzes »Ich bin ein Philosoph« versteht, dass dieser Satz wahr ist, wenn der Sprecher ein Philosoph ist. Sie weiß jedoch nicht, wer

---

87 Nozick 1982[4], 79–80. Auf diesen Punkt machen n.a. auch José L. Bermúdez, Ruth Millikan, Lucy O'Brien und François Recanati aufmerksam. Vgl. Bermúdez 1998, O'Brien 2007, Millikan 2001, Recanati 2007. Vgl. ferner Lang 2010.

88 Nozick 1982[4], 79–80.

der Referent des Ausdrucks ›ich‹ ist. Die zentrale Aussage von Nozicks Argument lautet, dass eine Person dann, wenn sie den Ausdruck ›ich‹ produziert, wissen muss, dass *sie selbst* diesen Ausdruck hervorbringt. Der Ausdruck ›sie selbst‹ ist ein Quasi-Indikator, das heißt, ein sprachlicher Ausdruck, mit dem einer Person Selbstbewusstsein zugeschrieben wird, welches sie (in der Regel) unter Verwendung des Ausdrucks ›ich‹ sprachlich artikulieren würde, bspw. anhand der Äußerung des Satzes »Ich produziere den Ausdruck ›ich‹«. Das Bewusstsein von der Produktion des Ausdrucks ›ich‹ ist somit nicht anonym. Es schließt egologisches Selbstbewusstsein mit ein. Dies ist auch dann richtig, wenn, wie in Kapitel 3 erläutert worden ist, dieser Ausdruck nicht ausschließlich auf den Sprecher referiert. *Wenn* der Sprecher den Ausdruck ›ich‹ (aktuell) innerlich produziert und weiß, dass dieser Ausdruck auf ihn selbst referiert, ist er sich bewusst, dass *er selbst* diesen Ausdruck produziert.

3. Das egologische Selbstbewusstsein schließt *nicht* nur die Information mit ein, dass man selbst einen Ausdruck *produziert*. Es enthält zusätzlich weitere Informationen. Die ausführliche Darstellung dieser Informationen erfolgt in den Kapiteln 8 und 9. Im vorliegenden Zusammenhang ist es wichtig zu beachten, dass es die Information mit einschließt, dass man selbst das *Bewusstsein* von der eigenen Produktion des Ausdrucks ›ich‹ besitzt. Das Subjekt, das Bewusstsein besitzt, ist nicht *anonym*. Wenn eine Person ein Bewusstsein von (ihrer) Produktion des Ausdrucks ›ich‹ besitzt, weiß sie, *wer* dieses Bewusstsein hat, nämlich sie selbst. Sie versteht ihr Bewusstsein als ihr *eigenes* Bewusstsein. Es steht für sie außer Frage, wer dieses Bewusstsein besitzt. Dies ist auch daran zu erkennen, dass eine Frage wie bspw.: »Bist Du Dir sicher, dass *Du* es bist, der *weiß*, dass er einen Ausdruck produziert?« sinnlos ist. Anderenfalls wäre das Bewusstsein von der (eigenen) Produktion eines Ausdrucks in egologischer Hinsicht von Fällen der Fremdzuschreibung des Bewusstseins von einem selbst nicht zu unterscheiden, die in Sätzen bspw. folgendermaßen ausgedrückt werden: »Irgend jemand besitzt das Bewusstsein, dass ich den Ausdruck ›ich‹ produziere« oder »Es ist mir nicht bekannt, wer weiß, dass ich den Ausdruck ›ich‹ erzeuge«. Wenn eine Person das Bewusstsein besitzt, dass sie den Ausdruck ›ich‹ produziert, ist sie sich bewusst, dass sie selbst – und nicht irgendjemand oder eine andere Person – dieses Bewusstsein hat. Das Bewusstsein, dass man selbst einen Ausdruck hervorbringt, schließt das Bewusstsein, dass man selbst dieses Bewusstsein besitzt, mit ein. Es ist ein Fall von *egologischem* Selbstbewusstsein.

4. Die vierte und vielleicht beste Begründung wird im zweiten und dritten Hauptstück entwickelt. Sie gilt unter der Voraussetzung, dass im Fall von referentiellem Selbstbewusstsein das Subjekt, das Selbstbewusstsein besitzt, selbst den Ausdruck ›ich‹ produziert und dass dieser Ausdruck auch auf es

referiert. Sie besagt, dass es möglich ist, referentielles Selbstbewusstsein zu erklären, wenn angenommen wird, dass ein Subjekt egologisches Selbstbewusstsein besitzt. Es ist nicht möglich, referentielles Selbstbewusstsein zu erklären, wenn nicht angenommen wird, dass ein Subjekt das dargestellte egologische Selbstbewusstsein besitzt. Also ist es sinnvoll anzunehmen, dass sie egologisches Selbstbewusstsein hat.

Bei der Interpretation des egologischen Selbstbewusstseins sind mehrere Punkte zu beachten. 1. In der Regel richtet eine Person ihre Aufmerksamkeit nicht auf ihre Produktion von Wörtern. Dennoch besitzt sie die bewusste Information, dass sie selbst den Ausdruck ›ich‹ produziert. Das egologische Selbstbewusstsein besteht auch nicht allererst dann, wenn eine Person über sich selbst nachdenkt oder auf sich selbst reflektiert oder auch sich selbst identifiziert. Das bedeutet, dass *zwei* Fälle von egologischem Selbstbewusstsein zu unterscheiden sind. Das egologische Selbstbewusstsein, das im Zentrum dieser Untersuchung steht, ist ein Fall von *subjektivem* egologischem Selbstbewusstsein. Eine Person besitzt dieses Selbstbewusstsein auch dann, wenn sie nicht über sich selbst nachdenkt, auf sich selbst reflektiert, die Aufmerksamkeit auf sich selbst richtet, eine Aussage über sich selbst trifft oder wenn ein Ausdruck auf sie selbst referiert. Es ist ein *präreflexives* Selbstbewusstsein.[89] Demgegenüber besitzen Personen oftmals auch *objektives* egologisches Selbstbewusstsein. Es sind dies Fälle von Selbstbewusstsein, in denen ein Subjekt bspw. seine Aufmerksamkeit auf sich selbst richtet, oder über sich selbst reflektiert. Es mag fragwürdig sein, wie es möglich ist, im Zuge einer Reflexion über die Produktion von Wörtern Bewusstsein von diesem präreflexiven Selbstbewusstsein zu haben? Die Antwort auf diese Frage liefert die Retention. Sie ist ein Vermögen, bewusste Informationen als vergangene bewusste Informationen aktuell präsent zu behalten. Mithilfe der Retention ist es möglich, nachträglich das präreflexive Selbstbewusstsein im Blick zu behalten und sich seiner zu vergewissern.

2. Das egologische Selbstbewusstsein, welches die Produktion des Ausdrucks ›ich‹ begleitet, enthält die Informationen, dass man selbst diesen Ausdruck produziert und dass man selbst das Bewusstsein von dieser Information besitzt. Im Anschluss an eine Formulierung von Uriah Kriegel lässt sich dieses Selbstbewusstsein durch die Formulierung explizieren: »she is self-consciously producing ›I‹«.[90] Dieser Fall von Selbstbewusstsein ist daher bspw. vom

89 In neueren Untersuchungen wird oftmals der Ausdruck ›präreflektiv‹ (pre-reflective) verwendet.

90 »Compare »I am self-conscious of thinking that *p*« and »I am self-consciously thinking that *p*.« In the former, transitive form, self-consciousness is construed as a relation

Bewusstsein vom eigenen Charakter oder den eigenen biographischen Daten zu unterscheiden. Sie enthalten zusätzliche Informationen, die über den Informationsgehalt präreflektiven Selbstbewusstseins hinausgehen.

3. Das Bewusstsein, dass man selbst den Ausdruck ›ich‹ produziert, ist *nicht* ein *Gegebenes*. Es besteht nur dann und nur in dem Augenblick, in dem dieser Ausdruck produziert wird. Das egologische Selbstbewusstsein *entsteht*. Es verdankt sich einer *spontanen* Aktivität. Keine andere Person kann *für* eine Person einen Ausdruck hervorbringen, sodass sie glauben würde, *sie* hätte diesen Ausdruck erzeugt. Sie gewinnt ihr Selbstbewusstsein *selbsttätig*, aus eigener Kraft.[91] Das egologische Selbstbewusstsein, das im Zusammenhang mit der Produktion eines linguistischen Ausdrucks besteht, ist ein egologisch-*spontanes* Selbstbewusstsein.

Es besteht jedoch nur dann, wenn eine Person einen Körper oder auch Bewusstsein von der Welt besitzt. Die These, dass egologisches Selbstbewusstsein spontan entsteht, widerspricht auch *nicht* dem *externalistischen* Standpunkt. Der Externalismus des mentalen Gehalts besagt, vereinfacht gesagt, dass die Inhalte unserer mentalen Zustände wie Überzeugungen, Intentionen und Wünsche (zumindest zum Teil) von den Beziehungen bestimmt sind, in der eine Person zu ihrer externen Umwelt steht.[92] Die Regel 4* ist grundsätzlich mit externalistischen Ansätzen vereinbar. Wenn Mozart den Satz äußert »Ich bewundere Joseph Haydn«, mag der Gehalt dieses Gedankens von äußeren Faktoren bestimmt sein. Dass Mozart jedoch das Bewusstsein besitzt, dass er selbst den Ausdruck ›ich‹ produziert, verdankt sich seiner spontanen Leistung, die er selbst zu vollziehen hat und die von externen Gegenständen nicht hervorgerufen bzw. nicht vollständig bestimmt werden kann. Eine Person hat *selber* egologisches Selbstbewusstsein zu entwickeln. Eine andere Person mag sie bspw. durch eine Frage dazu veranlassen, den Ausdruck ›ich‹ zu produzieren.

---

between me and my thinking. In the latter, intransitive form, it is construed as a modification of my thinking. That is, in the latter the self-consciousness term (if you will) does not denote a state of standing in a relation to my thought (or my thinking) that *p*. Rather, it designates the way I am having my thought (or doing my thinking). [...] The adverb »self-consciously« denotes a way I am having my thought that *p*. No extra act of self-consciousness takes place after the thought that p occurs. Rather, self-consciously is how the thought that p occurs.« Kriegel 2007, Kapitel 2.

91 Das bedeutet nicht, dass es keine externen kausalen Ursachen und auch Gründe gibt, die ein Subjekt veranlassen, es selbsttätig zu entwickeln. Wenn eine Person bspw. von einer anderen Person aufgefordert wird, den Ausdruck ›ich‹ zu produzieren (oder ihren Namen) zu nennen, und sie dieser Aufforderung Folge leistet, besitzt sie egologisches Selbstbewusstsein. Sie hat jedoch ihr Selbstbewusstsein selber zu entwickeln, sodass externe Ursachen und Gründe die Erzeugung von Selbstbewusstsein nur indirekt hervorrufen.

92 Vgl. Burge 1988, 650, Lau & Deutsch 2014, 1 (unpaginierte Internetversion).

Diese Aktivität und das egologische Selbstbewusstsein verdanken sich jedoch einer Selbsttätigkeit, die von keinem äußeren Gegenstand und keiner anderen Person übernommen werden kann.

4. Das subjektive egologische Selbstbewusstsein ist von Zugangsbewusstsein (access consciousness) zu unterscheiden. Nach Ned Block ist ein mentaler Zustand zugangsbewusst, wenn er sich durch eine Repräsentation auszeichnet, für die gilt: »it is poised for free use in reasoning and for direct »rational« control of action and speech.«[93] Die Eigenschaft eines mentalen Zustandes, zugangsbewusst zu sein, ist jedoch eine dispositionale Eigenschaft.[94] Ein mentaler Zustand ist zugangsbewusst, wenn sein Inhalt einer Person zugänglich ist. Es ist jedoch nicht erforderlich, dass eine Person aktuell auf den Inhalt eines zugangsbewussten mentalen Zustands zugreift. Das subjektive egologische Selbstbewusstsein ist demgegenüber ein Fall von aktuellem Bewusstsein. Wenn eine Person einen Ausdruck produziert, besitzt sie aktuell die bewusste Information, dass sie selbst diesen Ausdruck produziert. Es ist daher von Zugangsbewusstsein zu unterscheiden.[95]

Das egologische Selbstbewusstsein der Produktion des Ausdrucks ›ich‹ ist selbstverständlich nur *eine* Varietät von Selbstbewusstsein. Eine Untersuchung des egologischen Selbstbewusstseins, welches die Produktion des Ausdrucks ›ich‹ begleitet, erklärt menschliches Selbstbewusstsein in seinen unterschiedlichen Varietäten nicht vollständig. Es mag daher naheliegend sein, zu bezweifeln, dass die Untersuchung der Frage, ob eine egologische oder eine anonyme Interpretation der Regel 4* richtig ist, von Bedeutung ist. Dieser Zweifel ist nicht berechtigt, wie drei Überlegungen zeigen. A. Im dritten Hauptstück wird gezeigt, dass die autobiographische indexikalische Identifizierung egologisches Selbstbewusstsein von der Produktion eines indexikalischen Ausdrucks voraussetzt. Der Ausdruck ›autobiographische indexikalische Identifizierung‹ bezeichnet Identifizierungen, bei denen indexikalische Ausdrücke produziert werden und durch welche eine Person Informationen über ihr Verhältnis zur Welt gewinnt. Die Untersuchung der Frage, wie die

93 Block 1997, 382.

94 Vgl. Kriegel 2009, 37: »The first thing to note about access consciousness is that it is a dispositional property. Nothing has actually to happen with a mental state or event for it to qualify as access-consciousness: the state or event need not actually be access*ed*; it needs only to be access*ible*. To become access-conscious, a mental state need not be *actually* used in the control of reasoning and action, and so on; it need only be *poised for* such use.« Vgl. Block 1997, 384.

95 Diese Behauptung wird bei der kritischen Diskussion Tomis Kapitans Theorie indexikalischer Identifizierung bekräftigt werden. Vgl. Kapitel 25.

autobiographische indexikalische Identifizierung möglich ist, ist eine philosophisch bedeutende Aufgabenstellung.[96]

B. In Übereinstimmung mit vielen Philosophen wird in dieser Untersuchung der Standpunkt vertreten, dass für die Entwicklung einer Theorie menschlicher Subjektivität und menschlichen Bewusstseins die Frage, ob Selbstbewusstsein egologisch ist oder nicht, von großer Bedeutung ist.[97] Bspw. sind andere Aufgabenstellungen zu lösen, wenn eine egologische Interpretation von Selbstbewusstsein vertreten wird als wie wenn vorausgesetzt wird, dass Selbstbewusstsein anonym verfasst ist. Unter Maßgabe einer egologischen Interpretation stellt sich nicht nur die Aufgabe, zu erklären, wie es möglich ist, dass ein Bewusstsein von der Produktion eines Ausdrucks besteht. Es gilt zudem zu erklären, wie die Information gewonnen wird, dass man Bewusstsein von *sich selbst*, von seiner *eigenen* Aktivität besitzt. Diese Aufgabenstellung stellt sich demgegenüber nicht, wenn eine anonyme Interpretation von Selbstbewusstsein vertreten wird. Je nach dem, ob angenommen wird, dass eine egologische oder eine anonyme Interpretation von Selbstbewusstsein richtig ist, sind somit unterschiedliche Aufgabenstellungen zu lösen. Dies kann in weiterer Folge dazu führen, dass unterschiedliche Strukturen und Mechanismen identifiziert werden, die das Bewusstsein von der Produktion eines Ausdrucks ermöglichen.

C. In Kapitel 3 wurde dargelegt, dass die Regel 2 nicht allgemeingültig ist. Die Regel 2 lautet: Im Fall der Verwendung des Ausdrucks ›ich‹ existiert der Referent dieses Ausdrucks. Diese Regel ist nicht allgemeingültig, da es möglich ist, dass der Ausdruck ›ich‹ auf eine andere Person als den Sprecher referiert und dass diese Person zum Zeitpunkt, an dem dieser Ausdruck verwendet wird, verstorben ist. Da eine egologische Interpretation der Regel 4* zutreffend ist, ist jedoch eine modifizierte Version der Regel 2 ebenfalls allgemeingültig. Sie gilt dann, wenn die Voraussetzungen erfüllt sind, die bei der Diskussion der Regel 4* erläutert wurden. Diese Regel lautet:

> 2*. In jedem Fall der *Produktion* des Ausdrucks ›ich‹ existiert das Subjekt im Augenblick der Produktion dieses Ausdrucks.

---

96 Diese These wird im dritten Hauptstück begründet.

97 Vgl. Frank 1995, 37, 39, 40–50, 2012, 356–364, 2015, 14–15, Grünbaum 2012, 274, Henrich 1970, 269–271, Kapitan 1999a, 18, 36, 39–40, Lichtenberg 1979, 97, Peacocke 2005, 278, 289, Pothast 1971, 76–79, Rosenthal 1997, 741–744, Sartre 1994, 217, 231, 233, 1997, 46, Shoemaker 1996², 43, Strawson 2003, 120–123, Zahavi 2000, 55–71, 2005, 99ff.

Im Unterschied zur Regel 2 betont die Regel 2* eine mentale *Aktivität*, die Produktion des Ausdrucks ›ich‹, und berücksichtigt den Referenten dieses Ausdrucks nicht. Da die Regel 4* allgemeingültig ist und besagt, dass eine Person dann, wenn sie den Ausdruck ›ich‹ erzeugt, sich bewusst ist, dass sie selbst diesen Ausdruck produziert, ist garantiert, dass das Subjekt existiert, und zwar zumindest insofern als es dasjenige ist, das Selbstbewusstsein *besitzt*. Nach Ansicht vieler Philosophen zeichnet sich ein Subjekt nämlich insbesondere dadurch aus, dass es (aktuell) egologisches Selbstbewusstsein hat.[98] Die Frage, ob eine egologische Interpretation der Regel 4* zutreffend ist oder nicht, ist auch mit Blick auf die ontologische Fragestellung, wann die Existenz eines Subjekts garantiert ist, relevant.

98 Vgl. Fichte 1997, 17, Nozick 1982^4, 71. Eine Person, die nicht egologisches Selbstbewusstsein besitzt, ist daher ein raumzeitlicher Gegenstand, der mentale und physische Eigenschaften besitzt, von denen er (womöglich) anonymes Selbstbewusstsein besitzt. Aber dieser Gegenstand ist (bzw. hat) aktuell kein Subjekt oder Selbst bzw. Ego. Vgl. Kapitel 33.

KAPITEL 6

Die Ubiquität von egologischem Selbstbewusstsein

Egologisches Selbstbewusstsein begleitet nicht nur die Produktion des Ausdrucks ›ich‹. Es begleitet die Produktion eines jeden linguistischen Ausdrucks, wenn diejenigen Voraussetzungen erfüllt sind, die bei der Diskussion der Regel 4* angeführt wurden. Es gilt die Regel:

> 17. In jedem Fall der *Produktion* eines linguistischen Ausdrucks α (Demonstrativausdruck, Eigenname, usw.) ist sich eine *rationale* und *wache* Person, welche diesen Ausdruck *sinnvoll* zu verwenden vermag und ein *Bewusstsein* von diesem produzierten Ausdruck besitzt, in dem *Augenblick*, in dem sie den *mentalen* Akt der Produktion dieses Ausdrucks vollzieht, *bewusst*, dass sie selbst diesen Ausdruck (*innerlich*) produziert.

Die Regel 17 ist allgemeingültig. Eine Person, die einen linguistischen Ausdruck α produziert und nicht die bewusste Information besitzt, dass sie selbst diesen Ausdruck produziert, ist keine rationale Person.[99] Diese Regel enthält eine *egologische* Interpretation von Selbstbewusstsein. Eine Person, die einen Ausdruck produziert, besitzt das Bewusstsein, dass *sie selbst* diesen Ausdruck produziert und, wie hinzuzufügen ist, dass *sie selbst* dieses Bewusstsein besitzt.[100] Da die Regel 17 allgemeingültig ist, begleitet egologisches Selbstbewusstsein die Produktion eines jeden linguistischen Ausdrucks, wenn die Voraussetzungen erfüllt sind, die bei dieser Regel zu beachten sind. Subjektives egologisches Selbstbewusstsein ist *ubiquitär*. Es gilt die Regel:

> 18. Subjektives egologisches Selbstbewusstsein begleitet die mentale Produktion eines jeden linguistischen Ausdrucks α (Demonstrativausdruck, Eigenname, usw.) in dem Augenblick, in welchem eine Person diesen Ausdruck innerlich produziert, und insofern:
> i. die Person rational und wach ist;
> ii. sie ein Bewusstsein vom produzierten Ausdruck besitzt;
> iii. sie den Ausdruck α sinnvoll zu verwenden vermag.

---

99 Gold & Hohwy 2000, 154, 162.

100 Die Begründung dieser These schließt an die in Kapitel 5 entwickelten Begründungen (1 und 3) der These, dass das Bewusstsein von der (eigenen) Produktion des Ausdrucks ›ich‹ ein Fall von egologischem Selbstbewusstsein ist, an. Sie wird an dieser Stelle nicht wiederholt.

 | DOI:10.30965/9783957437273_008

Gegen die Regel 18 sprechen insbesondere vier Einwände. 1. Einige Philosophen vertreten den Standpunkt, dass folgende Regel gilt:[101]

> 19. Phänomenales Bewusstsein schließt egologisches Selbstbewusstsein mit ein.

Der Ausdruck ›phänomenales Bewusstsein‹ bezeichnet bewusste mentale Zustände, die einen subjektiven Erlebnisaspekt bzw. einen bewussten qualitativen Charakter miteinschließen. Im Fall einer bewussten visuellen Wahrnehmung einer roten Rose entspricht der bewusste qualitative Charakter der rötlichen Weise, wie die Blume erlebt wird. Die Regel 19 gilt, da ein mentaler Zustand nur dann ein (phänomenal) bewusster mentaler Zustand ist, wenn zusätzlich zum Bewusstsein vom qualitativen Charakter auch Selbstbewusstsein besteht. Diese Regel ist umfassender als die Regel 18. Sie ist nicht auf Fälle der Produktion eines Ausdrucks beschränkt, bei denen eine Person ein Bewusstsein vom produzierten Ausdruck besitzt. Sie ist daher vorzuziehen.

Zunächst gilt es zu beachten, dass dieser Einwand nicht zeigt, dass die Regel 18 falsch ist. Wenn dieser Einwand überzeugend wäre, würde er nur zeigen, dass die Regel 18 restriktiver ist als die Regel 19. Es ist jedoch fragwürdig, ob die Regel 19 richtig ist. Einige Philosophen wie bspw. Ned Block behaupten, dass Selbstbewusstsein oftmals, aber nicht immer phänomenales Bewusstsein begleitet.[102] Es ist umstritten und nicht geklärt, ob diese These richtig ist. Es ist eine offene Fragestellung, ob die Regel 19 gilt. Die Regel 18 ist daher nicht überflüssig.

2. Uriah Kriegel behauptet, dass Personen unbewusste aktuelle Gedanken haben. Kriegel gibt folgendes Beispiel:

> You and your friend are stepping into the car while engaged in a heated conversation. As your friend unfolds his take on last years's disputed election, he reaches absent-mindedly into his jacket pocket, in search of the car keys. Your friend is too steeped in his passionate sermon to take any notice of what he is doing, but surely he digs in his pocket for a reason. He digs in his pocket because he thinks the keys are there. But the thought that the keys are in his pocket is not merely dispositional; it is occurrent. That is, he has an occurrent thought that the keys are in his pocket. Yet the thought is not conscious in the relevant sense, since he does not have it self-consciously. Your friend's thought is a nonconscious occurrent mental state.[103]

---

101 Vgl. Rosenthal 1997, 741.

102 Block 1997, 390.

103 Kriegel 2003, 116. Vgl. Proust 2009, 254–255.

In diesem Beispiel besitzt eine Person einen unbewussten aktuellen Gedanken, und zwar dass sich seine Schlüssel in seiner Tasche befinden. Es ist somit nicht richtig, dass egologisches Selbstbewusstsein alle aktuellen (occurent) Gedanken begleitet. Wenn (egologisches) Selbstbewusstsein einen Gedanken begleitet, ist der Gedanke, so Kriegel, ein bewusster Gedanke. Da es möglich ist, dass ein aktueller Gedanke nicht von egologischem Selbstbewusstsein begleitet wird, ist es ebenso möglich, dass eine Person einen Ausdruck produziert und kein Bewusstsein von dieser Tätigkeit besitzt.[104] Die Regel 18 ist daher nicht allgemeingültig.

Dieser Einwand zeigt nicht, dass die Regel 18 falsch ist. *Wenn* es möglich ist, dass eine Person aktuell Gedanken besitzt, die nicht von egologischem Selbstbewusstsein begleitet werden, ist das Denken bzw. Fassen eines Gedankens von der Produktion eines Ausdrucks zu unterscheiden. Die Produktion eines Ausdrucks schließt egologisches Selbstbewusstsein mit ein, insofern die Einschränkungen der Regeln 17 bzw. 18 beachtet werden.[105] Das bedeutet: Wenn das Fassen eines Gedankens notwendigerweise die Produktion von Ausdrücken mit einschließt, ist die Behauptung, dass es unbewusste Gedanken gibt, die nicht von Selbstbewusstsein begleitet werden, falsch. Wenn es jedoch andererseits richtig ist, dass das Fassen eines Gedankens die Produktion von linguistischen Ausdrücken nicht mit einschließen muss, zeigt Kriegels Beispiel nicht, dass es möglich ist, dass eine Person einen Ausdruck produziert und nicht egologisches Selbstbewusstsein besitzt. Wenn Kriegel Recht hat, ist somit folgende Regel nicht richtig:

20. Egologisches Selbstbewusstsein begleitet alle aktuellen Gedanken.

Demgegenüber ist die Regel falsch:

21. Egologisches Selbstbewusstsein begleitet nicht die Produktion eines jeden linguistischen Ausdrucks.[106]

3. Folgende Regel scheint richtig zu sein:

---

104 Kriegel hat diesen Einwand nicht gegen die Regel 18 erhoben. Er ist jedoch naheliegend, wenn seine Ausführungen ernst genommen werden.

105 Zudem sind die Ausführungen in Kapitel 8 zu beachten, in denen zwei Bedeutungen des Ausdrucks ›Produktion eines Ausdrucks‹ unterschieden werden.

106 Dies gilt nur unter Maßgabe der Einschränkungen, welche die Regel 18 enthält.

22. Egologisches Selbstbewusstsein begleitet alle *bewussten* aktuellen Gedanken.[107]

Die Regel 22 ist umfassender als die Regel 18, wenn vorausgesetzt wird, dass eine Person auch dann bewusste aktuelle Gedanken haben kann, wenn sie keinen Ausdruck produziert. Sie ist in diesem Fall vorzuziehen. Auch dieser Einwand überzeugt nicht. Insbesondere Jean-Paul Sartre hat (zumindest in einer Phase seines Schaffens) den Standpunkt vertreten, dass diese Regel nicht richtig ist.[108] Nach Sartre oder aber bspw. auch Lichtenberg und Kapitan ist das Bewusstsein von aktuellen Gedanken (in der Regel) anonym und nicht egologisch. Es schließt nicht die Information mit ein, dass man selbst einen Gedanken fasst. Es ist eine nach wie vor umstrittene und ungeklärte Frage, ob dieser Standpunkt richtig ist. Die Regel 18 ist daher vorzuziehen. Dies gilt zumindest dann, wenn die Frage untersucht wird, ob *egologisches* Selbstbewusstsein ubiquitär ist. Und dies ist eine Fragestellung, die in diesem Hauptstück untersucht wird. Die beiden zuletzt diskutierten Einwände verdeutlichen einen Grund, warum in dieser Untersuchung der Fokus auf die Produktion von Wörtern gelegt wird. Die Fragen, ob alle Gedanken, die ein Subjekt fasst, bewusst sein, ob sie von Selbstbewusstsein begleitet werden und ob es sich hierbei um einen Fall von egologischem Selbstbewusstsein handelt, sind schwer zu beantworten. Demgegenüber befindet man sich auf vergleichsweise sicherem Terrain, wenn man sich auf die Produktion von Wörtern beschränkt.

4. Ein vierter Einwand gegen die Regel 18 lautet folgendermaßen: In der Regel besitzt eine Person kein egologisches Selbstbewusstsein, wenn sie einen Ausdruck produziert. Egologisches Selbstbewusstsein entsteht erst dann, wenn eine Person überlegt, ob sie selbst einen Ausdruck produziert hat. Egologisches Selbstbewusstsein entsteht durch die Selbstreflexion. Die Regel 18 ist daher falsch. Dieser Einwand widerlegt diese Regel nicht. Es wird vorausgesetzt, dass durch eine Reflexion etwas entsteht, das zuvor nicht vorhanden gewesen ist: egologisches Selbstbewusstsein. Insbesondere Manfred Frank hat in den letzten Jahren mit Nachdruck und überzeugend dargelegt, dass Selbstbewusstsein auf diese Weise nicht erklärt werden kann. Mit Novalis ist zu sagen: »Was die Reflexion findet, scheint schon da zu seyn«.[109] Anderenfalls wäre die Reflexion, so Frank, eine Art Gehirnwäsche. Sie würde ein Phänomen nicht finden, sondern erzeugen. Das ist nicht richtig. Außerdem ist es nicht

107 Vgl. Rosenthal 1997, 741.

108 Sartre 1997, 45–50. Vgl. Kapitan 1999a, 36, 39–40, Lichtenberg 1979, 97.

109 Zitiert nach Frank 2012, 14. Vgl. Williford 2006a, 122.

möglich, egologisches Selbstbewusstsein durch die Tätigkeit der Reflexion zu erklären. Wenn eine Person nicht bereits egologisches Selbstbewusstsein besitzt, ist nicht nachzuvollziehen, wie sie durch die Reflexion das Bewusstsein zu gewinnen vermag, dass der Gehalt, auf den sie reflektiert, sie selbst betrifft, bzw. dass das Objekt, über das reflektiert wird, sie selbst ist.[110] Die Selbstreflexion erklärt egologisches Selbstbewusstsein nicht. Sie setzt es voraus.

Da die Regel 18 gilt, ist es möglich, eine ontologische These zu formulieren. In Kapitel 5 wurde dargelegt, dass die Regel 2* gilt. Sie besagt, dass in jedem Fall der Produktion des Ausdrucks ›ich‹ ein Subjekt im Augenblick der Produktion dieses Ausdrucks existiert. Diese Regel gilt, weil die Regel 4* allgemeingültig ist: Da die Regel 4* besagt, dass eine Person sich bewusst ist, dass sie selbst den Ausdruck ›ich‹ produziert, existiert das Subjekt. Da egologisches Selbstbewusstsein aber nicht nur im Fall der Produktion des Ausdrucks ›ich‹ besteht, sondern bei der Produktion eines *jeden* linguistischen Ausdrucks, ist im Fall der Produktion eines jeden linguistischen Ausdrucks garantiert, dass das Subjekt existiert. Es gilt die Regel:

> 23. Im Fall der Produktion eines jeden linguistischen Ausdrucks existiert das Subjekt im Augenblick der Produktion dieses Ausdrucks.[111]

In diesem Kapitel wurde die zentrale These des ersten Hauptstücks entwickelt und gegen Einwände verteidigt: Subjektives Selbstbewusstsein ist egologisch verfasst und ubiquitär. Dies gilt im Fall der Produktion von linguistischen Ausdrücken.

Im bisherigen Verlauf der Untersuchung wurde noch nicht näher erläutert, welchen Akt der Ausdruck ›Produktion eines linguistischen Ausdrucks‹ bezeichnet. Dies ist die Aufgabenstellung des folgenden Kapitels. Anschließend wird näher erläutert, welche Informationen das subjektive Selbstbewusstsein enthält.

---

110 Vgl. Henrich 1966, 195, Frank 2012, 14.

111 Auch bei dieser Regel sind die Einschränkungen zu beachten, welche die Regeln 17 und 18 thematisieren.

KAPITEL 7

Die Produktion eines linguistischen Ausdrucks

Die Regel 17 besagt, kurz zusammengefasst, dass eine Person das Bewusstsein besitzt, dass sie selbst einen linguistischen Ausdruck α produziert, wenn sie diesen Ausdruck erzeugt. Die These, dass die Produktion eines Ausdrucks eine mentale *Aktivität* darstellt, scheint allgemein anerkannt zu sein. Welche mentale Leistung bezeichnet nun aber der Ausdruck ›Produktion eines Ausdrucks‹? Die Antwort auf diese Frage ist durch die Berücksichtigung von psycholinguistischen Untersuchungen zu gewinnen, die sich mit der Produktion von Wörtern beschäftigen.[112] In der Psycholinguistik werden bei der Produktion eines Wortes drei Phasen unterschieden. Es sind dies die *Konzeptualisierungsphase*, die *Formulierungsphase* sowie die *Artikulationsphase*. Diese Produktionsvorgänge werden von einem Prüf- bzw. Kontrollverfahren begleitet, dem sog. *Selfmonitoring*, durch das Fehler in den einzelnen Produktionsschritten wie Versprecher entdeckt und korrigiert werden können.

Der Ausgangspunkt der Produktion einer Äußerung ist – in der Regel[113] – die Entwicklung einer kommunikativen Intention. Die kommunikative Intention besteht bspw. darin, einen Adressaten über einen bestimmten Sachverhalt zu informieren, etwa dass Hercule Poirot der Mörder von Sherlock Holmes ist, oder den Adressaten zu überzeugen oder zu einer Handlung zu bewegen. Die kommunikative Intention wird durch Sprechakte ausgedrückt. Sie besteht näher betrachtet darin, dem Adressaten einer Äußerung anhand der Äußerung zu ermöglichen, die Intention zu erkennen, die der Sprecher mit der Äußerung verfolgt.[114] Sobald eine kommunikative Intention vorhanden ist,

---

112 Die folgende Darstellung orientiert sich an Willem Levelts Ausführungen in *Speaking: from intention to articulation* und *Producing spoken language: a blueprint of the speaker*. Diese Untersuchungen unterscheiden sich in einigen Punkten. Diese Details werden nicht berücksichtigt. In der Psycholinguistik sind außerdem unterschiedliche Theorien der Arbeitsprozesse entwickelt worden, die bei der Äußerung eines Wortes stattfinden, und der Beziehungen, die zwischen den einzelnen Arbeitsprozessen bestehen. Vgl. Kormos 2006, XVIII–XX, 4–11. Um die Frage beantworten zu können, welche mentale Leistung der Ausdruck ›Produktion eines linguistischen Ausdrucks‹ bezeichnet, ist es nicht erforderlich, auf diese fachspezifischen Debatten näher einzugehen sowie die einzelnen Phasen vollständig und detailliert zu skizzieren. Im Rahmen dieser Untersuchung genügt eine grobe Skizze psycholinguistischer Theorien der Produktion von Wörtern.

113 Vgl. Levelt 1993a, 58.

114 Levelt 1993a, 8–9, 58–59.

 | DOI:10.30965/9783957437273_009

setzt die *Konzeptualisierungsphase* ein.[115] Willem J. M. Levelt unterscheidet in der Konzeptualisierungsphase zwei Arbeitsschritte bzw. Prozessbereiche, die Makroplanung (macroplaning) und die Mikroplanung (microplaning). Im Bereich der Makroplanung wird der Inhalt der kommunikativen Intention auf eine Weise bestimmt, die es dem Adressaten der Äußerung ermöglichen soll, die kommunikative Intention zu verstehen. Dies geschieht dadurch, dass der Inhalt der kommunikativen Intention in Teilinformationen bzw. Teilziele (subgoals) eingeteilt wird und die Reihenfolge festgelegt wird, in welcher die Teilinformationen artikuliert werden sollen.[116] Wenn bspw. eine Person jemandem den Weg von A nach B erklären möchte, also etwa von der Wiener Staatsoper zum Musikverein, muss das kommunikative Ziel – die Vermittlung der Information, welcher Weg von der Staatsoper zum Musikverein führt – in Teilinformationen bzw. Teilziele gegliedert werden, also etwa in die Teilziele: Zunächst gilt es dem Adressaten mitzuteilen, die Ringstraße entgegen dem Uhrzeigersinn entlang zu gehen. Anschließend gilt es mitzuteilen, rechts in die Dumbastraße einzukehren.[117] Durch die Makroplanung wird zudem die illokutionäre Kraft einer Äußerung festgelegt. Das heißt, es wird bestimmt, ob eine Deklaration, eine Frage, ein Befehl usw. geäußert werden soll. Das Ergebnis der Makroplanungsphase ist eine geordnete Abfolge von intendierten Sprechakten.[118]

Im Bereich der Mikroplanung wird die *präverbale Message* bzw. *präverbale Botschaft* erzeugt.[119] Der Inhalt einer kommunikativen Intention stellt eine vorsprachliche Repräsentation eines Inhalts dar.[120] Die präverbale Message zeichnet sich dadurch aus, dass sie den Inhalt einer kommunikativen Intention anhand *lexikalischer* Konzepte bzw. Begriffe (concepts) und in *propositionaler* Form darstellt. Lexikalische Konzepte sind Konzepte, die *direkt*, d.h. eins zu eins, durch sprachliche Wörter ausgedrückt werden können. So entspricht etwa dem Konzept »teacher« in der englischen Sprache das Wort ›teacher‹.[121] Die präverbale Message zeichnet sich zudem dadurch aus, dass der Informationsgehalt der kommunikativen Intention in propositionaler Form dargestellt

115 Levelt 1993a, 9.

116 Levelt 1993a, 5, 107, Levelt 1999, 91, Höhle 2010, 83, Kormos 2006, 9.

117 Vgl. Levelt 1993a, 107–109.

118 Levelt 1993a, 5, 109. Levelt scheint in neueren Publikationen die Festlegung des illokutionären Aktes zum Bereich der Mikroplanung zu zählen. Vgl. Levelt 1999, 93.

119 Schade & Eikmeyer 2003, 294.

120 Herrmann 2003, 220.

121 Nicht alle Konzepte sind lexikalische Konzepte. Dem Konzept »female teacher« entspricht bspw. kein einzelner Ausdruck in der englischen Sprache. Kormos 2006, 16, Levelt 1993a, 200, Levelt 1999, 87–88, 91. Es kann daher nicht direkt durch einen linguistischen Ausdruck ausgedrückt werden.

wird. Das bedeutet erstens, dass die Information in einer mentalen Sprache (language of thought) dargestellt wird, sodass sie eine konzeptuelle Struktur aufweist, die in einer Sprache ausgedrückt werden kann.[122] Die konzeptuelle Struktur besteht nach Levelt, allgemein beschrieben, darin, dass die Konzepte Kategorien zugeordnet sind, etwa den Kategorien »Person«, »Ding«, »Handlung«, »Ereignis«, »Ort« oder »Eigenschaft«, die auf eine systematische Weise miteinander in Beziehung stehen.[123] So ergibt bspw. die Verbindung eines Konzepts der Kategorie »Person«, also etwa »Kapitan«, mit einem Konzept der Kategorie »Handlung« (action), bspw. »arbeitet«, ein »Ereignis« (event), also »Kapitan arbeitet«. Dass die präverbale Message propositionale Form aufweist, bedeutet zweitens auch, dass in der präverbalen Message ein Inhalt – in der Regel[124] – in Form einer Proposition dargestellt wird, welcher somit wahr oder falsch ist.[125]

In der Konzeptualisierungsphase werden zudem diskursspezifische Gegebenheiten wie soziale Faktoren, also bspw. situationsbedingte Höflichkeitsformen, und kognitive Aspekte, wie etwa Kenntnisse und Kompetenzen der Kommunikationsteilnehmer berücksichtigt.[126] Dies beeinflusst die Auswahl der linguistischen Ausdrücke, mit denen der Inhalt der kommunikativen Intention artikuliert werden soll, bspw. ob der Ausdruck ›Du‹ oder die Höflichkeitsform ›Sie‹ verwendet wird. Die Berücksichtigung dieser diskursspezifischen Gegebenheiten erfordert den Rückgriff auf Informationen, die in einem kognitiven Speicher enthalten sind, in welchem eine Person Informationen über die Welt und sich selbst gespeichert hat. Es ist dies der kognitive Speicher vom *Wissen über die Welt und einen selbst* (knowledge of the external and internal world).[127] Dieser kognitive Speicher enthält u.a. *enzyklo-*

122 Levelt 1993a, 72–74, 1999, 91, 93.

123 Levelt 1993a, 78–89.

124 Vgl. Levelt 1993a, 70–71, 78, Schade & Eikmeyer 2003, 295.

125 Levelt 1993a, 71–73, 1993, 5. Bei der Erstellung der präverbalen Message wird der Inhalt, der artikuliert werden soll, zudem in weiteren Hinsichten bestimmt. So wird die Message bspw. mit *Perspektivität* versehen. Levelt 1999, 91–92, Kormos 2006, 9. Der Ausdruck ›Perspektivität‹ bedeutet *im vorliegenden Zusammenhang*, dass der Sprecher festlegen muss, in welcher Weise eine Information sprachlich dargestellt werden soll. Bspw. transportieren die beide Sätze a) »There is a house with a tree to the left of it« und b) »There is a tree with a house to the right of it« dieselbe Information. Levelt 1993a, 97, Levelt 1999, 91. Der Sprecher hat jedoch festzulegen, welche von beiden Betrachtungsweisen bzw. Perspektiven mit einem Satz artikuliert werden soll. Levelt 1999, 92. Diese und ähnliche Details der Produktion eines Wortes müssen an dieser Stelle nicht näher berücksichtigt werden.

126 Vgl. Kormos 2006, 15.

127 Kormos 2006, 7.

pädisches Wissen, d.h. deklaratives Wissen, das eine Person über die Welt und sich selbst besitzt,[128] und *situationsbezogenes* Wissen (situational knowledge), d.h. Kenntnisse, die eine Person bspw. bezüglich den Kommunikationsteilnehmern einer Gesprächssituation hat.[129]

Im Anschluss an die Konzeptualisierungsphase folgt die *Formulierungsphase*. In der Formulierungsphase wird das Resultat (output) der Konzeptualisierungsphase, die präverbale Message, vom *Formulator* weiterverarbeitet.[130] Der Formulator übersetzt bzw. transformiert den Inhalt der präverbalen Message in linguistische Formen einer bestimmten Sprache. Dabei sind drei Prozesse zu unterscheiden, die *grammatische Enkodierung*, die *morphologisch-phonologische Enkodierung* und die *phonetische Enkodierung*. Im Bereich der grammatischen Enkodierung werden einerseits entsprechend dem Inhalt der präverbalen Message Vorformen linguistischer Ausdrücke, *Lemmata*, aktiviert und andererseits die syntaktische Satzoberfläche der beabsichtigten Äußerung erzeugt. Lemmata sind im *mentalen Lexikon* gespeichert. Das mentale Lexikon ist ein kognitiver Speicher, in dem Informationen über die Wörter einer Sprache gespeichert sind, die ein Sprecher sinnvoll anzuwenden und zu verstehen vermag.[131] Diese Informationen betreffen die Bedeutung (meaning) eines Wortes und seine syntaktischen Eigenschaften.[132] Die Bedeutung eines Lemmas entspricht dem Informationsgehalt desjenigen Konzepts, das mit einem bestimmten Lemma verbunden ist. Bspw. entspricht dem Lemma »essen« die Bedeutung »to ingest for nourishment or pleasure«.[133] Die syntaktischen Informationen, die im mentalen Lexikon gespeichert sind, enthalten u.a. Informationen über die Wortart, der ein Lemma entspricht, sowie seine mögliche Kombination mit anderen Lemmata.[134] Im mentalen Lexikon ist bspw. die Information gespeichert, dass das Lemma

---

128 Levelt 1993a, 10.

129 Vgl. Levelt 1993a, 10, 114, 1999, 87.

130 Levelt 1993b, 5.

131 Levelt 1993a, 6. Es ist möglich, dass eine Person einen Ausdruck von einer sinnlosen Zeichenfolge zu unterscheiden vermag, ohne dass sie die Bedeutung dieses Ausdrucks versteht. Dies ist bspw. der Fall, wenn eine Person in einem Restaurant eine Speisekarte studiert, die Sätze in einer Sprache enthält, welche die Person nicht versteht. In diesem Fall versteht eine Person, dass sie Wörter liest – (die folglich eine linguistische Bedeutung haben) –, ohne sie zu kennen. Der Ausdruck ›mentales Lexikon‹ bezeichnet im Folgenden ausschließlich den kognitiven Speicher von Ausdrücken, deren linguistische Bedeutung eine Person versteht und sinnvoll anzuwenden vermag.

132 Levelt 1993a, 11. Die Frage, ob Lemmata semantische Informationen enthalten, ist umstritten. Vgl. Kormos 2006, XXI.

133 Levelt 1993a, 11, 80, 83, 182, 188.

134 Levelt 1993a, 182.

»essen« ein Verb ist, das mit einem Subjektausdruck bzw. Nomen (und einem Objektausdruck) verbunden werden sollte.[135] Anhand der Informationen, die durch die Aktivierung von Lemmata zur Verfügung stehen, entwickelt der Formulator die syntaktische Satzoberfläche (surface structure) eines Satzes.[136] Die syntaktische Satzoberfläche enthält eine geordnete Abfolge von Lemmata und damit die allgemeine syntaktisch-begriffliche Struktur, die einem Satz zugrunde liegt.[137]

Die syntaktische Satzoberfläche ist der Ansatzpunkt für die morphologisch-phonologische Enkodierung, die ebenfalls durch Informationen, die im mentalen Lexikon gespeichert sind, vollzogen wird.[138] Im mentalen Lexikon sind neben den Informationen über Lemmata Informationen über die morphologische und phonologische Gestalt von Ausdrücken gespeichert. Die Träger dieser Informationen werden im Unterschied zu den Lemmata als *Lexeme* bezeichnet.[139] Durch die morphologisch-phonologische Enkodierung werden insbesondere die Morpheme eines Wortes bestimmt sowie die Silbifizierung und metrische Gestalt eines Ausdrucks bzw. Satzes im jeweiligen syntaktischen Kontext festgelegt.[140] Das Resultat dieses Arbeitsprozesses ist

135 Levelt 1993a, 11, 182, 190.

136 Herrmann 2003, 221, Levelt 1993a, 11–12, 1999, 88. In der Psycholinguistik wurden unterschiedliche Interpretationen des Verhältnisses zwischen der Aktivierung von Lemmata und der Gewinnung der syntaktischen Satzoberfläche entwickelt. Während Levelt davon ausgeht, dass anhand der Aktivierung von Lemmata die syntaktische Satzoberfläche gewonnen wird, vertreten Anhänger der *Spreading Activation Theory* den Standpunkt, dass zunächst eine Satzstruktur konstruiert wird, in die anschließend Wörter integriert werden. Vgl. Kormos 2006, 11.

137 Levelt 1993a, 11–12.

138 Levelt 1993a, 165. Dies bedeutet nicht, dass die morphologisch-phonologische Enkodierung erst nach Abschluss der grammatischen Enkodierung beginnt. In der Gegenwart wird davon ausgegangen, dass die Produktionsvorgänge inkrementell vonstatten gehen. Das heißt, sobald ein Bestandteil eines Satzes in grammatischer Hinsicht enkodiert worden ist, beginnt die morphologisch-phonologische Enkodierung. Die morphologische Enkodierung erfolgt also nicht erst nach Abschluss der vollständigen grammatischen Enkodierung eines Satzes. Vgl. Levelt 1993a, 24–28.

139 Kormos 2006, 9, Levelt 1993b, 3–4, Roelofs 1993, 109.

140 Bspw. enthält das Wort ›eat‹ ein Morphem, das nicht weiter in Morpheme zerlegt werden kann. Dem Ergebnis der Silbifizierung der Phrase ›select us‹ entspricht die Form ›se-lec-tus‹, welche die linguistischen Grenzen zwischen ›select‹ und ›us‹ überschreitet. Kormos 2006, 10, Levelt 1993a, 182, Levelt 1999, 88, 100. Silben sind nach Levelt nicht im mentalen Lexikon gespeichert, sondern in einem eigenen kognitiven Speicher, in der sog. Syllabary. Levelt 1999, 101.

eine phonologische Repräsentation (phonological score),[141] die von Levelt auch als inneres Sprechen (internal speech) bezeichnet wird.[142]

Im Anschluss an die morphologisch-phonologische Enkodierung erfolgt die *phonetische Enkodierung*.[143] Das Ziel der phonetischen Enkodierung besteht darin, anhand der phonologischen Repräsentation des Satzes, der geäußert werden soll, einen Plan (articulatory score) für die physische Artikulation eines Wortes durch den Sprechapparat zu erstellen. Dieser Plan wird schließlich in der letzten Phase der Produktion eines Wortes, der *Artikulationsphase*, durch mechanische Vorgänge des Sprechapparates wie die Bewegung der Zunge umgesetzt. Mit dem Artikulationsprozess wird »offenes« Sprechen bzw. Lautsprache (overt speech) vollzogen.[144]

Anhand dieser groben Skizze der Phasen, die bei der Produktion eines Wortes durchlaufen werden, ist zu erkennen, dass im Rahmen dieser Untersuchung der Ausdruck ›Produktion eines Ausdrucks‹ diejenigen Vorgänge bezeichnet, die in der *Formulierungsphase* stattfinden.[145] In der Konzeptualisierungsphase wird eine Information gewonnen, bevor linguistische Ausdrücke aktiviert werden. Der Ausdruck ›Produktion eines linguistischen Ausdrucks‹ thematisiert somit nicht die Konzeptualisierungsphase. Die Artikulationsphase thematisiert Vorgänge, die zu einer intersubjektiv wahrnehmbaren Äußerung führen. Da die Regel 17 weder die sinnlich wahrnehmbare Äußerung eines Wortes noch die physischen Vorgänge thematisiert, die zur sinnlich wahrnehmbaren Artikulation führen, ist auch nicht die Artikulationsphase gemeint, wenn der Ausdruck ›Produktion eines linguistischen Ausdrucks‹ verwendet wird. Dieser Ausdruck bezeichnet die Tätigkeit, die in der Formulierungsphase stattfindet.[146]

Anhand der Berücksichtigung von psycholinguistischen Theorien ist es zudem möglich, *vorläufig* die Bedeutung des Ausdrucks ›Bewusstsein von der Produktion eines linguistischen Ausdrucks‹ näher zu erläutern.

---

141 Levelt 1999, 110.

142 Levelt 1999, 113. Vgl. demgegenüber Kormos 2006, 10, Levelt 1993a, 27.

143 Levelt 1999, 110–112, Kormos 2006, 28–29.

144 Levelt 1999, 88.

145 Auch aus dem Grund, dass die Formulierungsphase von den physischen Handlungen, die zur sinnlich wahrnehmbaren Äußerung eines Wortes führen, zu unterscheiden ist, wurde die Produktion eines linguistischen Ausdrucks in Kapitel 4 als eine *mentale* Aktivität bezeichnet. Dies bedeutet nicht, dass diese Prozesse keine physische Grundlage besitzen. Gemeint ist, dass die Formulierungsphase Aktivitäten bzw. kognitive Leistungen beinhaltet, die von denjenigen körperlichen Vorgängen zu unterscheiden sind, die in der Artikulationsphase die sinnlich wahrnehmbare Äußerung eines Wortes durch den Sprechapparat hervorbringen.

146 Diese Erläuterung der Bedeutung des Ausdrucks ›Produktion eines linguistischen Ausdrucks‹ bedarf jedoch einer wichtigen Ergänzung. Sie wird in Kapitel 8 nachgereicht.

Die ausführlichere Erläuterung der Bedeutung dieses Ausdrucks ist neben anderem das Thema der Kapiteln 8 und 9. Da der Ausdruck ›Produktion eines linguistischen Ausdrucks‹ die Formulierungsphase thematisiert, bezeichnet der Ausdruck ›Bewusstsein von der Produktion eines linguistischen Ausdrucks‹ das Bewusstsein von den in dieser Prozessphase stattfindenden Aktivitäten. Dies bedeutet freilich *nicht*, dass ein Sprecher ein Bewusstsein von der *konkreten Art und Weise der Durchführung* grammatischer und morphologisch-phonologischer Enkodierung besitzt. Die (computationalen) Prozesse, die zur Artikulation eines Wortes führen, sind uns verborgen und introspektiv nicht erkennbar.[147] Das Bewusstsein von den Aktivitäten, die in der Formulierungsphase stattfinden, ist inhaltlich *unbestimmt*. Es ist ein Bewusstsein von mentaler Aktivität, die in der Formulierungsphase stattfindet. Es schließt jedoch keine näheren Informationen über diese Aktivität mit ein, sondern lediglich die Information, dass man selbst ein Wort produziert bzw. tätig ist.[148] Das Subjekt ist sich *nicht* vollständig transparent. Eine Person besitzt nicht in jedem Augenblick ihres Lebens ein Bewusstsein von all denjenigen Leistungen, die sie vollbringt. Dies sind jedoch Thesen, die in der Gegenwart als weithin anerkannt gelten dürfen.[149]

Es ist nicht möglich, die Regel 17 durch psycholinguistische Untersuchungen der Produktion von Wörtern *vollständig* zu erklären. Dies gilt auch dann, wenn in der Psycholinguistik davon ausgegangen wird, dass ein Kontrollmechanismus, das Selfmonitoring, die Produktion eines linguistischen Ausdrucks begleitet. Dieser Kontrollmechanismus prüft bspw. nicht nur, ob derjenige Ausdruck, der gemäß der präverbalen Message aus dem mentalen Lexikon herausgegriffen wird, den sozialen Konventionen, die in einer Gesprächssituation zu berücksichtigen sind, angemessen ist oder nicht. Das Selfmonitoring prüft zudem bspw. auch, ob die Prozesse in der Formulierungsphase korrekt verlaufen, also bspw. ob Fehler bei der Festlegung der Syntax eines Satzes aufgetreten sind.[150] Nach Ansicht einiger Psycholinguisten ist eine Person sich dieser Kontrollvorgänge jedoch nicht bewusst.[151] Das Selfmonitoring stellt eine sub-bewusste Registrierung von der Produktion eines Ausdrucks oder

147 Vgl. Höhle 2010, 11, Levelt 1993b, 2.

148 Im zweiten Hauptstück wird begründet, warum das Bewusstsein, dass man selbst einen Ausdruck produziert, keine näheren Informationen über diese Aktivität enthält. Die Begründung lautet, kurz zusammengefasst, dass dies deshalb der Fall ist, da dieses Bewusstsein weder ein Fall von sinnlichem noch begrifflichem Bewusstsein darstellt.

149 Auf diesen wichtigen Punkt hat in den letzten Jahren insbesondere David Rosenthal aufmerksam gemacht. Vgl. Rosenthal 2006, 21, 27, 30–31.

150 Levelt 1993a, 461–462.

151 Vgl. Höhle 2010, 60, Postma & Kolk 1993, 476.

Satzes dar. Das subjektive Selbstbewusstsein ist von dieser sub-bewussten Registrierung zu unterscheiden. Schließlich ist sich eine Person *bewusst*, dass sie einen Ausdruck α produziert, wenn sie diesen Ausdruck produziert. Das bedeutet, der Ausdruck ›Produktion eines Ausdrucks‹ bezeichnet zwar die Prozesse, die in der Formulierungsphase stattfinden. Das Bewusstsein von einem erzeugten Ausdruck sowie das Bewusstsein, dass man selbst die Aktivität vollzieht, durch die dieser Ausdruck hervorgebracht wird, sind jedoch von sub-bewussten kognitiven Prozessen zu unterscheiden. Das subjektive Selbstbewusstsein ist daher nicht erklärt, wenn die sub-bewussten Prozesse des Selfmonitoring identifiziert und erklärt werden, die bei der Produktion von Wörtern eine Rolle spielen. Psycholinguistische Untersuchungen erklären außerdem weder, wie das subjektive Selbstbewusstsein gewonnen wird, noch welche Struktur es aufweist. Aus diesen Gründen ist es wichtig, eine philosophische Untersuchung der Regeln 4* und 17 von psycholinguistischen Untersuchungen der Produktion von Wörtern zu unterscheiden. Die Reduktion einer philosophischen Untersuchung der Regeln 4* und 17 auf psycholinguistische Untersuchungen ist nicht möglich.

Die Berücksichtigung psycholinguistischer Untersuchungen der Produktion von Wörtern ist für eine philosophische Untersuchung dieser Regeln von Gewinn. Sie ermöglicht es, die mentale Aktivität, die von der Regel 17 thematisiert wird, von anderen mentalen Leistungen zu unterscheiden, sowie das subjektive Selbstbewusstsein von einer anderen Varietät von Selbstbewusstsein abzugrenzen, die im Zusammenhang mit der Äußerung von Wörtern besteht. Levelt macht darauf aufmerksam, dass ein Sprecher nicht in jedem Fall der Produktion eines Wortes eine kommunikative Intention besitzt bevor er Ausdrücke produziert.[152] Das bedeutet, dass das subjektive Selbstbewusstsein, welches die Produktion eines linguistischen Ausdrucks begleitet, von intentionalem Selbstbewusstsein zu unterscheiden ist. Der Ausdruck ›intentionales Selbstbewusstsein‹ bezeichnet im *vorliegenden* Kontext das Bewusstsein, dass man selbst eine kommunikative Intention verfolgt (und eine Information mitteilen möchte). Es ist möglich, dass eine Person das Bewusstsein besitzt, dass sie selbst einen Ausdruck produziert, ohne dass sie intentionales Selbstbewusstsein hat.[153] Es ist daher nicht möglich,

152 Levelt 1993a, 58, 1993b, 19: »Is our selection of concepts-to-be-expressed to any extent dependent on lexical selection? […] The aphorism from Kleist (1809) heading this paper [»Ich glaube, daß mancher großer Redner, in dem Augenblick, da er den Mund aufmachte, noch nicht wußte, was er sagen würde«] suggests that there can be spontaneous activity in a speaker's formulator, generating words or phrases that present themselves to the speaker as potential issues to talk about.«

153 Dies gilt womöglich auch für Gedanken. Vgl. Proust 2009, 258.

das egologische Selbstbewusstsein durch intentionales Selbstbewusstsein zu erklären oder es auf intentionales Selbstbewusstsein zu reduzieren. Dies ist auch daran zu erkennen, dass eine Person eine kommunikative Intention haben kann und die Produktion von Wörtern erst zu einem späteren Zeitpunkt erfolgt, bspw. wenn die Gesprächssituation eine spätere Mitteilung erzwingt oder nahelegt. Intentionales Selbstbewusstsein ist daher von dem subjektiven Selbstbewusstsein, welches die Produktion von Ausdrücken begleitet, zu unterscheiden.

Dies verdeutlicht einen weiteren wichtigen Aspekt. In der analytischen Philosophie bezeichnet der Ausdruck ›mentale Handlung‹ oftmals intentionale Tätigkeiten einer (rationalen) Person. Eine Person verfolgt mit einer Handlung eine bestimmte Absicht.[154] Die mentale Tätigkeit, welche die Regel 17 thematisiert, ist von einer mentalen Handlung zu unterscheiden. Personen produzieren auch dann Ausdrücke, wenn sie keine Absicht, kein Ziel verfolgen. Wenn eine Person nach einer stürmischen Feier mit Kopfschmerzen aufwacht und unmittelbar (reflexartig, unkontrolliert) die Sätze äußert: »Nein!«, »Nicht schon wieder!« oder (zynisch) »Wunderbar!«, verfolgt und realisiert sie mit diesen Äußerungen (oftmals) keine Absicht.[155] Sie vollzieht eine expressive Äußerung, die unmittelbar ihren Gemütszustand ausdrückt. Es ist daher wichtig zu beachten, dass die Ausdrücke ›mentale Aktivität‹ bzw. ›Produktion eines Ausdrucks‹ keine mentale Handlung bezeichnen, sondern die spontane, mentale Tätigkeit, welche die Erzeugung eines Ausdrucks leistet, das heißt (mit anderen Worten gesprochen) ein *mentales Ereignis*.[156] Dennoch ist es sinnvoll, die Produktion eines Ausdrucks als eine mentale *Tätigkeit* bzw. Aktivität zu bezeichnen. Sie wird von einer Person selbsttätig geleistet. Sie erzeugt ein

154 Vgl. Dorsch 2009, 38, Hieronymi 2009, 147, Mele 2009, 20.

155 Vgl. Bar-on 2007, 243, O'Brien 2007, 169. Nach Peacocke zeichnen sich Handlungen (mental actions) im Unterschied zu mental Events dadurch aus, dass sie ein Versuchen (trying) mit einschließen. Die Produktion von Wörtern geschieht in der Regel jedoch, ohne dass die Produktion von einem Versuchen begleitet wäre. Vgl. Peacocke 2008, 249. Vgl. O'Shaugnessy 2009, 172, Soteriou 2009a, 9. Bspw. ist es nicht erforderlich, zu versuchen zu sehen, um zu sehen. Ebensowenig ist es erforderlich, zu versuchen, einen Ausdruck innerlich zu produzieren, um einen Ausdruck zu produzieren. Peacocke macht jedoch zu Recht darauf aufmerksam, dass das Bewusstsein von mentalen Handlungen vom Bewusstsein von Intentionen zu unterscheiden ist. Vgl. Peacocke 2008, 284: »You don't know what you are really doing simply by knowing your intentions in acting. Action-awareness continues to be an essential and irreducible element in our knowledge of what we are doing«. Dies gilt auch im Fall der Produktion von Wörtern.

156 Vgl. Geach 1992, 1–2, Proust 2009, 260. Ein mentaler Event unterscheidet sich nach Proust von einer mentalen Handlung (action) dadurch, dass es eine Tätigkeit bzw. Aktivität ist, die keine Absicht bei der Realisierung des Produkts eines Akts mit einschließt. Vgl. O'Brien 2007, 91.

Produkt, ein Wort, und die Person besitzt die bewusste Information, dass sie selbst dieses Wort produziert.[157] Zudem ist eine Person, die dieses Bewusstsein nicht besitzt, wenn sie ein Wort produziert, nicht rational. Rationalität, die Erzeugung eines Produkts und das Vorhandensein des Bewusstseins, dass man selbst das Produkt erzeugt, zeichnen nun aber nach Ansicht vieler Philosophen mentale Tätigkeiten aus. Auch wenn die Produktion eines Ausdrucks sich von intentionalen Aktivitäten und Handlungen unterscheidet, ist es sinnvoll, sie als eine mentale Tätigkeit oder als ein ausgezeichnetes mentales Ereignis zu bezeichnen.

157 Vgl. O'Brien 2007, 116.

KAPITEL 8

Das linguistische Bewusstsein

Wenn eine Person einen Ausdruck produziert, weiß sie nicht nur, dass sie selbst eine mentale Aktivität vollzieht. Sie besitzt zudem das Bewusstsein, dass sie einen *bestimmten linguistischen Ausdruck* produziert. Das Bewusstsein, dass man selbst eine Tätigkeit vollzieht, und die bewusste Information, dass man selbst dieses Bewusstsein hat, enthalten für sich betrachtet diese Information nicht. Sie ermöglichen daher nicht das Bewusstsein zu gewinnen, dass ein linguistischer Ausdruck hervorgebracht wird, der eine bestimmte linguistische Bedeutung besitzt. Damit eine Person sich bewusst ist, dass sie selbst einen Ausdruck produziert, ist vielmehr vorausgesetzt, dass sie ein *linguistisches Bewusstsein* hat. Das heißt, eine Person muss ein Bewusstsein davon haben, dass sie einen *linguistischen Ausdruck* produziert und *welchen* Ausdruck sie erzeugt. Wenn eine Person einen Ausdruck α produziert, gewinnt sie durch das linguistische Bewusstsein die Information, dass sie den Ausdruck α – und keinen anderen Ausdruck – produziert. Das bedeutet freilich nicht, dass eine Person kraft ihres Verstehens der linguistischen Bedeutung des Ausdrucks α das Bewusstsein besitzt, dass sie selbst diesen Ausdruck *produziert*. Eine Person gewinnt diese Information durch das Bewusstsein, dass sie selbst die mentale Aktivität vollzieht, durch die dieser Ausdruck hervorgebracht wird.

Der Ausdruck ›linguistisches Bewusstsein‹ bezeichnet somit das Bewusstsein, dass ein linguistischer Ausdruck produziert wird – und nicht etwa das Bewusstsein von einer nicht-linguistischen Äußerung wie einem Stöhnen oder einer Geste – sowie das Bewusstsein von der linguistischen Bedeutung eines Ausdrucks. Im Fall der Produktion des Ausdrucks ›ich‹ enthält das linguistische Bewusstsein (in etwa) die Information, dass dieser Ausdruck auf diejenige Person referiert, welche auch immer diesen Ausdruck verwendet. Das linguistische Bewusstsein schließt als solches – also bspw. unabhängig von dem Bewusstsein, dass man selbst einen Ausdruck produziert – daher *nicht* die Information mit ein, wer der Referent dieses Ausdrucks ist. Dass eine Person kraft des linguistischen Bewusstseins erkennt, dass ein Ausdruck produziert wird, und sie die linguistische Bedeutung dieses Ausdrucks versteht, bedeutet freilich nicht, dass eine Person (im Alltag) die linguistische Bedeutung eines Ausdrucks auszubuchstabieren vermag.[158] Jedoch besitzen Personen, welche bspw. die linguistische Bedeutung des Personalpronomens der ersten Person

158 Kaplan betont dies in *Afterthoughts*. Kaplan 1989b, 577–578. Vgl. Geach 1992, 16.

 | DOI:10.30965/9783957437273_010

singular verstehen, in ihrer Sprechpraxis ein Wissen von der linguistischen Bedeutung und der Funktionsweise dieses Ausdrucks. Sie wissen bspw. wer gemeint ist, wenn der Ausdruck ›ich‹ produziert wird und sie den Sprecher sehen. Sie wissen auch, dass dieser Ausdruck nicht auf irgendeine beliebige Person referiert, sondern – oftmals[159] – auf den jeweiligen Sprecher.[160]

Die Regeln 4* und 17 thematisieren somit *nicht* nur das egologische Selbstbewusstsein. Sie thematisieren das egologische Selbstbewusstsein *und* das linguistische Bewusstsein. Sie ermöglichen *gemeinsam* das Bewusstsein zu gewinnen, dass man selbst den Ausdruck α produziert. Dies ist daran zu erkennen, dass eine Person, die kein linguistisches Bewusstsein besitzt, durch das egologische Selbstbewusstsein zwar das Bewusstsein hätte, dass sie selbst eine mentale Leistung vollbringt. Sie würde aber kein Bewusstsein davon haben, *welchen* linguistischen Ausdruck sie produziert. Die Person würde kein Bewusstsein davon haben, dass sie selbst *den Ausdruck* α produziert. Sie würde kein Bewusstsein davon haben, dass sie einen Ausdruck produziert, der eine linguistische Bedeutung besitzt. Andererseits würde eine Person, die kein egologisches Selbstbewusstsein besitzt, durch das linguistische Bewusstsein zwar ein Bewusstsein davon haben, welcher linguistische Ausdruck produziert wird bzw. gegeben ist. Sie wüsste aber nicht, dass *sie selbst* den Ausdruck α produziert. Das linguistische Bewusstsein ist das Bewusstsein von etwas *Produziertem*, einem linguistischen Ausdruck. Das egologische Selbstbewusstsein ist demgegenüber das Bewusstsein von einer Aktivität, die man selbst vollzieht.

Das egologische Selbstbewusstsein und das linguistische Bewusstsein unterscheiden sich in einer weiteren Hinsicht. Dieser Unterschied betrifft die Weise, *wie* der jeweilige Gehalt bewusst ist. Wenn eine Person den Ausdruck ›ich‹ produziert, besitzt sie kraft des linguistischen Bewusstseins ein *explizites* Bewusstsein von diesem Ausdruck. Der produzierte Ausdruck ist thematisch bzw. objektiv bewusst.[161] Die Information, dass man selbst diesen Ausdruck produziert, ist demgegenüber *implizit*, nicht objektiv, unthematisch oder

159 Diese Einschränkung ist eine Folge davon, dass der Ausdruck ›ich‹ auch auf eine andere Person als den Sprecher referieren kann, und Personen dies auch wissen können.

160 Vgl. O'Brien 2007, 87. Die Kenntnis der linguistischen Bedeutung des Ausdrucks ›ich‹ ist jedoch von praktischem Wissen-wie, das im Zusammenhang mit körperlichen Tätigkeiten besteht, zu unterscheiden. Das Verstehen der linguistischen Bedeutung ist eine mentale Leistung. Ohne diese mentale Leistung würde eine Person den Referenten des Ausdrucks ›ich‹ nicht identifizieren.

161 Im zweiten Hauptstück wird näher erläutert, dass das linguistische Bewusstsein im Unterschied zum egologischen Selbstbewusstsein ein Fall von transitivem bzw. intentionalem Bewusstsein ist.

marginal bzw. peripher bewusst.[162] Wenn eine Person bspw. den Satz äußert »Ich bin ein Philosoph«, besitzt sie im Moment der Produktion des Ausdrucks ›ich‹ – *im Vergleich* mit dem Bewusstsein, dass sie selbst diesen Ausdruck produziert – ein *explizites* Bewusstsein von diesem Ausdruck.[163] Sie ist sich jedoch nicht explizit bewusst, dass sie selbst diesen Ausdruck produziert. Das bedeutet nicht, dass das egologische Selbstbewusstsein unbewusst ist. Eine Person ist sich ihrer mentalen Aktivität bewusst, wenn sie einen linguistischen Ausdruck produziert.[164]

Aufgrund des impliziten Charakters des egologischen Selbstbewusstseins ist es – im Anschluss an Hector-Neri Castañedas Interpretation der Bedeutung des Ausdrucks *transzendental* – als ein *transzendental-egologisches Präfix* der Produktion eines jeden linguistischen Ausdrucks zu bezeichnen. Nach Castañeda sind im Fall des Denkens eines Gedankens zwei Aspekte zu unterscheiden. Zum einen der Inhalt des Gedankens, also bspw., dass Kapitan ein Philosoph ist. Im Fall des Denkens eines Gedankens besitzt eine Person zum anderen jedoch auch ein Bewusstsein davon, dass sie selbst diesen Gedanken denkt. Diese Information ist kein Bestandteil des Inhalts des Gedankens. Der Gedanke »Kapitan ist ein Philosoph« enthält nicht die Information, dass man selbst diesen Gedanken denkt.[165] Dennoch besitzt ein Sprecher das Bewusstsein, dass er selbst diesen Gedanken fasst. Es handelt sich hierbei also nicht um eine unbewusste Information. Nach Castañeda ist dieses Bewusstsein vielmehr unbezweifelbar. Das Präfix eines jeden Gedankens lautet somit: »Ich denke, dass«.[166] Dieses Bewusstsein bezeichnet Castañeda als transzendentales Präfix. Es ist ein *transzendentales* Präfix, da es kein Bestandteil des Inhalts eines

---

162 In dieser Untersuchung wird der Ausdruck ›implizit‹ verwendet. Damit ist jedoch nicht *dispositional* gemeint. Es ist ebenso möglich, die Ausdrücke ›marginal‹ oder ›peripher‹ zu verwenden. Vgl. Williford 2006b, 7.

163 Damit soll freilich nicht behauptet werden, dass der produzierte Ausdruck oder seine Bedeutung stets im Zentrum der Aufmerksamkeit einer Person stehen. Bei *Gegenüberstellung* mit dem Bewusstsein, dass man selbst einen Ausdruck produziert, ist der linguistische Ausdruck jedoch »stärker« bewusst oder »präsenter« als die Information, dass man selbst diesen Ausdruck produziert.

164 Die Bezeichung dieses Unterschieds als *explizit* bzw. *implizit* bewusste Informationen ist freilich vage und tentativ. Der damit markierte Unterschied beruht jedoch auf Tatsachen des Bewusstseins.

165 Castañeda führt in diesem Zusammenhang Kants berühmte Formulierung an, dass das »Ich denke« alle meine Vorstellungen begleiten *können* muss. Vgl. Castañeda 1989, 162.

166 Castañeda erweitert das transzendentale Präfix um eine zeitliche und eine räumliche Dimension, sodass das transzendentale Präfix letztlich lautet: »Ich denke hier und jetzt, dass (...)«. Vgl. Castañeda 1989, 173.

bewussten Gedankens ist, (der bezweifelt werden kann), aber dennoch nicht unbewusst ist. Dies gilt in vergleichbarer Weise auch für das egologische Selbstbewusstsein.[167] Es ist ein transzendental-egologisches Präfix, da es nicht unbewusst ist, obgleich es kein Bestandteil des Informationsgehalts ist, der kraft des linguistischen Bewusstseins explizit bewusst ist. Das Verhältnis zwischen dem Informationsgehalt des transzendental-egologischen Präfix' und des linguistischen Bewusstseins lässt sich somit folgendermaßen ausdrücken: Ich produziere {einen linguistischen Ausdruck α}. Der Ausdruck ›ich produziere‹ repräsentiert den Gehalt des transzendental-egologischen Präfix'. Der Ausdruck {einen linguistischen Ausdruck α} repräsentiert den Informationsgehalt des linguistischen Bewusstseins, der je nach dem produzierten Ausdruck variiert. Im Fall des transzendental-egologischen Selbstbewusstseins ist der bewusste Inhalt *konstant*, während der bewusste Gehalt des linguistischen Bewusstseins mit dem jeweils verwendeten Ausdruck *variiert*.

Es ist wichtig zu beachten, dass das transzendental-egologische Präfix Selbstbewusstsein mit Blick auf das Bewusstsein einschließt. Das Bewusstsein, dass man selbst einen Ausdruck produziert, schließt, wie gesagt, das Bewusstsein mit ein, dass man selbst dieses *Bewusstsein* besitzt. Das Subjekt des Bewusstseins ist *nicht* anonym. Bei Berücksichtigung von diesem Aspekt des egologischen Selbstbewusstseins ist das transzendentale Präfix folgendermaßen zu bestimmen: Ich habe das Bewusstsein: Ich produziere {einen linguistischen Ausdruck α}.[168] Es gilt:

> 24. Das Bewusstsein, dass man selbst (einen linguistischen Ausdruck) produziert und dass man selbst dieses Bewusstsein besitzt, stellen das transzendental-egologische Präfix der Produktion eines jeden linguistischen Ausdrucks dar.[169]

---

167 Im Unterschied zu Castañedas Verwendung des Ausdrucks ›transzendentales Präfix‹ bezieht sich das transzendental-egologische Präfix explizit auf die Produktion eines Ausdrucks. Vgl. Castañeda 1989, 162–173.

168 In Kapitel 10 wird zwischen Meinigkeitsbewusstsein und Subjektbewusstsein unterschieden. Bei Berücksichtigung dieser Unterscheidung lautet eine präzisere Formulierung: Mein Bewusstsein: Meine Produktion {eines linguistischen Ausdrucks α}.

169 Auch das gilt freilich nur unter Berücksichtigung der Einschränkungen, die bei der Regel 4+ angeführt sind. Der Hinweis, dass das egologische Selbstbewusstsein ein transzendental-egologisches Präfix darstellt, ist im zweiten Hauptstück bei der Begründung der These, dass das egologische Selbstbewusstsein kein Fall von propositionalem Bewusstsein ist, von Bedeutung. Im folgenden Kapitel wird gezeigt, dass das transzendental-egologische Präfix erweitert werden muss. Es schließt ein linguistisches Selbstbewusstsein mit ein.

Die Verbindung vom egologischen Selbstbewusstsein und dem linguistischen Bewusstsein ist nicht immun gegenüber einem Irrtum durch Fehlidentifizierung des Subjekts, das einen Ausdruck produziert. Eine Person besitzt ein linguistisches Bewusstsein nicht nur dann, wenn sie einen Ausdruck produziert. Sie hat ein linguistisches Bewusstsein auch dann, wenn sie die Äußerung einer *anderen* Person wahrnimmt und versteht. Es ist daher nicht ausgeschlossen, dass das Bewusstsein von der Produktion eines bestimmten linguistischen Ausdrucks eine falsche Information enthält. Dies zeigt folgendes Beispiel: Wenn eine $Person_1$ den Ausdruck ›Kapitan‹ äußern möchte und durch einen Versprecher, den sie nicht bemerkt, den Ausdruck ›Kapitän‹ artikuliert und im selben Augenblick eine $Person_2$ den Ausdruck ›Kapitan‹ äußert, ist es möglich, dass die $Person_1$ die Überzeugung gewinnt, dass sie den Ausdruck ›Kapitan‹ erzeugt hat, da sie diesen Ausdruck akustisch wahrnimmt und glaubt, ihre eigene Stimme zu hören. In diesem Beispiel interpretiert die $Person_1$ irrtümlich den Informationsgehalt ihrer äußeren Wahrnehmung als ihre eigene Produktionsleistung, da er dasjenige Wort enthält, das sie produzieren wollte, aber in Wahrheit nicht erzeugte. Die Person besitzt egologisches Selbstbewusstsein von der Produktion eines Wortes, des Ausdrucks ›Kapitän‹. Sie verbindet es mit ihrem linguistischen Bewusstsein von dem Ausdruck ›Kapitan‹, den eine andere Person erzeugt hat. Sie identifiziert daher irrtümlich sich selbst als diejenige Person, welche den Ausdruck ›Kapitan‹ erzeugt.[170] Das bedeutet jedoch nicht, dass die Regeln 4, 17 und 18 nicht allgemeingültig sind. Diese Regeln besagen, dass eine Person einen Ausdruck produziert und von der Produktion *dieses* Ausdrucks egologisches Selbstbewusstsein und von *diesem* Ausdruck, das heißt, von dem durch diese Leistung erzeugten Ausdruck, (linguistisches) Bewusstsein besitzt. Die Möglichkeit eines Irrtums besteht dann, wenn das linguistische Bewusstsein keine Information über denjenigen Ausdruck enthält, der von derjenigen mentalen Tätigkeit erzeugt wird, von der egologisches Selbstbewusstsein besteht.

Der in den Regeln 4* und 17 verwendete Ausdruck ›Produktion eines Ausdrucks‹ bedarf somit der in Kapitel 7 angekündigten Spezifizierung. Durch die Berücksichtigung der Möglichkeit, dass das linguistische Bewusstsein keine Informationen über Ausdrücke enthält, die von einem selbst produziert

170 Die Prozesse, die bei der Produktion eines Ausdrucks stattfinden, unterscheiden sich von den Vorgängen, die bei der Interpretation eines Ausdrucks vor sich gehen, den eine andere Person erzeugt hat. Während bspw. die akustische Wahrnehmung der Endpunkt der Produktion eines Ausdrucks sein kann, ist sie oftmals der Ausgangspunkt der Interpretation einer Äußerung. Vgl. Kormos 2006, 7.

werden, gilt es zwei Bedeutungen des Ausdrucks ›Produktion eines Ausdrucks‹ zu unterscheiden. Die erste Bedeutung bezeichnet diejenige Tätigkeit, deren Produkt vom linguistischen Bewusstsein *nicht* erfasst wird, bspw. die Tätigkeit, mit welcher der Ausdruck ›Kapitan‹ aktiviert wird. Diese Tätigkeit ist jedoch *kein* Bestandteil der Regeln 4* und 17, da ein Sprecher von dem Produkt seiner Tätigkeit kein linguistisches Bewusstsein besitzt. Der Ausdruck ›Produktion eines Ausdrucks‹ bezeichnet zweitens diejenige mentale Aktivität, durch die derjenige Ausdruck produziert wird, von dem ein linguistisches Bewusstsein besteht. Das Bewusstsein von *dieser* Tätigkeit und von dem durch sie produzierten linguistischen Ausdruck ist ein Bestandteil der Regeln 4* und 17. Der Ausdruck ›Produktion eines Ausdrucks‹ bezeichnet daher näher betrachtet ausschließlich diejenige Tätigkeit, durch die ein linguistischer Ausdruck produziert wird, von dem ein linguistisches Bewusstsein besteht.

Es ist wichtig zu beachten, dass das Bewusstsein, dass man selbst einen bestimmten Ausdruck produziert, das von den Regeln 4* und 17 thematisiert wird, jedoch *nicht* durch die *Verbindung* von zwei Arten von Bewusstsein – dem linguistischen Bewusstsein sowie dem egologischen Selbstbewusstsein – gewonnen wird, die zu trennen wären. Wenn eine Person egologisches Selbstbewusstsein von der Produktion eines Ausdrucks besitzt, von dem sie linguistisches Bewusstsein hat, ist das Bewusstsein von der linguistischen Bedeutung des produzierten Ausdrucks ein *Aspekt* des Bewusstseins von der *Produktion* dieses Ausdrucks. Das linguistische Bewusstsein entsteht *mit* der Produktion eines Ausdrucks. Eine Person produziert nicht zunächst einen linguistischen Ausdruck, dessen Bedeutung sie nicht versteht, und interpretiert erst anschließend seine Bedeutung durch gänzlich andere Prozesse. Die kognitiven Prozesse, die zur Produktion eines linguistischen Ausdrucks führen, also etwa die Aktivierung eines Lemmas, schließen das Verstehen der Bedeutung des aktivierten Ausdrucks mit ein. Im Fall der Produktion eines Ausdrucks, – von dem linguistisches Bewusstsein besteht –, ist die Interpretation bzw. das Verstehen der linguistischen Bedeutung dieses Ausdrucks ein Aspekt der Produktion des Ausdrucks. Das heißt, das egologische Selbstbewusstsein von der mentalen Tätigkeit und das linguistische Bewusstsein bilden eine *Einheit.* Sie sind Bestandteile *eines* Phänomens, und zwar der Produktion eines Ausdrucks. Sie werden nicht verbunden, wie es der Fall ist, wenn eine Person ein Wort erzeugt und nicht bemerkt, dass sie ein linguistisches Bewusstsein von einem Ausdruck besitzt, den eine andere Person erzeugt hat. Das egologische Selbstbewusstsein sowie das linguistische Bewusstsein, – und, wie im nächsten Kapitel gezeigt wird, auch das linguistische Selbstbewusstsein –, sind somit *faktive* (factive) Bewusstseinsphänomene.

Faktive Phänomene zeichnen sich nach Christopher Peacocke dadurch aus, dass, wenn sie bestehen, garantiert ist, dass die Phänomene bestehen, über die sie Informationen enthalten.[171] Das bedeutet, wenn das egologische Selbstbewusstsein und das linguistische Bewusstsein vorhanden sind, ist garantiert, dass *man selbst* einen bestimmten *Ausdruck produziert*.

171 Vgl. Peacocke 2008, 194: »If a subject has a non-conceptual awareness of itself as performing certain actions, either bodily or mental, that awareness too is factive, and requires that the subject really be performing those actions.« Vgl. Peacocke 2008, 264: »Action-awareness that one is φ-ing is a factive notion. It implies that one is φ-ing (arguably it also implies that one knows that one is φ-ing).«

KAPITEL 9

Das linguistische Selbstbewusstsein

Das Bewusstsein, dass man selbst einen linguistischen Ausdruck produziert, schließt nicht nur die Information mit ein, dass man selbst einen Ausdruck produziert sowie dass man selbst diese Information besitzt. Es enthält einen weiteren Fall von egologischem Selbstbewusstsein. Es ist dies die bewusste Information, dass *man selbst* das linguistische *Bewusstsein* besitzt. Ohne dieses *linguistische Selbstbewusstsein* wäre eine Person sich zwar bewusst, dass sie selbst eine mentale Aktivität vollzieht. Sie würde jedoch das *Bewusstsein* vom linguistischen Ausdruck nicht als ihr eigenes Bewusstsein begreifen. Sie wüsste nicht, *wer* sich eines linguistischen Ausdrucks bewusst ist bzw. *für wen* ein linguistischer Ausdruck besteht oder auch *wessen* Bewusstsein es ist, das ein Bewusstsein vom Ausdruck darstellt. Dies widerspricht den Tatsachen des Bewusstseins. Das linguistische Bewusstsein schließt ein linguistisches Selbstbewusstsein mit ein.

Das linguistische Selbstbewusstsein ist ein Fall von *egologischem* Selbstbewusstsein. Es ist *nicht* anonym. Eine Frage wie, »Bist Du Dir sicher, dass Du ein Bewusstsein von diesem linguistischen Ausdruck hast?«, ist sinnlos bzw. immer schon beantwortet, wenn eine Person linguistisches Selbstbewusstsein besitzt. Das linguistische Selbstbewusstsein schließt das Bewusstsein mit ein, dass *man selbst* Bewusstsein von einem Ausdruck besitzt bzw. dass es das eigene Bewusstsein ist, das diese Information enthält.[172] Die Regel 17 schließt mit ein, dass eine Person egologisches linguistisches Selbstbewusstsein hat.[173]

172 Dies bestätigt die These, dass das Selbstbewusstsein, welches die Produktion linguistischer Ausdrücke begleitet, ein Fall von *egologischem* und mithin nicht anonymem Selbstbewusstsein ist. Wäre es anonym, wäre die Information nicht vorhanden, wer dieses Selbstbewusstsein besitzt: man selbst. Anonymes Selbstbewusstsein schließt diese Information nicht mit ein.

173 Das linguistische Selbstbewusstsein wird in philosophischen Untersuchungen menschlicher Subjektivität und erstpersonaler Referenz oftmals nicht beachtet. So berücksichtigt bspw. Lucy O'Brien in ihrer ausführlichen Untersuchung erstpersonaler Referenz zwar das Selbstbewusstsein mentaler Aktivität, das im Zusammenhang mit der Verwendung des Ausdrucks ›ich‹ besteht. Das Bewusstsein, dass man selbst eine mentale Leistung vollzieht bzw. einen Ausdruck produziert, schließt als solches jedoch nicht linguistisches Selbstbewusstsein mit ein. Ihre Analyse erstpersonaler Referenz ist somit einseitig und ermöglicht es bereits aus diesem Grund nicht, die Regel 17 zu erklären. O'Brien beabsichtigt freilich nicht, diese Regel zu erklären.

 | DOI:10.30965/9783957437273_011

Beide bisher behandelten Fälle von egologischem Bewusstsein vom Bewusstsein unterscheiden sich mit Blick auf den jeweils bewussten *Inhalt*. In Übereinstimmung mit dem egologischen Selbstbewusstsein, dass man selbst einen Ausdruck produziert und diese Information besitzt, ist das linguistische Selbstbewusstsein zwar ein Fall von Selbstbewusstsein, der eine bewusste Information hinsichtlich des Bewusstseins aufweist. Es enthält die bewusste Information, dass man selbst *Bewusstsein* bzw. eine Information besitzt. Das linguistische Selbstbewusstsein enthält *für sich betrachtet* oder *an sich* ausschließlich die Information, dass man selbst Bewusstsein von einem Ausdruck besitzt. Es ist ausschließlich ein Bewusstsein vom Bewusstsein als dem *eigenen* Bewusstsein. Das egologische Selbstbewusstsein von der mentalen Aktivität enthält demgegenüber das Bewusstsein von der *Produktion* eines linguistischen Ausdrucks sowie davon, dass man selbst das Bewusstsein von diesem Gehalt, einer Aktivität, besitzt. Zum Zweck der terminologischen Unterscheidung wird im Folgenden das Bewusstsein, dass man selbst einen Ausdruck produziert sowie dass man selbst dieses Bewusstsein besitzt, als *spontanes* Selbstbewusstsein bezeichnet, da es ein Bewusstsein von mentaler Aktivität darstellt, die sich spontan vollzieht. Das Bewusstsein, dass man selbst ein Bewusstsein vom produzierten linguistischen Ausdruck hat, wird demgegenüber als *linguistisches* Selbstbewusstsein bezeichnet.

Dies bedeutet aber nicht, dass das linguistische Selbstbewusstsein nicht auch entsteht. Es verdankt sich ebenfalls einer spontanen Tätigkeit und entsteht im Zusammenhang mit der Produktion oder Interpretation eines Ausdrucks bzw. Satzes. Keine andere Person und kein Gegenstand können *für* eine Person das linguistische Selbstbewusstsein erzeugen. Es schließt *für sich* betrachtet aber kein Bewusstsein von der mentalen Aktivität der Produktion eines linguistischen Ausdrucks mit ein. Dies ist daran zu erkennen, dass das linguistische Selbstbewusstsein im Unterschied zum spontanen Selbstbewusstsein nicht nur dann vorhanden ist, wenn eine Person einen Ausdruck *selbst* hervorbringt. Es besteht auch dann, wenn eine Person einen Satz versteht, den eine andere Person äußert. Wenn also bspw. eine Person den Satz »Ich bin ein Philosoph« äußert und eine andere Person diesen Satz wahrnimmt und versteht, besitzt sie linguistisches Selbstbewusstsein. Sie glaubt jedoch nicht, dass sie selbst diesen Satz äußert.

Wenn eine Person einen Ausdruck produziert, besitzt sie sowohl das spontane Selbstbewusstsein als auch das linguistische Selbstbewusstsein. Im Fall der *Produktion* eines Ausdrucks schließt das Bewusstsein eines Sprechers von seiner Produktion dieses Ausdrucks zugleich ein Bewusstsein von der Bedeutung dieses Ausdrucks mit ein. Da das linguistische Bewusstsein linguistisches Selbstbewusstsein miteinschließt, sind das spontane und das linguistische Selbstbewusstsein Aspekte *eines* Phänomens. Sie werden nicht nachträglich verbunden, sondern stellen eine Einheit dar. Das linguistische Selbstbewusstsein ist ebenfalls ein *faktives* Phänomen. Wenn die Information gewonnen wird, dass man selbst linguistisches Bewusstsein besitzt, ist (trivialerweise) garantiert, dass man selbst linguistisches Bewusstsein von einem Ausdruck hat.

Das linguistische Selbstbewusstsein stimmt in mehreren Punkten mit dem spontanen Selbstbewusstsein überein. So wie das spontane Selbstbewusstsein besteht es dann, wenn eine Person einen Ausdruck produziert.[174] Anderenfalls würde eine Person dann, wenn sie einen Ausdruck produziert, nicht wissen, wer ein Bewusstsein von diesem Ausdruck hat. Die These, dass das linguistische Selbstbewusstsein immer dann besteht, wenn ein Ausdruck produziert wird, bedarf jedoch einer Einschränkung. Es ist die in Kapitel 8 eingeführte Unterscheidung zweier Bedeutungen des Ausdrucks ›Produktion eines linguistischen Ausdrucks‹ zu beachten. Da es grundsätzlich möglich zu sein scheint, dass ein Ausdruck produziert wird, ohne dass eine Person ein linguistisches Bewusstsein von diesem Ausdruck besitzt, ist es möglich, dass ein Wort produziert wird und die Person kein linguistisches Selbstbewusstsein besitzt. Die These, dass das linguistische Selbstbewusstsein immer dann besteht, wenn ein Ausdruck produziert wird, gilt somit nur insofern ein linguistisches Bewusstsein von dem Ausdruck vorhanden ist, der produziert wird. Wenn jedoch ein linguistisches Bewusstsein von einem Ausdruck besteht, schließt es ein linguistisches Selbstbewusstsein mit ein.

Das linguistische Selbstbewusstsein stimmt mit dem spontanen Selbstbewusstsein in einem weiteren Punkt überein. So wie das spontane Selbstbewusstsein ist es ein Fall von *implizitem* Selbstbewusstsein. Wenn eine Person bspw. weiß, dass sie den Ausdruck ›Kapitan‹ produziert, ist der Ausdruck ›Kapitan‹ ein objektiver, explizit bewusster Gehalt. Die Information, dass sie selbst Bewusstsein von diesem Ausdruck besitzt, ist nicht explizit bewusst. Dennoch besitzt ein Sprecher diese Information. Sie ist nicht unbewusst. Da das linguistische Selbstbewusstsein einen Fall von implizitem Bewusstsein darstellt, der gleichwohl nicht unbewusst ist, ist das transzendental-egologische Präfix, wie in Kapitel 8 angekündigt, zu erweitern. Eine Person hat im Fall der Produktion eines linguistischen Ausdrucks nicht nur das Bewusstsein, dass sie selbst eine mentale Aktivität vollzieht und dass sie selbst das Bewusstsein von dieser Leistung besitzt, sondern sie ist sich zudem bewusst, dass sie selbst das Bewusstsein vom produzierten Ausdruck besitzt. Es gilt:

174 Dies gilt bei Berücksichtigung der Einschränkungen, welche die Regel 17 enthält, und die in Kapitel 8 erläutert wurden.

> 25. Die bewusste Information, dass man selbst Bewusstsein von einem linguistischen Ausdruck besitzt, den man selbst produziert, ist ein Bestandteil des transzendental-egologischen Präfix' der Produktion eines jeden linguistischen Ausdrucks.[175]

Da das linguistische Selbstbewusstsein jedoch nicht nur dann besteht, wenn eine Person einen Ausdruck produziert, sondern auch dann, wenn sie einen Satz oder ein Wort versteht, den eine andere Person äußert, gilt die Regel:

> 26. Die bewusste Information, dass man selbst das Bewusstsein von einem linguistischen Ausdruck besitzt, ist ein transzendental-egologisches Präfix des Bewusstseins von einem jeden linguistischen Ausdruck, den eine Person versteht.

Dies gilt jedoch nicht für das spontane Selbstbewusstsein. Es besteht nur dann, wenn eine Person ein Wort selbst produziert. Die Verbindung der Regeln 24 und 25 ergibt die Regel:

> 27. Das Bewusstsein, dass man selbst (einen linguistischen Ausdruck) produziert, sowie die bewusste Information, dass man selbst das Bewusstsein von dieser Aktivität besitzt, und die bewusste Information, dass man selbst das Bewusstsein von diesem Ausdruck hat, stellen das transzendental-egologische Präfix der Produktion eines jeden linguistischen Ausdrucks dar.[176]

In Übereinstimmung mit dem spontanen Selbstbewusstsein ist der Informationsgehalt des linguistischen Selbstbewusstseins *konstant*, während der Inhalt des linguistischen Bewusstseins *variiert*. Das heißt, eine Person besitzt stets die bewusste Information, dass sie selbst das Subjekt ist, welches sich eines Ausdrucks bewusst ist, gleichgültig von welchem linguistischen Ausdruck sie ein Bewusstsein besitzt bzw. welcher Ausdruck dies ist.

Das Verhältnis zwischen dem Gehalt des linguistischen Selbstbewusstseins und des linguistischen Bewusstseins lässt sich folgendermaßen ausdrücken: Ich habe Bewusstsein von {einem linguistischen Ausdruck α}. Der Ausdruck ›Ich habe Bewusstsein von‹ repräsentiert den Gehalt des linguistischen

---

175 Diese Regel gilt nur bei Berücksichtigung der Einschränkungen, welche die Regel 17 thematisiert.

176 Auch diese Regel gilt nur bei Berücksichtigung der Einschränkungen, die von der Regel 17 thematisiert werden.

Selbstbewusstseins in seiner Position als transzendentales Präfix. Der Ausdruck {einem linguistischen Ausdruck α} repräsentiert den Gehalt des linguistischen Bewusstseins, der mit dem jeweils produzierten Ausdruck variiert. Die Verbindung von linguistischem Selbstbewusstsein und spontanem Selbstbewusstsein ergibt: Ich habe Bewusstsein: Ich produziere {einen linguistischen Ausdruck α}. Der Ausdruck ›Ich habe Bewusstsein‹ thematisiert sowohl den Gehalt der bewussten Information, dass man selbst das Bewusstsein von mentaler Aktivität besitzt, als auch der bewussten Information, dass man selbst das Bewusstsein vom produzierten Ausdruck hat. Der Ausdruck ›Ich produziere‹ repräsentiert den Gehalt der bewussten Information, dass man selbst eine mentale Tätigkeit vollzieht. Der Ausdruck ›{einen linguistischen Ausdruck α}‹ thematisiert den Gehalt des linguistischen Bewusstseins.

An diesem Punkt der Untersuchung ist es sinnvoll, eine Zwischenbilanz zu ziehen. Die Untersuchung der Regel 17 hat ergeben, dass folgende Fälle von Bewusstsein und Selbstbewusstsein bestehen. Eine Person, die einen linguistischen Ausdruck produziert, besitzt

a) das Bewusstsein, dass sie selbst eine mentale Aktivität vollzieht (diesen Ausdruck produziert), und
b) das Bewusstsein, dass sie selbst dieses Bewusstsein hat.

Die Einheit beider Fälle von Selbstbewusstsein wird als *spontanes* Selbstbewusstsein bezeichnet. Sie besitzt

c) das Bewusstsein von einem linguistischen Ausdruck, der produziert wird, und
d) das Bewusstsein, dass sie selbst dieses Bewusstsein von diesem Ausdruck hat.

Dieser Fall von Selbstbewusstsein wird als *linguistisches* Selbstbewusstsein bezeichnet. Die Einheit von spontanem und linguistischem Selbstbewusstsein wird schließlich als *subjektives Selbstbewusstsein* bezeichnet. Das subjektive Selbstbewusstsein ist ein *faktives* Phänomen.

KAPITEL 10

Subjektbewusstsein und Meinigkeit

In den letzten Jahren ist in der analytischen Philosophie eine Unterscheidung wieder aufgegriffen worden, die für das Verständnis des subjektiven Selbstbewusstseins hilfreich ist. Es handelt sich um die bereits im Deutschen Idealismus zu findende Unterscheidung zwischen Subjektbewusstsein (me-ness) und Meinigkeitsbewusstsein (mine-ness). Beide Fälle von Selbstbewusstsein zählen zu den Varianten egologischen Selbstbewusstseins. Nach Marie Guillot ist unter Meinigkeitsbewusstsein zu verstehen, dass Bewusstsein vom *eigenen* Bewusstsein bzw. von der *eigenen* Erfahrung vorliegt.[177] Unter Subjektbewusstsein ist demgegenüber das Bewusstsein vom Subjekt *als solches* zu verstehen, unabhängig von der Selbstzuschreibung von den Erfahrungen, die es macht, bzw. dem Bewusstsein, das es besitzt. Das Bewusstsein vom Subjekt als solches schließt nicht die bewusste Information mit ein, ein Subjekt der Erfahrungen bzw. des Bewusstseins zu sein. Es schließt als solches Meinigkeitsbewusstsein nicht mit ein. Diese Unterscheidung ist für das Verständnis des subjektiven Selbstbewusstseins und die im zweiten Hauptabschnitt entwickelte performative Interpretation hilfreich. Das subjektive Selbstbewusstsein ist ausschließlich ein Fall von Meinigkeitsbewusstsein, *für den Fall*, dass angenommen wird, dass das Subjektbewusstsein mehr bzw. anderes als die bewusste Information enthält, selbst Bewusstsein zu haben bzw. selbst tätig ein Wort zu produzieren. Wie dargelegt worden ist, enthält das subjektive Selbstbewusstsein ausschließlich diese Informationen. Darin erschöpft sich die Bedeutung der Rede »Bewusstsein von sich selbst« zu haben bzw. zu wissen, dass »man selbst den Ausdruck ›ich‹ produziert«. Das subjektive Selbstbewusstsein als solches schließt keine weiteren Informationen über das Subjekt mit ein. Es schließt keine bewusste Information über das Subjekt mit ein, insofern es von seinem Bewusstsein und seiner Tätigkeit unterschieden wird oder (womöglich) unterschieden ist. Eben das ist aber die Pointe des Subjektbewusstseins, wenn es vom Meinigkeitsbewusstsein unterschieden wird. *Insofern* unter dem Subjekt eine derartige »Substanz« verstanden wird, die Bewusstsein von sich jenseits ihrer Eigenschaften besitzt, wie bspw. Bewusstsein zu haben, ist das subjektive Selbstbewusstsein *kein* Fall von Subjektbewusstsein. Dies gilt jedoch nur dann, wenn man das den Ausführungen von Guillot zugrundeliegende ontologische Modell teilt,

177 Guillot 2017.

 | DOI:10.30965/9783957437273_012

das sie nicht näher begründet. Die These, dass Meinigkeitsbewusstsein von Subjektbewusstsein zu unterscheiden ist, macht nur vor dem Hintergrund der ontologischen Annahme Sinn, dass das Subjekt von seinen Tätigkeiten und seinem Bewusstsein noch zu unterscheiden ist. Das ist jedoch keine alternativlose Position, sondern bringt ein recht simples Substanz-Akzidenz-Modell ins Spiel.[178]

Es ist auch wichtig zu beachten, dass nach Guillot das Bewusstsein der Meinigkeit *komplexer* ist als das Subjektbewusstsein. Meinigkeitsbewusstsein schließt zusätzlich zum Bewusstsein von der Erfahrung (bzw. dem Bewusstsein) als der eigenen Erfahrung Subjektbewusstsein und Bewusstsein von der Beziehung zwischen dem Subjekt und der Erfahrung mit ein. Das Subjekt versteht ihre Erfahrung als ihre eigene Erfahrung, als eine Erfahrung, die sie, das Subjekt, selbst macht. Dies gilt jedoch nicht im Fall des subjektiven Selbstbewusstseins. Es schließt kein Subjektbewusstsein mit ein, wenn darunter verstanden wird, dass Bewusstsein vom Subjekt als solches vorliegt, das von seinen Eigenschaften zu unterscheiden ist. Das subjektive Selbstbewusstsein besteht ausschließlich in dem Bewusstsein, selbst Bewusstsein zu haben bzw. ein Wort zu produzieren. Es ist somit ein Fall von Meinigkeitsbewusstsein, für den als solchen betrachtet nicht gilt, dass es im Sinn Guillots komplexer ist als das Subjektbewusstsein. Es schließt nicht Subjektbewusstsein – im Sinn Guillots – mit ein und daher auch kein Bewusstsein von der Beziehung zwischen dem Subjekt und seinem Bewusstsein bzw. seiner Erfahrung. Dass es solche Fälle von Meinigkeitsbewusstsein gibt, ist im Übrigen keine neue These. Hegel vertritt in der »Enzyklopädie« mit Blick auf phänomenales Bewusstsein einen ähnlichen Standpunkt. Seiner Ansicht nach schließt phänomenales Bewusstsein ein Meinigkeitsbewusstsein mit ein, das vom Subjektbewusstsein bzw. Ich-Bewusstsein noch zu unterscheiden ist.[179]

Indes wird im dritten Hauptstück dargelegt, wie das subjektive Selbstbewusstsein als ein spezieller Fall von Meinigkeitsbewusstsein zur Konstitution von Subjektbewusstsein im Sinn von referentiellem Selbstbewusstsein beiträgt. Das ist ein wichtiger Punkt. Diese Untersuchung erklärt von Meinigkeitsbewusstsein ausgehend Aspekte von Subjektbewusstsein, und zwar referentielles Selbstbewusstsein und generell Selbstbewusstsein, insofern

178 Galen Strawson hat eine größere Anzahl möglicher ontologischer Interpretationen des Subjekts dargestellt. Vgl. Strawson 2009. Das Substanz-Akzidenz-Modell ist nicht das einzige diskussionswürdige Modell.

179 Vgl. Hegel 1992, 160, Lang 2018c, 82–83. Insofern stimmt diese Untersuchung mit einem Gedanken Hegels überein. Im Unterschied zu Hegels Interpretation der Meinigkeit ist das subjektive Selbstbewusstsein jedoch vom phänomenalen Bewusstsein gerade zu unterscheiden.

es im Zusammenhang mit autobiographischer indexikalischer Identifizierung gewonnen wird. Es wird Subjektbewusstsein von Meinigkeitsbewusstsein ausgehend erklärt, da gezeigt wird, wie mithilfe des subjektiven Selbstbewusstseins bspw. die bewusste Information gewonnen wird, selbst das Subjekt zu sein, auf das der Ausdruck ›ich‹ referiert. Diese Untersuchung zeichnet sich gegenüber anderen Theorien somit durch eine *Umkehrung des Begründungsverhältnisses* aus: Es wird zunächst eine performative Interpretation von Meinigkeitsbewusstsein vorgestellt und daran anschließend mit ihrer Hilfe das Subjektbewusstsein ein Stück weit erklärt. Demgegenüber wird oftmals vom Subjektbewusstsein ausgegangen und daran anschließend zu erklären versucht, wie Meinigkeitsbewusstsein zu bestehen vermag. Dieses Begründungsverfahren scheint mir jedoch aussichtslos zu sein, obgleich einige der besten Köpfe der Theorie der Subjektivität diese Strategie gewählt haben. Es ist m.E. jedoch nicht gelungen, vom Subjektbewusstsein ausgehend Meinigkeitsbewusstsein zu erklären. Ein wichtiges Problem besteht darin, dass das Meinigkeitsbewusstsein eine andere egologische Information als das Subjektbewusstsein enthält oder zumindest eine zusätzliche egologische Information. Selbst wenn es gelingt, zu erklären, wie es möglich ist, dass ein Subjekt Bewusstsein von sich selbst unabhängig von seinen Eigenschaften besitzt, erklärt dies nicht, wie das Subjekt Bewusstsein von den Eigenschaften als seine eigenen zu haben vermag. Das Bewusstsein der Meinigkeit der Eigenschaften bedarf einer eigenen Erklärung, die anhand des Subjektbewusstseins nicht zu gewinnen ist.

Im letzten Kapitel dieser Untersuchung wird die Frage nach der Ontologie des Subjekts behandelt. Wenn ein plausibleres ontologisches Modell als das einfache Substanz-Akzidenz-Modell verwendet wird, ist es durchaus sinnvoll zu sagen, dass Meinigkeitsbewusstsein Subjektbewusstsein miteinschließt. Sobald die strikte Trennung zwischen dem Subjekt einerseits und seinen Eigenschaften andererseits aufgegeben wird, sodass das Subjekt in seinen Tätigkeiten und seinem Bewusstsein besteht, schließt Meinigkeitsbewusstsein Subjektbewusstsein mit ein. In diesem Fall stellt das Bewusstsein, selbst Bewusstsein zu haben, ein Bewusstsein vom Subjekt dar, da das Subjekt u.a. in seinem Bewusstsein besteht und losgelöst von seinem Bewusstsein gar nicht vorliegt. Das bedeutet nicht, dass das Subjekt sich nicht auch von seinen Vermögen, Tätigkeiten usw. zu unterscheiden vermag. Die bewusste Unterscheidung des Subjekts von seinen Vermögen usw. ist jedoch eine höherstufige kognitive Leistung, die bspw. im Zusammenhang mit der Introspektion bestehen mag. Wenn ein Subjekt im Alltag Bewusstsein von ihrer mentalen Tätigkeit besitzt, unterscheidet sie sich jedoch nicht (mit Bewusstsein) von dieser Tätigkeit.

KAPITEL 11

Kognitive Voraussetzungen von Selbstbewusstsein

Eine Person vermag nur dann das subjektive Selbstbewusstsein zu entwickeln, wenn sie kognitive Voraussetzungen erfüllt. Eine Voraussetzung wurde bereits erwähnt. Eine Person gewinnt nur dann das Bewusstsein, dass sie selbst einen Ausdruck α produziert, wenn sie ein mentales Lexikon besitzt. Denn da der Ausdruck ›Produktion eines Ausdrucks‹ nichts anderes als die Tätigkeit bezeichnet, mit der ein Ausdruck im mentalen Lexikon aktiviert wird (und anschließend weiter verarbeitet wird), ist diese Tätigkeit überhaupt nur möglich, wenn eine Person ein mentales Lexikon hat. Und da das subjektive Selbstbewusstsein nur dann besteht, wenn diese Tätigkeit vollzogen wird, ist das mentale Lexikon eine Bedingung der Möglichkeit des Bewusstseins, dass man selbst einen Ausdruck α produziert. Ohne ein mentales Lexikon sind weder das subjektive Selbstbewusstsein noch das linguistische Bewusstsein möglich.

Eine kognitive Kompetenz, die eine Person besitzen muss, besteht in dem Vermögen zur *linguistischen Diskrimination*. Eine Person versteht die linguistische Bedeutung eines Ausdrucks nur dann, wenn sie die Bedeutung dieses Ausdrucks von der Bedeutung von anderen Ausdrücken zu unterscheiden vermag. Dies bedeutet nicht, dass ein Sprecher dann, wenn er einen Ausdruck α produziert, aktuell ein Bewusstsein von der Bedeutung anderer Ausdrücke haben muss. Ein Sprecher muss die linguistische Bedeutung des produzierten Ausdrucks von der Bedeutung anderer Ausdrücke unterscheiden können. Es ist eine *implizite Kenntnis* oder ein *implizites »Wissen«* von der Bedeutung von Ausdrücken erforderlich, die (aktuell) nicht erzeugt werden. Eine Person besitzt bei der Produktion eines Ausdrucks jedoch kein Bewusstsein von den Inhalten ihres impliziten Wissens. Wenn eine Person bspw. auf die Frage, wer ein Philosoph ist, antwortet »Ich!«, ist sie sich ausschließlich der Bedeutung des produzierten Ausdrucks bewusst. Sie ist sich nicht aller Ausdrücke bewusst, die in ihrem mentalen Lexikon gespeichert sind und die aktuell nicht produziert werden. Das linguistische Bewusstsein, das im Zusammenhang mit der Produktion eines Ausdrucks besteht, ist von dem impliziten Wissen von der Bedeutung derjenigen Ausdrücke, die nicht produziert werden, zu unterscheiden.[180]

180 Die Bedeutung des Ausdrucks ›implizites Wissen‹ ist damit von der Bedeutung des Ausdrucks ›implizites Bewusstsein‹, welches das transzendental-egologische Selbstbewusstsein auszeichnet, zu unterscheiden. Das transzendental-egologische Selbstbewusstsein

 | DOI:10.30965/9783957437273_013

Die Berücksichtigung des impliziten Wissens ermöglicht es, das linguistische Bewusstsein näher zu bestimmen. Da eine Person nur dann ein linguistisches Bewusstsein von einem bestimmten Ausdruck besitzt, wenn sie die Bedeutung dieses Ausdrucks von anderen Ausdrücken zu unterscheiden vermag, schließt das linguistische Bewusstsein kraft des impliziten Wissens das Bewusstsein mit ein, dass ein *bestimmter* Ausdruck – und kein anderer Ausdruck produziert wird. Das linguistische Bewusstsein ist näher betrachtet immer auch ein *Bewusstsein linguistischer Exklusivität* oder von *Exklusion*. Es enthält die Information, dass ein *bestimmter* linguistischer Ausdruck produziert wird, der eine bestimmte linguistische Bedeutung besitzt (und kein anderer).

Die Berücksichtigung von Bedingungen der Möglichkeit des *Verstehens* der linguistischen Bedeutung eines Ausdrucks ermöglicht es, weitere kognitive Voraussetzungen zu identifizieren. Die linguistische Bedeutung des Ausdrucks ›ich‹ besagt bspw. in etwa »Der Ausdruck ›ich‹ referiert auf die Person, welchen diesen Ausdruck verwendet«. Da in der Regel 17 vorausgesetzt ist, dass eine Person die linguistische Bedeutung eines produzierten Ausdrucks versteht, setzt diese Regel u.a. voraus, dass eine Person im Fall der Produktion des Ausdrucks ›ich‹ die Bedeutung der Ausdrücke ›Person‹ und ›verwendet‹ versteht.[181] Die linguistische Bedeutung des Ausdrucks ›ich‹ *verstehen* zu können, setzt somit weitere Kenntnisse voraus, etwa das Wissen, dass auf den Referenten des Ausdrucks ›ich‹ auch mit dem Ausdruck ›Person‹ referiert werden kann, oder die Kenntnis syntaktischer Regeln. Sodann versteht eine Person nur dann die linguistische Bedeutung des Ausdrucks ›ich‹, wenn sie weiß, dass dieser Ausdruck auch von anderen Personen als sie selbst verwendet werden kann, um auf sich selbst zu referieren. Anderenfalls würde sie die linguistische Bedeutung dieses Ausdrucks so interpretieren, dass sie besagt: »Ich referiert auf mich«. Sie würde somit die Verwendungsregel des Ausdrucks ›ich‹ nicht verstehen. Sie würde auch dann, wenn eine andere Person diesen Ausdruck verwendet, glauben, dass dieser Ausdruck auf sie selbst referiert.[182]

Das Ergebnis, auf das diese Überlegungen hinauslaufen, ist bekannt und lautet, dass eine Person nur dann das Bewusstsein zu entwickeln vermag, dass sie selbst einen bestimmten Ausdruck produziert, wenn sie zumindest rudimentär eine Sprache beherrscht. Diejenigen Fähigkeiten und Kenntnisse,

---

ist zwar kein Bestandteil des kraft des linguistischen Bewusstseins explizit bewussten Gehalts. Es ist jedoch nicht unbewusst, sondern ein implizites egologisches Selbst*bewusstsein*. Demgegenüber ist eine Person sich der Ausdrücke, die sich nicht produziert, weder explizit noch implizit *bewusst*.

181 Wie bereits erwähnt, bedeutet dies nicht, dass eine Person die linguistische Bedeutung ausbuchstabieren können muss.

182 Vgl. Tugendhat 1997[6], 79.

die unverzichtbar sind, um eine Sprache verstehen und sprechen zu können, sind somit ebenfalls Bedingungen der Möglichkeit des Bewusstseins, dass man einen Ausdruck selbst produziert.

Da die Regel 17 voraussetzt, dass eine Person eine Sprache zumindest rudimentär beherrscht, folgt, dass diese Regel nicht für Kleinkinder und Lebewesen gilt, die keine Sprache sprechen. Das bedeutet freilich nicht, dass Kleinkinder kein Selbstbewusstsein besitzen. Jedoch können die Erkenntnisse, die anhand einer Untersuchung dieser Regel gewonnen werden, nicht ohne zusätzliche Argumente und Begründungen auf Kleinkinder und höher entwickelte Lebewesen angewandt werden, die keine Sprache beherrschen.

Zum Abschluss des ersten Hauptstücks dieser Untersuchung ist es wichtig, einen Einwand zu diskutieren, der gegen die Sinnhaftigkeit der in den folgenen Kapiteln entwickelten Untersuchung der Regel 17 zu sprechen scheint. Es handelt sich um folgenden Einwand: Diese Regel thematisiert die Produktion von *einzelnen* Wörtern. In der Regel äußern Personen jedoch nicht einzelne Wörter, sondern *Sätze*. Einen Satz zu äußern erfordert zusätzliche kognitive Leistungen als sie von einer Untersuchung der Regel 17 erfasst werden. Eine Untersuchung dieser Regel stellt somit von Vornherein eine verkürzte Untersuchung menschlicher Subjektivität dar. Eine Erklärung des subjektiven Selbstbewusstseins ist nur dann möglich, wenn Sätze und Urteilshandlungen untersucht werden.

Dieser Einwand überzeugt nicht. 1. Die Regel 17 gilt im Fall der Produktion eines jeden linguistischen Ausdrucks. Nicht jede Produktion eines Ausdrucks erfolgt jedoch im Zusammenhang mit einer Urteilshandlung. Grußworte, wie »Hallo« und »Grüß Gott«, oder Imperative, wie »Stop!«, werden nicht durch Urteilshandlungen gewonnen. Das gilt auch für Wörter, die im Zusammenhang mit Stammeln geäußert werden. Sie drücken keine Urteile aus. Dennoch ist sich eine Person bewusst, dass sie selbst diese Wörter produziert.[183] Die Untersuchung von Urteilshandlungen und Urteilen ermöglicht es nicht, die Regel 17 zu erklären.

2. Levelt aber etwa auch Austin weisen mit Nachdruck darauf hin, dass auch die Artikulation einzelner Wörter Sätze darstellen.[184] Tatsächlich verwenden Personen im Alltag regelmäßig Sätze, die einzelne Wörter enthalten, wie »Congratulations!«, »What?«, »Tor!«, »Verdammt!«, »Nein!«, »Blödsinn!«, »Yes!«, »Super!«, »Tschüss«, »Tatsächlich?«, »Schweinerei«, »Was?«, »Bitte« oder »Danke«. Es gilt daher zu beachten, dass sinnvolle Sätze geäußert werden, die nicht mehr als ein Wort enthalten. Die Regel 17 gilt auch dann,

183 Vgl. Peacocke 2008, 259: »[A]ction awareness is not the same as judgement or belief«.

184 Levelt 1993a, 71, Austin 2002, 28–29, 79, 101.

wenn Sätze geäußert werden, die nicht mehr als ein Wort enthalten.[185] Die Untersuchung dieser Regel ist somit zum einen ein sinnvolles Unternehmen. Es ist zum anderen aber auch nicht zutreffend, dass eine Untersuchung von Sätzen, die mehr als ein Wort enthalten, gegenüber einer Untersuchung der Produktion von einzelnen Wörtern mit Blick auf die Aufgabenstellung einer Erklärung des Bewusstseins, dass man selbst *einen* Ausdruck produziert, einen substantiellen Erkenntnisgewinn erlaubt. Schließlich besitzen Personen auch dann das Bewusstsein, dass sie selbst einen bestimmten linguistischen Ausdruck produzieren, wenn sie keinen Satz artikulieren, der mehr als ein Wort enthält.

3. Es ist möglich, dass eine Person einen (sehr langen) Satz artikuliert und im Zuge der Äußerung dieses Satzes vergisst, dass sie einen linguistischen Ausdruck produziert hat. Nicht zuletzt aus diesem Grund thematisiert die Regel 17 die Produktion *einzelner* Ausdrücke. Bei der Produktion einzelner Wörter ist garantiert, dass ein Sprecher, der die Voraussetzungen erfüllt, die in der Regel 17 angeführt sind, sich bewusst ist, dass er selbst diesen Ausdruck produziert. Damit soll freilich nicht behauptet werden, dass im Fall der Äußerung von kurzen Sätzen wie etwa »Kapitan ist ein Philosoph« die Möglichkeit besteht, dass ein Sprecher sich nicht bewusst ist, dass er diese Wörter produziert. Es ist vermutlich jedoch nicht möglich, eindeutig zu bestimmen, für welche Sätze, die mehr als ein Wort enthalten, gilt, dass ein Sprecher weiß, dass er selbst die in diesem Satz vorkommenden Wörter produziert. Gilt dies für jeden Satz, der zwei Wörter enthält, oder auch für Sätze, die mehr als zwei Wörter enthalten? Dies ist eine empirische Frage, bei deren Beantwortung vermutlich lediglich ein statistischer Wert ermittelt werden kann, der von Person zu Person und von Gemütszustand zu Gemütszustand variieren kann. Eine Untersuchung von Sätzen, die mehr als ein Wort enthalten, steht damit vor dem Problem, bestimmen zu müssen, unter welchen Voraussetzungen *allgemeingültig* ist, dass eine Person weiß, dass sie selbst diejenigen Wörter produziert, die in einem Satz auftreten. Wie diese Voraussetzungen bestimmt werden können, ist unklar, da es vermutlich nicht möglich ist, die Grenzen des Bewusstseins von der Produktion mehrerer linguistischer Ausdrücke auf eine Weise zu bestimmen, die für einen *jeden* rationalen Sprecher gleichermaßen gelten. Es scheint fragwürdig zu sein, ob es möglich ist, informative allgemeingültige Kriterien festzulegen, anhand von denen bestimmt werden kann, in welchen Fällen bei der Äußerung eines Satzes, der mehr als ein Wort enthält, gilt, dass ein Sprecher weiß, dass er selbst diese Ausdrücke produziert. Für eine Beschränkung auf

185 Personen äußern unvollständige Sätze, bspw. wenn eine Person stammelt. Dennoch sind sie sich bewusst, dass sie die Wörter produzieren.

die Untersuchung der Regel 17 sprechen somit auch Überlegungen, welche die Frage betreffen, wie die Grenzen des Untersuchungsgegenstandes eindeutig bestimmt werden können, das heißt, unter welchen Voraussetzungen allgemeingültig ist, dass eine Person sich bewusst ist, dass sie selbst Wörter produziert. Außerdem wird der Untersuchungsgegenstand durch die Berücksichtigung von Sätzen, die mehr als ein Wort enthalten, erheblich erweitert. Bei einer Untersuchung von Sätzen, die mehr als ein Wort enthalten, sind zusätzliche Phänomene zu berücksichtigen, die bei der Untersuchung der Regel 17 nicht thematisiert werden müssen, wie etwa das Bewusstsein diachroner Identität. Der Ausdruck ›diachrone Identität‹ bezeichnet das Bewusstsein der Identität des Subjekts in temporaler Hinsicht. Im Fall der Äußerung eines Satzes, der mehr als ein Wort enthält, muss ein Subjekt wissen, dass es selbst das Subjekt ist, welches das erste Wort des Satzes artikuliert hat, als auch dasjenige Subjekt ist, welches das letzte Wort dieses Satzes hervorgebracht hat. Es bedarf somit einer Synthesisleistung. Anderenfalls wüsste es nicht, dass es selbst sämtliche Wörter des geäußerten Satzes hervorgebracht hat. Die Frage, wie diachrones Identitätsbewusstsein möglich ist, ist ein eigenes umfangreiches Forschungsthema.

Die Untersuchung der Regel 17 hat somit gegenüber einer Untersuchung von Sätzen, die mehr als ein Wort enthalten, entscheidende Vorteile. Sie ist vergleichsweise überschaubar, die Grenzen des zu erklärenden Phänomens sind klar bestimmt und es ist möglich anzugeben, unter welchen Voraussetzungen gilt, dass ein Sprecher weiß, dass er selbst einen Ausdruck produziert. Diese Voraussetzungen sowie die Grenzen der Geltung der These, dass eine Person im Fall der Produktion eines Ausdrucks weiß, dass sie selbst diesen Ausdruck produziert, wurden in diesem Hauptstück erläutert. Die Untersuchung dieser Regel ist somit ein sinnvoller Beitrag zum Verständnis menschlicher Subjektivität und, wie im dritten Hauptstück dieser Untersuchung gezeigt wird, autobiographischer indexikalischer Identifizierung. Dies gilt auch dann, wenn selbstverständlich unbestritten ist, dass eine Untersuchung dieser Regel menschliche Subjektivität nicht *vollständig* erklärt. Sie ist jedoch ein unverzichtbarer Bestandteil einer *vollständigen* Theorie menschlicher Subjektivität und autobiographischer indexikalischer Identifizierung.

Das Ziel dieses Hauptstücks bestand erstens in dem Nachweis, dass subjektives egologisches Selbstbewusstsein ubiquitär ist, sowie zweitens in der Erläuterung der Bestandteile dieses Bewusstseins. Das Ziel des zweiten Hauptstücks ist es, die Binnenstruktur des subjektiven Selbstbewusstseins zu erklären und die Frage zu beantworten, worin dieses Selbstbewusstsein besteht.

TEIL II

Performatives subjektives Selbstbewusstsein

KAPITEL 12

Das Wahrnehmungsmodell von Selbstbewusstsein

Im ersten Hauptstück wurde die These begründet, dass das subjektive Selbstbewusstsein ubiquitär ist, wenn bestimmte Voraussetzungen erfüllt sind. Die Frage, die im Anschluss an die Begründung dieser These untersucht wird, lautet, worin dieses Phänomen besteht. Die erste Kernthese des 2. Hauptstücks besagt, dass es ein Phänomen sui generis ist. Es besteht weder in einer inneren noch einer äußeren Wahrnehmung. Es ist von begrifflichem und propositionalem Selbstbewusstsein zu unterscheiden. Es ist auch kein Fall von Selbstgefühl. Außerdem ist es weder möglich, dieses Phänomen anhand eines privilegierten Zugangs des Subjekts zu seinem Bewusstsein und seinen Tätigkeiten noch anhand einer Eigenschaft, die das Subjekt auszeichnet, vollständig zu erklären. Die zweite Kernthese lautet, dass es ein performatives Phänomen ist. Das performative Erklärungsmodell des subjektiven Selbstbewusstseins ist ein aktontologisches Modell. Bei der Begründung dieser These wird dargelegt, dass die Konstitution von Selbstbewusstsein nicht in der Selbstrepräsentation eines mentalen Zustands besteht.

Eine prima vista nahe liegende Antwort auf die Frage, worin das subjektive Selbstbewusstsein besteht, lautet, dass eine Person subjektives Selbstbewusstsein durch ihre *Wahrnehmung* gewinnt.[186] Dieser Erklärungsansatz kann v.a. drei unterschiedliche Aussagen enthalten.[187] Der erste Erklärungsansatz besagt, dass ein Sprecher durch eine *äußere Wahrnehmung* die bewusste Information besitzt, dass er selbst einen Ausdruck produziert. Das heißt, dass ein Sprecher bspw. durch die Wahrnehmung der Töne, die er erzeugt, wenn er ein Wort äußert, erkennt, dass er selbst ein Wort produziert. Der zweite Erklärungsansatz lautet, dass ein Sprecher durch seine *innere Körperwahrnehmung* das Bewusstsein besitzt, dass er selbst einen Ausdruck produziert.

186 Das Wahrnehmungsmodell menschlichen Selbstbewusstseins ist im deutschen Sprachraum insbesondere von Vertretern der Heidelberger Schule, namentlich von Dieter Henrich, Konrad Cramer, Ulrich Pothast und Manfred Frank kritisiert worden. Die in diesem Kapitel entwickelte Kritik stützt sich maßgeblich auf die Überlegungen, die von der Heidelberger Schule entwickelt worden sind. In Details unterscheidet sich die im Folgenden entwickelte Argumentation von Einwänden, die von Vertretern der Heidelberger Schule entwickelt wurden. Eine Diskussion dieser Unterschiede ist im vorliegenden Zusammenhang nicht von Bedeutung. Vgl. Henrich, 1966, 1970, 1982, Pothast 1971, Frank 1991, 2012.

187 O'Brien kritisiert überzeugend einen vierten Ansatz. Vgl. O'Brien 1995, 2007, 29ff.

 | DOI:10.30965/9783957437273_014

Das heißt, ein Sprecher gewinnt subjektives Selbstbewusstsein indem er etwa die Bewegungen seines Mundes oder der Zunge innerlich wahrnimmt, die bei der Artikulation von Sätzen stattfinden. Der dritte Erklärungsansatz besagt, dass das subjektive Selbstbewusstsein in einer inneren Wahrnehmung mittels eines *inneren Sinns* besteht.[188] Der zweite und der dritte Erklärungsansatz unterscheiden sich u.a. dadurch, dass beim zweiten Erklärungsansatz ein besonderer Fall von Selbstbewusstsein erklären soll, wie es möglich ist, dass ein Sprecher weiß, dass er selbst einen Ausdruck produziert. Es ist dies das innere Körperbewusstsein. Der dritte Erklärungsansaız besagt demgegenüber, dass subjektives Selbstbewusstsein durch einen *inneren Sinn* gewonnen wird. Im Unterschied zum zweiten Erklärungsansatz ist im Rahmen des dritten Modells entscheidend, dass ein Gehalt durch den inneren Sinn erfasst und damit zu Bewusstsein gebracht wird. Im Fall des subjektiven Selbstbewusstseins ist der durch den inneren Sinn erfasste Gehalt diejenige mentale Aktivität einer Person, durch die sie einen Ausdruck produziert.

Der *erste* Ansatz erklärt offensichtlich nicht, wie eine Person die bewusste Information gewinnt, dass sie selbst einen Ausdruck produziert. Die Regel 17 gilt auch dann, wenn ein Sprecher einen Ausdruck nicht in der Lautsprache artikuliert, sondern »im Stillen« hervorbringt. Es ist daher nicht möglich, das subjektive Selbstbewusstsein durch die äußere Wahrnehmung zu erklären. Auch wenn ein Sprecher in der Regel dann, wenn er sinnlich wahrnehmbare Sätze artikuliert, im Zusammenhang mit der äußeren Wahrnehmung eines geäußerten Satzes weiß, dass er selbst diesen Satz äußert, erklärt die äußere Wahrnehmung das subjektive Selbstbewusstsein nicht.

Der *zweite* Erklärungsansatz kann in zwei unterschiedlichen Varietäten auftreten. Die These, dass das subjektive Selbstbewusstsein durch die eigene innere Körperwahrnehmung gewonnen wird, kann bedeuten, dass das innere und nicht auf einer äußeren Wahrnehmung beruhende Bewusstsein vom eigenen Körper, etwa von den Bewegungen der Zunge und der Lippen, *identisch* ist mit dem Bewusstsein, dass man selbst einen Ausdruck produziert. Das heißt, das subjektive Selbstbewusstsein ist nichts anderes als das innere Bewusstsein von den physischen Vorgängen des Sprechapparates. Diese These kann aber auch besagen, dass es durch das eigene innere und nicht auf einer äußeren Wahrnehmung beruhende Körperbewusstsein *gewonnen* wird. Das subjektive Selbstbewusstsein und das körperliche Selbstbewusstsein sind

188 David Armstrong und William Lycan entwickeln die vermutlich einflussreichsten Higher-Order-Perception Theorien des Bewusstseins. Sie erläutern jedoch nicht näher, wie egologisches Selbstbewusststein gewonnen wird. Ihre Ansätze werden daher nicht diskutiert. Vgl. bspw. Armstrong 1997, Lycan 1997, 2004b.

zwar zu unterscheiden. Jedoch gewinnt eine Person die Information, dass sie selbst einen Ausdruck produziert, mithilfe einer anderen Art von Selbstbewusstsein, und zwar anhand von innerem, körperlichem Selbstbewusstsein. Kraft des körperlichen Selbstbewusstseins besitzt eine Person die bewusste Information, dass sie selbst ein Wort produziert.

Es ist leicht zu erkennen, dass das subjektive Selbstbewusstsein vom eigenen Körperbewusstsein zu unterscheiden ist. Dies ist daran zu erkennen, dass eine Person auch dann weiß, dass sie selbst einen Ausdruck produziert, wenn sie einen Ausdruck innerlich, nicht sinnlich wahrnehmbar artikuliert und wenn sie keine körperliche Aktivität wahrnimmt, die beim Sprechen oder Schreiben stattfindet. Dies dokumentieren besonders anschaulich Berichte von Patienten, die durch eine falsche Medikation – von Ärzten unbemerkt – während einer Operation aufwachen und sich den Ärzten nicht mitteilen können, da sie keine Kontrolle über ihren Körper besitzen. Eine Person, die sich in solch einem Zustand befindet, mag denken: Warum bemerkt niemand, dass ich bei Bewusstsein bin? In diesem Fall weiß die Person, dass sie den Ausdruck ›ich‹ produziert, obwohl ihr Körper die Handlungen, die für die zwischenmenschliche Kommunikation erforderlich sind, nicht auszuführen vermag. Sie weiß, dass sie selbst den Ausdruck ›ich‹ produziert, obgleich sie weder ein Bewusstsein von ihrer Körperaktivität besitzt, welche die Äußerung von Wörtern ermöglicht, noch infolge der Sedierung physische Aktivitäten überhaupt zu vollziehen vermag. Außerdem unterscheiden sich das subjektive Selbstbewusstsein und körperliches Selbstbewusstsein durch die Art und Weise, wie sie jeweils erlebt werden. Das innere Bewusstsein von der eigenen Körperaktivität, etwa den Bewegungen der Zunge, schließt ein subjektives Erleben mit ein. Es ist einem Subjekt »irgendwie zumute«, es fühlt sich irgendwie an, wenn Wörter mittels des physischen Sprechapparats erzeugt werden. Demgegenüber schließt das subjektive Selbstbewusstsein keine Erlebnisqualität mit ein. Einem Subjekt ist nicht irgendwie zumute, wenn es dieses Selbstbewusstsein besitzt. Oder, vorsichtiger formuliert – für den Fall, dass jemand behauptet, es schlösse ein Zumutesein mit ein –, es fühlt sich auf jeden Fall *anders* an, subjektives Selbstbewusstsein oder inneres Körperbewusstsein zu haben. Es ist daher nicht plausibel anzunehmen, dass es ein körperliches Selbstbewusstsein darstellt.

Es ist auch nicht möglich, das subjektive Selbstbewusstsein zu erkären, wenn angenommen wird, dass es zwar nicht mit dem eigenen inneren Körperbewusstsein identisch ist, aber dass es durch das eigene Körperbewusstsein gewonnen wird. Dies zeigen zwei Überlegungen. 1. Wie zuvor dargelegt wurde, ist es möglich, dass eine Person kein Körperbewusstsein hat, obgleich sie weiß, dass sie selbst innnerlich ein Wort produziert. Dies wäre nicht möglich, wenn eine Person dieses Selbstbewusstsein durch körperliches Selbstbewusstsein gewinnt. 2. Das subjektive Selbstbewusstsein ist eine grundsätzlich andere Art von Selbstbewusstsein als das innere Körperbewusstsein. Es ist ein Bewusstsein von der eigenen mentalen Aktivität. Das körperliche Selbstbewusstsein ist ein Bewusstsein von körperlichen Aktivitäten. Beide Fälle von Selbstbewusstsein unterscheiden sich hinsichtlich des Gehalts, der jeweils bewusst ist. Es ist daher unklar, wie das subjektive Selbstbewusstsein durch körperliches Selbstbewusstsein gewonnen werden können soll.

Gegen diese Kritik am zweiten Erklärungsansatz sprechen zwei Einwände. 1. Es ist auch eine *naturalistische* Interpretation des zweiten Erklärungsansatzes möglich. Ein Sprecher glaubt deswegen, dass er selbst einen Ausdruck produziert, da sein Zentralnervensystem die Prozesse registriert, durch die er einen Ausdruck erzeugt. Dieser Erklärungsansatz wird im Rahmen dieser Untersuchung nicht behandelt. Die im Folgenden entwickelte Theorie menschlicher Subjektivität ist ontologisch *neutral*. Das heißt, es wird die Frage nicht untersucht, ob menschliches Bewusstsein und Selbstbewusstsein ein Resultat neuronaler Prozesse sind oder mit diesen Prozessen identisch sind. Es wird daher auch nicht die Frage beantwortet, ob die in dieser Untersuchung entwickelte Theorie mit naturalistischen Ansätzen vereinbart werden kann. Eine philosophische Untersuchung sollte nicht von Vornherein ein bestimmtes ontologisches Paradigma voraussetzen, so plausibel es auch erscheinen mag, denn dadurch wird der mögliche Erkenntnisgewinn einer Untersuchung zugunsten einer Prämisse oder eines angestrebten Ziels von Vornherein eingeschränkt und interessengeleitet beeinflusst.

2. In der dargelegten Kritik an der zweiten Variante des zweiten Erklärungsansatzes wird vorausgesetzt, dass das *Bewusstsein* vom eigenen Körper subjektives Selbstbewusstsein ermöglicht. Es gibt jedoch auch unbewusste Kontrollvorgänge des eigenen Körpers. So gewinnt eine Person bspw. nach Ansicht des Neuropsychologen Oliver Sacks ihr Körperbewusstsein u.a. durch die Propriozeption. Der Ausdruck ›Propriozeption‹ bezeichnet nach Sacks die *Eigenwahrnehmung*, d. h. »jenen ständigen, unbewußten Fluß von Informationen über die beweglichen Teile unseres Körpers (Muskeln, Sehnen, Gelenke)«, durch die »Haltung, Muskeltonus und Bewegungen unablässig überwacht und den jeweiligen Umständen angepasst [werden]«.[189] Durch die Propriozeption sind wir in der Lage »unseren Körper als zu uns gehörig, als unser »Eigen-tum«, als uns selbst zu erleben«.[190] Nach Ansicht von Albert

189 Sacks 1991, 69.
190 Sacks 1991, 70.

Newen verfügt ein Sprecher in der Regel durch die Propriozeption über das Bewusstsein, dass er selbst einen Satz äußert.[191]

Untersuchungen von Personen, die an sensorischen Neuropathien leiden, zeigen jedoch, dass es möglich ist, dass eine Person weiß, dass sie selbst einen Ausdruck produziert, obwohl sie keine Eigenwahrnehmung besitzt. Dies zeigt deutlich folgender Bericht von Sacks, in dem die Äußerungen einer Patientin wiedergegeben werden, die ihre Eigenwahrnehmung verloren hat:

> Ich [Oliver Sacks] zeige ihr [Patientin] einen Film, auf dem sie mit ihren Kindern zu sehen ist. Er wurde ein paar Wochen vor ihrer Erkrankung aufgenommen.
>
> »Ja, das bin ich!« Christina lächelt, aber dann sagt sie mit verzweifelter Stimme: »Aber ich kann mich mit dieser graziösen Frau nicht mehr identifizieren! Sie ist weg, ich kann mich nicht an sie erinnern, ich kann sie mir nicht einmal mehr vorstellen. [...] Kommen Sie, meine Herrschaften [...] und sehen Sie Chris, das erste ausgehöhlte menschliche Wesen. Sie hat keine Eigenwahrnehmung, kein Gefühl für sich selbst – Chris, die ausgehöhlte Frau, die Frau ohne Körper!«[192]

Das Beispiel von Sacks zeigt, dass es möglich ist, dass eine Person ihre Eigenwahrnehmung verloren hat und sich dennoch bewusst ist, dass sie selbst den Ausdruck ›ich‹ produziert, wenn sie diesen Ausdruck hervorbringt. Obgleich die Patientin ihre Eigenwahrnehmung verloren hat, ist sie sich bewusst, dass sie selbst den Ausdruck ›ich‹ produziert, wenn sie den Satz äußert »Ja, das bin ich!«. Das Bewusstsein einer Person, dass sie den Ausdruck ›ich‹ hervorbringt, ist somit nicht durch die Propriozeption zu erklären. Auch bei Berücksichtigung von unbewussten Wahrnehmungen des eigenen Körpers ist es nicht möglich, das subjektive Selbstbewusstsein zu erklären.

Der *dritte* Erklärungsansatz besagt, dass ein Sprecher mittels eines *inneren Sinns* wahrnimmt, dass er selbst einen Ausdruck produziert. Auch dieser Ansatz erklärt nicht, wie eine Person subjektives Selbstbewusstsein gewinnt. Dies ist im Anschluss an ein berühmtes Argument von Sydney Shoemaker zu erkennen. Es lautet folgendermaßen:

> Wenn es für das Bewußtsein, daß ich Schmerzen habe, eine [...] Erklärung gäbe, dann müßte sie besagen, daß ich mittels eines »inneren Sinnes« etwas »wahrnehme«, dessen »beobachtete Eigenschaften« dieses Etwas für mich als mich selbst identifizieren. Und wenn die Annahme, daß die Wahrnehmung mittels eines »inneren Sinnes« erfolgt, die Möglichkeit einer Fehlidentifizierung ausschließen soll, dann muß dies vermutlich deshalb der Fall sein, weil garantiert ist, daß das wahrgenommene Selbst eine Eigenschaft haben würde, nämlich

191 Newen 1997, 114.

192 Sacks 1991, 80.

> die Eigenschaft, Gegenstand *meines* inneren Sinnes zu sein. Da (logisch) ausgeschlossen ist, daß irgendein anderes Selbst außer mir diese Eigenschaft haben könnte, kann ich es unfehlbar als mich selbst identifizieren. Aber selbstverständlich muß ich, um ein Selbst aufgrund der Tatsache, daß es *diese* Eigenschaft besitzt, als mich selbst identifizieren zu können, wissen, daß *ich* es mittels des inneren Sinnes beobachte, und *dieses* Wissen, das ich von mir selbst habe und aufgrund dessen ich das Selbst als mich selbst identifiziere, könnte nicht seinerseits auf dieser Identifizierung gründen.[193]

Shoemaker behauptet, dass es nicht möglich ist, dass einem Sprecher im Fall der Selbstzuschreibung von (bestimmten) mentalen Prädikaten, wie bspw. des Prädikats, Schmerzen zu haben, ein Fehler bei der Identifizierung der Person unterläuft, der dieses Prädikat zugeschrieben wird.[194] Das heißt, dass eine Person sich bspw. nicht irren kann, dass *sie selbst* Schmerzen empfindet, wenn sie sich zuschreibt, dass sie Schmerzen empfindet. Nach Shoemaker hat eine Erklärung der Selbstzuschreibung mentaler Prädikate somit ein Kriterium zu erfüllen. Es besteht darin, dass die Erklärung begründet, wie es möglich ist, dass bei der Selbstzuschreibung mentaler Prädikate die Möglichkeit einer Fehlidentifizierung der Person ausgeschlossen ist, welcher ein mentales Prädikat zugeschrieben wird. Shoemaker erläutert, wie dieses Kriterium erfüllt sein kann, wenn ein innerer Sinn die Immunität gegenüber einer Fehlidentifizierung hinsichtlich des Subjekts, das sich in einem mentalen Zustand befindet, erklären können soll. Die Erklärung lautet, dass den Gegenstand des inneren Sinns eine Eigenschaft auszeichnet, die garantiert, dass nur der Sprecher diese Eigenschaft besitzt sowie dass der Sprecher erkennt, dass er selbst der wahrgenommene Gegenstand ist. Diese Eigenschaft besteht nach Shoemaker darin, dass ausschließlich der Sprecher selbst der Gegenstand *seines* inneren Sinns sein kann. Es ist daher ausgeschlossen, dass der Sprecher einer anderen Person als ihm selbst ein mentales Prädikat zuschreibt, wenn er dem Gegenstand seines inneren Sinns ein mentales Prädikat zuschreibt.[195]

---

193 Shoemaker 1996², 53.

194 Shoemaker unterscheidet zwei Arten von psychischen Prädikaten, P und P* Prädikate. Im Fall der Verwendung von P*-Prädikaten gilt, dass die Person, welcher dieses Prädikat zukommt, auf eine Weise weiß, dass dieses Prädikat exemplifiziert ist, »derart, dass auf diese Weise zu wissen, es ist exemplifiziert, soviel heißt wie zu wissen, es ist in einem selbst exemplifiziert«. Shoemaker 1996², 56. Im Fall der Zuschreibung von P-Prädikaten wie »ist hoch intelligent« gilt dies nicht. Shoemaker 1996², 57. Im vorliegenden Zusammenhang wird die Verwendung von P*-Prädikaten berücksichtigt.

195 Shoemaker unterschlägt eine Prämisse, ohne die sein Argument nicht überzeugt. Sie lautet, dass der Sprecher weiß, dass ausgeschlossen ist, dass ein anderes Subjekt als dasjenige Subjekt, welches mittels eines inneren Sinns beobachtet, der Gegenstand seines inneren Sinns ist. Wenn eine Person dies nicht wissen würde, wäre nicht nachzuvollziehen,

Nach Shoemaker ist es jedoch nicht möglich, die Immunität der Selbstzuschreibung von mentalen Prädikaten gegenüber einem Irrtum hinsichtlich des Subjekts der Zustände durch einen inneren Sinn zu erklären. Shoemaker begründet dies damit, dass ein Subjekt nur dann erkennt, dass es selbst der Gegenstand des inneren Sinns ist, wenn das Subjekt weiß, dass es selbst den Gegenstand mittels des inneren Sinns wahrnimmt bzw. wenn es weiß, dass es der *eigene* innere Sinn ist, durch den der Gegenstand wahrgenommen wird. Anderenfalls, so ist Shoemakers Überlegung vermutlich zu verstehen, würde das Subjekt nicht wissen, wessen innerer Sinn es ist, durch den ein Gegenstand beobachtet wird. Damit würde es nicht erkennen, dass der mittels des inneren Sinns wahrgenommene Gegenstand die Eigenschaft besitzt, ein Gegenstand des *eigenen* inneren Sinns zu sein. Folglich wäre nicht erklärt, wie das Subjekt den wahrgenommenen Gegenstand als es selbst identifizieren kann. Das bedeutet, dass das Bewusstsein, dass man selbst der wahrgenommene Gegenstand ist, einen anderen Fall von Selbstbewusstsein voraussetzt, und zwar das Bewusstsein, dass man selbst einen Gegenstand durch den inneren Sinn beobachtet. Shoemakers zentrale These lautet, dass dieser Fall von Selbstbewusstsein jedoch nicht seinerseits anhand einer Wahrnehmung mittels eines inneren Sinns erklärt werden kann.

Shoemaker erläutert nicht, wie dies näher zu verstehen ist. Er führt lediglich an, dass das Bewusstsein, dass man selbst einen Gegenstand mittels des inneren Sinns beobachtet, nicht seinerseits durch einen inneren Sinn gewonnen werden kann. Ein Argument, welches Shoemakers These rechtfertigt, lautet folgendermaßen:[196] Shoemakers Ausführungen zeigen, dass das Selbstbewusstsein, welches ein Sprecher durch den inneren Sinn gewinnt, ein Selbstbewusstsein zweiter Ordnung – Selbstbewusstsein$_2$ – voraussetzt. Das Selbstbewusstsein erster Ordnung – Selbstbewusstsein$_1$ – enthält kraft des inneren Sinns die Information, dass man selbst derjenige Gegenstand ist, dem ein mentales Prädikat zukommt. Es ist jedoch nur dann möglich, wenn das Subjekt ein Selbstbewusstsein$_2$ besitzt, welches die Information enthält, dass der Sprecher mit seinem inneren Sinn diesen Gegenstand beobachtet, sodass der Sprecher erkennt, dass der wahrgenommene Gegenstand ein Gegenstand seines eigenen inneren Sinns ist und damit erkennt, dass er selbst der wahrgenommene Gegenstand ist. Der erste Fall von

warum sie *erkennen* können soll, dass sie selbst – und kein anderes Subjekt – der Gegenstand ihres inneren Sinns ist und sein kann.

196 Ob das im Folgenden entwickelte Argument Shoemakers eigenen Überlegungen entspricht oder nicht, sei dahingestellt. Insofern das Argument überzeugend ist, ist dies eine nebensächliche Frage. Bspw. entwickelt Williford eine andere Interpretation. Vgl. Williford 2006b, 3.

Selbstbewusstsein – $Selbstbewusstsein_1$ – ist kraft des $Selbstbewusstseins_2$ ein Fall von *Selbst*bewusstsein. Die Erklärung, wie es möglich ist, dass eine Person erkennt, dass sie selbst der wahrgenommene Gegenstand ist, setzt somit eine Erklärung des $Selbstbewusstseins_2$ voraus. Es ist jedoch nicht möglich, das $Selbstbewusstsein_2$ erneut durch eine innere Wahrnehmung mittels eines inneren $Sinns_2$ (höherer Stufe) zu erklären. Das Subjekt, das durch einen inneren $Sinn_2$ dasjenige Subjekt wahrnimmt, das mittels des inneren $Sinns_1$ *beobachtet*, müsste erkennen, dass *es selbst* eben dies wahrgenommene Subjekt ist. Damit ist die Frage zu stellen, wie der Sprecher *dies* zu erkennen vermag. Die Antwort auf diese Frage würde gemäß dem Modell der inneren Wahrnehmung durch einen inneren Sinn erneut lauten, dass der Sprecher dies deswegen erkennt, da das wahrgenommene Subjekt, welches mittels eines inneren $Sinns_1$ beobachtet, ein Gegenstand seines *eigenen* inneren $Sinns_2$ ist. Das Subjekt müsste somit wissen, dass *es selbst* mittels des inneren $Sinns_2$ *beobachtet*. Damit würde sich jedoch das identifizierte Problem erneut stellen. Das heißt, das $Selbstbewusstsein_2$ würde voraussetzen, dass der Sprecher ein $Selbstbewusstsein_3$ besitzt. Das $Selbstbewusstsein_3$ enthält die Information, dass der Sprecher selbst das Subjekt des inneren $Sinns_2$ wahrnimmt. Eine Erklärung des $Selbstbewusstseins_2$ würde daher eine Erklärung des $Selbstbewusstseins_3$ voraussetzen. Solange an der These festgehalten wird, dass Selbstbewusstsein durch einen inneren Sinn gewonnen wird, entsteht somit ein infiniter Regress, denn um das $Selbstbewusstsein_3$ erklären zu können, müsste erneut ein innerer Sinn höherer Ordnung, ein innerer $Sinn_3$, angenommen werden, sodass die Argumentation von neuem, und zwar ad infinitum durchzuführen wäre. Die Annahme eines inneren Sinns erklärt daher nicht, wie Selbstbewusstsein gewonnen wird.

Dieses Argument zeigt nicht nur, dass die Immunität gegenüber einem Irrtum durch Fehlidentifizierung hinsichtlich des Subjekts eines mentalen Zustandes nicht durch die innere Wahrnehmung mittels eines inneren Sinns erklärt werden kann. Es ermöglicht außerdem zu begründen, warum durch einen inneren Sinn nicht erklärt werden kann, wie eine Person das Bewusstsein gewinnt, dass sie selbst einen Ausdruck produziert. Wenn der Versuch unternommen wird, das subjektive Selbstbewusstsein durch einen inneren Sinn zu erklären, tritt das erläuterte Problem auf: Ein Sprecher erkennt nur dann durch einen inneren Sinn, dass er selbst einen Ausdruck produziert, wenn er erkennt, dass das wahrgenommene Subjekt bzw. die wahrgenommene mentale Tätigkeit Gegenstand seines *eigenen* inneren Sinns ist. Das heißt, der Sprecher muss wissen, dass *er selbst* das Subjekt bzw. die mentale Tätigkeit beobachtet. Es ist somit Selbstbewusstsein vorausgesetzt, damit ein Sprecher erkennen kann, dass er selbst der Gegenstand des inneren Sinns ist bzw. einen Ausdruck produziert. Solange an der These festgehalten wird, dass Selbstbewusstsein durch einen inneren Sinn erklärt werden kann, entsteht ein infiniter Regress. Das zuvor entwickelte Argument zeigt daher, dass es nicht möglich ist, das subjektive Selbstbewusstsein durch eine innere Wahrnehmung mittels eines inneren Sinns zu erklären. Auch der dritte Ansatz erklärt somit nicht wie das subjektive Selbstbewusstsein gewonnen wird. Das bedeutet, es wird nicht durch eine Wahrnehmung gewonnen. Es ist von Wahrnehmungsbewusstsein zu unterscheiden.

Gegen diese These spricht jedoch folgender Einwand. Das dargestellte Argument zeigt, dass ein infiniter Regress entsteht, wenn Selbstbewusstsein durch einen inneren Sinn erklärt wird. Es wird jedoch nicht begründet, warum dies bedeutet, dass Selbstbewusstsein auf diese Weise nicht erklärt werden kann. Es bedarf einer Begründung, warum ein infiniter Regress Selbstbewusstsein nicht zu erklären vermag. Diese Erwiderung überzeugt nicht. Der dargestellte infinite Regress ist vitiös. Wenn eine unendliche Reihe von Fällen von Selbstbewusstsein bestünde, würde eine Person eine unendliche Anzahl von Selbstbewusstsein besitzen, wenn sie weiß, dass sie einen Ausdruck produziert. Sie besäße unendlich oft die Information, dass sie selbst mittels eines inneren Sinns beobachtet und dass sie selbst der beobachtete Gegenstand ist. Dies widerspricht den Tatsachen des Bewusstseins. Eine Person besitzt nicht unendlich oft die Information, dass sie sich selbst mittels ihres eigenen inneren Sinns wahrnimmt, wenn sie weiß, dass sie einen Ausdruck produziert.

KAPITEL 13

Eigenschaft und privilegierter Zugang

Es ist freilich möglich, das Wahrnehmungsmodell zu modifizieren, sodass die zuvor entwickelten Argumente nicht zeigen, dass das subjektive Selbstbewusstsein nicht durch eine Wahrnehmung gewonnen wird. Zwei Alternativen sind nahe liegend. Die erste Alternative lautet, dass eine Person durch eine besondere *Eigenschaft* des wahrgenommenen Subjekts erkennt, dass sie selbst dieses Subjekt ist. Diese Eigenschaft ist jedoch nicht die von Shoemaker berücksichtigte Eigenschaft, der Gegenstand des eigenen inneren Sinns zu sein. Der Gegenstand besitzt diese Eigenschaft kraft seiner *Beziehung* zum inneren Sinn einer Person. Die Eigenschaft besteht vielmehr in einem nicht-relationalen Merkmal, das ausschließlich das wahrnehmende Subjekt besitzt, sodass es durch die Wahrnehmung dieser Eigenschaft erkennt, dass es ein Bewusstsein von sich selbst hat. Dieses Merkmal könnte bspw. in dem spezifischen Klang der »inneren Stimme« bestehen, die Personen wahrnehmen, wenn sie »im Stillen« denken. Nach Ansicht von Alain Morin und James Everett gewinnt eine Person insbesondere durch »talking to itself about itself« im inneren Sprechen, also im Zusammenhang mit der Wahrnehmung der inneren Stimme, Selbstbewusstsein.[197]

Dieser Ansatz erklärt offenkundig nicht, wie das Bewusstsein gewonnen wird, dass man selbst der wahrgenommene Gegenstand ist bzw. dass man selbst eine mentale Tätigkeit leistet. Um anhand einer Eigenschaft erkennen zu können, dass man selbst der wahrgenommene Gegenstand ist, muss man bereits wissen, dass (ausschließlich) *einem selbst* diese Eigenschaft zukommt. Anderenfalls ist nicht nachzuvollziehen, warum eine Person durch die Wahrnehmung dieser Eigenschaft die Überzeugung oder die Information gewinnt, dass sie selbst der wahrgenommene Gegenstand ist. Dies gilt auch dann, wenn ausschließlich man selbst diese Eigenschaft besitzt.[198] Es ist daher auch

197 Morin & Everett 1990, 338, 351. Vgl. Mitchell 2009, 532.

198 Auf diesen Punkt haben insbesondere Manfred Frank, Dieter Henrich und Sydney Shoemaker aufmerksam gemacht. Nach Frank muss man mit dem Gegenstand seiner Selbstbeobachtung schon bekannt sein, anderenfalls hätte man »kein Kriterium dafür, den gewahrten Gegenstand *als* [sich] selbst aufzufassen, also korrekt zu identifizieren«. Frank 2012, 333. Shoemaker vertritt denselben Standpunkt. Er behauptet, dass »self-awareness is not perceptual awareness, i.e., is not the sort of awareness in which objects are presented […] Perceptual self-knowledge presupposes non-perceptual selfknowledge, so not all self-knowledge can be perceptual.« Shoemaker & Swinburne

 | DOI:10.30965/9783957437273_015

nicht möglich, das subjektive Selbstbewusstsein durch die Wahrnehmung der »inneren Stimme« (inner speech) zu erklären. Sie erklärt deswegen nicht, wie das subjektive Selbstbewusstsein gewonnen wird, da eine Person wissen muss, dass es *ihre eigene* Stimme ist, die sie wahrnimmt. Diese Information ist durch die Wahrnehmung der inneren Stimme nicht zu gewinnen, es sei denn, die Person weiß, dass *sie* – *ihre* – Stimme wahrnimmt. Damit ist Selbstbewusstsein vorausgesetzt und nicht erklärt.

Gegen diese Überlegungen spricht folgender Einwand. Die dargelegten Begründungen der These, dass das subjektive Selbstbewusstsein nicht durch eine Wahrnehmung gewonnen wird, zeigen lediglich, dass es nicht *vollständig* durch eine Wahrnehmung erklärt werden kann. Wenn eine Person jedoch eine andere Art von Selbstbewusstsein besitzt, etwa körperliches Selbstbewusstsein, vermag sie *kraft dieses* Selbstbewusstseins auch im Zusammenhang mit der Wahrnehmung ihrer Produktion eines Ausdrucks zu erkennen, dass sie sich selbst wahrnimmt. In der dargestellten Kritik am Wahrnehmungsmodell wird jedoch vorausgesetzt, dass das subjektive Selbstbewusstsein ein *primitiver* Fall von Selbstbewusstsein ist. Das heißt, es ist nicht durch andere Arten von Selbstbewusstsein erklärbar. Für diese These wurde bislang jedoch keine Begründung gegeben. Es ist somit möglich, dass es eine Art von Selbstbewusstsein gibt, die vom subjektiven Selbstbewusstsein zu unterscheiden ist und kraft welcher eine Person im Zusammenhang mit einer inneren Wahrnehmung der Produktion eines Ausdrucks zu erkennen vermag, dass sie selbst diesen Ausdruck hervorbingt.

1984, 105. Shoemaker begründet diese These damit, dass eine Person nur dann erkennen kann, dass sie selbst derjenige Gegenstand ist, den eine bestimmte Eigenschaft auszeichnet, die sie wahrnimmt, wenn sie ein Selbstbewusstsein besitzt, das die Information enthält, dass ausschließlich sie selbst diese Eigenschaft besitzt: »[I]f one were aware of oneself as an object [...] this would not help to explain one's self-knowledge. For awareness that the presented object was φ would not tell one that one was oneself φ, unless one had identified the object as oneself and one could not do this unless one already had some self-knowledge, namely the knowledge that one is the unique possessor of whatever set of properties of the presented object one took to show it to be oneself.« Shoemaker & Swinburne 1984, 105. Dieter Henrich hat auf dieses Problem im Zusammenhang mit seiner Kritik am *Reflexionsmodell* menschlichen Selbstbewusstseins aufmerksam gemacht. Das Reflexionsmodell von Selbstbewusstsein besagt u.a., dass ein Subjekt Selbstbewusstsein durch einen reflexiven Akt hervorbringt: »Aber wie kann das Selbstbewußtsein wissen, daß es von sich weiß, wenn dieses Wissen durch einen Akt der Reflexion zustande kommen soll? Offenkundig ist, daß es dies reflektierte Wissen gar nicht haben kann, ohne schon ein vorausgehendes Wissen von sich in Anspruch nehmen zu können. Denn reflektiert weiß es von sich nur, wenn es zu sagen vermag, daß das, wovon es weiß, es selbst ist.« Henrich 1982, 64.

Dieser Einwand überzeugt nicht. Es ist zu fragen, wie ein Fall von Selbstbewusstsein, der vom subjektiven Selbstbewusstsein zu unterscheiden ist, dieses Phänomen erklären können soll. Das subjektive Selbstbewusstsein *entsteht* mit der Produktion eines Ausdrucks und enthält die Informationen, dass man selbst einen Ausdruck produziert, dass man selbst Bewusstsein vom produzierten Ausdruck sowie von der Produktion hat. Es schließt keine weiteren Informationen mit ein. Besitzt eine Person bspw. körperliches Selbstbewusstsein, erklärt dieser Fall von Selbstbewusstsein nicht, wie das subjektive Selbstbewusstsein gewonnen wird. Bewusstsein vom eigenen Körper oder von Körpervorgängen, also bspw. von der Lage des eigenen Körpers im Raum oder von der Bewegung der Gliedmaßen, ist vom Bewusstsein von mentaler Aktivität zu unterscheiden. Beide Fälle von Selbstbewusstsein enthalten unterschiedliche Informationen. Es ist daher nicht geklärt, wie das subjektive Selbstbewusstsein durch einen anderen Fall von Selbstbewusstsein erklärt werden können soll. Es ist nicht nachzuvollziehen, wie eine Person durch ein Selbstbewusstsein, das sich vom subjektiven Selbstbewusstsein unterscheidet, bei der Produktion eines Ausdrucks zu erkennen vermag, dass sie selbst diese Tätigkeit leistet. Es gibt zwar ohne Zweifel Fälle von Selbstbewusstsein, die erklärt werden können, wenn ein anderer Fall von Selbstbewusstsein vorausgesetzt wird. So ist es bspw. möglich, zu erklären, wie eine Person zu erkennen vermag, dass sie sich selbst auf einem Foto wahrnimmt, und zwar dadurch, dass sie ihr Erscheinungsbild kennt. Im Fall des subjektiven Selbstbewusstseins ist eine solche Erklärung aber nicht möglich. Es ist nicht möglich, dieses Phänomen durch einen Fall von Selbstbewusstsein zu erklären, der eine *andere* Information enthält.

Die zweite Alternative besteht darin zu behaupten, dass das subjektive Selbstbewusstsein deswegen durch die innere Wahrnehmung gewonnen wird, da sie einen *ausgezeichneten*, nämlich einen *privilegierten* (bzw. privaten) *Zugang* des wahrnehmenden Subjekts zu sich selbst darstellt. Das heißt, kraft dessen, dass Informationen über das Subjekt durch einen besonderen Zugang gewonnen werden, den ausschließlich das wahrnehmende Subjekt selbst besitzt, gewinnt eine Person die bewusste Information, dass sie selbst einen Ausdruck produziert. Es ist jedoch nicht erforderlich, Shoemakers Ausführungen zu folgen, und anzunehmen, dass das Subjekt erkennen muss, dass das wahrgenommene Subjekt der Gegenstand des *eigenen* inneren Sinns bzw. des eigenen privilegierten Zugangs ist. Vielmehr garantiert der privilegierte Zugang selbst bzw. *als solcher*, dass eine Information, die auf eine solche ausgezeichnete Weise gewonnen wird, als eine Information verstanden wird, die einen selbst betrifft.

Auch dieser Ansatz ist nicht überzeugend. Dies zeigt bspw. folgende Schilderung: Vergangene Weihnachten erzählte meine Cousine Christine, dass sie nach wie vor ein Zahnimplantat, das einen ihrer Backenzähne ersetzt, als einen Fremdkörper erlebt. Sie sagte in etwa: »Das ist auch nach all den Jahren kein Teil von mir«. Dieses Beispiel verdeutlicht, dass ein privilegierter Zugang nicht garantiert, dass ein mittels dieses Zugangs erfasster Inhalt als ein Inhalt verstanden wird, der einen selbst betrifft. Ein privilegierter Zugang erklärt somit auch nicht, warum Informationen, die durch diesen Zugang gewonnen werden, als Informationen über einen selbst verstanden werden. Christine hat einen Zugang zu ihrem Implantat, den keine andere Person besitzt. Wenn sie auf ein hartes Stück Brot beißt, spürt sie den Druck, den das Implantat auf ihre Backenknochen ausübt, auf eine Weise, wie es keine andere Person vermag. Sie spürt das Implantat mittels ihrer Zunge auf eine innerliche Weise, die keine andere Person zu teilen vermag. Wenn von dem Implantat ein Stück abbricht, hört sie dies auf eine Weise, wie es keine andere Person wahrnimmt. Dennoch unterscheidet sie das Implantat von sich selbst, von ihrem Körper.

Gegen diese Überlegungen scheint insbesondere ein Einwand zu sprechen. Er lautet, dass Christine deswegen das Implantat nicht als einen Teil von ihr, von ihrem Körper versteht, da sie durch das Implantat keine Empfindungen gewinnt. Im Unterschied zu ihren eigenen Zähnen fehlt dem Implantat die Erlebnisdimension. Aus diesem Grund unterscheidet sie es von sich selbst. Diese Entgegnung widerlegt nicht die These, dass ein privilegierter Zugang *als solcher* nicht erklärt, wie subjektives Selbstbewusstsein gewonnen wird. Dieser Einwand besagt, dass ein privilegierter Zugang alleine *nicht* erklärt, wie Selbstbewusstsein gewonnen wird. Entscheidend ist nunmehr, dass ein privilegierter Zugang einen Inhalt erfasst, der sich durch einen subjektiven Charakter, einen qualitativen Erlebnisgehalt auszeichnet. Mit Blick auf das subjektive Selbstbewusstsein bedeutet dies, dass ein privilegierter Zugang auf keinen Fall alleine oder für sich betrachtet erklärt, wie eine Person dieses Selbstbewusstsein gewinnt. In Ergänzung zu dem privilegierter Zugang ist anzunehmen, dass eine Person die Produktion eines Ausdrucks auf eine Weise erlebt, die es ihr erlaubt, diese Aktivität als ihre eigene zu begreifen. Es ist umstritten, ob propositionales Bewusstsein eine Erlebnisdimension einschließt.[199] Ebenso fragwürdig ist, ob das subjektive Selbstbewusstsein einen Erlebnischarakter, ein »Zumute sein« aufweist. Dies scheint nicht der Fall zu sein. Wenn eine Person weiß, dass sie selbst einen Ausdruck produziert, ist ihr nicht irgendwie zumute. Wie dem auch sei. Wenn das Bewusstsein, dass man selbst einen Ausdruck produziert, eine Erlebnisdimension einschließen sollte, ist zu fragen, wie die Verbindung des privilegierten Zugangs mit diesem Erlebnis die Entwicklung von subjektivem Selbstbewusstsein ermöglichen können soll. Auf diese Frage

199 Vgl. die Debatte über kognitive Phänomenologie, bspw. Horgan & Tienson 2002, Soldati 2005.

sind zwei Antworten möglich. Es kann angenommen werden, dass das Erlebnis das Bewusstsein, dass man selbst einen Ausdruck produziert, einschließt. In diesem Fall ist das subjektive Selbstbewusstsein jedoch nicht erklärt. Vielmehr wird es nunmehr lediglich mit einem neuen Ausdruck bezeichnet, und zwar als ein Erlebnis. Dies erklärt jedoch nicht, wie dieses Bewusstsein gewonnen wird. Die Aufgabe einer Erklärung des subjektiven Selbstbewusstseins ist auf diese Weise nicht gelöst. Diese Antwort *verortet* das Phänomen, das es zu erklären gilt, innerhalb der Grundbegriffe der Philosophie des Geistes. Sie *erklärt* es jedoch nicht. Außerdem ist unklar, welchen Beitrag ein privilegierter Zugang zur Erklärung des subjektiven Selbstbewusstseins leistet, wenn das subjektive Erleben, das bei der Produktion eines Ausdrucks besteht, bereits die Information enthält, dass man selbst diesen Ausdruck produziert.

Die zweite Antwort lautet, dass das Erlebnis, welches im Zusammenhang mit der Produktion eines Ausdrucks besteht, als solches nicht die Information einschließt, dass *man selbst* einen Ausdruck hervorbringt. Diese Information wird durch die *Verbindung* des Erlebnisses mit dem privilegierten Zugang gewonnen. Insofern das Erlebnis jedoch nicht die Information miteinschließt, dass *man selbst* einen Ausdruck produziert, ist es anonym bzw. ›ich-los‹. Damit ist zu fragen, wie ein privilegierter Zugang in Verbindung mit einem anonymen Erlebnis die Vorstellung hervorbringen können soll, dass *man selbst* einen Ausdruck produziert. Es ist unklar, wie eine überzeugende Antwort auf diese Fragestellung lauten könnte. Denn garantiert ein privilegierter Zugang nicht, dass ein durch diesen Zugang erfasster Inhalt als ein solcher Inhalt begriffen wird, der einen selbst betrifft, und schließt das Erleben der Produktion eines Ausdrucks ebenso wenig die Vorstellung mit ein, dass man selbst diese Aktivität vollzieht, ist nicht nachzuvollziehen, wie und warum durch die Verbindung dieser Bestandteile *egologisches Selbst*bewusstsein gewonnen werden können soll. Da das Erlebnis anonym ist, würde ein privilegierter Zugang lediglich auf eine ausgezeichnete, intersubjektiv nicht zugängliche Weise Informationen über ein anonymes Erlebnis zu gewinnen erlauben. Es ist nicht nachzuvollziehen, warum durch die Verbindung von einem privilegierten Zugang und einem Erlebnis etwas Neues entstehen soll, nämlich die Vorstellung, dass *man selbst* einen Ausdruck produziert. Ebensowenig ist nachvollziehbar, wie diese Information gewonnen werden könnte. Auch die Verbindung eines privilegierten Zugangs mit einer anonymen Erlebnisdimension erklärt das subjektive Selbstbewusstsein nicht. Dies bedeutet freilich nicht, dass Personen keinen privilegierten Zugang zu sich selbst haben. Eine Person besitzt bspw. einen privilegierten Zugang zu ihren eigenen Empfindungen und Gefühlen. Aber diese Tatsache erklärt das subjektive Selbstbewusstsein nicht.

KAPITEL 14

Nicht-propositionales Selbstbewusstsein

Das subjektive Selbstbewusstsein ist nicht nur von Wahrnehmungsbewusstsein zu unterscheiden. Es ist auch kein Fall von propositionalem Bewusstsein. Diese These wird anhand von *zwei* Argumentationen begründet. In diesem Kapitel wird ein Argument entwickelt, das zeigt, dass das subjektive Selbstbewusstsein aus strukturellen Gründen von propositionalem Bewusstsein zu unterscheiden ist. Anschließend wird zusätzlich eine Kritik an dem Versuch entwickelt, dieses Phänomen im Rahmen einer neorussellianischen Theorie zu erklären.[200] Diese Kritik wird in Auseinandersetzung mit David Kaplans neorussellianischem Ansatz und François Recanatis kritischem neorussellianischem Ansatz dargestellt. Infolge der Beschränkung der Untersuchung auf diese Theorien wird freilich nicht gezeigt, dass es von keinem neorussellianischen Ansatz ausgehend gelingen kann, das subjektive Selbstbewusstsein zu erklären. Die Begründung der These, dass es im Rahmen von Kaplans und Recanatis Theorien nicht möglich ist, dieses Phänomen zu erklären, zeigt jedoch strukturelle Schwierigkeiten auf, die es aussichtslos erscheinen lassen, dass es im Rahmen eines neorussellianischen Ansatzes erklärt werden kann. Das bedeutet nicht, dass es das Ziel neorussellianischer Theorien ist, das subjektive Selbstbewusstsein zu erklären. Es wird in der Regel nicht beachtet und untersucht. Es ist jedoch zu zeigen, dass es von diesen Ansätzen ausgehend auch nicht möglich ist, dieses Phänomen zu erklären.

Im ersten Hauptstück wurde in Kapitel 8 dargelegt, dass das subjektive Selbstbewusstsein ein transzendental-egologisches Präfix' der Produktion eines jeden Ausdrucks ist. Es gilt: Ich habe Bewusstsein: Ich produziere {einen linguistischen Ausdruck α}. Von dieser Interpretation des subjektiven Selbstbewusstseins ausgehend ist es möglich, ein Argument zu entwickeln, das zeigt, dass es aus *strukturellen* Gründen kein Fall von propositionalem Selbstbewusstsein sein kann. Dieses Argument hat vier Voraussetzungen: 1. Es wird vorausgesetzt, dass das transzendentale Präfix nicht unbewusst oder anonym verfasst ist. Eine Person, die einen Ausdruck hervorbringt und ein linguistisches

200 Im dritten Hauptstück wird in Auseinandersetzung mit Tomis Kapitans Theorie indexikalischer Identifizierung gezeigt, dass es auch im Rahmen eines neofregeanischen Ansatzes nicht möglich ist, das subjektive Selbstbewusstsein zu erklären. Die Diskussion dieses Ansatzes erfolgt im dritten Hauptstück, da die Untersuchung dieses Ansatzes zur Theorie performativer indexikalischer Identifizierung überleitet.

 | DOI:10.30965/9783957437273_016

Bewusstsein von diesem Ausdruck besitzt, ist sich sowohl bewusst, dass sie selbst diesen Ausdruck produziert, als auch, dass sie selbst dieses Bewusstsein besitzt. 2. Es wird vorausgesetzt, dass propositionales Bewusstsein sich dadurch auszeichnet, dass eine Person, ein raumzeitlicher Gegenstand, in einer Beziehung zu einer Proposition, einem abstrakten Gegenstand, dem Träger von Wahrheitswerten, steht, sodass eine inhaltliche Differenz zwischen der Person und der Proposition besteht.[201] Die Person befindet sich in einer bzw. hat eine propositionale Einstellung, etwa des Glaubens oder Wissens. 3. Es wird (im ersten Beweisschritt des Arguments) angenommen, dass die Beziehung zwischen einer Person und einer Proposition durch einen Satz vermittelt ist, sodass eine Person propositionales Bewusstsein besitzt, wenn sie ein Bewusstsein vom Informationsgehalt hat, der durch einen Satz ausgedrückt wird.[202] 4. Es wird angenommen, dass die kognitive Beziehung zwischen der Person und der Proposition ein Fall von wahrem Wissen ist, *wenn* und *insofern* das subjektive Selbstbewusstsein ein Fall von propositionalem Bewusstsein sein sollte. Denn insofern die Regel 17 gilt, ist die Möglichkeit ausgeschlossen, dass eine Person sich irrt, wenn sie glaubt, dass sie selbst einen Ausdruck produziert. Es handelt sich somit um ein paradigmatisches Beispiel von wahrem Wissen.[203]

Das Argument lässt sich in zwei Beweisschritte einteilen. I. Das subjektive Selbstbewusstsein qua kognitives Präfix kann *als solches*, das heißt, und das ist entscheidend, als Präfix', kein Bestandteil des Informationsgehalts der Proposition sein, welcher ein Subjekt sich bewusst ist. Dies zeigt folgende Überlegung. Wenn Kapitan den Satz äußert »Kapitan ist ein Philosoph«, weiß er nicht nur, dass Kapitan ein Philosoph ist, sondern zudem, kraft der ersten Prämisse, dass er selbst den Ausdruck ›Kapitan‹ hervorbringt und dass er selbst ein Bewusstsein von der Produktion dieses Ausdrucks besitzt. Die Information, dass er selbst diesen Ausdruck produziert und dass er selbst dieses Bewusstsein besitzt, ist jedoch kein Bestandteil der Information, die Kapitan gewinnt, wenn er die Bedeutung des Satzes »Kapitan ist ein Philosoph« versteht. Mit Blick auf den Informationsgehalt der Äußerung des Satzes »Kapitan ist ein Philosoph« besitzt er die Information, dass Kapitan ein Philosoph ist. Dieser Gehalt schließt jedoch keine Information über das kognitive Präfix – Ich habe das Bewusstsein: Ich produziere: den Ausdruck ›Kapitan‹ (in dem Satz »Kapitan ist ein Philosoph«) – mit ein.

Die Situation ändert sich auch dann nicht, wenn Kapitan den Satz äußert »Ich bin ein Philosoph«. In diesem Fall weiß Kapitan zwar, dass er selbst ein

201 Vgl. Chisholm 1981.

202 Vgl. Recanati 1993, 42–43.

203 Vgl. Kapitel 4.

Philosoph ist, sowie dass er selbst der Referent des Ausdrucks ›ich‹ ist. Die Information, selbst ein Philosoph zu sein und der Referent des Ausdrucks ›ich‹ zu sein, unterscheidet sich jedoch von dem Gehalt des subjektiven Selbstbewusstseins. Der propositionale Gehalt des geäußerten Satzes »Ich bin ein Philosoph« enthält nicht die Information, dass Kapitan selbst den Ausdruck ›ich‹ produziert und davon ein Bewusstsein besitzt.

Die These, dass das subjektive Selbstbewusstsein kein Fall von propositionalem Selbstbewusstsein ist, ist auch nicht dadurch zu widerlegen, dass angenommen wird, dass Kapitan den Satz äußert »Ich produziere den Ausdruck ›ich‹ in dem Satz »Ich bin ein Philosoph«. Selbst wenn vorausgesetzt wird, dass eine Person durch ihr Bewusstsein von diesem propositionalen Gehalt weiß, dass sie selbst den Ausdruck ›ich‹ in dem Satz »Ich bin ein Philosoph« produziert, ist damit das subjektive Selbstbewusstsein nicht erklärt. Dies ist bereits daran zu erkennen, dass es nicht nur die Information enthält, dass man selbst einen Ausdruck hervorbingt, sondern zudem die Information, dass man selbst ein *Bewusstsein* von dieser Produktion besitzt. Diese Information ist dem Gehalt des Satzes aber nicht zu entnehmen. Kapitan wüsste somit nicht kraft seines Verstehens des propositionalen Gehalts des Satzes »Ich produziere den Ausdruck ›ich‹ in dem Satz »Ich bin ein Philosoph«, dass er selbst dieses Bewusstsein besitzt. Außerdem besteht das subjektive Selbstbewusstsein auch mit Blick auf das erste Token von ›ich‹, also hinsichtlich des Satzteiles »Ich produziere«. Auch mit Blick auf diesen Ausdruck besteht das transzendentale Präfix und weiß eine Person, dass sie selbst diesen Ausdruck produziert und dass sie davon ein Bewusstsein hat. *Diese* Information enthält der Satz »Ich produziere den Ausdruck ›ich‹ in dem Satz »Ich bin ein Philosoph« jedoch nicht. Er enthält nur die Information, dass man selbst den Ausdruck ›ich‹ in dem Satz »Ich bin ein Philosoph« hervorbringt.

Es bietet sich somit an, Kapitan folgende Äußerung zuzuschreiben: »Ich weiß, dass ich den Ausdruck ›ich‹ in dem Satz »Ich bin ein Philosoph« produziere«. Auch der Informationsgehalt dieses Satzes schließt das subjektive Selbstbewusstsein nicht mit ein. Erneut ist zu sagen, dass ein kognitives Präfix im Hinblick auf das erste Token von ›ich‹ in diesem Satz besteht. Dem ersten Token von ›ich‹, »Ich weiß«, ist das kognitive Präfix voranzustellen: »Ich habe das Bewusstsein: Ich produziere«, sodass gilt: Ich habe das Bewusstsein: Ich produziere {das erste Token von ›ich‹ (in dem Satz »Ich weiß, dass ich den Ausdruck ›ich‹ in dem Satz: »Ich bin ein Philosoph« produziere«)}. Das bedeutet, das subjektive Selbstbewusstsein ist aus *strukturellen* Gründen *als solches* niemals ein Bestandteil des propositionalen Gehalts. Zwar ist es möglich, dass das subjektive Selbstbewusstsein in seiner Position als Präfix thematisiert und sprachlich dargestellt wird. Aber in diesem Fall wird es nicht als solches, das heißt, in seiner Position als Präfix erfasst. In diesem Fall besteht ein weiteres transzendentales Präfix, Präfix_2, welches dem thematisierten subjektiven Selbstbewusstsein voransteht und der Position entspricht, welche das Präfix *als solches* besitzt. Der Hinweis, dass der Gehalt des subjektiven Selbstbewusstseins als solches kein Bestandteil des Informationsgehalts einer Proposition sein kann, bedeutet, dass es mit Blick auf diesen Informationsgehalt nicht erklärt werden kann. Gemäß der ersten Prämisse ist das Präfix nicht anonym verfasst oder unbewusst. Das subjektive Selbstbewusstsein ist somit kein Fall von propositionalem Bewusstsein.

Damit ist der erste Schritt im Argument vollzogen. Das subjektive Selbstbewusstsein ist aus *strukturellen* Gründen kein Fall von propositionalem Selbstbewusstsein. Das Argument lautet, kurz zusammengefasst, folgendermaßen:

1. Die Information, die eine Person besitzt, wenn sie Bewusstsein von einer Proposition hat, schließt nicht den Informationsgehalt des subjektiven Selbstbewusstseins als transzendentales Präfix mit ein.
2. Das subjektive Selbstbewusstsein ist nicht unbewusst, sondern ein bewusstes Phänomen.
3. Also ist das subjektive Selbstbewusstsein von propositionalem Bewusstsein und propositionalem Selbstbewusstsein zu unterscheiden.

Das bedeutet: Wenn eine Person propositionales Bewusstsein besitzt und sie einen Satz äußert, besitzt sie zusätzlich zum propositionalen Bewusstsein subjektives Selbstbewusstsein. Der Gehalt des subjektiven Selbstbewusstseins ist vom Gehalt propositionalen Bewusstseins zu unterscheiden.

Gegen diesen ersten Teil des Arguments spricht insbesondere ein Einwand.[204] Es gibt sehr wohl Sätze, welche das transzendentale Präfix thematisieren, so etwa der Satz: »Ich produziere das erste Token von ›ich‹ (oder jeden Ausdruck), das in diesem Satz vorkommt, und habe ein Bewusstsein von dieser Aktivität und weiß, dass ich dieses Bewusstsein besitze«. Wenn eine Person diesen Satz versteht, besitzt sie propositionales Bewusstsein vom kognitiven Präfix. Also ist es falsch, dass das subjektive Selbstbewusstsein kein Bestandteil des Informationsgehalts einer Proposition sein kann. Es ist ohne Zweifel möglich, Aussagen über das subjektive Selbstbewusstsein zu machen. Schließlich wird im Rahmen dieser Untersuchung das transzendentale Präfix thematisiert. Es ist jedoch abwegig anzunehmen, dass damit gezeigt wäre, dass es ein Fall von propositionalem Selbstbewusstsein ist. Denn erneut gilt, dass jedem Ausdruck dieses Satzes das kognitive Präfix voranzustellen ist. Zwar ist durchaus einzuräumen, dass nicht jedes Wort dieses Satzes einzeln

204 Bei der Diskussion von Tomis Kapitans neofregeanischem Ansatz wird ein weiterer Einwand diskutiert. Vgl. Kapitel 25.

für sich produziert werden muss, sondern dass Satzteile oftmals auf einmal produziert werden. Die Äußerung des Satzes »Ich produziere jeden Ausdruck, der in diesem Satz vorkommt, und habe ein Bewusstsein von dieser Aktivität sowie von diesem Bewusstsein« erfolgt jedoch in Etappen und für jeden dieser Teilabschnitte gilt, dass das transzendentale Präfix voranzustellen ist. Das Verstehen der Bedeutung des Satzes erfolgt jedoch erst mit und nach der Äußerung *aller* Teilaspekte des ganzen Satzes oder zumindest nicht bereits im Anschluss an die Produktion des Wortes ›ich‹. Es ist somit im Hinblick auf die *Produktion* des Satzes »Ich produziere jeden Ausdruck, der in diesem Satz vorkommt, und habe ein Bewusstsein von dieser Aktivität sowie von meinem Bewusstsein« nicht möglich, das subjektive Selbstbewusstsein mit dem Verstehen der Bedeutung des Satzes zu identifizieren und damit als ein Fall von propositionalem Bewusstsein auszuweisen.

II. Der erste Beweisschritt setzt voraus, dass das subjektive Selbstbewusstsein ein transzendentales Präfix ist. Es wird zudem vorausgesetzt, dass es dann kein Fall von propositionalem Bewusstsein ist, wenn der Informationsgehalt, welchem das transzendentale Präfix voranzustellen ist, keine Information über das transzendentale Präfix als solches enthält. Damit ist jedoch nicht gezeigt, dass das subjektive Selbstbewusstsein kein Fall von propositionalem Bewusstsein ist. Es könnte als transzendentales Präfix *selber* einen Fall von propositionalem Selbstbewusstsein darstellen. Dies scheint die Formel: Ich weiß: Ich produziere {den Ausdruck α} nahezulegen. Das transzendentale Präfix hat die Struktur: Ich weiß, *dass* ich selbst {den Ausdruck α} produziere. Es ist daher ein propositionales Selbstbewusstsein.

Dieser Ansatz erlaubt zwei Interpretationen. Beide erklären das subjektive Selbstbewusstsein nicht. Die Behauptung, dass es ein propositionales Selbstbewusstsein darstellt, könnte besagen, dass es als transzendentales Präfix *unbewusst* bzw. ein unbewusster Gedanke ist. Diese Behauptung weist in struktureller Hinsicht Übereinstimmungen mit David Rosenthals Erklärung bewusster mentaler Zustände auf.[205] Rosenthal behauptet, dass ein mentaler Zustand dann ein bewusster mentaler Zustand ist, wenn es einen aktuellen (occurent) assertorischen höherstufigen Gedanken gibt, welcher den mentalen Zustand auf eine unmittelbare Weise (unmediated way) repräsentiert.[206] Bspw. ist die visuelle Wahrnehmung eines Gegenstandes dann bewusst, wenn

205 Rosenthal 1997, 735, 737, 742, 2006, 27.

206 Rosenthal 1997, 737, 2012, 24. Die Repräsentation erfolgt auf eine unmittelbare Weise, wenn sie nicht auf einer Beobachtung beruht oder durch einen Schluss gewonnen wird. Die Repräsentation erfolgt auf eine unmittelbare Weise, da es freilich möglich ist, dass eine Person (transitives) Bewusstsein von einem mentalen Zustand besitzt, ohne dass dieser Zustand deswegen ein (intransitiv) bewusster mentaler Zustand ist. Dies ist bspw.

ein höherstufiger Gedanke transitiv auf den Wahrnehmungszustand bezogen ist. Der höherstufige Gedanke ist in der Regel unbewusst, es sei denn, er wird eigens thematisiert.[207] Das bedeutet auch, er muss nicht linguistisch, anhand eines Satzes, ausgedrückt werden. Das subjektive Selbstbewusstsein könnte daher ein höherstufiger unbewusster Gedanke sein.

Diese These überzeugt nicht. Dies ist zum einen daran zu erkennen, dass das subjektive Selbstbewusstsein nicht unbewusst ist. Dies besagt die Regel 17. Anderenfalls würde eine Person, wenn sie einen Ausdruck produziert, nicht im Moment der Erzeugung dieses Ausdrucks wissen, dass sie selbst ein Bewusstsein von diesem Ausdruck hat. Diese These widerspricht m.E. den Tatsachen des Bewusstseins. Es ist zum anderen zu erkennen, wenn ein weiterer Aspekt von Rosenthals Ansatz in die Betrachtung mit einbezogen wird. Rosenthal behauptet nicht nur, dass ein mentaler Zustand anhand der Repräsentation durch einen unbewussten Gedanken ein bewusster mentaler Zustand ist. Er behauptet zudem, dass eine Person dann, wenn ein bewusster mentaler Zustand besteht, Selbstbewusstsein besitzt, und zwar das Bewusstsein, dass es ihr eigener mentaler Zustand ist. Das heißt, sie weiß, dass sie selbst sich in diesem mentalen Zustand befindet.[208] In dem Aufsatz *Awareness and identification of self* versucht Rosenthal dieses Selbstbewusstsein, bzw. mit seinen Worten gesprochen, essentielles indexikalisches Selbstbewusstsein und essentielle indexikalische Selbstreferenz zu erklären.[209] Rosenthal begründet die Annahme, dass ein bewusster mentaler Zustand ein Bewusstsein von dem Subjekt mit einschließt, das sich in diesem Zustand befindet, damit, dass ein mentaler Zustand, eine Wahrnehmung (perception), eine Empfindung (feeling) und auch ein Gedanke, stets von einem Individuum besessen werden, sodass gilt: »having a thought about a mental state is always to have a thought about that state as belonging to some individual.«[210] Die Information, dass man selbst sich in einem bewussten mentalen Zustand befindet, wird durch eine ›implizite‹ (tacit) Identifizierung gewonnen.[211] Das Subjekt, das einen höherstufigen Gedanken hat, besitzt die Disposition, das Subjekt, das sich in dem mentalen Zustand befindet, der von dem höherstufigen Gedanken thematisiert wird, mit dem Subjekt zu identifizieren, das diesen Gedanken fasst. Das Subjekt ist somit sowohl das Subjekt, das sich in einem mentalen Zustand befindet, als auch das

---

dann der Fall, wenn eine Person mithilfe eines Psychiaters erkennt, dass sie eine Person hasst, ohne dass sie damit das Gefühl des Hasses spürt. Rosenthal 1997, 737–738.

207 Rosenthal 1997, 737, 2012, 30.

208 Rosenthal 1997, 741, 2006, 34, 2012, 25.

209 Rosenthal 2012, 27, 28.

210 Rosenthal 2012, 26.

211 Rosenthal 2012, 29.

Subjekt, das den Gedanken höherer Ordnung denkt. Rosenthal betont, dass der höherstufige Gedanke jedoch nicht explizit die Information enthält, dass ein mentaler Zustand demselben Subjekt zukommt, welches *diesen* Gedanken besitzt.[212] Dies würde bedeuten, so Rosenthal, dass höherstufige Gedanken in der Regel bewusst sind. Der Informationsgehalt des Gedankens höherer Ordnung würde diesen Gedanken, ihn selbst, thematisieren und der Gedanke würde damit, so Rosenthal, ein bewusster Gedanke sein. Dies ist offensichtlich nicht richtig.

Um diese Konsequenz zu vermeiden, betont Rosenthal, dass die Identifizierung *implizit* (tacit) erfolgt. Wenn eine Person sich in einem bewussten mentalen Zustand befindet, schreibt der höherstufige Gedanke einem bestimmten Subjekt (some particular individual) einen mentalen Zustand zu.[213] Der Gehalt des höherstufigen Gedankens referiert auf dasjenige Subjekt, welches sich in diesem Zustand befindet, da er ein mentales Analogon des Ausdrucks ›ich‹ mit einschließt.[214] Wie der Ausdruck ›ich‹ auf die Person referiert, welche diesen Ausdruck verwendet, referiert das mentale Analogon zudem auf die Person, die den höherstufigen Gedanken hat.[215] Das Subjekt, welches den höherstufigen Gedanken besitzt, identifiziert damit aber nicht zugleich das Subjekt, das diesen Gedanken hat. Es besitzt die *Disposition*, das Subjekt, auf welches der Gedanke höherer Ordnung referiert, mit dem Subjekt zu identifizieren, welches diesen Gedanken hat.[216] Das Bewusstsein, dass man selbst das Subjekt ist, welches einen höherstufigen Gedanken denkt, ist nur in Ausnahmefällen aktuell vorhanden, bspw. dann, wenn eine Person die Frage zu beantworten sucht, ob sie selbst das Subjekt ist, das ein Bewusstsein von ihren eigenen mentalen Zuständen hat. In diesem Fall besitzt sie einen weiteren höherstufigen Gedanken. Diese Disposition stellt sicher, dass das Subjekt, welches einen höherstufigen Gedanken hat, mit demjenigen Subjekt, welchem ein mentaler Zustand zugeschrieben wird, identifiziert wird, *wenn* ein weiterer höherstufiger Gedanke gefasst wird.[217] Bei einer solchen Identifizierung wird

---

212 Rosenthal 2012, 30.

213 Rosenthal 2012, 30.

214 Rosenthal 2012, 39.

215 Das mentale Analogon von ›ich‹ erfüllt somit zwei Aufgaben. Es ist der Bestandteil eines höherstufigen Gedankens, durch den auf die Person referiert wird, die sich in einem mentalen Zustand befindet. Es referiert auf die Person, welche den höherstufigen Gedanken hat. Rosenthal 2012, 28, 30, 47. Rosenthal erläutert nicht näher, wie dieses mentale Analogon zu verstehen ist.

216 Rosenthal 2012, 30.

217 Rosenthal 2012, 44. Das *aktuelle* Vorhandensein des Bewusstseins, dass man selbst der Denker eines höherstufigen Gedankens ist, setzt somit *zwei* höherstufige Gedanken voraus. Rosenthal 2012, 31. Ein höherstufiger Gedanke repräsentiert einen mentalen

dem Subjekt zugeschrieben, der Denker eines höherstufigen Gedankens zu sein. Aufgrund dieser Disposition besitzt eine Person dann, wenn sie sich in einem bewussten mentalen Zustand befindet, das Bewusstsein, dass es ihr eigener mentaler Zustand ist.

Rosenthals Ansatz erklärt Selbstbewusstsein und mithin das subjektive Selbstbewusstsein nicht. Dies ist bereits daran zu erkennen, dass das subjektive Selbstbewusstsein aktuell vorhanden ist, wenn ein Ausdruck produziert wird. Es ist kein dispositionales Bewusstsein. Rosenthal gelingt es zudem auch nicht, essentielles indexikalisches Selbstbewusstsein zu erklären. Nach Rosenthal garantiert eine Disposition, dass eine Person Selbstbewusstsein besitzt, und zwar indem sie dafür sorgt, dass ein Subjekt dasjenige Individuum, welches einen höherstufigen Gedanken denkt, mit demjenigen Individuum identifiziert, dem ein mentaler Zustand zugeschrieben wird, *wenn* ein weiterer höherstufiger Gedanke gefasst wird.[218] Damit ein Subjekt Selbstbewusstsein besitzt, genügt es jedoch nicht, dass es disponiert ist, ein denkendes Individuum, das es selbst ist, mit einem Individuum zu identifizieren, das sich in einem mentalen Zustand befindet, und das es ebenfalls selbst ist. Es genügt auch nicht, dass es aktuell diese Identifizierung leistet, noch dass ein höherstufiger Gedanke kraft des mentalen Analogons des Wortes ›ich‹ auf es selbst referiert. Das Subjekt muss erkennen, dass *es selbst* das denkende Subjekt ist oder aber auch dasjenige Subjekt ist, das sich in einem mentalen Zustand befindet bzw. auf welches das mentale Analogon des Ausdrucks ›ich‹ referiert. Wie diese Erkenntnis gewonnen wird, erklärt Rosenthal jedoch nicht. Denn, um diesen Gedanken zu wiederholen, Selbstbewusstsein ist nicht bereits dann erklärt, wenn angenommen wird, dass dasjenige Subjekt, welches Bewusstsein von einem Subjekt besitzt, identisch ist mit demjenigen Subjekt, das bewusst ist. Es muss zudem erklärt werden, wie das Subjekt zu erkennen bzw. die Information zu gewinnen vermag, dass *es selbst* das Subjekt ist, dessen es sich bewusst ist. Die Behauptung, dass durch einen höherstufigen Gedanken, der das denkende Subjekt oder dasjenige Subjekt, das sich in einem mentalen Zustand befindet, repräsentiert, das Bewusstsein gewonnen wird, dass der repräsentierte Gehalt einen selbst betrifft, *erklärt* das Phänomen nicht. Diese Behauptung verdeutlicht lediglich, dass diese Information vorhanden sein muss, wenn egologisches Selbstbewusstsein bestehen soll. Die Frage, wie sie

---

Zustand, sodass er ein bewusster mentaler Zustand ist, der einem Subjekt zugeschrieben wird. Durch einen zweiten höherstufigen Gedanken, der den ersten höherstufigen Gedanken thematisiert, wird das aktuelle Bewusstsein gewonnen, dass man selbst das Subjekt dieses höherstufigen Gedankens ist.

218 Rosenthal 2012, 39, 44.

gewonnen wird, ist damit aber nicht beantwortet. Rosenthal gelingt es somit nicht, Selbstbewusstsein zu erklären. Es gelingt ihm folglich auch nicht, das subjektive Selbstbewusstsein zu erklären.

Als Alternative bietet sich an, das subjektive Selbstbewusstsein als einen Fall von propositionalem Bewusstsein zu interpretieren, der *bewusst* ist. Diese Aussage kann auf zwei unterschiedliche Weisen interpretiert werden, und zwar je nachdem, welcher Bestandteil des subjektiven Selbstbewusstseins »Ich habe Bewusstsein, dass ich einen linguistischen Ausdruck ›α‹ produziere« bewusst ist. Die erste Interpretation besagt, dass ausschließlich das grammatische Objekt bewusst ist, also dass man selbst einen Ausdruck α produziert. Damit ist das subjektive Selbstbewusstsein aber offensichtlich nicht erklärt. Es schließt zudem das Bewusstsein mit ein, dass man selbst weiß, dass man diesen Ausdruck hervorbringt. Das kognitive Präfix »ich habe Bewusstsein« bliebe unerklärt.

Nach der zweiten Interpretation würde das propositionale Selbstbewusstsein auch ein Bewusstsein vom Präfix »ich habe Bewusstsein« enthalten. In diesem Fall wäre diesem Bewusstsein jedoch ein weiteres Präfix, Präfix$_2$, voranzustellen. Propositionales Bewusstsein *setzt* ein Präfix, bzw. transitives Bewusstsein, *voraus*. Dies wird oftmals nicht beachtet oder explizit thematisiert. Es wird jedoch bspw. anhand von Sven Berneckers Diskussion von Tyler Burges »Cartesian Thoughts« bzw. »Cogito-like-judgements« deutlich erkennbar. Dies sind, so Bernecker, Urteile über eigene, bewusste und aktuell vorhandene intentionale Zustände, die auf physische Objekte referieren, wie sie bspw. durch den Satz »I believe (with this very thought) that water is wet« ausgedrückt werden.[219] In diesen Fällen von Selbstbewusstsein besitzt eine Person ein Bewusstsein vom propositionalen Gehalt, dass Wasser feucht ist, aber zudem auch ein *Bewusstsein*, ein *Wissen*, von der mentalen Einstellung, der Überzeugung: »I believe«, die sie hat:

> It is common practice to differentiate between the content and the attitude (character or force) of a thought. [...] Since mental states have an intentional as well as an attitudinal component, one can only be said to know one's state if *one knows* both what one takes to be its content and its attitude. *Knowing that one believes* that water is wet involves knowing that the first-order state is about what one expresses by ›water is wet‹ as well as knowing that the content is framed in the attitude of believing. Hence, self-knowledge consists in a twofold classification. *Knowing that one is in mental state P* means knowing that P includes a certain kind of attitude, H, and content, Q. Only when one recognizes P's H'hood

219 Bernecker 1996, 263: »These are judgments about one's conscious and occurrent first-order intentional states referring to physical objects.«

> and its Q'hood does one possess self-knowledge about P.[220] [Kursivsetzung von S. L.]

Im Fall von Cogito-Gedanken besitzt ein Sprecher Bewusstsein, bzw. nach Bernecker Wissen, von seiner mentalen Einstellung. Dieses Bewusstsein ist jedoch gerade nicht thematisch. Es ist sowohl von der Einstellung als auch vom propositionalen Gehalt zu unterscheiden. Es ist kein Bestandteil dessen, was kraft des Cogito-Gedankens gewusst wird. Der Cogito-Gedanke enthält die Information »I believe that water is wet« und gerade nicht die Information »I know that I believe that water is wet«. Dieses *Bewusstsein* von der mentalen Einstellung, »I know«, ist offensichtlich vorhanden – und wird von Bernecker explizit vorausgesetzt und in Anspruch genommen – wenn der Sprecher ein Bewusstsein vom Cogito-Gedanken »I believe that water is wet« besitzt. Auf diesen Punkt macht auch Tyler Burge aufmerksam: »When I currently and consiously think that water is a liquid, I typically know that I think that water is a liquid. So much is clear.«[221]

Berneckers Diskussion von Cogito-Gedanken verdeutlicht, dass im Fall propositionalen Bewusstseins ein vom propositionalen Bewusstsein zu unterscheidendes Präfix vorhanden und vorausgesetzt ist: Ich habe Bewusstsein. Dieses Präfix »ich habe Bewusstsein« ist nicht unbewusst. Dies gilt zumindest dann, wenn wie im vorliegenden Zusammenhang von dem Bewusstsein die Rede ist, dass man selbst einen Ausdruck produziert und dass man selbst dieses Bewusstsein besitzt. Anderenfalls wüsste ein Sprecher nicht, *wer* ein Bewusstsein hat bzw. etwas weiß oder *wessen* Bewusstsein es ist. Das bedeutet: Wenn das subjektive Selbstbewusstsein ein Fall von propositionalem Selbstbewusstsein ist und, wie gefordert, ein Bewusstsein vom Präfix, »Ich habe Bewusstsein«, besteht, ist diesem Bewusstsein ein Präfix$_2$, »Ich habe Bewusstsein«, voranzustellen, sodass gilt: »Ich habe Bewusstsein: Ich habe Bewusstsein, dass ich einen Ausdruck produziere«. Das Präfix$_2$ ist dem propositionalen Gehalt *voranzustellen* und von demselben *unterschieden*. Der propositionale Gehalt enthält die Information: Ich habe Bewusstsein davon, dass ich einen Ausdruck produziere. Er enthält nicht die Information: Ich habe das Bewusstsein, dass ich Bewusstsein davon habe, dass ich einen Ausdruck produziere. Das Präfix$_2$ bzw. subjektive Selbstbewusstsein ist somit kein Fall von propositionalem Bewusstsein.

Nun könnte man entgegnen, dass auch das Präfix$_2$ ein Fall von propositionalem Bewusstsein ist. Jedoch gilt auch in diesem Fall, dass dem

220 Bernecker 1996, 265.
221 Burge 1988, 653.

Präfix$_2$ ein weiteres Präfix, Präfix$_3$, voranzustellen wäre. Denn warum sollte einem propositionalen Bewusstsein der Form »I believe that water is wet« das Präfix »I know« voranzustellen sein, dies im Fall einer propositionalen Interpretation des Präfix$_2$ jedoch nicht erforderlich sein? Es scheint ein wesentlicher Bestandteil propositionalen Bewusstseins zu sein, dass dem bewussten propositionalen Gehalt – dem Content, aber auch der Attitude (Einstellung bzw. Überzeugung) – das Präfix »Ich habe Bewusstsein« voranzustellen ist. Das heißt, insofern eine Person Bewusstsein von einem propositionalen Gehalt besitzt, hat sie zugleich ein Bewusstsein davon, dass sie selbst dieses Bewusstsein besitzt. Diese Information ist kein Bestandteil des bewussten propositionalen Gehalts. Insofern ein Präfix$_3$ voranzustellen ist, ist es somit von propositionalem Bewusstsein, dem Präfix$_2$, zu unterscheiden. Wird an der These festgehalten, dass ein jedes Präfix, gleich welcher Stufe oder Ordnung, ein Fall von propositionalem Bewusstsein ist, entsteht ein infiniter Regress, der den Tatsachen des Bewusstseins widerspricht. Es entsteht ein infiniter Regress, da ein Bewusstsein von einem Präfix stets ein Präfix höherer Stufe oder Ordnung voraussetzt, das seinerseits bewusst ist. Dieser infinite Regress widerspricht den Tatsachen des Bewusstseins, da, wenn er bestünde, Personen eine unendliche Anzahl von unterschiedlichen Fällen von subjektivem Selbstbewusstsein besäßen, und zwar wenn *ein* Fall von propositionalem Bewusstsein vorliegt. Dies ist nicht richtig. Indes könnte auf diesen Einwand erwidert werden, dass dem Präfix$_2$ kein weiteres Präfix voranzustellen ist, da es unbewusst bzw. ein unbewusster Gedanke ist. Damit bestünde jedoch erneut die Problematik, die bei der Diskussion des Ansatzes von Rosenthal aufgetreten ist. Es ist nicht nachzuvollziehen, wie durch einen unbewussten Gedanken oder ein unbewusstes Präfix ein bewusster Gehalt die Information enthalten können soll, dass man selbst das Bewusstsein von diesem Gehalt besitzt.

Damit ist der zweite Schritt im Argument gesetzt. Das subjektive Selbstbewusstsein ist kein Fall von propositionalem Bewusstsein bzw. propositionalem Selbstbewusstsein. Das bedeutet, dass die sprachliche Darstellung dieses Phänomens in Form der Wendung »Ich bin mir bewusst, dass ich den Ausdruck ›ich‹ produziere und dass ich davon ein Bewusstsein habe« (und dergleichen) dieses Phänomen *nicht* adäquat ausdrückt. Die sprachliche Form suggeriert eine Struktur, die das Phänomen nicht aufweist. Sie suggeriert, dass das subjektive Selbstbewusstsein ein Fall von propositionalem Bewusstsein ist.[222] Dies trifft jedoch nicht zu. Um eine propositionale Formulierung zumindest einigermaßen zu umgehen, bietet es sich an, im Anschluss an

---

222 Vgl. Tugendhat 1997, 18f.

eine Formulierung von Uriah Kriegel die Wendung zu verwenden: I am self-consciously producing a token of α.[223]

Die These, dass die sprachliche Darstellung eines Phänomens diesem Phänomen nicht gerecht wird, ist weder abwegig noch außergewöhnlich. Es gibt viele Phänomene, die kein Fall von propositionalem Bewusstsein sind, obgleich die Art und Weise, wie über diese Phänomene gesprochen wird, dies suggeriert. Auf diesen Punkt haben insbesondere Manfred Frank und Norman Malcolm hingewiesen.[224] Bspw. ist das Gefühl der Depression oder Gereiztheit kein propositionales Bewusstsein. Wenn eine Person den Satz äußert »Ich fühle seit geraumer Zeit, dass ich depressiv und gereizt bin«, entspricht die Struktur, die mit diesem Satz angezeigt ist, nicht der Struktur des Bewusstseinszustandes, über den eine Aussage getroffen wird, wenn damit der Gefühlszustand selbst gemeint ist. Das heißt, die Weise, wie das Gefühl der Depression und Gereiztheit durch den Satz dargestellt wird, gibt die Struktur des Phänomens nicht adäquat wieder. Dies gilt auch im Fall des subjektiven Selbstbewusstseins. Die These, dass es kein Fall von propositionalem Bewusstsein ist, obwohl im bisherigen Verlauf der Untersuchung oftmals die Wendung verwendet wurde »ich weiß, dass ich selbst den Ausdruck ›α‹ produziere«, ist also weder absurd noch ist das subjektive Selbstbewusstsein deswegen ein Sonderfall. Da der Ausdruck ›I am self-consciously producing a token of α‹ eine umständliche sprachliche Hilfskonstruktion ist, werden im Folgenden weiterhin zu Missverständnissen verleitende Formulierungen verwendet wie bspw.: Ein Subjekt weiß, dass es selbst einen Ausdruck produziert und dass es selbst ein Bewusstsein davon besitzt. Sie sind jedoch stets als sprachliche Darstellung eines Falles von nicht-propositionalem Selbstbewusstsein zu verstehen. Die sprachliche Darstellung stellt kaum geeignete Mittel zur Verfügung, dies besser zu artikulieren.

223 Vgl. Kriegel 2007, Kapitel 2.

224 Frank 1995, 35, Malcolm 1991, 458–460.

KAPITEL 15

Kaplans neorussellianischer Ansatz

Es ist möglich, auf einem anderen Weg zu zeigen, dass das subjektive Selbstbewusstsein kein Fall von propositionalem Bewusstsein ist. Dieser Weg besteht in der Kritik an zwei bedeutenden semantischen Theorien, dem neorussellianischen und dem neofregeanischen Ansatz.[225] Sie wird in mehreren Kapiteln dargestellt, da der Ausdruck ›propositionales Bewusstsein‹ Unterschiedliches bedeuten kann. Im Rahmen neorussellianischer Ansätze wird im Fall von Sätzen, die indexikalische Ausdrücke enthalten, wie bspw. »Ich bin ein Philosoph«, zwischen der singulären Proposition, die mit diesem Satz artikuliert wird, der linguistischen Gegebenheitsweise des Referenten des indexikalischen Ausdrucks sowie, von kritischen Neo-Russellianern, der psychologischen Gegebenheitsweise unterschieden.[226] Für die Bestimmung des Wahrheitsgehalts ist die singuläre Proposition von Bedeutung. Wenn Perry den Satz äußert: »Ich bin ein Philosoph«, drückt dieser Satz eine wahre Proposition aus, wenn Perry ein Philosoph ist. Für die Erklärung der kognitiven Signifikanz ist die linguistische oder psychologische Gegebenheitsweise von Bedeutung.[227] Im Rahmen neofregeanischer Ansätze, wie sie bspw. Tomis Kapitan vertritt, wird zwischen der Gegebenheitsweise und der Proposition nicht unterschieden.[228] Die Proposition bzw. der Gedanke erklärt die kognitive Signifikanz und ist der Träger von Wahrheitswerten. Dementsprechend kann die These, dass das subjektive Selbstbewusstsein ein Fall von propositionalem Bewusstsein ist, besagen, erstens, dass es das Bewusstsein von einer singulären Proposition darstellt. Es kann aber auch bedeuten, zweitens, dass die singuläre Proposition gemeinsam mit der linguistischen oder aber, drittens, der psychologischen Gegebenheitsweise das subjektive Selbstbewusstsein zu erklären vermag, und zwar indem der *vollständige* Gehalt (complete content) propositionalen Bewusstseins nicht nur die singuläre Proposition, sondern zudem auch die linguistische oder die psychologische Gegebenheitsweise mit einschließt. Die These, dass das subjektive Selbstbewusstsein ein Fall von

225 Die Kritik an dem neofregeanischen Ansatz wird in Kapitel 25 dargestellt.

226 Recanati 1993, 58.

227 Recanati 1993, 63. Perry erläutert die Bedeutung des Ausdrucks ›kognitive Signifikanz‹ folgendermaßen: »The cognitive significance is »significance«, that is, a semantic property, having to do with meaning, reference, truth, etc. And it is »cognitive«, that is, that aspect of meaning which is cognized by those who understand the sentence.« Perry 1988, 6.

228 Vgl. Recanati 1993, 77, 194.

 | DOI:10.30965/9783957437273_017

propositionalem Bewusstsein ist, kann schließlich aber auch, viertens, gemäß dem neo-fregeanischen Standpunkt besagen, dass es durch den Gedanken erklärt werden kann. Die Kritik an der ersten und der zweiten Interpretation dieser These wird in diesem Kapitel anhand einer Auseinandersetzung mit David Kaplans neorussellianischem Ansatz dargelegt. In den beiden folgenden Kapiteln wird eine Kritik an der dritten Interpretation entwickelt. Es wird begründet, warum das subjektive Selbstbewusstsein nicht anhand der psychologischen Gegebenheitsweise erklärt werden kann. Da die psychologische Gegebenheitsweise *Begriffen* entspricht, zeigt diese Begründung zugleich, dass das subjektive Selbstbewusstsein kein Fall von begrifflichem Selbstbewusstsein ist. Die Kritik am vierten Erklärungsansatz wird im dritten Hauptstück entwickelt, da sie zum thematischen Schwerpunkt des dritten Hauptabschnitts überleitet.

Im Rahmen eines »klassischen« neorussellianischen Ansatzes, wie ihn bspw. Kaplan in *Demonstratives* entwickelt, sind im Fall der Verwendung indexikalischer Ausdrücke drei Aspekte zu berücksichtigen, der Character eines Ausdrucks, der Context der Äußerungssituation und der Content. Der Character entspricht der linguistischen Bedeutung eines Ausdrucks. Der Character des Ausdrucks ›ich‹ entspricht nach Kaplan bspw. der Regel »›I‹ refers to the speaker or writer«.[229] Der Ausdruck ›Context‹ entspricht der Äußerungssituation und enthält als Paramter den Agenten$_x$, den Ort$_p$, den Zeitpunkt$_t$ sowie die Welt$_W$. Der Ausdruck ›Content‹ bezeichnet die Proposition bzw. im Hinblick auf die Verwendung eines indexikalischen Ausdrucks den Referenten selbst. Im Fall der Äußerung eines Satzes wie bspw. »Ich bin ein Philosoph«, ist der Content eine singuläre Proposition.[230] Es ist wichtig zu beachten, dass eine propositionale Einstellung nicht nur eine Beziehung zwischen einer Person und der singulären Proposition einschließt (belief), sondern zudem auch eine Beziehung zwischen der Person und der linguistischen Bedeutung bzw. der linguistischen Gegebenheitsweise (acceptance).[231] Der vollständige Gehalt (complete content) eines geäußerten Satzes schließt nicht nur die singuläre

229 Kaplan 1989a, 505.

230 Fitch 2009, 1 (unpaginierte Internetversion). Singuläre Propositionen sind Propositionen, welche den Referenten, ein Individuum, direkt als einen Bestandteil bzw. Konstituenten enthalten, also im vorliegenden Beispiel John Perry, sowie die Eigenschaft, ein Philosoph zu sein. Er ist direkt ein Bestandteil der Proposition und nicht etwa kraft dessen, dass der Referent, das Individuum, eine Bedingung erfüllt, etwa der Erfinder der Relativitätstheorie zu sein, die ein Bestandteil der Proposition ist. Eine singuläre Proposition ist dann wahr, wenn Perry ein Philosoph ist.

231 Recanati 1993, 42–43.

Proposition mit ein, sondern zudem eine entsprechend dem Satz bestimmte linguistische Gegebenheitsweise. Für den Wahrheitswert ist die Gegebenheitsweise irrelevant. Die linguistische Gegebenheitsweise erklärt jedoch die kognitive Signifikanz von geäußerten Sätzen, also bspw. warum Perry, wenn er den Satz äußert »Ich bin in Gefahr«, Schutz sucht, während er bei der Äußerung des Satzes »Er ist in Gefahr« nicht wissen könnte, dass er selbst der Referent des Ausdrucks ›er‹ ist, und daher nicht Schutz sucht.[232]

Von diesem Ansatz ausgehend ist es nicht möglich, das subjektive Selbstbewusstsein zu erklären. Dies zeigt die Diskussion von folgendem Beispiel: Perry äußert den Satz: »Ich produziere den Ausdruck ›ich‹« und Kapitan hört die Äußerung dieses Satzes. Die singuläre Proposition enthält die Information, dass Perry den Ausdruck ›ich‹ produziert. Dies weiß aber nicht nur Perry, sondern auch Kapitan. Beide erfassen dieselbe singuläre Proposition. Sie erklärt somit nicht, warum Perry Selbstbewusstsein besitzt, Kapitan jedoch nicht, wenn Perry diesen Satz äußert und Kapitan ihn hört. Eine mögliche Entgegnung auf diese Überlegung lautet, dass Perry im Unterschied zu Kapitan deswegen Selbstbewusstsein besitzt, da er selbst Perry ist. Das ist aber nicht hinreichend, um Selbstbewusstsein erklären zu können. Selbstbewusstsein schließt nicht nur mit ein, dass eine Person ein Bewusstsein von einer Person besitzt, die sie selbst ist. Selbstbewusstsein erfordert zudem, dass die Person weiß, dass sie Bewusstsein von *sich selbst* hat. Dies besagt, mit Manfred Franks Worten gesprochen, der *De-Se-Constraint*, der Selbstbewusstsein auszeichnet.[233]

Demnach müssten entweder der Kontext der Äußerung oder die linguistische Bedeutung des Ausdrucks ›ich‹ das subjektive Selbstbewusstsein

---

232 Wie im ersten Hauptstück in Kapitel 2 dargelegt wurde, gilt es zu beachten, dass die Ausdrücke ›Character‹ und ›Context‹ Ausdrücke der semantischen Theorie sind. Sie sind somit von der linguistischen Bedeutung und dem Kontext einer Äußerung zu unterscheiden. Das subjektive Selbstbewusstsein besteht jedoch mit und durch die Produktion eines Ausdrucks. Es handelt sich bei diesem Phänomen um etwas, das nach Kaplan jenseits des Bereichs der Semantik angesiedelt ist. Wenn dieses Phänomen untersucht wird, gilt es daher zu beachten, dass es sich jeweils um konkrete Äußerungssituationen handelt und dementsprechend um die linguistische Bedeutung von Ausdrücken. Da Personen jedoch Sätze äußern, die einen bestimmten Character haben, und die Äußerung kontextuelle Parameter festlegt, sodass ein Content bestimmt wird, besitzt ein geäußerter Satz einen Content. Wenn eine Person also bspw. mit behauptender Kraft den Satz äußert: »Ich bin ein Philosoph«, fasst sie einen Content bzw. eine Proposition. Vgl. Braun 2009, 12–13 (unpaginierte Internetversion).

233 Frank 2012, 23, 373.

erklären. Die linguistische Bedeutung erklärt dieses Phänomen nicht. Dies wurde bereits im ersten Hauptstück in Kapitel 5 begründet. Die Begründung lautet, kurz zusammengefasst, dass der linguistischen Bedeutung nicht zu entnehmen ist, wer der Referent dieses Ausdrucks ist. Es mag nahe liegend erscheinen, einzuwenden, dass es wohl wahr ist, dass der Character und der Content jeweils für sich und unabhängig von einander betrachtet das subjektive Selbstbewusstsein nicht erklären. Es ist jedoch erklärt, wenn der Character und der Content verbunden werden. Wenn Perry den Satz äußert »Ich bin ein Millionär«, schließt der vollständige Gehalt (complete content) bzw. die propositionale Einstellung nicht nur die singuläre Proposition mit ein, sondern auch die linguistische Gegebenheitsweise des Referenten. Das heißt, eine Person besitzt ein Bewusstsein vom Referenten entsprechend der linguistischen Bedeutung des Ausdrucks ›ich‹. Die Verbindung beider Aspekte erklärt, warum die Äußerung des Satzes »Ich bin ein Millionär« für Perry eine andere kognitive Signifikanz besitzt als die Äußerung »Perry ist ein Millionär«. Wenn Perry nicht weiß, dass er selbst der Referent des Ausdrucks ›Perry‹ ist, ist es möglich, dass er es als falsch erachtet, dass er selbst Millionär ist, während er demgegenüber, wenn er den Satz äußert »Ich bin Millionär«, kraft der linguistischen Gegebenheitsweise sehr wohl weiß, dass er selbst Millionär ist.

Diese Argumentation setzt voraus, dass es ausgeschlossen ist, dass ein Sprecher, der die linguistische Bedeutung des Ausdrucks ›ich‹ versteht und diesen Ausdruck verwendet, nicht weiß, dass er selbst der Referent dieses Ausdrucks ist, oder auch dass dieser Ausdruck auf eine andere Person referiert. Beide Annahmen sind nicht überzeugend wie im ersten Hauptstück dargestellt wurde. Wenn eine Person bspw. zum ersten Mal in einem Canyon wandert und mehrmals den Satz äußert »Ich bin ein Philosoph«, ist es möglich, dass sie im Moment der Äußerung dieses Satzes ein Echo wahrnimmt, sodass sie nicht zu entscheiden vermag, wer der Referent und der Sprecher dieses Ausdrucks ist. Dies ist bspw. dann der Fall, wenn sie weiß, dass ein Stimmenimitator ihre Stimme imitiert und denselben Satz ebenfalls mehrmals hintereinander äußert. In dieser Situation weiß die Person weder, wer der Referent des Ausdrucks ›ich‹ ist, den sie wahrnimmt, noch wer der Sprecher ist, obwohl sie selbst ein Bestandteil der singulären Proposition ist und der vollständige Gehalt zudem eine Gegebenheitsweise ihrer selbst gemäß der linguistischen Bedeutung des Ausdrucks ›ich‹ einschließt.[234]

234 Dieses Beispiel stellt eine modifizierte Version eines Beispiels dar, das Tomis Kapitan entwickelt. Vgl. Kapitan 2013, 6 (Unveröffentlichtes Manuskript).

Somit müsste der Context (bzw. der dem Context entsprechenden Kontext der Äußerungssituation) das subjektive Selbstbewusstsein erklären. Diese Behauptung lässt zwei Interpretationen zu, und zwar, erstens, dass der Sprecher kein Bewusstsein von den Paramtern des Contexts besitzt. In diesem Fall müsste die Verbindung der Parameter des Kontexts mit der linguistischen Bedeutung des verwendeten Ausdrucks das subjektive Selbstbewusstsein erklären können. Es ist aber nicht nachzuvollziehen, wie der Sprecher kraft dessen, dass er selbst der Sprecher oder auch der Referent des Ausdrucks ›ich‹ ist (und er somit ein Bestandteil der singulären Proposition ist), erkennen können soll, dass er selbst der Sprecher ist. Denn, um diesen Punkt zu wiederholen: Um das subjektive Selbstbewusstsein erklären zu können, genügt es nicht anzunehmen, dass der Sprecher der Agent des Contexts *ist* oder auch ein Bestandteil der singulären Proposition, von der er ein Bewusstsein hat. Er muss auch ein Bewusstsein davon haben, dass *er selbst* der Sprecher bzw. ein Bestandteil der singulären Proposition ist. Anderenfalls ist das subjektive Selbstbewusstsein nicht erklärt.

Nach der zweiten Interpretationsvariante besitzt der Sprecher ein Bewusstsein von den Parametern des Contexts bzw. Kontexts. Er weiß, *wer* der Sprecher ist. Dieser Ansatz erlaubt zwei Lesarten. Es kann damit gesagt sein, dass bspw. Kapitan, wenn er den Satz äußert »Ich bin ein Philosoph«, weiß, dass *er selbst* der Sprecher ist. In diesem Fall ist das subjektive Selbstbewusstsein aber nicht *erklärt*. Es wird vielmehr die Stelle in der Theorie angezeigt, an der das subjektive Selbstbewusstsein zu verorten ist. Es zählt zu Informationen, die ein Sprecher im Hinblick auf den Kontext der Äußerung besitzt. Gegen diese Verortung ist nichts einzuwenden. Sie erklärt das subjektive Selbstbewusstsein aber nicht. Diese Verortung erklärt nicht, wie ein Sprecher dieses Selbstbewusstsein gewinnt oder worin es besteht. Gerade dies ist aber die Aufgabenstellung, die gelöst werden soll. Wenn demgegenüber angenommen wird, dass die Kenntnis des Sprechers vom Kontext nicht die Information mit einschließt, dass man selbst der Sprecher ist, ist das subjektive Selbstbewusstsein offensichtlich nicht erklärt.

Eine Option, die einem Verteidiger der Propositionalitätsthese nunmehr noch offen steht, ist eine Versicherung: Propositionales Selbstbewusstsein schließt durch die Verbindung von Context, Character und Content subjektives Selbstbewusstsein mit ein. Die Frage, wie dies möglich ist, bleibt damit aber ungeklärt. Weder der Context noch der Content oder der Character erklären Selbstbewusstsein. Die Versicherung, dass die Kombination dieser Aspekte zu subjektivem Selbstbewusstsein führt, ist keine Lösung der Problemstellung. Es ist somit nicht möglich, das subjektive Selbstbewusstsein im Rahmen eines klassischen neorussellianischen Ansatzes zu erklären.

François Recanati entwickelt in *Direct Reference* einen *kritischen* neorussellianischen Ansatz.[235] Nach Recanati schließt der vollständige Gehalt propositionalen Bewusstseins bzw. einer propositionalen Einstellung neben der singulären Proposition nicht eine linguistische, sondern eine *psychologische* Gegebenheitsweise bzw. *Begriffe* (concepts) mit ein. Die psychologische Gegebenheitsweise erklärt, warum eine Person dann, wenn sie bspw. den Satz äußert »Ich bin ein Philosoph«, Selbstbewusstsein besitzt. Die in diesem Kapitel entwickelten Überlegungen zeigen daher nicht, dass das subjektive Selbstbewusstsein nicht im Rahmen eines kritischen neorussellianischen Ansatzes erklärt werden kann und kein Bestandteil des vollständigen Gehalts propositionalen Bewusstseins ist. In den folgenden Kapiteln wird Recanatis Ansatz vergleichsweise ausführlich dargestellt und diskutiert. Er identifiziert kognitive Vermögen, auf die bei der Erklärung der Einheit von Selbstbewusstsein und dem Bewusstsein der Identität des Subjekts in Kapitel 32 zurückgegriffen wird.

235 Die Bezeichnung von Recanatis Ansatz als einen neorussellianischen Ansatz mag überraschen. Schließlich macht Recanati auf Differenzen zwischen seinem Ansatz und bspw. der Theorie von Kaplan aufmerksam. Da Recanati an einer Stelle seiner Untersuchung seine Theorie explizit als einen kritischen referentialistischen Ansatz bezeichnet, ist diese Bezeichnung jedoch gerechtfertigt. Vgl. Recanati 1993, 58.

KAPITEL 16

Recanatis kritischer neorussellianischer Ansatz

Recanati unterscheidet in *Direct Reference* im Fall der Äußerung von Sätzen, die indexikalische Ausdrücke enthalten, zwischen der Proposition, die ausgedrückt wird (proposition expressed), der linguistischen Gegebenheitsweise und der psychologischen Gegebenheitsweise des Referenten eines indexikalischen Ausdrucks. Mit Blick auf das Beweisziel dieses Hauptstücks sind zehn Merkmale von Recanatis komplexer Theorie von Bedeutung.[236]

1. Die linguistische Gegebenheitsweise zeichnet sich nach Recanati durch drei Merkmale aus. Sie entspricht der linguistischen Bedeutung des jeweils verwendeten indexikalischen Ausdrucks und wird durch Konventionen, die linguistischen Regeln einer Sprache bestimmt.[237] Sie ist konstant und variiert nicht mit dem Kontext der jeweiligen Äußerungssituation. Das bedeutet auch, dass sowohl der Sprecher als auch der Hörer dieselbe linguistische Gegebenheitsweise eines Referenten auffassen, wenn sie einen Satz äußern bzw. hören, also bspw. bei Verwendung des Ausdrucks ›ich‹, dass der Referent des Ausdrucks ›ich‹ der Sprecher ist, der diesen Ausdruck verwendet. Schließlich bestimmt sie den Referenten eines indexikalischen Ausdrucks auf eine token-reflexive Weise. Das heißt, der Referent eines indexikalischen Ausdrucks wird durch die linguistische Gegebenheitsweise so dargestellt, dass er sich in einer bestimmten Beziehung zum verwendeten Ausdruck befindet. Beispielsweise präsentiert die linguistische Gegebenheitsweise, die mit der Verwendung des

---

236 In diesem Kapitel wird Recanatis Ansatz in *Direct Reference* dargestellt soweit er für die Zielsetzung dieser Untersuchung von Bedeutung ist. Recanatis neue Darstellungen in *Perspectival Thought* und *Mental Files* werden nur am Rande berücksichtigt. Die Kritik an Recanatis Ausführungen in *Direct Reference* ist – abgesehen von Aspekten, die erläutert werden – in systematischer Hinsicht auch gegen seine neueren Veröffentlichungen vorzubringen, da sie in den für die Aufgabenstellung dieser *subjektivitätstheoretischen* Untersuchung entscheidenden Punkten keine bedeutenden Abweichungen aufweisen. Sie wird daher nicht eigens mit Blick auf Recanatis Ausführungen in *Perspectival Thought* und *Mental Files* wiederholt. Die Darstellung orientiert sich an Recanatis Ansatz in *Direct Reference*, da er in dieser Untersuchung das Verhältnis zwischen linguistischen Ausdrücken und Begriffen ausführlich behandelt. Unterschiede, die seine Theorien aufweisen, werden nicht besprochen, soweit sie für die Kritik an Recanatis Ansatz nicht von Bedeutung sind. Recanati erklärt, dass die in *Mental Files* präsentierte Theorie ein »sequel to that in Direct Reference« ist. Recanati 2013, viii.

237 Recanati 1993, 69, 87.

 | DOI:10.30965/9783957437273_018

Ausdrucks ›ich‹ besteht, den Referenten als den Sprecher, der diesen Ausdruck verwendet.

2. Nach Recanati enthält die Proposition, die im Fall der Verwendung von indexikalischen Wörtern durch einen Satz ausgedrückt wird, den Referenten selbst, und zwar unabhängig von einer linguistischen oder psychologischen Gegebenheitsweise. Wenn Kapitan bspw. den Satz äußert »Ich bin ein Philosoph« und Perry diesen Satz hört, fassen beide dieselbe singuläre Proposition, <Kapitan, ein Philosoph>. Sprecher und Hörer fassen nach Recanati jedoch unterschiedliche Gedanken:[238] Kapitan glaubt, dass er selbst ein Philosoph ist. Perry glaubt nicht, dass er selbst ein Philosoph ist. Recanati unterscheidet daher zwischen der Proposition, die durch einen geäußerten Satz ausgedrückt wird (proposition expressed), und dem *vollständigen* Gehalt (complete content) propositionalen Bewusstseins bzw. dem *Gedanken*. Im Unterschied zu Kaplans Ansatz schließt der vollständige Gehalt einer propositionalen Einstellung bzw. ein Gedanke nicht die linguistische Gegebenheitsweise mit ein, sondern die psychologische Gegebenheitsweise.[239] Die linguistische Gegebenheitsweise erklärt weder die kognitive Signifikanz von geäußerten Sätzen noch die Individuation von Glaubenseinstellungen.[240] Recanati begründet diese These damit, dass es möglich ist, dass ein Sprecher, der den Ausdruck ›ich‹ verwendet, nicht erkennt, dass er selbst der Referent dieses Ausdrucks ist, und zwar weil er nicht erkennt, dass er selbst der *Sprecher* ist, der diesen Ausdruck verwendet. Das heißt, obwohl die linguistische Gegebenheitsweise den Referenten als den Sprecher darstellt, der den Ausdruck ›ich‹ verwendet, und der Sprecher selbst der Referent ist, ist es möglich, dass der Sprecher nicht glaubt, dass er selbst der Referent des Ausdrucks ›ich‹ ist. Die Überzeugung des Sprechers, dass er selbst der Referent des Ausdrucks ›ich‹ ist, lässt sich somit nicht anhand der linguistischen Gegebenheitsweise erklären. Recanati beruft sich bei der Begründung dieser These auf Beispiele von Peacocke und Nozick, wie sie im ersten Hauptstück dieser Untersuchung in Kapitel 4 diskutiert worden sind.[241]

---

238 Recanati 1993, 48.

239 Recanati 1993, 35.

240 Recanati 1993, 70. Die linguistische Gegebenheitsweise zeigt jedoch die Weise an, wie ein Hörer den Wahrheitswert eines Satzes feststellen kann. Recanati 1993, 27. Bspw. zeigt die linguistische Bedeutung des Ausdrucks ›ich‹ an, dass der Satz »Ich bin ein Philosoph« dann wahr ist, wenn der Sprecher ein Philosoph ist. Um den propositionalen Gehalt eines geäußerten Satzes verstehen und damit die Wahrheitsbedingungen identifizieren zu können, ist für den Hörer die Berücksichtigung der linguistischen Bedeutung unerlässlich.

241 Recanati 1993, 71, 78–79.

3. Die psychologische Gegebenheitsweise weist keines der drei zuvor angeführten Merkmale der linguistischen Gegebenheitsweise auf. Sie wird weder durch linguistische Konventionen bestimmt noch ist sie konstant. Wenn eine Person hört, wie eine andere Person den Satz äußert »Ich bin ein Philosoph«, fassen beide zwar denselben propositionalen Gehalt, dieselbe singuläre Proposition. Sie haben jedoch unterschiedliche Gedanken: Der Sprecher glaubt, dass er selbst ein Philosoph ist. Der Hörer glaubt nicht, dass er, der Hörer, selbst ein Philosoph ist.[242] Dieser Unterschied gründet auf der jeweils unterschiedlichen psychologischen Gegebenheitsweise, die Sprecher und Hörer mit dem Gedanken verbinden. Die psychologische Gegebenheitsweise ist somit weder konstant, das heißt, intersubjektiv invariabel, noch wird sie durch linguistische Konventionen bestimmt. Dies ist daran zu erkennen, dass in dem angeführten Beispiel Sprecher und Hörer dieselbe linguistische Bedeutung und dieselbe singuläre Proposition auffassen, jedoch unterschiedliche Gedanken denken.[243] Dies wäre nicht möglich, wenn die linguistische Gegebenheitsweise und mithin sprachliche Konventionen die psychologische Gegebenheitsweise bestimmen würden. Die psychologische Gegebenheitsweise enthält schließlich keine token-reflexive Darstellung des Referenten. Wenn ein Sprecher den Ausdruck ›ich‹ verwendet, denkt er nicht an sich selbst als den Sprecher, der diesen Ausdruck produziert. Er identifiziert sich nicht indirekt, anhand einer Beschreibung, die seine Beziehung zu einem Ausdruck artikuliert.[244] Die psychologische Gegebenheitsweise ist keine *deskriptive* Gegebenheitsweise eines Referenten. Der Gegenstand wird nicht indirekt anhand von Eigenschaften bestimmt, die ihn gegenüber anderen Gegenständen auszeichnen.[245] Anderenfalls würde so wie bei der linguistischen Gegebenheitsweise die Möglichkeit bestehen, dass ein Sprecher nicht erkennt, dass die psychologische Gegebenheitsweise des Referenten des Ausdrucks ›ich‹ ihn selbst betrifft. Diese Möglichkeit ist nach Recanati jedoch gerade ausgeschlossen, da die psychologische Gegebenheitsweise Selbstbewusstsein erklären soll.[246]

Jedoch entspricht einem jeden (reinen) indexikalischen Ausdruck eine psychologische Gegebenheitsweise bzw. ein *egozentrischer* Begriff (egocentric

242 Recanati 1993, 56, 72.

243 Recanati 1993, 48, 73.

244 Recanati 1993, 72.

245 Recanati 2013, 12, 29.

246 Recanati 1993, 97–98. Die Unterscheidung zwischen dem Gedanken, der die psychologische Gegebenheitsweise einschließt, und der linguistischen Gegebenheitsweise, die mit der Äußerung eines Satzes besteht, bedeutet auch, dass es möglich ist, dass Personen Gedanken fassen, ohne dass sie sprachlich artikuliert werden.

concept).[247] Bspw. entspricht dem Ausdruck ›ich‹ der Begriff »Ego« und dem Ausdruck ›hier‹ der Begriff »Hic«. Egozentrische Begriffe konstituieren die psychologische Gegebenheitsweise eines Referenten (in den Fällen, in denen die sprachliche Artikulation eines Gedankens indexikalische Ausdrücke enthält oder enthalten würde). Es besteht ein nicht auf Konventionen beruhender *psycho-semantischer Parallelismus*.[248] Das heißt, Gedanken enthalten dieselbe psychologische Gegebenheitsweise, wenn die Sätze, mittels denen diese Gedanken ausgedrückt werden, dieselben Ausdrücke enthalten. Eine Person verwendet bspw. kontinuierlich denselben Begriff, den Begriff »Ego«, wenn sie Gedanken fasst, die sprachlich mittels des Ausdrucks ›ich‹ artikuliert werden.

4. Begriffe sind nach Recanati *Dossiers* bzw. kognitive Speicher für Informationen, die eine Person über einen Gegenstand besitzt. Diese Informationen werden bspw. anhand der visuellen Wahrnehmung eines Gegenstandes gewonnen. Das Dossier, das bspw. Recanati über Tomis Kapitan besitzt, enthält sämtliche Informationen, die Recanati mit Kapitan verbindet. Der *egozentrische* Begriff »Ego« bzw., mit John Perrys Wort gesprochen, die *Self-Notion*, enthält diejenigen Informationen, die Recanati über sich selbst besitzt und von denen er weiß, dass sie ihn selbst betreffen.[249] Eine Information, die eine Person über sich selbst gewinnt, von der sie jedoch nicht glaubt, dass es sich um eine Information über sie selbst handelt, wird nicht in dem Begriff »Ego« gespeichert, sondern in einer anderen Notion.

Egozentrische Begriffe zeichnen sich durch begriffsspezifische Beziehungen und den auf diesen Beziehungen beruhenden begriffsspezifischen epistemischen Weisen (fundamental epistemic relations) aus, wie Informationen über Gegenstände gewonnen werden.[250] Im Fall des Begriffs »Ego« gewinnt eine Person Informationen über sich selbst kraft dessen, dass sie selbst diese Person ist. Das bedeutet, sie gewinnt sie auf eine spezifisch innerliche und damit erstpersonale Weise, etwa durch die Propriozeption, die Kinästhesis oder die Introspektion.[251] Diese ausgezeichnete Weise, wie

247 Recanati 1993, 91. Diese Darstellung soll im Hinblick auf das Ziel dieser Untersuchung genügen. Recanatis Ansatz ist komplexer als er hier dargestellt wird. Bspw. ist im Hinblick auf die psychologische Gegebenheitsweise ein Unterschied zwischen reinen indexikalischen Ausdrücken und echten Demonstrativausdrücken zu beachten. Recanati 1993, 83–84, 93.

248 Recanati 1993, 83.

249 Damit soll nicht gesagt sein, dass die Theorien von Perry und Recanati keine Differenzen aufweisen. Vgl. Recanati 2007. Perrys Begriff der Self-Notion und Recanatis Begriff »Ego« erfüllen jedoch *insofern* dieselbe Funktion als sie der Speicher für Informationen sind, die eine Person sich selbst zuschreibt. Vgl. Perry 2002, 196–206.

250 Recanati 1993, 92, 123.

251 Vgl. Recanati 1993, 123, 2007, 146–147.

Informationen gewonnen werden, bestimmt, dass Informationen von einem bestimmten Gegenstand erhalten werden.[252] Bspw. garantiert die Weise, wie Informationen gewonnen werden, die den Begriff »Ego« auszeichnet, dass Informationen, die auf diese Weise gewonnen werden, Informationen sind, die einen selbst betreffen. In diesem Fall besteht eine Identitätsbeziehung zwischen dem Subjekt und der Person, über die Informationen erworben werden.[253]

Recanatis Interpretation der psychologischen Gegebenheitsweise ist somit folgendermaßen zu verstehen: Wenn Recanati den Gedanken fasst »Ich bin müde«, schließt dieser Gedanke die singuläre Proposition mit ein <Recanati, müde sein> und den Begriff »Ego«.[254] In diesem Begriff ist die Information gespeichert, dass er selbst müde ist. Diese Information wird aber nicht, wie im Zusammenhang mit der linguistischen Gegebenheitsweise, anhand einer Beschreibung, der Sprecher zu sein, gewonnen. Sie wird unmittelbar auf eine innerliche Weise gewonnen, also anhand des Gefühls, müde zu sein (acquaintance).[255] Durch die Weise, wie diese Information gewonnen wird, ist sichergestellt, dass Recanati weiß, dass es sich um eine Information über ihn selbst handelt, also dass er selbst müde ist. Da der Gedanke (bzw. der vollständige Gehalt), der durch den Satz »Ich bin müde« ausgedrückt wird, den Begriff »Ego« mit einschließt, weiß Recanati, dass *er selbst* müde ist.[256] Anders formuliert besitzt eine Person, die ein Urteil fällt, durch das bspw. der Gedanke »Ich bin müde« gefasst wird, deswegen die bewusste Information, dass sie selbst müde ist, da dieses Urteil auf Grundlage der innerlichen Weise, wie die Person diese Information erworben hat, gefällt wird.

5. Im Fall egozentrischer Begriffe zeichnet sich die begriffsspezifische Weise, wie Informationen gewonnen werden, durch eine *Immunität* gegenüber einem Irrtum durch Fehlidentifizierung aus. Es ist bspw. nicht möglich, dass Informationen, die auf eine dem egozentrischen Begriff »Ego« entsprechende innerliche Weise gewonnen werden, Informationen über eine andere Person darstellen.[257] Dies bedeutet nicht, dass ausgeschlossen ist, dass

---

252 Recanati 1993, 88, 92.

253 Recanati 1993, 130–131.

254 Recanati 1993, 297.

255 Recanati 1993, 71, 73, 123.

256 In *Mental Files* betont Recanati, dass die Notion bzw. »File« und nicht die Informationen, die in der Notion gespeichert sind, ein Bestandteil des Gedankens ist. Recanati 2013, 40, 221, 223.

257 Recanati weist darauf hin, dass dies im Normalfall gilt, also wenn die Information auf eine innerliche Weise gewonnen wird und eine Person bspw. nicht aufgrund von Medikamenten beeinträchtigt ist. Recanati 1993, 89. In *Perspectival Thought* vertritt Recanati den Standpunkt, dass es keine absolute Immunität gegenüber einem Irrtum durch Fehlidentifizierung gibt. Vgl. Recanati 2007, 149.

eine falsche Information in der Self-Notion gespeichert wird, also bspw. dass eine Person sich selbst ein falsches mentales Prädikat zuschreibt. Es ist jedoch ausgeschlossen, dass Informationen in dem Begriff »Ego« gespeichert werden, deren Quelle eine andere Person ist, und dass eine Person nicht wüsste, dass diese Informationen sie selbst betreffen, wenn diese Informationen auf diejenige innerliche, erstpersonale Weise gewonnen werden, welche den Begriff »Ego« auszeichnet.[258]

6. Recanati vertritt den Standpunkt, dass egozentrische Gedanken, also Gedanken, deren sprachliche Darstellung indexikalische Ausdrücke enthalten, auf Wahrnehmungen, inbesondere der Propriozeption und der Kinästhesis, basieren (perception-based thoughts).[259] Zwar berücksichtigt Recanati, dass es reine egozentrische Gedanken gibt (pure egozentric thoughts). Es sind dies Gedanken, die keine Informationen enthalten, die anhand einer *aktuellen* Wahrnehmung gewonnen werden. Dies ist bspw. der Fall, wenn eine Person an sensorischer Deprivation leidet und den Gedanken fasst »Ich fühle mich elendig«. In der Regel enthalten egozentrische Gedanken jedoch Informationen, die durch aktuelle Wahrnehmungen gewonnen werden, sodass die Wahrnehmungsbeziehung auch im Fall reiner egozentrischer Gedanken von Bedeutung ist. Auch wenn eine Person reine egozentrische Gedanken denkt, besitzt sie die *Disposition*, dass diese Gedanken von Informationen beeinflusst und kontrolliert werden würden, falls eine Information durch die Wahrnehmung gewonnen wird. Nach Recanati ist daher die Sensitivität gegenüber der Wahrnehmung konstitutiv für alle egozentrischen Gedanken.[260]

7. Auch wenn egozentrische Begriffe Informationen enthalten, die auf eine jeweils begriffsspezifische innerliche und erstpersonale Weise gewonnen werden, bedeutet dies nicht, dass andere Personen – in einer gewissen

258 Recanati 1993, 88–89, 2013, 217. Die Immunität gegenüber einer Fehlidentifizierung erklärt nach Recanati, warum linguistische Ausdrücke die ihnen jeweils entsprechenden Begriffe ausdrücken, auch wenn sie sie nicht durch Konventionen bestimmen. Der Ausdruck ›ich‹ drückt den Begriff »Ego« aus, da eine Person (unter Normalbedingungen) dann, wenn sie einen Ausdruck produziert, die Information, dass sie selbst diesen Ausdruck hervorbringt, in diesem Begriff speichert, sodass der Informationsgehalt der linguistischen Gegebenheitsweise, der Sprecher zu sein, auch ein Bestandteil des Informationsgehalts der Self-Notion ist. Recanati 1993, 91, 297. Die linguistische Gegebenheitsweise ist somit von der psychologischen Gegebenheitsweise nicht zu trennen. Recanati 1993, 89, 91. Der Informationsgehalt der linguistischen Gegebenheitsweise drückt einen Informationsgehalt aus, der in der Self-Notion gespeichert ist.

259 Recanati 1993, 120–122.

260 Recanati 1993, 122. Die Wahrnehmung zeichnet sich nach Recanati insbesondere durch drei Eigenschaften aus: Perspektivität, Isomorphie zwischen einer Repräsentation und ihrem Objekt und Analogizität der Repräsentation. Recanati 1993, 113.

Hinsicht – nicht dieselben Begriffe und ausgezeichneten Weisen der Informationsgewinnung besitzen. Unterschiedliche Personen besitzen dieselben Begriffe, bspw. »Ego«, »Hic« und »Nunc«, und dieselbe Art von »Kanälen«, durch die sie Informationen gewinnen. Zudem weiß eine Person, die bspw. die Äußerung des Satzes hört: »Ich habe Zahnschmerzen«, dass der Sprecher einen egozentrischen Gedanken denkt und der Sprecher diese Information auf eine ausgezeichnete, innerliche Weise gewinnt. Der Hörer gewinnt diese Information aber freilich auf eine andere Weise als wie der Sprecher. Der Hörer speichert diese Information nicht in seiner Self-Notion, sondern in einem Dossier, das er über den Sprecher besitzt. Recanati unterscheidet bei der psychologischen Gegebenheitsweise daher zwischen type und token Gegebenheitsweise (bzw. zwischen egozentrischen *Kategorien* und egozentrischen *Begriffen*) sowie *Konzeptionen* (conceptions).[261] Wenn Kaplan und Recanati jeweils den Gedanken fassen »Ich bin ein Philosoph«, verwenden sie dieselbe egozentrische *Kategorie* bzw. psychologische Gegebenheitsweise qua type. Sie erfüllt dieselbe Funktion – sie ist der Speicher für Informationen, die eine Person sich selbst zuschreibt – und sie beruht auf denselben ausgezeichneten Weisen, wie Informationen gewonnen werden.[262] Dennoch unterscheidet sich in beiden Fällen die psychologische Gegebenheitsweise qua token bzw. der jeweils verwendete egozentrische Begriff. Der egozentrische Begriff, den Recanati verwendet, wenn er einen Ich-Gedanken fasst, enthält ausschließlich Informationen, die er sich selbst zuschreibt. Unterschiedliche Personen besitzen demnach *insofern* nicht dieselben Begriffe, als ihre Begriffe jeweils unterschiedliche Informationen enthalten, die durch jeweils eigene Kanäle gewonnen werden, und Begriffe unterschiedlicher Personen sind.[263] Aufgrund der Unterscheidung zwischen reinen egozentrischen Gedanken und wahrnehmungsbasierenden egozentrischen Gedanken unterscheidet Recanati schließlich egozentrische Begriffe von *Konzeptionen*. Egozentrische Begriffe werden im Fall reiner egozentrischer Gedanken verwendet. In der Regel beruht die psychologische Gegebenheitsweise qua token jedoch auf Konzeptionen, die Informationen aufweisen, die durch eine aktuelle Wahrnehmung gewonnen werden. Wenn Recanati unter Normalbedingungen, – das heißt bspw., wenn er nicht an sensorischer Deprivation leidet –, den Satz äußert »Ich bin ein Philosoph«, verwendet er, streng genommen, eine Ego-Konzeption.[264]

---

261 Recanati 1993, 92–93.

262 Recanati 2013, 60.

263 Recanati 1993, 83.

264 Recanati 1993, 92–93, 120–121.

8. Egozentrische Begriffe schließen nicht nur Informationen über einen Gegenstand mit ein, welche durch die einen Begriff auszeichnende besondere epistemische Weise gewonnen werden. Da es sich um *Begriffe* handelt, unterstehen sie dem *Generality Constraint.* Recanati bestimmt den Generality Constraint (im Anschluss an Gareth Evans) folgendermaßen: »If a subject can be credited with the thought that *a* is F, then he must have the conceptual resources for entertaining the thought that *a* is G, for every property of being G of which he has a conception«.[265] Egozentrische Begriffe sind nach Recanati nur dann Begriffe, wenn sie auch Informationen über Gegenstände enthalten, die nicht durch diejenige spezifische epistemische Weise gewonnen werden, die einen egozentrischen Begriff jeweils auszeichnet, sondern auch anhand von Beschreibungen. Recanati unterscheidet daher zwischen Begriffen und *Buffer.* Buffer sind Proto-Begriffe, da sie ausschließlich Informationen enthalten, die durch die spezifische Weise gewonnen werden, die einen egozentrischen Begriff jeweils auszeichnet. Sie erfüllen nicht den Generality Constraint.[266]

9. Recanati bezeichnet egozentrische Kategorien (im Anschluss an Kent Bach) als *mental indexicals.*[267] Sie bestimmen die Relation, in der ein Objekt steht, wenn Informationen über dieses Objekt in einer egozentrischen Kategorie gespeichert werden sollen. Sie bedürfen jedoch ähnlich wie indexikalische Ausdrücke der Ergänzung durch einen Kontext, damit sie einen Referenten haben.[268] Egozentrische Kategorien, psychologische Gegebenheitsweisen qua type, bestimmen nicht einen Referenten, Referenten werden durch egozentrische Begriffe, psychologische Gegebenheitsweisen qua token, bzw. durch Konzeptionen bestimmt, das heißt mithilfe eines Kontexts.[269] Recanatis Ansatz liegt demnach die Annahme zugrunde, dass Indexikalität nicht bloß ein Merkmal von bestimmten linguistischen Ausdrücken ist. Es gibt auf der Ebene der Gedanken indexikalische *Begriffe.*

Egozentrische Begriffe bestimmen, dass ein Gegenstand, der Referent, direkt, das heißt, unabhängig von einer bestimmten Gegebenheitsweise, ein Bestandteil des propositionalen Gehalts ist. Die psychologische Gegebenheitsweise

265 Recanati 1993, 123. Vgl. Evans 1982, 209.

266 Recanati 1993, 123–124, 126.

267 Recanati 1993, 92, 99–101.

268 Recanati 1993, 99. In *Mental Files* relativiert bzw. spezifiziert Recanati diese These. Recanati 2013, 155–156, 165, 169.

269 Recanati 1993, 100. Recanati unterscheidet daher zwischen dem »narrow Content«, der psychologischen Gegebenheitsweise unabhängig von einem Kontext, und dem »wide Content«, das heißt, dem »narrow Content« plus dem mithilfe eines Kontextes bestimmten vollständigen Gedanken. Recanati 1993, 77, 119, 198, 214.

ist »truth-conditionally irrelevant«.[270] Jedoch erklärt die psychologische Gegebenheitsweise die kognitive Signifikanz von Gedanken bzw. geäußerten Sätzen. Wenn Recanati den Gedanken fasst »Ich bin ein Philosoph«, weiß er kraft der psychologischen Gegebenheitsweise, dass er selbst ein Philosoph ist. Die psychologische Gegebenheitsweise stellt den *subjektiven* Aspekt eines Gedankens dar, der intersubjektiv als solcher – im Unterschied zum propositionalen Gehalt – nicht zugänglich ist.[271]

10. Recanati vertritt daher den Standpunkt, dass es nicht nur direkt referierende Ausdrücke gibt, sondern auch (nicht-deskriptive) direkt referierende Begriffe: Begriffe de re sowie dementsprechend psychologische Gegebenheitsweisen de re und Gedanken de re.[272] Ein direkt referierender Ausdruck wie der Ausdruck ›ich‹ bezieht sich, im Rahmen eines klassischen neorussellianischen Ansatzes wie ihn bspw. Kaplan vertritt, direkt, unmittelbar auf einen Referenten, sodass der Referent selbst ein Bestandteil der Proposition ist, und zwar unabhängig von der mit einem Ausdruck gegebenen linguistischen Darstellungsweise des Gegenstandes oder einer Beschreibung.[273] Direkt referierende Ausdrücke setzen Begriffe de re voraus: »Direct reference in language merely reflects this ›referential‹ feature of our thought about the world.«[274] Nach Recanati ist die Intentionalität unserer Gedanken Ausdruck einer Eigenschaft von Begriffen de re: Wenn egozentrische Begriffe angewandt werden, laden sie den Gegenstand selbst in die Proposition. Direkt referierende Ausdrücke sind lediglich der sprachliche Ausdruck dieser zugrunde liegenden Leistung von Begriffen de re.[275] Gedanken de re sind folglich solche Gedanken, bei denen Begriffe de re verwendet werden und die durch direkt referierende Wörter ausgedrückt werden. Psychologische Gegebenheitsweisen qua type bzw. egozentrische Kategorien sind de re, da sie

270 Recanati 1993, XII, 97, 103, 135.

271 Vgl. Recanati 2013, 220. Ein Hörer kann zwar mithilfe der linguistischen Gegebenheitsweise eines geäußerten Satzes erkennen, welche psychologische Gegebenheitsweise ein Sprecher mit dem dargestellten Gedanken verbindet, da unterschiedliche Personen dieselben Dossiers und epistemischen Weisen der Informationsgewinnung (qua type) besitzen. Jedoch kann keine Person die identische psychologische Gegebenheitsweise qua token (zur selben Zeit) besitzen. Schließlich besitzen zwei Personen nicht dieselben Informationskanäle, bspw. teilen sie nicht ihre Propriozeption.

272 Recanati 1993, 97. Neben egozentrischen Begriffen zählt Recanati *enzyklopädische Eintragungen* (encyclopedic entries) zu den Begriffen de re. Sie sind für die Aufgabenstellung dieser Untersuchung nicht von Bedeutung. Recanati 1993, 125–127, 129.

273 Recanati 1993, 51, 135.

274 Recanati 1993, 130.

275 Vgl. Recanati 2013, 243.

die kontextuelle Relation bestimmen, in der ein Gegenstand stehen muss, wenn er ein Bestandteil eines Gedankens de re sein soll.[276] Sie beziehen sich auf einen Gegenstand – in der Regel – nicht anhand von Eigenschaften, die diesen Gegenstand auszeichnen oder die in einem Begriff diesem Gegenstand zugeordnet sind, sondern direkt, das heißt, mittels der Wahrnehmung bzw. der Weise, wie er in der Erfahrung gegeben ist (acquaintance).[277] Die relationale Beziehung, in der ein Referent zu einem Begriff stehen muss,[278] zählt aber nicht zu den Wahrheitsbedingungen des Gedankens bzw. artikulierten Satzes (truth-conditionally irrelevant).[279] Die Relation muss zudem auch nicht repräsentiert sein.[280] Wenn eine Person einen Gedanken de re denkt, schließt der vollständige Gehalt aber, wie gesagt, nicht nur den Referenten selbst, sondern auch die psychologische Gegebenheitsweise, einen Begriff, mit ein.

276 Recanati 1993, 99, 2013, 36.

277 Recanati 2013, 29: »But in experience, we *are* acquainted with objects: we perceive them, for example, and that enables us to refer to them directly, without having to think of them as bearers of such and such properties«. Recanati 2013, 12: »Non-descriptive modes of presentation are ways the object is (directly) given to the subject in experience, while descriptive modes of presentation are ways the object is (indirectly) given via properties which it uniquely instantiates«. Vgl. Recanati 2013, 35.

278 In *Mental Files* unterscheidet Recanati zwischen der Beziehung, die zwischen einer Person und einem Gegenstand besteht, und der Beziehung, die zwischen einem Begriff und einem Gegenstand besteht. Indexikalität besteht hinsichtlich der letzteren Beziehung. Recanati 2013, 69–70.

279 Recanati 1993, 119.

280 Recanati 2013, 32, 37, 251.

KAPITEL 17

Nicht-begriffliches Selbstbewusstsein

Recanatis Ansatz überzeugt in mehreren Punkten. Es ist richtig, dass eine Person, die einen indexikalischen Ausdruck verwendet, im Normalfall nicht nur das subjektive Selbstbewusstsein besitzt, sondern auch eine Information, die das Subjekt auf eine ausgezeichnete innerliche Weise gewinnt, etwa durch ihr Körperbewusstsein, dass sie einen Satz artikuliert. Auch die Annahme von kognitiven Speichern, Dossiers bzw. Notions, ist fruchtbar. Sie ermöglicht es bspw. die Einheit unterschiedlicher Varietäten von Selbstbewusstsein ein Stück weit zu erklären. Dies wird in Kapitel 32 dieser Untersuchung dargelegt. Jedoch erklärt auch die psychologische Gegebenheitsweise nicht, wie eine Person subjektives Selbstbewusstsein gewinnt. Dies ist, wie erwähnt, auch nicht das Ziel von Recanati, das er mithilfe der psychologischen Gegebenheitsweise erreichen möchte. Es bestätigt jedoch, dass das subjektive Selbstbewusstsein kein Fall von propositionalem Selbstbewusstsein ist. Dies gilt auch dann, wenn die psychologische Gegebenheitsweise ein Bestandteil des vollständigen Gehalts propositionalen Bewusstseins ist. Wenn Recanati den Satz äußert »Ich produziere den Ausdruck ›ich‹«, fasst der Sprecher dieses Satzes einen Gedanken, der eine singuläre Proposition enthält und eine psychologische Gegebenheitsweise des Referenten. Durch sie besitzt ein Sprecher die Information, dass er selbst diesen Ausdruck produziert. Doch wie soll das subjektive Selbstbewusstsein durch die psychologische Gegebenheitsweise gewonnen werden können?

Recanatis Ausführungen enthalten mehrere mögliche Antworten auf diese Fragestellung: Der erste Erklärungsansatz lautet folgendermaßen: Der Begriff »Ego« ist der Speicher für Informationen, die eine Person als Informationen über sich selbst begreift. Das bedeutet, dass eine Information kraft dessen, dass sie in der Self-Notion gespeichert wird, als eine Information aufgefasst wird, die einen selbst betrifft. Der Begriff »Ego« erklärt somit, warum eine Person dann, wenn sie einen Ausdruck produziert, das Bewusstsein besitzt, dass sie selbst diesen Ausdruck produziert, und zwar weil die Information, dass ein Ausdruck produziert wird, in der Self-Notion gespeichert wird. Dieser Ansatz erklärt nicht, wie das subjektive Selbstbewusstsein gewonnen wird. Schließt die Information, dass ein Ausdruck produziert wird, nicht die Information mit ein, dass *man selbst* diesen Ausdruck produziert, ist nicht nachzuvollziehen, warum die Information, dass ein Ausdruck produziert wird, in der Self-Notion und nicht in einer anderen Notion gespeichert wird. Außerdem

 | DOI:10.30965/9783957437273_019

bedürfte es einer ausführlichen Erläuterung, wie es möglich sein soll, dass eine Information, die ein Subjekt sich ursprünglich, das heißt *vor* der Integration in die Self-Notion, nicht selbst zuschreibt, durch die Integration in die Self-Notion zu einer Information modifiziert werden kann, die ein Subjekt sich selbst zuschreibt. Recanati erläutert diesen Vorgang jedoch nicht. Schließt jedoch andererseits die Information, dass ein Ausdruck produziert wird, bereits bevor sie in die Self-Notion integriert wird, die Information mit ein, dass *man selbst* diesen Ausdruck produziert, erklärt die Self-Notion das subjektive Selbstbewusstsein nicht, sondern setzt es voraus.

Der zweite Erklärungsansatz besagt, dass egozentrische Begriffe sich durch spezifische Weisen auszeichnen, wie Informationen über Gegenstände gewonnen werden. Im Fall des Begriffs »Ego« gewinnt eine Person diese Informationen auf eine spezifisch innerliche Weise, bspw. durch die Propriozeption, sodass eine Immunität gegenüber einem Irrtum durch Fehlidentifizierung hinsichtlich des Subjekts besteht und die Person weiß, dass sie Informationen über sich selbst gewinnt. Die innerliche erstpersonale Weise, wie Informationen gewonnen werden, wenn egozentrische Begriffe verwendet werden, erklärt daher wie das subjektive Selbstbewusstsein gewonnen wird. Sie garantiert, dass eine Information, die auf diese Weise gewonnen wird, als eine Information über einen selbst begriffen wird. Wenn eine Person auf eine innerliche Weise registriert, dass ein Ausdruck produziert wird, besitzt sie das Bewusstsein, dass sie selbst diesen Ausdruck produziert. Die innerliche Weise, wie Informationen gewonnen werden, beantwortet somit auch die Fragen, in welchen Fällen sowie warum die Information, dass ein Ausdruck produziert wird, gerade in der Self-Notion gespeichert wird. Dies ist dann und deswegen der Fall, da die Information, dass ein Ausdruck produziert wird, auf eine erstpersonale Weise gewonnen wird.

Auch dieser Ansatz überzeugt nicht. Dies zeigen drei Einwände. Das subjektive Selbstbewusstsein besteht im Fall der Produktion eines jeden Ausdrucks. Die ausgezeichnete innerliche Weise, wie Informationen gewonnen werden, die garantiert, dass eine Person eine Information als Information über sie selbst versteht, steht in Beziehung zur Self-Notion. Dieser Begriff wird jedoch nur dann verwendet, wenn ein Ich-Gedanke gefasst wird. Der Begriff »Ego« erklärt daher das subjektive Selbstbewusstsein nicht. Es besteht nicht nur dann, wenn die Self-Notion (oder ein anderer egozentrischer Begriff) verwendet wird, sondern auch dann, wenn ein nicht-egozentrischer Begriff verwendet wird, also bspw. wenn Mozart den Satz artikuliert: »Haydn ist ein Genie«.[281] Aus diesem Grund erklärt auch die Disposition, Informationen, die

281 Dieser Einwand zeigt nicht, dass Recanatis Ausführungen in *Perspectival Thought* das subjektive Selbstbewusstsein nicht erklären. In *Perspectival Thought* unterscheidet

durch die Wahrnehmung gewonnen werden, als für Ich-Gedanken relevante Informationen zu behandeln, das subjektive Selbstbewusstsein nicht. Diese Disposition besteht im Zusammenhang mit egozentrischen Begriffen. Das subjektive Selbstbewusstsein ist demgegenüber auch dann vorhanden, wenn keine egozentrischen Begriffe verwendet werden.

Ein weiterer Grund, warum dieser Erklärungsansatz nicht überzeugt, besteht darin, dass Recanati, soweit ich sehe, ausschließlich die Propriozeption, die Kinästhesis und die Introspektion als erstpersonale Weisen anführt, wie Informationen gewonnen werden, die den Begriff »Ego« auszeichnen und die immun gegenüber einem Irrtum durch Fehlidentifizierung sind. Diese Leistungen erklären das subjektive Selbstbewusstsein aber nicht. Es ist von der Propriozeption, der Kinästhesis und der Introspektion zu unterscheiden. Die Produktion eines Ausdrucks gemäß der Regel 17 ist ein mentaler Akt, kein körperliches Phänomen. Es kann durch die Propriozeption oder Kinästhesis nicht erklärt werden oder mit ihnen identifiziert werden. Und es ist völlig unklar, was ein mentales Äquivalent zur Propriozeption oder Kinästhesis sein könnte, das im Fall der Produktion von Ausdrücken besteht. Zudem besitzt eine Person nicht nur dann subjektives Selbstbewusstsein, wenn sie introspiziert. Die Introspektion ist ein Sonderfall von Bewusstsein, bei dem eine Person ihre Aufmerksamkeit auf sich selbst, auf ihre Zustände, Aktivitäten usw. richtet. Eine Person introspiziert jedoch nicht immer dann, wenn sie einen Ausdruck produziert und somit subjektives Selbstbewusstsein besitzt.

Schließlich spricht ein dritter Einwand gegen diesen Erklärungsansatz. Was bedeutet es eigentlich, wenn nach Recanati eine innerliche, erstpersonale Weise, wie Informationen gewonnen werden, garantiert, dass Selbstbewusstsein besteht? Es gibt zwei Möglichkeiten, wie diese Aussage interpretiert werden kann, und zwar je nachdem, ob die erstpersonale Weise, wie Informationen gewonnen werden, Selbstbewusstsein begründet oder nicht. Ist die erstpersonale Weise, wie Informationen gewonnen werden, von Selbstbewusstsein zu unterscheiden, sodass sie lediglich eine ausgezeichnete Weise darstellt, wie ein Gehalt *aufgefasst* wird, den ein Subjekt sich selbst

---

Recanati zwischen impliziten Gedanken de se und expliziten Gedanken de se. Explizite Gedanken de se schließen den Begriff »Ego« mit ein, implizite Gedanken de se nicht. Mit Blick auf die Fragestellung, ob das subjektive Selbstbewusstsein ein Fall von propositionalem Bewusstsein darstellt, sind implizite Gedanken de se von Bedeutung. Auch Recanatis Interpretation von impliziten Gedanken de se erklärt das subjektive Selbstbewusstsein jedoch nicht. In subjektivitätstheoretischer Hinsicht lautet Recanatis zentraler Gedanke, dass eine innerliche Gegebenheitsweise garantiert, dass eine Person Selbstbewusstsein besitzt. Recanati 2007, 146–147, 176–177. Wie die Kritik an Recanatis Ansatz in *Direct Reference* zeigt, erklärt eine innerliche Gegebenheitsweise das subjektive Selbstbewusstsein jedoch nicht.

zuschreibt, erklärt sie das subjektive Selbstbewusstsein nicht, sondern setzt es voraus. Wenn die erstpersonale Weise, wie Informationen gewonnen werden, Selbstbewusstsein *begründet*, dann bedeutet dies, dass eine Information kraft dessen, dass sie auf eine innerliche Weise gewonnen wird, in eine Information verwandelt wird oder eine Information darstellt, die ein Subjekt sich selbst zuschreibt. In diesem Fall ist jedoch die Frage zu stellen, wie dieser Vorgang näher zu verstehen ist. Das subjektive Selbstbewusstsein ist nicht dadurch erklärt, dass behauptet wird, dass die Information, dass ein linguistischer Ausdruck produziert wird, auf eine innerliche Weise gewonnen wird. Es bedarf einer Erklärung, wie und warum diese Weise, auf welche die Produktion eines Ausdrucks aufgefasst wird, dazu führt, dass ein Subjekt das Bewusstsein gewinnt, dass es selbst diesen Ausdruck produziert. Recanati liefert auf diese Fragen keine Antworten.[282] Sie sind jedoch unverzichtbar, da, wie in Kapitel 13 dargelegt wurde, ein privilegierter Zugang als solcher Selbstbewusstsein nicht erklärt. Recanatis Hinweis, dass dem Begriff »Ego« eine ausgezeichnete innerliche Weise entspricht, wie Informationen gewonnen werden, erklärt das subjektive Selbstbewusstsein somit nicht.

Es mag naheliegend sein, auf diesen Einwand zu erwidern, dass die Frage, warum eine Person eine Information, die sie auf eine innerliche Weise gewinnt, als eine Information über sich selbst begreift, unsinnig ist. Evans hat darauf aufmerksam gemacht, dass bei Urteilen, die aufgrund der Propriozeption und Kinästhesis gewonnen werden, etwa »Meine Beine sind überkreuzt«, die Information, dass jemandes Beine überkreuzt sind, nicht unabhängig von der Information vorhanden ist, dass dies die eigenen Beine sind. Die Frage, warum eine Person eine Information, die sie auf eine erstpersonale Weise gewinnt, als eine Information über sich selbst begreift, ist daher unsinnig. Dies ist jedoch nicht richtig. Evans hat vermutlich Recht, dass in diesem Beispiel die Information, dass jemandes Beine überschlagen sind, nicht unabhängig von der Information vorliegt, dass es die eigenen Beine sind. Das *erklärt* dieses Phänomen aber nicht. Man möchte wissen: Wie ist es möglich, dass die durch die (unbewusste) Propriozeption und Kinästhesis gewonnenen Informationen im Zusammenhang mit einem Urteil zu (bewusstem) Selbstbewusstsein führen. Und wie ist dies im Anwendungsfall auf mentale Prozesse wie der Produktion eines Ausdrucks zu verstehen? Die Frage, warum eine Person eine Information, die sie auf eine innerliche Weise gewinnt, als eine Information über sich selbst begreift, ist nicht sinnlos. Das subjektive Selbstbewusstsein ist nicht erklärt, wenn diese Frage nicht beantwortet worden ist. Evans Hinweis

282 Dies gilt bspw. auch für Wolfgang Carl. Vgl. Carl 2014, 43, 47.

verdeutlich eine Aufgabenstellung, formuliert aber keine Lösung für diese Aufgabenstellung.

Der dritte Erklärungsansatz lautet folgendermaßen: Der Begriff »Ego« zeichnet sich durch eine begriffspezifische Beziehung zum Gegenstand aus, über den Informationen gewonnen werden. Im Fall des Begriffs »Ego« ist die Person, die diesen Begriff besitzt, selber dieser Gegenstand. Es besteht eine Identitätsbeziehung. Dieser Begriff garantiert daher, dass eine *Identität* besteht zwischen dem Gegenstand, über den Informationen erworben werden, und dem Subjekt, das diese Informationen gewinnt. Diese Eigenschaft des Begriffs »Ego« erklärt daher wie Selbstbewusstsein gewonnen wird und folglich, wie das subjektive Selbstbewusstsein möglich ist. Dieser Erklärungsansatz scheitert am De-Se-Constraint. Selbstbewusstsein ist nicht bereits dadurch erklärt, dass garantiert ist, dass das Subjekt selbst der Gegenstand ist, über den es Informationen gewinnt, also dass eine Identitätsbeziehung vorliegt, noch, dass ausschließlich Informationen von einem Gegenstand erworben werden, der man selbst ist. Zusätzlich ist es erforderlich zu erklären, wie es möglich ist, dass das Subjekt weiß, dass es Informationen über sich selbst gewinnt. Auch dieser Ansatz erklärt das subjektive Selbstbewusstsein daher nicht. Es kann somit durch die psychologische Gegebenheitsweise eines Referenten nicht erklärt werden. Es ist daher kein Fall von begrifflichem Selbstbewusstsein.[283]

Mit Blick auf den neorussellianischen Ansatz ist damit die Begründung der These abgeschlossen, dass das subjektive Selbstbewusstsein kein Fall von propositionalem Bewusstsein bzw. Selbstbewusstsein ist. Diese These besagt freilich nicht, dass eine Person das subjektive Selbstbewusstsein nicht besitzt, wenn sie propositionales Bewusstsein hat. Schließlich besteht es immer dann, wenn eine Person einen Ausdruck produziert. Es ist jedoch von propositionalem Bewusstsein zu unterscheiden, *insofern* der Ausdruck ›propositionales Bewusstsein‹ das Bewusstsein von einer singulären Proposition einschließlich der linguistischen bzw. psychologischen Gegebenheitsweise bezeichnet. Das bedeutet auch, es ist intersubjektiv *nicht* zugänglich. Mit den Worten Freges gesprochen stellt es ein *privates* Bewusstseinsphänomen dar.[284] Jede rationale Person besitzt zwar das subjektive Selbstbewusstsein, sobald sie einen Ausdruck produziert. Zudem ist es möglich, dass eine Person weiß,

283 Das subjektive Selbstbewusstsein ist *kein* Sonderfall. Es gibt weitere Arten von nichtbegrifflichem Selbstbewusstsein, wie bspw. die visuelle Kinästhesis. Vgl. Bermúdez 1998, Musholt 2013.

284 Vgl. Frege 1993, 42: »Kein anderer hat meine Vorstellung«.

dass eine andere Person subjektives Selbstbewusstsein besitzt. Dies ist bspw. der Fall, wenn eine Person den Satz äußert »Ich weiß, dass Perry subjektives Selbstbewusstsein besitzt, da er soeben einen Satz geäußert hat, der das Personalpronomen der ersten Person singular enthält«. Keine andere Person kann jedoch das subjektive Selbstbewusstsein eines Sprechers besitzen.[285]

285 Die dargestellte Kritik an Recanati bestätigt die im ersten Hauptstück formulierte These, dass das subjektive Selbstbewusstsein nicht durch ein Urteil gewonnen wird. Nach John Perry entsteht ein Urteil durch die Verbindung von einer Notion mit einer (oder mehreren) Idea(s). Perry 1998, 92. Vgl. Perry 1998, 83. Notions sind kognitive Speicher für Informationen über Gegenstände. Ideas sind Vorstellungen von Eigenschaften und Relationen. Die in diesem Hauptstück entwickelten Überlegungen zeigen, dass es weder durch Notions noch durch Ideas möglich ist, das subjektive Selbstbewusstsein zu erklären. Es wird nicht durch ein Urteil gewonnen.

KAPITEL 18

Selbstgefühl und Selbstvertrautheit

Das subjektive Selbstbewusstsein ist kein begriffliches, propositionales Selbstbewusstsein und es ist von Wahrnehmungsbewusstsein zu unterscheiden. Es ist somit naheliegend, das Selbstbewusstsein, welches die Produktion von Wörtern begleitet, – im Anschluss an die Untersuchungen von Harald Pilot – als ein *Selbstgefühl* zu bezeichnen.[286] Es ist daher zu prüfen, ob das subjektive Selbstbewusstsein ein Selbstgefühl ist.[287] Schließlich weist das subjektive Selbstbewusstsein Übereinstimmungen mit Gefühlen auf. Ein Gefühl ist ein nicht-begriffliches Bewusstseinsphänomen. Es unterscheidet sich von mentalen Handlungen, wie Urteilen oder Erinnern, und es schließt (mitunter) egologisches Selbstbewusstsein mit ein. Die Frage, ob ein Sprecher erkennt, dass er selbst die Person ist, die sich langweilt oder einen Schmerz fühlt, scheint sinnlos zu sein bzw. immer schon beantwortet zu sein, wenn der Sprecher Langeweile oder einen Schmerz fühlt.[288] Ein Gefühl schließt als solches egologisches Selbstbewusstsein mit ein und es ist nicht das Ergebnis der Verbindung von einerseits einem Gefühl, das einen bestimmten Inhalt hat, und andererseits der Erkenntnis, dass man selbst dieses Gefühl besitzt. Ein

286 Pilot entwickelt in dem Aufsatz *Beruht das Selbstbewußtsein auf einem Denken oder einem Fühlen meiner selbst?*, eine Interpretation von nicht-propositionalem Selbstbewusstsein, das die Verwendung des Ausdrucks ›ich‹ begleitet. Pilot behauptet, dass eine Person durch ein nicht-begriffliches Selbstbewusstsein erkennt, dass er selbst der Referent des Ausdrucks ›ich‹ ist. Es entsteht zudem mit der Verwendung des Ausdrucks ›ich‹ und stellt ein Bewusstsein von der mentalen Denktaktivität des Subjekts dar. Pilot bezeichnet dieses Selbstbewusstsein jedoch als *Selbstgefühl*. Pilot 2002, 84: »Wenn also Mach auf sich selbst als ein *Ich* Bezug nimmt, wird er sich dieser Bezugnahme bewußt, indem er seine Denkaktivität fühlt.« Vgl. Pilot 2002, 77. Pilot 2002, 59: »Das, was gefühlt wird, ist also in einem Zustand des Selbstbewußtseins die Aktivität des Denkens.« Pilot 2002, 73: »Wenn ein Denker auf sich als ein ich Bezug nimmt, erzeugt er aus dem Denken eines ichlosen Gehalts seine Ichheit, die er fühlt, aber nicht selbst begrifflich denkt.« Pilot 2002, 90.

287 Vgl. Prinz 2012, 142: »Authorship, also called »agency,« is the feeling associated with being the author of physical and mental acts.«

288 Vgl. Wittgenstein 1997, 107: »Andererseits geht es nicht um das Problem, eine Person zu erkennen, wenn ich sage, daß ich Zahnschmerzen habe. Die Frage »Bist du sicher, daß *du* es bist, der Schmerzen hat?« wäre unsinnig.« Perry 1998, 95: »Then I feel a hot flush in my face. So I am aware that someone is blushing. But who? It's a silly question. Of course it is me. […] I feel myself blush, and anytime I am aware of blushing by feeling it, I know that it is I who am blushing.«

 | DOI:10.30965/9783957437273_020

Gefühl zu haben, bedeutet (zumindest nach Ansicht einiger Philosophen),[289] zu wissen, dass *man selbst* dieses Gefühl hat.[290] Das subjektive Selbstbewusstsein scheint daher ein Gefühl bzw. mit Harald Pilot gesprochen ein *Selbstgefühl* zu sein. Es ist ein Gefühl von der mentalen Aktivität, die ein Sprecher vollzieht, wenn er einen Ausdruck produziert.

Bei näherer Betrachtung ist jedoch zu erkennen, dass das subjektive Selbstbewusstsein kein Selbstgefühl darstellt. In der analytischen Philosophie wird (oftmals) zwischen *Gefühlen* und *Emotionen* unterschieden.[291] Als Gefühle (feelings) werden Phänomene bezeichnet, die sich in ihrem subjektiven Erleben erschöpfen.[292] Das heißt, Gefühle wie etwa Gereiztheit oder Melancholie erschöpfen sich in der Erlebnisqualität und Intensität, mit der sie empfunden werden. Emotionen wie Furcht, Ärger oder Neid zeichnen sich demgegenüber dadurch aus, dass sie neben der Erlebnisqualität und Intensität evaluative kognitive mentale Zustände sind.[293] Das heißt, sie sind intentionale, repräsentationale mentale Zustände, welche den repräsentierten Inhalt bewerten. Bspw. erschöpft sich der Ärger über einen rücksichtslosen Autofahrer nicht in dem subjektiven Erleben, sondern der Ärger ist auf den Autofahrer gerichtet und repräsentiert den Autofahrer als rücksichtslos.[294] Emotionen haben somit Korrektheitsbedingungen. Die Bewertung des Autofahrers als einen rücksichtslosen Verkehrsteilnehmer kann korrekt oder inkorrekt sein. Das bedeutet, dass Emotionen angemessen oder unangemessen sein können.

Das subjektive Selbstbewusstsein ist weder ein Gefühl noch eine Emotion. Gefühle sind passive Phänomene und haben eine zeitliche Erstreckung bzw. Dauer. Sie werden vom Subjekt, zumindest im Normalfall, nicht selbsttätig erzeugt. Sie »überkommen« einen und sind oftmals schwer zu kontrollieren

---

289 Einige Philosophen vertreten jedoch den Standpunkt, dass Gefühle anonym sind. Vgl. bspw. Frank 2012, 356–359.

290 Vgl. Shoemaker 1996, 54: »Ist man sich bewußt, daß man Schmerzen hat, dann ist man sich tautologischerweise nicht nur bewußt, dass das Attribut »*habe/hat Schmerzen*« exemplifiziert ist, sondern daß es *in einem selbst* exemplifiziert ist.« Evans 1982, 221: »There just does not appear to be a gap between the subject's having information (or appearing to have information), in the appropriate way, that the property of being *F* is instantiated, and his having information (or appearing to have information) that *he* is *F*; for him to have, or to appear to have, the information that the property is instantiated just is for him to appear to him that *he* is *F*.« Vgl. Pryor 1999, 283.

291 Die folgenden Ausführungen orientieren sich insbesondere an der Darstellung Sabine Dörings. Vgl. Döring 2009, 9–65.

292 Döring 2009, 9, 14–15.

293 Müller & Döring 2009, 363. Es ist umstritten, welche Gefühle zu den Emotionen zählen. Döring 2009, 18.

294 Döring 2009, 9, 15.

oder zu modifizieren. Das subjektive Selbstbewusstsein entsteht und vergeht demgegenüber mit und durch die Produktion eines linguistischen Ausdrucks. Es ist ein instantanes Phänomen. Es hat keine zeitliche Dauer oder Erstreckung. Wenn eine Person bspw. den Satz äußert »Ich bin ein Philosoph« besteht das Bewusstsein von der Produktion des Ausdrucks ›ich‹ im Moment der Produktion dieses Ausdrucks.[295]

Das subjektive Selbstbewusstsein ist auch keine Emotion. Emotionen enthalten evaluative Repräsentationen, die einer Korrektheitsbedingung unterliegen. Das subjektive Selbstbewusstsein weist diese Merkmale nicht auf. Es enthält keine Bewertung der Person oder Handlung, die vollzogen wird. Es kann auch nicht inkorrekt sein. Es enthält nicht den evaluativ-repräsentationalen Gehalt, welcher Emotionen auszeichnet. Es ist daher nicht möglich, das subjektive Selbstbewusstsein mit Emotionen zu identifizieren. Schließlich zeichnen sich sowohl Gefühle als auch Empfindungen durch eine subjektive Erlebnisdimension aus. Einer Person ist auf eine spezifische Weise zumute, wenn sie sich vor etwas fürchtet oder melancholisch ist. Das subjektive Selbstbewusstsein schließt demgegenüber keine Erlebnisdimension mit ein. Einer Person ist nicht irgendwie zumute, wenn sie spontanes und linguistisches Selbstbewusstsein besitzt. Es fühlt sich für sie nicht irgendwie an, subjektives Selbstbewusstsein zu haben.

Das subjektive Selbstbewusstsein ist somit auch von phänomenalem Bewusstsein zu unterscheiden. Phänomenales Bewusstsein zeichnet sich dadurch aus, dass es einen qualitativen Charakter mit einschließt, bspw. im Fall einer Geruchswahrnehmung einen angenehmen süßlichen Duft. Einer Person ist »irgendwie zumute«, wenn sie eine solche Geruchswahrnehmung hat. Wenn sie demgegenüber subjektives Selbstbewusstsein besitzt, ist ihr nicht »irgendwie zumute«. Das bedeutet nicht, dass es unabhängig von phänomenalem Bewusstsein besteht. Wenn eine Person Wörter produziert und subjektives Selbstbewusstsein besitzt, besitzt sie in der Regel auch phänomenales Bewusstsein. Wenn sie bspw. den Duft einer Rose riecht und den Satz äußert »Die Blume duftet herrlich«, besitzt sie phänomenales Bewusstsein. Der Duft der Blume fühlt sich für die Person irgendwie an. Sie besitzt zudem aber auch subjektives Selbstbewusstsein.

295 Vgl. Geach 1992, 104. Die Produktion eines Ausdrucks (und somit das subjektive Selbstbewusstsein) zeichnet sich durch eine Eigenschaft aus, die Achievement-Verben wie »urteilen«, »ankommen« oder »erreichen« ausdrücken. Diese Verben drücken »Punkt-Ereignisse« aus, die keine zeitliche Ausdehnung haben. Vgl. Soteriou 2009b, 240, Stepanians 1998, 94.

Mit der Begründung der These, dass das subjektive Selbstbewusstsein kein Selbstgefühl ist, ist die Begründung der ersten Kernthese des zweiten Hauptstücks abgeschlossen. Sie lautet, dass das subjektive Selbstbewusstsein ein Phänomen *sui generis* ist. Es ist von begrifflichem, propositionalem Selbstbewusstsein zu unterscheiden. Es ist kein Wahrnehmungsbewusstsein, aber auch kein Selbstgefühl. Es ist mit dem begrifflichen Standardrepertoire – Gefühl, Wahrnehmung und Begriff – nicht sachangemessen beschrieben. Es ist sinnvoll, es mit einem eigenen Ausdruck zu bezeichnen. Es ist als *egologische Selbstvertrautheit* oder als *Selbstgewahren* zu bestimmen.[296]

In den folgenden Kapiteln wird die zweite Kernaussage dieses Hauptstücks begründet: Das subjektive Selbstbewusstsein ist ein performatives Phänomen. Die Begründung dieser ontologischen These setzt mit einer Kritik an den in den letzten Jahren in Mode gekommenen selbstrepräsentationalistischen Theorien menschlichen Bewusstseins ein, da sie u.a. Theorien der Ontologie von Bewusstsein und Selbstbewusstsein entwickeln.[297] Sie zeigen, worin Selbstbewusstsein besteht. Ihnen gelingt es jedoch nicht, das subjektive Selbstbewusstsein zu erklären.

---

296 Dieter Henrich hat m.W. den Ausdruck *Vertrautheit* in die aktuelle Selbstbewusstseinsdebatte eingeführt. Vgl. Henrich 1970, 267. Er bezeichnet einen Fall von präreflektivem Selbstbewusstsein.

297 Vgl. bspw. Kriegel 2009, 200–232.

KAPITEL 19

Selbstrepräsentationalitische Theorien

In jüngerer Vergangenheit wurden insbesondere im Rahmen *selbstrepräsentationalistischer* Theorien phänomenalen Bewusstseins Erklärungsmodelle präreflektiven Selbstbewusstseins entwickelt. Der Ausdruck ›phänomenales Bewusstsein‹ bezeichnet bewusste mentale Zustände, also bspw. bewusste Wahrnehmungszustände, die eine subjektive Erlebnisqualität bzw. einen qualitativen Charakter mit einschließen, etwa einen Farbeindruck wie rot oder grün. Im Fall der bewussten visuellen Wahrnehmung einer blauen Vase entspricht der bewusste qualitative Charakter der »bläulichen Weise«, wie die Farbe der Vase erlebt wird. Die zentrale Fragestellung selbstrepräsentationalistischer Theorien lautet: Wodurch ist ein mentaler Zustand ein (phänomenal) bewusster mentaler Zustand?[298] Für einige Selbstrepräsentationalisten wie Kriegel und Williford schließt ein phänomenal bewusster mentaler Zustand zusätzlich zum qualitativen Charakter *phänomenales Selbstbewusstsein* mit ein. Ein mentaler Zustand ist nur dann ein phänomenal bewusster mentaler Zustand, wenn er sowohl einen qualitativen Charakter als auch Selbstbewusstsein enthält. Phänomenales Selbstbewusstsein besteht (grob gesprochen) im Bewusstsein vom eigenen Bewusstsein vom qualitativen Charakter.[299] Es ist ein »marginales« Selbstbewusstsein. Es steht in der Regel nicht im Fokus der Aufmerksamkeit einer Person. Im Zentrum der Aufmerksamkeit einer Person stehen in der Regel externe Gegenstände oder Ereignisse. Es ist ein repräsentationales und nicht-begriffliches Selbstbewusstsein, da es durch die Selbstrepräsentation eines mentalen Zustands gewonnen wird und von begrifflichem Selbstbewusstsein unterschieden wird.[300] Phänomenales Selbstbewusstsein wird als ein *gegebenes* Phänomen beschrieben. Es enthält nicht die Vorstellung, hervorgebracht zu sein oder zu entstehen.[301]

Das Ziel selbstrepräsentationalistischer Theorien besteht nicht darin, das subjektive Selbstbewusstsein zu erklären, das die Produktion von Ausdrücken begleitet. Es wird in der Regel nicht beachtet. Es ist jedoch zu prüfen, ob es im Rahmen selbstrepräsentationalistischer Theorien möglich ist, diesen Fall von

298 Vgl. Kriegel & Williford 2006, 1, Kriegel 2009, 13.

299 Vgl. bspw. Horgan & Kriegel 2007, 132, Kriegel 2009, 104, 176. Kriegels und Willifords Standpunkte bezüglich der Frage, ob präreflektives Selbstbewusstsein anonym oder egologisch verfasst ist, sind vielschichtig. Vgl. Lang 2019.

300 Williford & Rudrauf & Landini 2012, 330.

301 Williford 2006a, 124, 2012, 323, 333, 335, Horgan & Kriegel 2007, 124.

 DOI:10.30965/9783957437273_021

Selbstbewusstsein zu erklären. Da nach Ansicht von Selbstrepräsentationalisten nicht-propositionales Selbstbewusstsein durch die *Selbstrepräsentation* eines mentalen Zustands gewonnen wird, ist es naheliegend anzunehmen, dass auch das subjektive Selbstbewusstsein durch eine Selbstrepräsentation erklärt werden kann.

Es gibt mehrere selbstrepräsentationalistische Erklärungsmodelle menschlichen Selbstbewusstseins, die wichtige Unterschiede aufweisen.[302] Im Folgenden werden zwei bedeutende Theorien diskutiert, und zwar die Ansätze von Uriah Kriegel und Kenneth Williford. Durch die Beschränkung der Diskussion auf diese Theorien ist freilich nicht gewährleistet, dass es überhaupt keinem selbstrepräsentationalistischen Ansatz gelingen kann, das subjektive Selbstbewusstsein zu erklären. Jedoch wird ein strukturelles Problem identifiziert, das es aussichtslos erscheinen lässt, dass es im Rahmen selbstrepräsentationalistischer Theorien zufriedenstellend erklärt werden kann.

Nach Williford wird phänomenales Selbstbewusstsein durch die Selbstrepräsentation eines mentalen Zustands gewonnen. Das bedeutet, es weist eine relationale repräsentationale Struktur auf: Ein mentaler Zustand repräsentiert sich selbst, sodass insofern ein Unterschied besteht als der mentale Zustand einerseits sich selbst repräsentiert, das Repräsentier*ende* ist, und andererseits das Objekt, dasjenige, das repräsentiert wird.[303] Im Fall von Selbstbewusstsein

---

302 Vgl. Lang 2019. In dieser Untersuchung werden auch neuere Arbeiten von Williford berücksichtigt, die sich in Details von seinem Standpunkt unterscheiden, wie er im Folgenden dargelegt wird.

303 Williford 2006a, 127, 129, 140. Der Ausdruck ›Objekt‹ bezeichnet im vorliegenden Zusammenhang nicht Objekte im Sinn von äußeren Gegenständen, die vom Subjekt bzw. vom sich selbst repräsentierenden mentalen Zustand unterschieden sind. Williford identifiziert in *Zahavi versus Brentano: A Rejoinder* bedeutende Unterschiede zwischen unterschiedlichen Bedeutungen des Ausdrucks ›Objekt‹: »›Object,‹ in Zahavi's sense is primarily (though not exclusively) intended to pick out ordinary mundane objects. Such objects reveal themselves diachronically through a series of profiles. Consciousness doesn't reveal itself via profiles. You can't flip an episode of consciousness in order to see its bottom the way you can stones. Objects thus exhibit a kind of transcendence episodes of consciousness don't. Objects are relatively stable and »infinitely plunderable.« Demgegenüber bezeichnet der Ausdruck ›Objekt‹ im Zusammenhang mit Selbstbewusstsein nichts anderes als folgendes: »There is a looser sense of ›object‹ in which if x represents (is acquainted with, etc.) y, then y is an object for x – no matter what y is and no matter the species of awareness. *Pace* Zahavi, this does not empty the term ›object‹ of meaning. It is just a very abstract sense. The fact that the term excludes *nothing* is the very point of the term. After all, is there *anything* we cannot, in some way or other, think about? If there is some sort of awareness relation that holds between an episode of consciousness and itself, then, in this wider sense of ›object,‹ an episode of consciousness will be its own object.« Williford 2006b, 2–3.

bedeutet der Ausdruck ›Objekt‹ zu sein, der repräsentierte mentale Zustand zu sein, sodass er der repräsentierte Gehalt *für* den repräsentierenden mentalen Zustand ist. In *The Self-Representational Structure of Consciousness* vertritt Williford den Standpunkt, dass phänomenales Selbstbewusstsein eine *zirkuläre* Struktur aufweist.[304] Das bedeutet nicht, dass seine *Erklärung* dieses Phänomens zirkulär ist. Das *Phänomen* besitzt eine zirkuläre Struktur.[305] Dies bedeutet ebenso nicht, dass bei der Selbstrepräsentation *alle* repräsentationalen Eigenschaften des sich selbst repräsentierenden mentalen Zustandes repräsentiert würden.[306] Die Selbstrepräsentation ist unvollständig (incomplete). Die Selbstrepräsentation erfolgt zudem *indirekt.* Das heißt, im Fall einer Selbstrepräsentation sind *zwei* Repräsentationen zu beachten:[307] Eine Repräsentation$_1$ repräsentiert einen mentalen Zustand und einen externen Gegenstand bzw. einen Gehalt in der Welt, der von diesem mentalen Zustand repräsentiert wird. Eine weitere Repräsentation$_2$ bzw. Meta-Repräsentation thematisiert die *Repräsentation$_1$* und damit mittelbar auch den mentalen Zustand, der von der Repräsentation$_1$ erfasst wird. Der mentale Zustand, der die Repräsentation$_2$ leistet, *ist* nun aber nichts anderes als der mentale Zustand, der anhand der Repräsentation$_1$ erfasst wird.[308] Der mentale Zustand, der die Meta-Repräsentation leistet, repräsentiert somit sich selbst, jedoch nicht direkt, sondern vermittelst oder durch eine *Repräsentation,* die Repräsentation$_1$, des mentalen Zustands.

Willifords Ansatz erklärt das subjektive Selbstbewusstsein nicht. Dies nicht aus dem Grund, dass er entschieden für eine zirkuläre Interpretation von Selbstbewusstsein eintritt. Williford hat Recht, dass ein Ansatz nicht bereits dann widerlegt ist, wenn er besagt, ein Phänomen weise eine zirkuläre Struktur auf.[309] Willifords Ansatz überzeugt aus zwei anderen Gründen nicht. Der erste Einwand betrifft Willifords *Beschreibung* von Selbstbewusstsein, der zweite Einwand seine *Erklärung,* worin Selbstbewusstsein besteht. Der erste Einwand lautet, dass Willifords Beschreibung von präreflektivem bzw. präreflexivem Selbstbewusstsein nicht überzeugend ist, da er Selbstbewusstsein als etwas

---

304 Williford 2006a, 128.

305 Williford 2006a, 128, 137.

306 Williford 2006a, 119, 2006b, 2.

307 Williford 2006a, 134: »If we take this picture seriously, it seems to indicate that consciousness is the product of the coupling of two representational systems, and that the selfrepresentation characteristic of consciousness is achieved indirectly via that coupling.«

308 Williford 2006a, 134: »Put in terms of the representation relation, *c* represents a representation, {*o,c*}, that in turn represents *c*. Thus *c* represents itself *indirectly*.«

309 Williford 2006a, 115, 128.

Gegebenenes bestimmt.[310] Selbstbewusstsein ist jedoch nicht angemessen als etwas Gegebenes beschrieben. Es muss vom Subjekt selbsttätig entwickelt werden. Das gilt zumindest im Fall des subjektiven Selbstbewusstseins. Es besteht und entsteht nur mit und durch die Produktion eines linguistischen Ausdrucks. Es stellt ein Bewusstsein von der eigenen Produktion eines bestimmten linguistischen Ausdrucks dar. Zudem kann keine Person und kein Gegenstand für ein anderes Subjekt einen bestimmten Ausdruck produzieren und für es Selbstbewusstsein erzeugen. Ein Subjekt hat selbst Selbstbewusstsein zu entwickeln. Es ist daher nicht angemessen als etwas Gegebenes bestimmt. Damit ist ein erster Einwand gegen Willifords Ansatz formuliert. Williford berücksichtigt nicht die Spontaneität menschlichen Selbstbewusstseins. Seine Beschreibung von Selbstbewusstsein ist zumindest mit Blick auf das subjektive Selbstbewusstsein nicht zutreffend.

Der zweite Einwand gegen Williford lautet, mit den Worten Manfred Franks gesprochen, dass bei seiner Erklärung von Selbstbewusstsein der De-Se-Constraint nicht hinreichend beachtet wird. Selbstbewusstsein ist nicht bereits dann erklärt, wenn behauptet wird, dass ein mentaler Zustand sich selbst – direkt oder indirekt – repräsentiert. Es gilt außerdem zu klären, wie durch die Selbstrepräsentation die Information besteht bzw. gewonnen wird, dass man Bewusstsein von *sich selbst* besitzt. Die Auskunft, dass die Selbstrepräsentation eines mentalen Zustands eine zirkuläre Struktur aufweist, sodass er eine unvollständige, indirekte Repräsentation von sich selbst besitzt, erklärt nicht, wie und warum der mentale Zustand die Information zu enthalten vermag, dass er sich selbst repräsentiert bzw. dass er von sich selbst repräsentiert wird.[311] Die Tatsache, dass ein mentaler Zustand sich selbst – direkt oder indirekt – repräsentiert, bedeutet nicht, dass der mentale Zustand damit oder deswegen die Information besitzt, dass er *sich selbst* repräsentiert.[312] Es bedeutet nicht, dass die Repräsentation die Information enthält, dass man selbst repräsentiert wird bzw. Bewusstsein von sich selbst hat. Wenn ein mentaler Zustand diese Information nicht einschließt, ist jedoch nicht nachzuvollziehen, warum durch eine Selbstrepräsentation Selbstbewusstsein gewonnen werden können soll. Selbstbewusstsein zeichnet sich dadurch aus, dass es die Information enthält, dass Bewusstsein von *einem selbst* besteht.

310 Williford 2006a, 124, Williford & Landini & Rudrauf 2012, 335, Williford 2015, 69, 78–79.

311 Frank 2012, 384: »Selbst wenn wir zirkuläre Verwicklungen als real bestehend zulassen wollen […] kann das ergebnislose Kreisen des Ichs oder des Bewusstseins doch nicht erklären, wie es von seiner Einheit ein Bewusstsein erwerben kann. Denn – in Fichtes Worten – das Ich setzt sich ja nicht nur zirkulär selbst voraus, sondern kennt sich *als* sich. Das würde aus der Zirkelstruktur nicht verständlich werden«.

312 Dieser Einwand wird ausführlicher begründet in Lang 2019.

Williford entwickelt in *Zahavi versus Brentano: A Rejoinder* sowie gemeinsam mit Gregory Landini und David Rudrauf in *The Paradoxes of Subjectivity and the Projective Structure of Consciousness* eine modifizierte Fassung seines Ansatzes. Er vertritt weiterhin den Standpunkt, dass die Selbstrepräsentation eine relationale Struktur aufweist. Er bezeichnet sie nunmehr als *Self-acquaintance*.[313] Die Selbstbekanntschaft ist eine relationale, repräsentationale Beziehung. Sie ist jedoch eine ausgezeichnete repräsentationale Beziehung. Im Fall der Selbstbekanntschaft ist garantiert, dass der Gegenstand, der repräsentiert ist, existiert und dass er »präsent« ist. »Präsent zu sein« bedeutet so viel wie »being before the mind«. Ein Beispiel für präsent sein stellt bspw. die bewusste visuelle Wahrnehmung eines Gegenstandes dar.[314] Im Unterschied zu Willifords Ansatz in *The Self-Representational Structure of Consciousness* erfolgt die Selbstrepräsentation jedoch nicht indirekt, vermittelst einer Repräsentation$_1$, die ihrerseits von einer Meta-Repräsentation repräsentiert wird. Die Selbstrepräsentation ist *direkt*. Eine Bewusstseinsepisode ist ein Medium bzw. ein Bewusstseinsraum, der mehrere sensorische Qualitäten beinhaltet.[315] Der Bewusstseinsraum steht in einer relationalen, repräsentationalen Beziehung zu sich selbst, aber zugleich auch zu den vorhandenen sensorischen Qualitäten.[316] Das heißt, die Selbstrepräsentation des Bewusstseins als der Bewusstseinsraum, in dem sensorische Qualitäten auftreten, ist direkt, wenngleich infolge der relationalen repräsentationalen Struktur das Bewusstsein, insofern es repräsentiert wird, weiterhin als ein Objekt für das repräsentierende Bewusstsein beschrieben wird. Nach Williford haben somit sowohl das repräsentierte Bewusstsein als auch die sensorischen Qualitäten den Status von Objekten gegenüber dem repräsentierenden Bewusstsein.[317] Sowohl das repräsentierte Bewusstsein als auch die repräsentierten sinnlichen Qualitäten unterscheiden sich vom repräsentierenden Bewusstsein, da sie repräsentiert werden und *für es*

313 Williford 2006b, 4–5, 8.

314 Williford 2006b, 4, 8.

315 Williford 2006b, 5: »Treat sensory qualities like parts of an episode [of consciousness] and the episode like their whole.«

316 Williford 2006b, 5. Nach Williford ist es sinnvoll davon zu sprechen, dass Bewusstsein repräsentiert.

317 Sie unterscheiden sich u.a. dadurch, dass die sensorischen Qualitäten transzendent sind. Das heißt, sie haben Aspekte, die dem Bewusstsein verborgen sind. So besitzt etwa ein Buch eine Rückseite, die in einer visuellen Wahrnehmungssituation verborgen sein mag, aber entdeckt werden kann. Das Bewusstsein ist für das Bewusstsein demgegenüber nicht verborgen und es weist keine Profile (profiles) auf.

vorhanden sind.[318] Nach Williford schließt phänomenales Bewusstsein deswegen Selbstbewusstsein mit ein, da das repräsentierende Bewusstsein den Unterschied zwischen sich selbst als das repräsentierte Bewusstsein und den sensorischen Qualitäten durch ein intrinsisches Merkmal erkennt, welches das Bewusstsein auszeichnet. Das Bewusstsein ist intrinsisch unterschieden von seinen Teilen, den sensorischen Qualitäten, da sie *in* ihm auftreten und damit der Unterschied zwischen einem Ganzen, dem Bewusstsein, und seinen Teilen vorliegt.[319] Diese Differenz wird durch die Self-acquaintance repräsentiert. Sie zeigt sich für das Bewusstsein von dieser Differenz verantwortlich.[320]

Auch Willifords modifizierter Ansatz erklärt nicht, worin die Konstitution von Selbstbewusstsein und mithin von dem subjektiven Selbstbewusstsein besteht. Um Selbstbewusstsein erklären zu können, genügt es nicht, dass ein Bewusstsein des *Unterschieds* zwischen dem Bewusstsein und den sensorischen Qualitäten besteht. Die Frage, die es zu beantworten gilt, lautet, warum das Bewusstsein von diesem Unterschied die Vorstellung miteinschließt, dass es das *eigene* Bewusstsein ist, das repräsentiert wird. Das Bewusstsein eines Unterschieds zwischen dem Bewusstsein und sensorischen Qualitäten schließt als solches diese Information nicht ein. Schließlich besitzen sowohl die repräsentierten sensorischen Qualitäten als auch das repräsentierte Bewusstsein den Status von *Objekten* gegenüber dem repräsentierenden Bewusstsein. Auch wenn sich diese Objekte unterscheiden, – das repräsentierte Bewusstsein ist der ganze Bewusstseinsraum, in dem die sensorischen Bestandteile auftreten, (welche im Unterschied

318 In diesem Zusammenhang werden die Ausdrücke ›Bewusstsein‹ und ›Subjekt‹ synonym verwendet. Ein Subjekt zeichnet sich dadurch aus, dass für es Inhalte vorhanden sind. Vgl. Williford & Rudrauf & Landini 2012, 325.

319 Es ist für mich nicht klar ersichtlich, worin nach Williford genau das intrinsische Merkmal des Bewusstseins besteht, durch das es sich von den sensorischen Qualitäten unterscheidet.

320 Williford 2006b, 5: »If there is always some intrinsic feature that distinguishes it from all its other objects of acquaintance, the problem is solved. It has such a feature. The whole is intrinsically different from its proper parts. Its self-acquaintance involves the simultaneous acquaintance with its parts. And the *difference* between the parts and the whole is manifest via acquaintance. [...] Put abstractly, if x is acquainted with y and z at t, and y≠z, then x is acquainted with the *difference* between y and z (or the *fact* that they are different). [...] And it is easy to see that if an episode is selfacquainted and acquainted with its parts (sensory qualities, by hypothesis), it will be acquainted with its *difference* from them. In this way, sensory qualities preserve their long-puzzling aspect: they are transcendent in that they are *not* the episode of consciousness; yet they belong to the episode that comprises them.« Vgl. Williford & Rudrauf & Landini 2012, 325.

zum Bewusstsein selbst transzendent sind) – erklärt dies nicht, warum das repräsentierende Bewusstsein das repräsentierte Bewusstsein als es selbst, als das eigene Bewusstsein zu begreifen vermag. Williford bleibt eine Antwort auf die Frage schuldig, warum das Bewusstsein durch die Selbstrepräsentation die Information enthält, dass es Bewusstsein von *sich selbst* hat, und worin die Konstitution dieser Information besteht. Warum soll durch die Selbstbekanntschaft nicht bloß ein Bewusstsein vom Unterschied zwischen dem Bewusstsein und den sensorischen Qualitäten vorliegen? Sowohl das Bewusstsein als auch diese Qualitäten sind Objekte für das repräsentierende Bewusstsein. In diesem Punkt stimmen sie überein. Warum soll durch die Selbstbekanntschaft zudem die bewusste Information bestehen, dass eines dieser Objekte, das Bewusstsein, das *eigene* Bewusstsein ist? Wie überzeugende Antworten auf diese Fragen im Rahmen von Willifords Theorie lauten könnten, ist unklar. Willifords Modell scheint, wenn überhaupt, dann lediglich zeigen zu können, warum Bewusstsein vom Bewusstsein besteht und damit, worin die Konstitution von anonymem Selbstbewusstsein besteht. Damit ist aber nicht erklärt, warum das Bewusstsein als das eigene Bewusstsein verstanden wird. Willifords Erklärung des egologischen Selbstbewusstseins ist somit nicht überzeugend. Es wird die Konstitution der bewussten egologischen Information nicht erklärt. Dies gilt somit auch im Fall des subjektiven Selbstbewusstseins, das eine egologische Information einschließt.[321]

Dieser Einwand zeigt, dass auch Uriah Kriegels Ansatz in *Subjective Consciousness* das subjektive Selbstbewusstsein nicht zu erklären vermag. Da gegen seinen Ansatz derselbe Einwand vorzubringen ist, der soeben gegen Williford erhoben worden ist, genügt es an dieser Stelle, ausschließlich den entscheidenden strukturellen Aspekt von Kriegels Theorie zu behandeln, bei welchem der Einwand ansetzt. Dieser Einwand lautet: Selbstbewusstsein ist nur dann erklärt, wenn erläutert wird, wie durch die Selbstrepräsentation eines mentalen Zustands *Selbst*bewusstsein gewonnen wird. Und dies ist nur dann geleistet, wenn erklärt wird, wie ein mentaler Zustand zu erkennen oder die Information zu enthalten vermag, dass er *sich selbst* repräsentiert, wenn er sich selbst repräsentiert.

Nach Kriegel ist nicht-propositionales Selbstbewusstsein ein Bestandteil einer globalen Erfahrung bzw. eines maximal bewussten mentalen Zustands.

---

321 In neueren Arbeiten vertritt Williford den Standpunkt, dass phänomenales Selbstbewusstsein anonym verfasst ist. In diesem Fall widerlegt dieses Argument sein Erklärungsmodell nicht, zumal es anonymes Selbstbewusstsein erklären soll. Das ändert aber nichts daran, dass Willifords Erklärungsmodell das subjektive Selbstbewusstsein nicht erklärt.

Ein maximal bewusster mentaler Zustand schließt unter anderem bspw. folgende Informationen mit ein:

> As I stare at the blue sky and undergo my bluish visual experience, I also at the same time hear the roar of car engines passing by; can feel the seat under me [...] I am faintly aware, in an unpleasantly anxious sort of way, that I have yet to pay last month's telephone bill, which I keep forgetting to pay.[322]

Ein maximal bewusster mentaler Zustand schließt neben phänomenalem Selbstbewusstsein bspw. auch Zeitbewusstsein und Informationen über unterschiedliche qualitative Charaktere mit ein. Kriegel nimmt somit an, dass ein maximal bewusster mentaler Zustand mehrere Bestandteile aufweist, die er im Sinne der Mereologie als logische Bestandteile eines mentalen Zustandes bestimmt. Auch nach Kriegel wird phänomenales Selbstbewusstsein durch eine Selbstrepräsentation gewonnen: Ein logischer Bestandteil M* eines mentalen Zustandes M repräsentiert den ganzen mentalen Zustand M. Die Repräsentation des ganzen mentalen Zustands M erfolgt jedoch *indirekt*, da M* nicht direkt den ganzen mentalen Zustand M repräsentiert, sondern einen weiteren, anderen Bestandteil von M, M◊. Anhand der direkten Repräsentation von M◊ durch M* wird indirekt der *ganze* mentale Zustand M repräsentiert. Kriegel begründet dies damit, dass M eine komplexe und keine »summarische« Einheit von M* und M◊ darstellt und M◊ ein hinreichend großer Bestandteil von M ist, sodass durch die Repräsentation dieses hinreichend großen Bestandteils der ganze mentale Zustand repräsentiert wird.[323] Nach Kriegel ist ein Bestandteil hinreichend groß, wenn er in etwa 80% der Einheit darstellt, zu der er gehört.[324] Komplexe Einheiten zeichnen sich dadurch aus, dass spezifische Bestandteile sich in essentiellen Beziehungen zueinander befinden.[325] Das heißt, eine komplexe Einheit besteht nur dann, wenn eine bestimmte Beziehung zwischen spezifischen Bestandteilen vorhanden ist, sodass die Einheit bereits dann nicht mehr besteht, wenn die Teile nicht mehr in einer bestimmten Beziehung zueinander stehen.[326] Der entscheidende Ge-

---

322 Kriegel 2009, 172.

323 Kriegel 2009, 225–228. Kriegel gibt unter anderem folgendes Beispiel für einen hinreichend großen Bestandteil: »For example, we may say that a painting depicts a house even though a portion of the house is occluded by a bush in the corner. It is natural to describe this as a case where a painting represents an entire house by, or in virtue of, representing a big part of it: the entire house is represented indirectly, its big part is represented directly«. Kriegel 2009, 225.

324 Kriegel 2009, 228, Fußnote 39.

325 Kriegel 2009, 221.

326 Kriegel 2009, 221–222.

danke Kriegels lautet, dass durch die Repräsentation von M◊ durch M* ein maximal bewusster mentaler Zustand gewonnen wird, sodass auch M◊ und M* bewusste Gehalte sind. Kraft dessen, dass durch die Repräsentation von M◊ durch M* der ganze mentale Zustand repräsentiert wird, ist der ganze mentale Zustand bewusst. Damit besteht auch Bewusstsein von M* und M◊, da sie logische Bestandteile des bewussten mentalen Zustands M sind. Damit sind die im vorliegenden Zusammenhang entscheidenden Überlegungen dargestellt.[327]

Auch Kriegels Ansatz erklärt nicht, wie *Selbst*bewusstsein gewonnen wird. Ein erster Einwand richtet sich gegen seine Behauptung, dass M* anhand einer direkten Repräsentation von M◊ indirekt den ganzen mentalen Zustand M zu repräsentieren vermag, da M* und M◊ logische Bestandteile einer komplexen Einheit sind und M◊ ein »großer Bestandteil« des mentalen Zustands M ist.[328] Dies scheint eine Behauptung zu sein, die nicht hinreichend begründet ist. Es ist nicht nachzuvollziehen, warum die Repräsentation eines »großen« Bestandteils M◊ einer komplexen Einheit M durch einen anderen logischen Bestandteil M* von M dazu führen soll, dass der *ganze* mentale Zustand M indirekt ebenfalls repräsentiert wird, sodass schließlich auch M* ein bewusster Gehalt eines bewussten mentalen Zustands ist. Insofern nämlich der ganze mentale Zustand nicht direkt repräsentiert ist, ist nicht der ganze mentale Zustand repräsentiert. Durch die Repräsentation eines Bestandteils, und sei er noch so groß, ist der ganze mentale Zustand nicht repräsentiert. Wenn jedoch nicht der ganze mentale Zustand repräsentiert ist, dann mag vielleicht derjenige Bestandteil des mentalen Zustands bewusst sein, der repräsentiert ist. Das gilt jedoch nicht für den repräsentierenden mentalen Bestandteil. Damit ist jedoch nicht nachvollziehbar, warum im Fall von Selbstbewusstsein die bewusste Information bestehen soll, *selber* Bewusstsein zu haben bzw. wer Bewusstsein besitzt. Entscheidend ist jedoch ein zweiter Einwand. Auch wenn M* und M◊ logische Bestandteile eines komplexen mentalen Zustandes sind und M* M◊ repräsentiert, erklärt dies nicht, wie aufgrund dieser repräsentationalen

---

327 Kriegels Ansatz ist, wie erwähnt, komplexer. Vgl. Kriegel 2009, 230. Seine »offizielle« These lautet: »For any mental state M of a subject S, M is consciouss iff there are mental states M+, M* und M◊, such that (i) M* is a proper part of M+, (ii) M◊ is a proper part of M+, (iii) M+ is a complex of M* and M◊, (iv) M* represents M+ by representing M◊, (v) there is no mental state M#, such that M# satisfies (i)–(iv) and M+ is a logical part of M#, and (vi) either (vi_a) M = M+ or (vi_b) M is an appropriate part of M+«. Der Ausdruck ›proper part‹ bedeutet, dass eine irreflexive, transitive und asymmetrische Beziehung besteht. Kriegel 2009, 217. Das Symbol M+ bezeichnet einen globalen Bewusstseinszustand, der nicht seinerseits ein Bestandteil eines umfassenderen mentalen Zustandes M# ist.

328 Kriegel 2009, 225.

Struktur M* die Information besitzt oder auch gewinnt, dass er *sich selbst* repräsentiert, wenn er M◇ repräsentiert und damit indirekt M. Ebensowenig ist erklärt, wie der ganze mentale Zustand M die Information zu enthalten vermag, dass er sich selbst repräsentiert, bzw. Selbstbewusstsein einzuschließen vermag. In dem, dass ein mentaler Zustand sich selbst repräsentiert, liegt nicht, dass er die Information enthält oder gewinnt, dass er *sich selbst* repräsentiert.[329] Schließlich liegt an sich bzw. für sich betrachtet nicht in dem, dass eines etwas repräsentiert, das es selbst ist, dass es zudem oder deswegen registriert, dass es sich selbst repräsentiert. Solange nicht erklärt ist, wie durch die Selbstrepräsentation eines mentalen Zustands diese Information gewonnen wird, ist Selbstbewusstsein nicht erklärt. Es ist nicht geklärt, wie Selbstbewusstsein die Information zu enthalten vermag, dass man Bewusstsein von sich selbst besitzt. Die Frage, wie *Selbst*bewusstsein anhand der selbstrepräsentationalen Struktur eines mentalen Zustandes gewonnen wird, wird von Kriegel somit letztlich nicht beantwortet. Kriegels Modell erklärt somit auch nicht das subjektive Selbstbewusstsein.

Die Diskussion von Willifords und Kriegels Ansätzen verdeutlicht das zugrundeliegende Problem *relationaler repräsentationaler* Interpretationen von egologischem Selbstbewusstsein. Sobald eine repräsentationale Relation besteht, ist zu fragen, wie das eine Glied der repräsentationalen Relation die Information zu enthalten oder hervorzubringen vermag, dass es sich um es selbst handelt, wenn es das andere Glied der Relation repräsentiert.[330] Es ist unklar, wie eine überzeugende Antwort auf diese Frage lauten könnte. Wenn kein Relat der repräsentationalen Beziehung eine egologische Information besitzt, ist nicht nachzuvollziehen, wie durch die Repräsentation Selbstbewusstsein gewonnen wird bzw. warum Selbstbewusstsein bestehen soll.

Es ist wichtig zu beachten, warum dieses Problem entsteht. Es entsteht deswegen, da dann, wenn eine repräsentationale Relation mit zwei Gliedern besteht, mit Blick auf beide Relata eine *strukturelle Differenz* vorhanden ist, die auch dann besteht, wenn beide Relata numerisch identisch sind: Ein Relat *hat* Bewusstsein, ist das Bewusstsei*ende* bzw. Repräsentier*ende*, das andere Relat ist *bewusst* bzw. *wird* repräsentiert.[331] Dies gilt auch dann, wenn ein wechselseitiges

329 Dies wird näher ausgeführt in: Lang 2019.

330 Auf dieses Problem hat Dan Zahavi besonders deutlich aufmerksam gemacht: »Let me add a few clarifying comments. We have seen that *original* self-awareness cannot be understood either as a relation between two acts or as a relation between the act and itself. The lesson seems to be that it is necessary to avoid theories that describe self-awareness as a kind of *relation*, since every relation – especially the subject-object relation – presupposes a *distinction* between two (or more) relata, and this is exactly what generates all the problems.« Zahavi 1999, 32–33.

331 Willford 2006a, 140.

Repräsentationsverhältnis angenommen wird, also wenn der repräsentierte mentale Zustand seinerseits den repräsentierenden mentalen Zustand repräsentiert. Aufgrund dieser strukturellen Differenz ist zu fragen, warum durch diese Beziehung *Selbst*bewusstsein konstituiert sein soll. Selbstbewusstsein zeichnet sich nicht nur durch ein Identitätsverhältnis aus. Es schließt die Information mit ein, Bewusstsein von *sich selbst* zu haben. Selbstbewusstsein ist daher nicht bereits dann erklärt, wenn eines sich selbst repräsentiert. Es gilt zu zeigen, worin die Konstitution des Bewusstseins von sich selbst besteht. Es scheint daher unausweichlich zu sein, zu verlangen, dass der repräsentierende Bestandteil nicht nur sich selbst repräsentiert, sondern auch erkennen (o.ä.) können muss, dass er sich selbst repräsentiert, wenn er die Repräsentation des repräsentierten Bestandteils leistet. Es ist daher zu fragen, woher ein Relat, welches Bewusstsein vom anderen Relat hat oder es repräsentiert, sozusagen »weiß« oder »erkennt«, dass das andere Relat, der repräsentierte Gehalt, der bewusste Inhalt, es selbst ist. Bereits durch die strukturelle Differenz, die mit den Begriffen der Selbstrepräsentation, des Bewusstseins von einem Objekt und der Self-acquaintance gegeben ist, ist diese Frage nicht von der Hand zu weisen. Auch wenn beide Relata sich wechselseitig repräsentieren, stellt sich aufgrund dieser strukturellen Differenz die Frage, wie ein Relat zu erkennen bzw. die Information zu enthalten vermag, dass es *sich selbst* repräsentiert. Und diese Frage scheint nicht beantwortet werden zu können, wenn eine relationale Struktur angenommen wird.[332] Es ist somit nicht möglich, das subjektive Selbstbewusstsein zu erklären, wenn angenommen wird, dass es eine strukturelle Differenz miteinschließt, bspw. zwischen dem Bewusstsein von der Produktion eines Ausdrucks und dem Bewusstsein, dass es sich um das eigene Bewusstsein handelt.[333] Sobald auf diese Differenz verzichtet wird, ist der relationale repräsentationale Ansatz jedoch über Bord geworfen. Da es von einem relationalen repräsentationalen Ansatz ausgehend nicht möglich ist, das subjektive Selbstbewusstsein zu erklären, ist es konsequent, diesen Schritt zu vollziehen. Das subjektive Selbstbewusstsein weist keine relationale repräsentationale Struktur auf.

---

332 Vgl. Frank 2012, 11, Levine 2006, 173.

333 In *Degrees of Self-Presence: Rehabilitating Sartre's Accounts of Pre-Reflective Self-Consciousness and Reflection* entwickelt Williford eine neue, eine dritte Position. Er vertritt nunmehr den Standpunkt, dass Selbstbewusstsein durch eine »Self-Acquaitance« gewonnen wird, die von repräsentationalem Bewusstsein zu unterscheiden ist. Er interpretiert die Struktur von Selbstbewusstsein jedoch auch weiterhin relational, sodass ein struktureller Unterschied besteht. Vgl. Williford 2015, 71ff.

KAPITEL 20

Die performative Theorie subjektiven Selbstbewusstseins

Die überwiegende Mehrheit analytischer Philosophen lehnt eine nicht-repräsentationale und nicht-relationale Interpretation menschlichen Selbstbewusstseins ab.[334] Williford formuliert zwei Einwände gegen diesen Ansatz. Der erste Einwand besagt, dass dieser Ansatz *obskur* und *mysteriös* ist, »insofar as [it] treat[s] primitive self-awareness as a *sui generis*, nonrelational feature of consciousness.«[335] Der zweite Einwand lautet, dass er nicht *erklärt*, worin Selbstbewusstsein besteht.[336] Ein Selbstbewusstsein sui generis ist »unanalyzable«.[337] Willifords erster Einwand überzeugt nicht. Er formuliert eine *These*, und zwar dass ein Erklärungsansatz dann obskur und mysteriös ist, wenn behauptet wird, dass Selbstbewusstsein eine nicht-relationale Struktur aufweist. Wie in diesem Hauptstück dargelegt wurde und die Untersuchungen von Fichte, Frank, Pothast und Zahavi zeigen, gibt es Argumente, die begründen, warum präreflektives Selbstbewusstsein eine nicht-relationale Struktur aufweist.[338] Die Begründung lautet, dass ein relationales repräsentationales Erklärungsmodell Selbstbewusstsein – mithin das subjektive Selbstbewusstsein – nicht zu erklären vermag.

Willifords zweiter Einwand ist schwerwiegend. Die Kritik an defizitären Erklärungsmodellen ermöglicht es zwar, Selbstbewusstsein besser zu verstehen. Sie legt dar, wie es *nicht* interpretiert werden sollte. Dies ist ohne Zweifel eine bedeutende Einsicht. Sie öffnet den Blick für alternative Erklärungsmodelle. Aber das ist zu wenig. Es bedarf der Entwicklung eines alternativen Modells, wie es das performative Modell darstellt.

Es ist wichtig zwischen der performativen *Beschreibung* subjektiven Selbstbewusstseins und der *spekulativen* performativen *Erklärung* dieses Phänomens zu unterscheiden. Die performative Beschreibung ist mit higher-order Theorien sowie selbstrepräsentationalistischen Theorien menschlichen Selbst-

334 Manfred Frank und Dan Zahavi stellen Ausnahmen dar. Vgl. Frank 2012, 390, 397, Zahavi 1999, 32–33.

335 Williford 2006a, 113. Vgl. Williford 2006a, 115, Kriegel 2009, 104–106.

336 Williford 2006a, 137.

337 Williford 2006a, 115.

338 Vgl. Fichte 1984, Frank 2012, 2015, Pothast 1971, Zahavi 1999.

 | DOI:10.30965/9783957437273_022

bewusstseins vereinbar. Sie ist *nicht* bereits dann widerlegt, wenn die performative Erklärung falsch ist.

Es ist zweckmäßig, die performative Beschreibung mit einer Zusammenfassung der Bestandteile des subjektiven Selbstbewusstseins zu beginnen. Es weist folgende Merkmale auf:

a. Ein mentaler Akt produziert einen linguistischen Ausdruck. Mit der Produktion dieses Ausdrucks besitzt eine Person
b. Bewusstsein vom (produzierten) Wort,
c. Bewusstsein, dass sie selbst dieses Bewusstsein besitzt,
d. Bewusstsein von der Produktion (mentalen Aktivität) des Wortes, und zwar das Bewusstsein, dass sie selbst diese Tätigkeit leistet,
e. Bewusstsein, dass sie selbst dieses Bewusstsein besitzt.

Diese Beschreibung des subjektiven Selbstbewusstseins entspricht den Tatsachen des Bewusstseins. Zwei weitere Merkmale wurden im bisherigen Verlauf der Untersuchung identifiziert. Sie lauten, dass

f. die angeführten Merkmale (a, b, c, d und e) eine Einheit darstellen. Sie sind Bestandteile *eines* Phänomens. Das subjektive Selbstbewusstsein ist ein faktives Phänomen.[339] Und schließlich, dass
g. diese Merkmale spontan entstehen. Sie entstehen und bestehen mit der Produktion eines Ausdrucks.

Die zentralen Aussagen der performativen Beschreibung subjektiven Selbstbewusstseins lauten somit, dass es 1. mit der Produktion eines Ausdrucks *entsteht*; 2. der mentale Akt (die Produktion des Ausdrucks), das Bewusstsein vom produzierten Ausdruck und Selbstbewusstsein eine *Einheit* darstellen, Aspekte *eines* Phänomens sind; und dass 3. mit dem mentalen Akt ein Bewusstsein besteht, das Informationen über die Phänomene enthält, die entstehen. Eine Person gewinnt mit der Produktion eines Ausdrucks Bewusstsein von ihrer eigenen *Produktion* des Ausdrucks sowie vom produzierten *Ausdruck* als auch davon, dass sie selbst das *Bewusstsein* vom produzierten Ausdruck sowie das *Bewusstsein* von der Produktion besitzt.

Das subjektive Selbstbewusstsein ist somit sachangemessen als ein *performatives* Phänomen bezeichnet. Performative Phänomene sind Phänomene, die in struktureller Hinsicht Eigenschaften aufweisen, die (bestimmte) performative Äußerungen auszeichnen. Performative Äußerungen sind Äußerungen, für die gilt, dass mit und durch eine Äußerung Phänomene *entstehen*, (die davon zu unterscheiden sind, dass eine Feststellung geäußert

339 Vgl. Kapitel 8.

wird).[340] Es wird mit der Äußerung ein Sachverhalt erzeugt und/oder eine Handlung vollzogen oder auch eine kognitive Einstellung eingenommen.[341] Bspw. wird unter Voraussetzung geeigneter Rahmenbedingungen mit der Äußerung des Satzes »Hiermit erkläre ich die Tagung für eröffnet« ein Sachverhalt hervorgebracht, eine Tagung ist eröffnet.[342] Zudem wird eine Erklärung abgegeben. Mit der Äußerung des Satzes »Hiermit nehme ich Deine Entschuldigung zur Kenntnis« wird eine Entschuldigung zur Kenntnis genommen. Im Fall performativer Äußerungen gilt außerdem, dass die linguistische Bedeutung der geäußerten Sätze Informationen über die Phänomene enthält, die entstehen. Sie thematisiert die Handlung oder kognitive Einstellung, die eingenommen wird: eine Erklärung wird abgegeben, etwas wird zur Kenntnis genommen. Die linguistische Bedeutung gibt über die Sachverhalte Auskunft, die mit der Äußerung entstehen: eine Tagung ist eröffnet. Schließlich stellen diese Aspekte eine Einheit dar. Sie sind Aspekte eines Phänomens. Mit und durch die Äußerung wird bspw. eine Handlung vollzogen, die von der linguistischen Bedeutung thematisiert wird. Das subjektive Selbstbewusstsein weist somit strukturelle Übereinstimmungen mit performativen Äußerungen auf. Es ist ein Phänomen, das mit der Produktion eines Ausdrucks entsteht. Es enthält Informationen über die Phänomene, die entstehen, und es besteht nicht unabhängig von der Produktion eines Ausdrucks, sondern mit der Produktion des Wortes.

Es gilt aber auch Unterschiede zu beachten. Im Fall performativer Äußerungen enthält bspw. die *linguistische Bedeutung* des geäußerten Satzes

340 Freilich gilt nicht nur für performative Äußerungen, dass mit einer Äußerung eine Handlung vollzogen wird, die von einer feststellenden Äußerung zu unterscheiden ist. Dies gilt bspw. auch dann, wenn eine Person den Satz äußert »Die Tür ist offen« und mit dieser Äußerung die Intention verbindet, den Adressaten der Äußerung dazu aufzufordern, die Tür zu schließen (und der Adressat die Intention erfasst). Damit mit einer Äußerung ein illokutionärer Akt vollzogen wird, ist nicht erforderlich, dass die linguistische Bedeutung des geäußerten Satzes den illokutionären Akt thematisiert. Vgl. Bach & Harnish 1992, 97, 103.

341 Im dritten Hauptstück werden unterschiedliche Typen von performativen Äußerungen erläutert. Mit einigen performativen Äußerungen werden Sachverhalte hervorgebracht, etwa mit der Äußerung »Out!«. Mit anderen performativen Äußerungen werden mehrere Handlungen, illokutionäre Akte, vollzogen. Bspw. wird mit der Äußerung »Ich gratuliere Dir« nicht nur etwas konstatiert, sondern zudem eine weitere Handlung vollzogen. Einer Person wird gratuliert. Mit anderen performativen Äußerungen werden kognitive Einstellungen eingenommen, etwa wenn jemand den Satz äußert »Hiermit nehme ich Deine erneute Affäre mit Bedauern zur Kenntnis«. Die Frage, welche Äußerungen performative Äußerungen darstellen, ist umstritten. Vgl. Searle 1989, 536.

342 Searle 1989, 549. Zu diesen Rahmenbedingungen zählt bspw., dass der Sprecher dieses Satzes ein Amt bzw. eine Funktion innehat, die es ihm erlaubt und ermöglicht, eine Tagung zu eröffnen.

Informationen über die Phänomene, die entstehen. Im Fall des subjektiven Selbstbewusstseins besteht *Bewusstsein* von den Phänomenen, die entstehen. Das subjektive Selbstbewusstsein ist keine performative *Äußerung*. Angesichts der vorhandenen strukturellen Übereinstimmungen ist es jedoch sachangemessen als ein performatives Bewusstseinsphänomen bezeichnet.

Die performative Beschreibung des subjektiven Selbstbewusstseins ist sowohl mit higher-order als auch mit selbstrepräsentationalistischen (higher-order) *Erklärungs*modellen vereinbar.[343] Unter Maßgabe eines klassischen (nicht-selbstrepräsentationalistischen) higher-order Erklärungsmodells ist das Bewusstsein vom mentalen Akt sowie vom produzierten Ausdruck ein Fall von transitivem Bewusstsein. Ein mentaler Zustand_1 repräsentiert den mentalen Akt und den produzierten Ausdruck. Das Bewusstsein, dass es das eigene Bewusstsein ist, wird durch einen mentalen Zustand_2 ermöglicht, der transitiv auf den mentalen Zustand_1 gerichtet ist. Der mentale Zustand_2 könnte sowohl als höherstufiger Gedanke als auch als Wahrnehmung interpretiert werden. Bei einer selbstrepräsentationalistischen Interpretation repräsentiert der mentale Zustand_1 nicht nur die mentale Aktivität und den produzierten Ausdruck, sondern auch sich selbst. Die performative Beschreibung des subjektiven Selbstbewusstseins ist mit beiden Erklärungsmodellen vereinbar, insofern die These zugestanden wird, dass das subjektive Selbstbewusstsein sich durch die dargestellten performativen strukturellen Eigenschaften auszeichnet. Diese Theorien enthalten an sich keinen Grund, warum dies nicht zugestanden sein darf. Unter Maßgabe dieser Theorien ist es jedoch nicht möglich, das subjektive Selbstbewusstsein zu erklären. Das performative *Erklärungsmodell* enthält daher zusätzlich zu den bei der performativen Beschreibung angeführten Merkmalen weitere Thesen, die – abgesehen von der im Folgenden formulierten ersten (und womöglich auch der zweiten) These – mit higher-order Theorien nicht zu vereinbaren sind. Diese Thesen lauten:

1. Das Bewusstsein vom produzierten linguistischen Ausdruck ist ein Fall von intentionalem Bewusstsein. Wenn eine Person einen Ausdruck produziert und ein Bewusstsein von diesem Ausdruck besitzt, ist der produzierte Ausdruck ein intentional bzw. transitiv bewusstes Objekt.[344]

---

343 Selbstrepräsentationalistische Theorien werden sowohl als higher-order Theorien als gelegentlich auch als same-order Theorien bezeichnet.

344 Ein Ausdruck ist freilich kein Gegenstand wie bspw. ein visuell wahrgenommener Tisch. Aber er ist auch dann ein bewusstes Objekt, wenn er innerlich produziert wird und ein innerliches intentionales Bewusstsein von ihm besteht.

2. Der mentale Akt, der den linguistischen Ausdruck *produziert, repräsentiert* den produzierten Ausdruck. Es ist eine und dieselbe mentale Aktivität, die einen Ausdruck erzeugt und damit zugleich intentionales Bewusstsein von diesem Ausdruck hervorbringt. Die Produktion eines Ausdrucks ist zugleich die Entwicklung von intentionalem Bewusstsein von diesem Ausdruck. Im Fall des subjektiven Selbstbewusstseins bedeutet Bewusstsein vom produzierten Ausdruck zu besitzen, diesen Ausdruck zu produzieren und umgekehrt.[345]

3. Das Bewusstsein, dass man selbst den mentalen Akt vollzieht, ist kein Fall von relationalem und repräsentationalem Bewusstsein. Es ist kein intentionales, propositionales Bewusstsein, kein Bewusstsein *von* etwas, einem Objekt. Dies gilt auch dann, wenn die sprachliche Darstellung dieses Selbstbewusstsein als ein Fall von Bewusstsein *von* bzw. als ein propositionales Selbstbewusstsein charakterisiert.[346] Der mentale Akt schließt ein nicht-relationales egologisches Bewusstsein mit ein. Der *mentale Akt* ist selber mit sich egologisch vertraut. Dies ist die Konsequenz, die infolge der in diesem Hauptstück dargestellten Kritik an relationalistischen Interpretationen von Selbstbewusstsein zu ziehen ist.

4. Da der mentale Akt ein Wort produziert, intentionales Bewusstsein vom produzierten Ausdruck hervorbringt und eine egologische Selbstvertrautheit einschließt, ist er ein produzierender, *repräsentationaler* Akt, der *nicht-intentionales* egologisches Selbstbewusstsein einschließt.

5. Das subjektive Selbstbewusstsein schließt die Information mit ein, dass man selbst das *Bewusstsein* vom mentalen Akt sowie das *Bewusstsein* vom produzierten Ausdruck besitzt. M.a.W. gesprochen: Das Bewusstsein wird als das *eigene* Bewusstsein verstanden. Auch diese bewusste Information ist kein Fall von intentionalem, relationalem oder repräsentationalem Bewusstsein. Sie ist ein bewusster Gehalt der egologischen Selbstvertrautheit des mentalen Akts. Die egologische Selbstvertrautheit schließt somit die Informationen mit ein, selbst einen bestimmten Ausdruck zu *produzieren* als auch selbst *Bewusstsein* vom produzierten Ausdruck und selbst *Bewusstsein* von der Produktion zu besitzen.

6. Das subjektive Selbstbewusstsein schließt kein intentionales, begriffliches *Bewusstsein* von der egologischen Selbstvertrautheit mit ein. Über die egologische Selbstvertrautheit können zwar durch philosophische Reflexion Aussagen getroffen werden. In diesem Fall erfasst die Reflexion sie jedoch nicht *als solche*, sondern im Modus intentionalen, begrifflichen Bewusstseins. Die egologische Selbstvertrautheit ist ein kognitives Präfix intentionalen

345 Bei dieser These gilt es die Einschränkungen zu beachten, die im 1. Hauptstück erläutert worden sind.

346 Vgl. Kapitel 14.

Bewusstseins, das aus strukturellen Gründen *als solches*, das heißt, als Präfix, kein Objekt intentionalen Bewusstseins sein kann.[347]

7. Der produzierte Ausdruck ist *nicht* im Modus der Selbstvertrautheit bewusst. Er ist ein intentional bewusster Inhalt. Ein intentional bewusster Inhalt ist ein *Objekt*,[348] das bedeutet u.a. etwas, mit dem der mentale Akt *nicht* egologisch selbstvertraut ist. Da der mentale Akt sowohl egologische Selbstvertrautheit einschließt als auch intentionales Bewusstsein von einem Objekt hervorbringt, *schließt* er das Objekt aus der egologischen Selbstvertrautheit *aus* (bzw. schließt er es nicht mit ein). Das ist ein Aspekt seiner Leistung. Er besitzt egologische Selbstvertrautheit in Abgrenzung von einem intentional bewussten Ausdruck, den er aus seiner Selbstvertrautheit ausschließt. Der mentale Akt schließt daher zwei unterschiedliche Bewusstseinsmodi mit ein: egologische Selbstvertrautheit und intentionales Bewusstsein. Er vergleicht sie jedoch nicht. Ein Vergleich beider Bewusstseinsmodi erfolgt allererst mit der philosophischen Reflexion über den Unterschied zwischen der egologischen Selbstvertrautheit einerseits und intentionalem Bewusstsein vom produzierten Wort andererseits.

8. Die egologische Selbstvertrautheit ist – in *bewusstseinstheoretischer* oder epistemologischer Hinsicht – *nicht* weiter erklärbar. Das heißt, es ist nicht möglich, näher zu erklären, wie die Information gewonnen wird, dass man selbst einen Ausdruck produziert und dass man selbst Bewusstsein besitzt. Es wurde jedoch begründet, warum das subjektive Selbstbewusstsein eine egologische Selbstvertrautheit darstellt bzw. ein selbsttransparenter egologischer mentaler Akt ist. Die Behauptung, dass die egologische Selbstvertrautheit in bewusstseinstheoretischer Hinsicht nicht weiter erklärt werden kann, *entspricht* zudem gerade dem Standpunkt des performativen Erklärungsmodells (vgl. Punkt 11). Sie formuliert eine zentrale These dieses Ansatzes.

9. Das subjektive Selbstbewusstsein ist ein *performatives* Bewusstseinsphänomen. Dies ist es nicht nur aufgrund von den bei der performativen Beschreibung subjektiven Selbstbewusstseins dargestellten strukturellen Übereinstimmungen mit performativen Äußerungen. Die *Einheit* von Selbstbewusstsein und dem mentalen Akt zeichnet sich durch eine spezifische *performative Identität* aus, die bestimmte performative Äußerungen aufweisen. Es sind dies performative Äußerungen, mit denen eine Handlung vollzogen wird, welche die linguistische Bedeutung ausdrückt, wie bspw. die Äußerungen »Ich

347 Vgl. Kapitel 14.

348 Vgl. Williford 2006b, 3.

verspreche zu kommen« oder »Ich erkläre die Tagung für eröffnet«.[349] Diese performativen Äußerungen zeichnen sich dadurch aus, dass eine Äußerung *mehr* als eine feststellende Aussage darstellt, die wahr ist.[350] Sie schließen neben dem Behaupten oder Feststellen (constate) einen zweiten illokutionären Akt mit ein.[351] Mit der performativen Äußerung wird eine weitere Handlung vollzogen. So wird bspw. mit der Äußerung des Satzes »Ich verspreche zu kommen«, nicht nur etwas festgestellt (illokutionären Akt_1), sondern es wird zudem ein Versprechen gegeben (illokutionärer Akt_2). Auch wenn eine performative Äußerung zusätzlich zu dem, dass mit ihr etwas konstatiert wird, eine weitere Handlung darstellt, ist die Äußerung *selber* der Vollzug dieser Handlung (illokutionärer Akt_2).[352] In dem erwähnten Beispiel ist die *Handlung* des Gebens eines Versprechens nichts anderes als die *Äußerung* des Satzes. Der Sprecher muss den Satz »Ich verspreche zu kommen« *äußern*, damit er ein *Versprechen* gibt und er gibt ein Versprechen, indem er den Satz äußert.[353] Das bedeutet, dass die linguistische Bedeutung des geäußerten Satzes die Handlung *ausdrückt* und *realisiert*. Die linguistische Bedeutung des verwendeten Verbs (oder Satzes) enthält Informationen über die Handlung (illokutionärer Akt_2), die mit der Äußerung vollzogen wird.[354] Sie enthält die Information, was für eine bzw. welche Handlung vollzogen wird.[355] Andernfalls ist eine Äußerung keine performative Äußerung: Wenn die linguistische Bedeutung die Handlung *nicht* ausdrückt, die mit der Äußerung vollzogen wird – oder das Phänomen (den Sachverhalt), das mit der Äußerung hervorgebracht wird –,

---

349 Die folgenden Ausführungen orientieren sich vor allem an John Searles *How performatives work*. Searle 1989.

350 Vgl. etwa Searle 1989, 535, 543. Sie ist eine wahre Aussage, da die Äußerung – unter Voraussetzung bestimmter Rahmenbedingungen, wie dass die Äußerung aufrichtig erfolgt – das Phänomen realisiert, welches die linguistische Bedeutung ausdrückt. Searle 1989, 540. Das bedeutet, sie sind selbstverifizierende Äußerungen. Es ist umstritten, ob performative Äußerungen Aussagen sind, das heißt, Sätze, die wahr oder falsch sind. Vgl. Bach 1975.

351 Vgl. Searle 1989, 535. Es ist umstritten, ob performative Äußerungen zwei illokutionäre Akte miteinschließen. Vgl. Harnish 2007, 12.

352 Searle 1989, 537. Vgl. die Debatte zwischen Searle 1989 sowie Bach & Harnish 1992.

353 Austin 1979, 235, Hornsby 2008, 903, Searle 1989, 538, 555.

354 Searle 1989, 537: »As I shall use these expressions a *performative sentence* is a sentence whose literal utterance in appropriate circumstances constitutes the performance of an illocutionary act named by an expression in that very sentence in virtue of the occurrence of that expression. A *performative utterance* is an utterance of a performative sentence token, such that the utterance constitutes the performance of the act named by the performative expression in the sentence.«

355 Austin 2002, 90–91.

ist sie keine performative Äußerung.[356] Die linguistische Bedeutung *realisiert* zudem die Handlung bzw. *stellt* sie die Handlung *dar*. Sie ist das Medium oder das Vehikel, durch das die Handlung realisiert oder vollzogen wird. Die linguistische Bedeutung ist ein wesentlicher *Bestandteil* des *Vollzugs* der Handlung (illokutionärer Akt_2): Was die linguistische Bedeutung ausdrückt, trägt zur Handlung mit bei.[357] So wird bspw. mit der Äußerung des Satzes »Ich verfluche Sie« eine Person verflucht, da dieser Satz das Verb »verfluchen« enthält. Desweiteren zeichnen sich performative Äußerungen dadurch aus, dass sie *selbstgarantierend* (self-guaranteeing) sind.[358] Sie sind selbstgarantierend, da der Sprecher sich (u.a.) kraft der linguistischen Bedeutung hinsichtlich der Handlung (illokutionärer Akt_2) nicht irren kann, die er vollzieht.[359] Schließlich garantieren performative Äußerungen die *Existenz* des Phänomens, über das die linguistische Bedeutung Informationen enthält. Mit der performativen Äußerung *entsteht* ein Phänomen, bspw. wird eine Erklärung abgegeben, sodass die performative Äußerung die Existenz des Phänomens, der Handlung, garantiert, über das die linguistische Bedeutung Informationen enthält.

Diese Aspekte zeichnen die *performative Identität* performativer Äußerungen aus, welche die Äußerung, die Handlung (illokutionärer Akt_2) und die linguistische Bedeutung betrifft: Eine Äußerung ist eine Handlung und besitzt eine linguistische Bedeutung, welche die Handlung realisiert. Die linguistische Bedeutung enthält Informationen über das Phänomen, das mit der Äußerung entsteht, bzw. die Handlung, die vollzogen wird. Die performative Äußerung garantiert die Existenz eines Phänomens sowie, dass ein Sprecher sich nicht hinsichtlich der Handlung, die er vollzieht, irren kann.

Entsprechend dem performativen Erklärungsmodell zeichnet sich die Einheit von dem mentalen Akt und dem Selbstbewusstsein durch eine in struktureller Hinsicht übereinstimmende *performative Identität* aus. So wie eine performative Äußerung mehr als eine feststellende Aussage darstellt, nämlich eine (weitere) Handlung darstellt, ist der mentale Akt *mehr* als nur

---

356 Searle 1989, 536: »[S]ome illocutionary acts can be performed by uttering a sentence containing an expression that names the type of speech act, as in for example, »I order you to leave the room.« These utterances, and only these, are correctly described as performative utterances«.

357 Searle 1989, 537–539. Bach und Harnish teilen diesen Standpunkt nicht. Die Tatsache, dass die linguistische Bedeutung Informationen über den Akt enthält, der vollzogen wird, spielt ihrer Ansicht nach keine Rolle bei der Durchführung des Aktes. Bach & Harnish 1992, 97, 103. Vgl. Kapitel 21 dieser Untersuchung.

358 Vgl. Searle 1989, 538f. Bach und Harnish kritisieren auch Searles These, dass performative Äußerungen selbst-garantierend sind. Vgl. Bach & Harnish 1992, 104.

359 Vgl. Searle 1989, 539: »Performative utterances are self-guaranteeing in the sense that the speaker cannot be lying, insincere, or mistaken about the type of act being performed«.

ein Akt, der einen Ausdruck produziert. Er ist zudem ein bewusster Akt. Er schließt intentionales Bewusstsein von etwas, einem Ausdruck, sowie ein nicht intentionales egologisches Bewusstsein sui generis vom mentalen Akt mit ein. Und so wie im Fall performativer Äußerungen die linguistische Bedeutung Informationen über die Handlung (illokutionärer Akt_2) enthält, die vollzogen wird – bzw. über die Phänomene, die entstehen –, besteht eine nicht-intentionale egologische Selbstvertrautheit des transitiven *Bewusstseins* sowie des nicht-relationalen *Bewusstseins* vom Akt. Das heißt, der mentale Akt schließt bewusste Informationen über die Phänomene mit ein, die entstehen. Die egologische Selbstvertrautheit ist ein wesentlicher Bestandteil des mentalen Akts. Er realisiert sich *mit* ihr. Dieses sich selbst bewusst Erfassen ist, was der Akt *ist*; so wie bspw. im Fall der performativen Äußerung »Ich verspreche zu kommen« die Äußerung dieser Wörter das Geben eines Versprechens ist. Der mentale Akt und die egologische Selbstvertrautheit sind dasselbe. Sie zeichnen sich durch eine performative Identität aus.

Desweiteren enthält das subjektive Selbstbewusstsein unter Voraussetzung bestimmter Rahmenbedingungen, welche die Regel 17 formuliert, keine falschen Informationen. So wie performative Äußerungen selbstgarantierend sind, ist kraft der performativen Identität, die den selbstbewussten mentalen Akt auszeichnet, *garantiert*, dass das subjektive Selbstbewusstsein keine falsche Information enthält: Der mentale Akt repräsentiert denjenigen Ausdruck, den er produziert; Produzieren bedeutet Repräsentieren, sodass kein Bewusstsein von einem Ausdruck vorhanden ist, den der Akt nicht produziert. Der Akt schließt eine egologische Selbstvertrautheit ein, *mit* deren Bestehen er sich allererst vollzieht, sodass er weder sich vollzieht, wenn keine egologische Selbstvertrautheit vorhanden ist, noch eine egologische Selbstvertrautheit besteht, wenn er sich nicht vollzieht.[360] Es ist daher ausgeschlossen, dass eine Person bspw. die bewusste Information besitzt, dass sie selbst einen Ausdruck produziert, während sie in Wahrheit diesen Ausdruck nicht hervorbringt. Schließlich *entstehen* mit der Produktion eines Wortes Phänomene: ein Ausdruck wird repräsentiert und es besteht Selbstbewusstsein. Der performative mentale Akt schließt daher auch eine Existenzgewißheit mit ein. Es ist garantiert, dass Bewusstsein vom produzierten Ausdruck besteht und das egologische Selbstbewusstsein vorhanden ist. Und da ein Subjekt (zumindest) dann existiert, wenn es aktuell Selbstbewusstsein besitzt, garantiert

360 Vgl. Kapitel 6. Wenn bestimmte Rahmenbedingungen nicht erfüllt sind, wie bspw. dass der Sprecher eine rationale Person ist, ist es möglich, dass eine Person einen Ausdruck produziert und dass sie kein Bewusstsein davon besitzt, dass sie diesen Ausdruck produziert.

der performative Akt auch die aktuelle Existenz des Subjekts. Der Begriff der performativen Identität ermöglicht es somit, ein *Modell* zu entwickeln, das die Einheit vom mentalen Akt und egologischem Selbstbewusstsein erklärt.

10. Die Kernaussage des performativen Erklärungsmodells besteht somit in einer ontologischen Aussage. Sie lautet, dass eine Person im Fall der Produktion eines Ausdrucks subjektives Selbstbewusstsein besitzt, da der mentale Akt, der diesen Ausdruck hervorbringt, ein *performativ-selbstbewusster* Akt ist. Egologisch mit sich vertraut zu sein, ist, was der Akt *ist*. Das subjektive Selbstbewusstsein ist ein performativ-selbstvertrauter Akt. Da der mentale Akt spontan sich vollzieht, das egologische Selbstbewusstsein eine nicht-intentionale Struktur aufweist und der mentale Akt sowie das subjektive Selbstbewusstsein performativ identisch sind, ist das subjektive Selbstbewusstsein ein *basales*, irreduzibles Phänomen. Eine weitere Erklärung dieses Phänomens zu verlangen, ist unter Maßgabe des performativen Modells sinnlos und ist nicht möglich.

11. Auch wenn in Punkt 8 ausgeführt wurde, dass die egologische Selbstvertrautheit in bewusstseinstheoretischer Hinsicht nicht weiter erklärt werden kann, enthält der performative Ansatz somit ein *aktontologisch-performatives* Erklärungsmodell des subjektiven Selbstbewusstseins: Nach dem performativen Modell vollzieht sich der mentale Akt spontan und schließt transitives Bewusstsein vom produzierten Ausdruck sowie egologische Selbstvertrautheit mit ein. Der transitiv bewusste Ausdruck wird aus der egologischen Selbstvertrautheit ausgeschlossen, die eine nicht-relationale Struktur auszeichnet. Der mentale Akt und die Selbstvertrautheit zeichnen sich durch eine performative Identität aus: Ein egologisch mit sich vertrauter Akt zu sein, ist, was der mentale Akt ist, sodass er sich nur dann vollzieht, wenn er mit sich egologisch vertraut ist und transitives Bewusstsein vom erzeugten Ausdruck hervorbringt. Das subjektive Selbstbewusstsein ist daher ein performatives Phänomen. Eine weitergehende Erklärung ist aufgrund der nicht-intentionalen Struktur des subjektiven Selbstbewusstseins, seiner performativen Identität mit dem mentalen Akt und der Spontaneität, mit der das Phänomen entsteht, nicht möglich. Anderenfalls wäre das subjektive Selbstbewusstsein kein performatives und basales Phänomen.

12. Es ist wichtig zu beachten, dass das performative Modell des subjektiven Selbstbewusstseins *ausschließlich* das »Meinigkeitsbewusstsein« zu erklären versucht, das unter Voraussetzung der Erfüllung bestimmter Rahmenbedingungen bei der Produktion von Wörtern besteht. Es erklärt also bspw. weder begriffliches Selbstbewusstsein oder diachrones Selbstbewusstsein. Es erklärt somit aber auch *nicht* – und das ist entscheidend – Ich-Bewusstsein (me-ness). Das Bewusstsein, selbst ein Subjekt zu sein, das bestimmte

Handlungen leistet, von denen es unterschieden ist, ist von dem subjektiven Selbstbewusstsein zu unterscheiden.[361]

Damit ist das spekulative performative Modell in seinen Grundzügen skizziert. Es enthält eine *aktontologische* Interpretation des subjektiven Selbstbewusstseins und besagt *mehr* als nur, dass es ein nicht-relationales Selbstbewusstsein ist. Es formuliert ein von Williford zu Recht eingefordertes nicht-intentionales *Erklärungsmodell* von Selbstbewusstsein. Gegen dieses Modell sprechen mehrere Einwände. Es bedarf außerdem einer näheren Erläuterung. In den folgenden Kapiteln werden einige dieser Einwände diskutiert und nähere Erläuterungen nachgereicht.

361 Vgl. die Ausführungen in Kapitel 10.

KAPITEL 21

Einwände gegen die performative Theorie I

Die performative Beschreibung des subjektiven Selbstbewusstseins ist mit higher-order Theorien als auch mit dem performativen Erklärungsmodell vereinbar. Die bei der performativen Beschreibung identifizierten Bestandteile des subjektiven Selbstbewusstseins zeigen daher nicht, dass das performative Erklärungsmodell richtig ist. Es kann nur durch Argumente begründet oder widerlegt werden. Gegen diese Theorie scheinen Einwände zu sprechen, die in zwei Gruppen eingeteilt werden können. In diesem Kapitel werden Einwände gegen die Thesen (2) bis (11) der performativen Interpretation des subjektiven Selbstbewusstseins diskutiert. Im nächsten Kapitel werden allgemeine Einwände gegen den performativen Ansatz als solchen behandelt.

Die These 1 der performativen Erklärung des subjektiven Selbstbewusstseins ist mit higher-order Theorien vereinbar. Sie ist daher unproblematisch. Gegen die These 2 spricht insbesondere folgender Einwand. Es ist möglich, dass ein mentaler Akt einen Ausdruck produziert. Es ist auch möglich, dass er einen Ausdruck repräsentiert. Es ist aber nicht möglich, dass ein und derselbe Akt beides zugleich leistet, also sowohl einen Ausdruck produziert als auch repräsentiert. Diese These ist jedoch nicht unbegründet. Zunächst gilt es zu beachten, dass vom Standpunkt der performativen Theorie aus betrachtet die These, dass ein mentaler Akt einen Ausdruck produziert und zugleich repräsentiert, nicht überraschend ist, sondern Ausdruck des performativen Gedankens. Performative Äußerungen sind Äußerungen, die eine linguistische Bedeutung besitzen, welche Informationen über die mit der Äußerung produzierten Phänomene enthalten. So enthält bspw. die linguistische Bedeutung des geäußerten Satzes »Ich erkläre das Büffet für eröffnet« Informationen über die Phänomene, die mit der Äußerung entstehen: ein Büffet ist eröffnet, eine Erklärung wird gegeben. Vom Standpunkt des performativen Modells aus betrachtet ist dieser Einwand daher nicht überzeugend. Er formuliert eine *externe* Kritik am performativen Modell, die sich nicht auf den Standpunkt des kritisierten Modells einlässt und daher nicht aus *internen* Gründen zu zeigen vermag, dass dieses Modell falsch ist.

Die performative Theorie hat außerdem einen entscheidenden Vorteil gegenüber higher-order Theorien. Nach dem performativen Ansatz ist der Akt der Produktion eines Ausdrucks zugleich ein Akt der Repräsentation dieses Ausdrucks. Es ist daher ausgeschlossen, dass der Akt einen anderen Ausdruck

 | DOI:10.30965/9783957437273_023

repräsentiert als er produziert. Ein Schlüsseleinwand gegenüber higher-order Theorien lautet demgegenüber, dass aufgrund der repräsentationalen Struktur menschlichen Bewusstseins die Möglichkeit nicht ausgeschlossen ist, dass der mentale Zustand höherer Stufe einen *anderen* Gehalt repräsentiert als der mentale Zustand niederer Stufe.[362] Dies bedeutet, dass im Fall des subjektiven Selbstbewusstseins die Möglichkeit nicht ausgeschlossen ist, dass ein Ausdruck produziert wird, von dem kein transitives Bewusstsein besteht, oder auch, dass transitives Bewusstsein von einem Ausdruck vorhanden ist, der nicht produziert worden ist. Die Regel 17 besagt jedoch, dass dies ausgeschlossen ist.

Eine weitere Überlegung spricht für den performativen Ansatz. Wenn der mentale Akt, der einen Ausdruck produziert, nicht zugleich Bewusstsein von diesem Ausdruck mit einschließt, sind zwei mentale Leistungen bzw. mentale Zustände zu unterscheiden. Eine mentale Tätigkeit$_1$ produziert einen unbewussten Ausdruck. Eine weitere mentale Tätigkeit$_2$ (bzw. ein mentaler Zustand) repräsentiert die mentale Tätigkeit$_1$, die den unbewussten Ausdruck erzeugt. Durch diese Repräsentation wird der produzierte Ausdruck ein bewusster Ausdruck. Da das Bewusstsein vom Ausdruck durch zwei unterschiedliche mentale Leistungen gewonnen wird, ist die Möglichkeit einer fehlerhaften Repräsentation nicht ausgeschlossen. Das bedeutet, dass der mentale Akt$_1$ einen Ausdruck produziert, der sich von dem Ausdruck unterscheidet, der von der mentalen Tätigkeit$_2$ repräsentiert wird. Es ist somit zu fragen, welcher Ausdruck bewusst ist. Der von der mentalen Tätigkeit$_1$ erzeugte unbewusste Ausdruck kann nicht der bewusste Ausdruck sein, da er von der mentalen Tätigkeit$_2$ nicht repräsentiert wird. Also müsste derjenige Ausdruck ein bewusster Ausdruck sein, der von der mentalen Tätigkeit$_2$ repräsentiert wird. Das bedeutet nun aber nichts anderes, als dass die mentale Tätigkeit$_2$ einen Ausdruck nicht nur repräsentiert, sondern zugleich produziert. Schließlich wird derjenige Ausdruck, den die mentale Tätigkeit$_2$ repräsentiert, nicht durch die mentale Tätigkeit$_1$ erzeugt. Sie erzeugt einen *anderen* Ausdruck. Also muss die Tätigkeit$_2$ den bewussten Ausdruck sowohl produzieren als auch repräsentieren. Eben dies besagt die These 2. Die These, dass eine mentale Tätigkeit einen Ausdruck produziert und damit zugleich repräsentiert, enthält die Lösung für eine Problemstellung, die entsteht, sobald der Standpunkt vertreten wird, dass eine mentale Tätigkeit$_1$ einen unbewussten Ausdruck produziert und durch eine andere mentale Tätigkeit$_2$, welche die Tätigkeit$_1$ repräsentiert, ein bewusster Ausdruck gewonnen wird.

---

362 Vgl. Gennaro 2004, 7–8, Kriegel & Williford 2006, 2, Van Gulick 2006, 15–16.

Die These 3 ist durch die Kritik an repräsentationalen Theorien gerechtfertigt. Diesen Theorien gelingt es nicht zu erklären, wie das subjektive Selbstbewusstsein gewonnen wird. Es gilt daher, dass der mentale Akt eine nicht-repräsentationale egologische Selbstvertrautheit einschließt. Dies ist die Konsequenz, die zu ziehen ist, wenn die im zweiten Hauptstück dargelegte Kritik an repräsentationalen Interpretationen von Selbstbewusstsein ernst genommen wird. Gegen die These 3 spricht jedoch folgender Einwand: Es ist absurd anzunehmen, dass der Akt *selber* Selbstbewusstsein einschließt. Es besteht Bewusstsein *von* der Produktion eines Ausdrucks. Aber dieses Bewusstsein besitzt nicht der Akt selbst, sondern ein *Subjekt*, das Akte vollzieht, aber von ihnen zu unterscheiden ist. Es gilt zwischen dem Akt der Produktion eines Ausdrucks und dem Subjekt, das Bewusstsein und Selbstbewusstsein besitzt, zu unterscheiden. Dieser wichtige Einwand wird im letzten Kapitel dieser Untersuchung diskutiert. Seine Widerlegung setzt voraus, dass die Bedeutung des Ausdrucks ›Subjekt‹ sowie das Verhältnis zwischen dem Subjekt und seinen mentalen Leistungen näher bestimmt und expliziert worden sind. Dies erfolgt in den Kapiteln 32 und 33 dieser Untersuchung.

Die These 4 zieht ein Zwischenresümee. Sie ist gerechtfertigt, wenn die Thesen 1, 2 und 3 gerechtfertigt sind. Die These 5 bedarf der näheren Erläuterung. Sie besagt, dass die egologische Selbstvertrautheit des mentalen Akts nicht nur die Information enthält, dass man selbst einen Ausdruck produziert, sondern zudem auch die Informationen, dass man selbst Bewusstsein von diesem Akt und transitives Bewusstsein vom produzierten Ausdruck besitzt. Anderenfalls würde eine Person kein subjektives Selbstbewusstsein besitzen. Sie würde bei ihrer Produktion eines Ausdrucks nicht wissen, *wer* sich des mentalen Akts bewusst ist und wer transitives Bewusstsein vom produzierten Ausdruck hat. Das Subjekt des Bewusstseins wäre anonym. Dies widerspricht den Tatsachen des Bewusstseins.

Gegen die These 5 scheint insbesondere ein Einwand zu sprechen. Er besagt, dass eine relationale und repräsentationale Interpretation nicht zu vermeiden ist, wenn Bewusstsein *vom* mentalen Akt besteht. Was soll ein Bewusstsein *von* etwas sein, wenn es nicht ein Fall von intentionalem Bewusstsein ist?[363] Zunächst gilt es zu beachten, dass die Tatsachen des Bewusstseins nicht zu entscheiden erlauben, welche Struktur das subjektive Selbstbewusstsein besitzt. Die Frage, welche Struktur es aufweist, ist durch Argumente zu entscheiden. Die Argumente, die für die performative Interpretation sprechen, wurden in unterschiedlichen Zusammenhängen präsentiert. Eine Kernaussage lautet, dass es nicht möglich ist, von einem relationalen und repräsentationalen Ansatz

363 Vgl. Kriegel 2009, 105.

ausgehend, das subjektive Selbstbewusstsein zu erklären. Nun schließt die Produktion eines Ausdrucks jedoch subjektives Selbstbewusstsein mit ein. Da ein *Phänomen* nicht falsch sein kann, sondern nur eine Theorie, welche dieses Phänomen zu erklären versucht, folgt, dass das subjektive Selbstbewusstsein ein nicht-repräsentationales egologisches Bewusstsein ist, das heißt, es stellt eine egologische Selbstvertrautheit dar. Es ist nicht sachangemessen als ein Fall von Bewusstsein *von* etwas beschrieben. Aus diesem Grund werden (soweit es stilistisch und grammatikalisch zumutbar ist) die Formulierungen egologische Selbstvertrautheit *des* Bewusstseins und *des* mentalen Akts verwendet.

Die These 6 besagt, dass das subjektive Selbstbewusstsein kein Bewusstsein von der egologischen Selbstvertrautheit miteinschließt. Die Tatsachen des Bewusstseins belegen, dass Personen kein intentionales Bewusstsein von der Selbstvertrautheit besitzen.[364] Sie ist kein Objekt des Bewusstseins, es sei denn, sie wird eigens thematisiert. Die Annahme einer zusätzlichen Selbstvertrautheit mit der egologischen Selbstvertrautheit, eine Selbstvertrautheit$_2$, ist redundant. Da die egologische Selbstvertrautheit die Information mit einschließt, dass *man selbst* Bewusstsein hat, bedarf es keiner weiteren egologischen Selbstvertrautheit$_2$ mit der egologischen Selbstvertrautheit, also bspw. mit dem Bewusstsein von der mentalen Tätigkeit. Die egologische Selbstvertrautheit$_2$ enthielte keine neue Information. Da sie nach der performativen Theorie identisch mit der egologischen Selbstvertrautheit$_1$ wäre und keine strukturelle Differenz bestünde, wäre sie von der egologischen Selbstvertrautheit$_1$ nicht zu unterscheiden.

Gegen diese Ausführungen scheint jedoch folgender Einwand zu sprechen. Wenn die egologische Selbstvertrautheit kein Bewusstsein von der egologischen Selbstvertrautheit miteinschließt, ist das *Bewusstsein*, dass man selbst Bewusstsein besitzt, anonym. Es wäre kein Fall von Selbstbewusstsein, da es nicht als das *eigene* Bewusstsein bekannt wäre. Die egologische Selbstvertrautheit wäre somit nicht von dem Bewusstsein zu unterscheiden, dass irgendjemand Bewusstsein von meinem transitiven Bewusstsein hat. Dieser Einwand trifft nicht zu. Nach der performativen Theorie schließt die Selbstvertrautheit die Information mit ein, dass *man selbst* Bewusstsein *hat* (das »Bewusstsein-Habende« ist). Es ist daher nicht erforderlich, ein Bewusstsein von der egologischen Selbstvertrautheit einzuführen, da sie gerade *nicht* anonym ist. Die egologische Selbstvertrautheit schließt die Information mit ein, dass *man selbst* eine bewusste Information besitzt bzw. selbst eine bewusste Information zu haben.

---

364 Außerdem würden damit erneut die Probleme auftreten, die relationalistische Erklärungsmodelle aufweisen.

Die Kernaussagen der These 7 lauten, dass der mentale Akt zwei unterschiedliche Bewusstseinsmodi einschließt, egologische Selbstvertrautheit und transitives Bewusstsein, und dass er das intentional bewusste Objekt aus der egologischen Selbstvertrautheit ausschließt bzw. nicht miteinschließt. Der mentale Akt enthält daher nicht die Information, dass er selbst das intentional bewusste Objekt ist. Es ist nicht möglich, das egologische Selbstbewusstsein durch den Ausschluss eines intentional bewussten Objekts aus einer anonymen Selbstvertrautheit zu erklären. Das heißt, egologisches Selbstbewusstsein wird nicht dadurch gewonnen, dass zunächst eine anonyme Selbstvertrautheit besteht und durch den Ausschluss eines intentional bewussten Objekts aus der anonymen Selbstvertrautheit die Information gewonnen wird, dass *man selbst* intentionales Bewusstsein besitzt. Wenn der mentale Akt ursprünglich anonym selbstvertraut ist, müsste die anonyme Selbstvertrautheit durch den Ausschluss eines intentionalen Objekts als die *eigene* Selbstvertrautheit erkannt werden. Wie dies möglich sein könnte, wenn er nicht bereits eine bewusste egologische Information enthält, ist nicht nachzuvollziehen. Die egologische Selbstvertrautheit ist daher ein Aspekt des mentalen Akts, der nicht weiter erklärt werden kann. Sie ist auch nicht durch den Ausschluss eines intentional bewussten Objekts aus der Selbstvertrautheit zu erklären. Bei der Darstellung der siebten These wurde erwähnt, dass der mentale Akt beide Bewusstseinsmodi nicht vergleicht. Damit wäre eine Meta-Position eingeführt. Der mentale Akt schlösse nicht nur Selbstbewusstsein mit ein und intentionales Bewusstsein von einem Objekt, sondern es bestünde außerdem intentionales Bewusstsein vom Selbstbewusstsein und dem Bewusstsein von einem Objekt. Dies widerspricht den Tatsachen des Bewusstseins.

Die These 8 wird gemeinsam mit der These 11 diskutiert. Bei der These 9 ist zu beachten, dass es weder das Ziel der performativen Theorie subjektiven Selbstbewusstseins ist, eine Theorie performativer *Äußerungen* zu entwickeln, noch das subjektive Selbstbewusstsein *vollständig* auf performative Äußerungen, 1:1, *abzubilden*. Es ist *keine* performative *Äußerung*. Entscheidend ist, dass performative Äußerungen ein *Modell* zu entwickeln ermöglichen, welches das subjektive Selbstbewusstsein zu beschreiben und zu erklären erlaubt. Die performative Interpretation des subjektiven Selbstbewusstseins ist auch nicht bereits dann widerlegt, wenn berücksichtigt wird, dass es mehrere Theorien performativer Äußerungen gibt, die bedeutende Unterschiede aufweisen.[365] Die dargestellte Interpretation performativer Äußerungen gilt in wesentlichen Punkten unabhängig davon, ob bspw. Searles Ansatz in *How Performatives Work* vertreten wird oder der Standpunkt von Austin *How to do*

365 Vgl. bspw. Harnish 2007, Reimer 1995.

things with Words? Sie enthält Aussagen über Merkmale von bestimmten performativen Äußerungen, – nämlich performative Äußerungen wie »Ich verspreche zu kommen«, mit denen eine Handlung vollzogen wird, über welche die linguistische Bedeutung Informationen besitzt –, die von einer Theorie performativer Äußerungen berücksichtigt und erklärt werden sollten. Auch wenn unterschiedliche Theorien diese Merkmale unterschiedlich bewerten und erklären, ändert dies nichts daran, dass performative Äußerungen die dargestellten Merkmale aufweisen. So betont bspw. Austin, dass performative Äußerungen die Phänomene nicht beschreiben, die mit diesen Äußerungen hervorgebracht werden, sondern sie explizit machen (making explicit).[366] Demgegenüber vertritt bspw. Bach den Standpunkt, dass mit performativen Äußerungen die Phänomene konstatiert werden, die hervorgebracht werden.[367] Gleichgültig, ob der deskriptivistische Ansatz Bachs richtig ist oder nicht, ist mit Blick auf das Phänomen, performative Äußerungen, nicht zu bestreiten, dass diese Äußerungen eine linguistische Bedeutung aufweisen, die Informationen über die Phänomene enthalten, die entstehen. Dies gilt, gleichgültig ob angenommen wird, dass damit das Phänomen, das entsteht, konstatiert wird oder expliziert wird.

Gegen die performative Erklärung des subjektiven Selbstbewusstseins scheint jedoch folgender Einwand zu sprechen: Bei der Darstellung performativer Äußerungen wird behauptet, dass die linguistische Bedeutung ein wesentlicher Bestandteil des Vollzugs einer Handlung ist. Nach Bach und Harnish ist dies jedoch falsch. Die Tatsache, dass die linguistische Bedeutung die Handlung benennt, die vollzogen wird, bedeutet nicht, dass sie einen Beitrag zum Vollzug der Handlung leistet. Die linguistische Bedeutung erleichtert dem Adressaten einer performativen Äußerung die kommunikative Intention des Sprechers zu verstehen. Aber sie »plays no special role in the performance of the act, [for example] in the making of [a] promise.«[368] Bei performativen Äußerungen werden kraft der *Intention* einer Person Handlungen vollzogen; der Akt »is nothing more than verbally expressing an attitude«.[369] Die dargestellte performative Erklärung subjektiven Selbstbewusstseins überzeugt somit nicht. Die Interpretation performativer Äußerungen ist fehlerhaft, da die linguistische Bedeutung keinen Beitrag zum Vollzug einer Handlung leistet. Performative Äußerungen geben somit kein Modell an die Hand, das erklärt,

366 Austin 1979, 245, Austin 2002, 90–91.
367 Bach 1975, 229, Bach & Harnish 1992, 93.
368 Bach & Harnish 1992, 103.
369 Bach & Harnish 1992, 107.

wie es zu verstehen ist, dass das subjektive Selbstbewusstsein ein wesentlicher Bestandteil des mentalen Akts der Produktion eines Ausdrucks ist.

Dieser Einwand trifft nicht zu. Zunächst ist zu beachten, dass Harnish selber auf Probleme des Ansatzes von Bach und Harnish aufmerksam macht.[370] Es ist daher nicht entschieden, ob ihre Theorie performativer Äußerungen richtig ist oder nicht. Außerdem überzeugt die These nicht, dass die linguistische Bedeutung kein Bestandteil des Vollzugs einer Handlung ist. Dies ist auch nicht die Pointe der Überlegungen von Bach und Harnish. Sie betonen, dass die Tatsache, dass die linguistische Bedeutung Informationen über die Phänomene enthält, die entstehen, nicht bedeutet, dass sie deswegen eine spezielle Rolle beim Vollzug einer Handlung auszeichnet.[371] Es ist auch dann möglich, mit einer Äußerung neben einer Feststellung einen weiteren illokutionären Akt zu vollziehen, etwa einen Befehl zu geben, wenn die linguistische Bedeutung nicht die Handlung ausdrückt. Dies bedeutet jedoch *nicht*, dass die linguistische Bedeutung kein wesentlicher Bestandteil des Vollzugs der Handlung ist. Schließlich kann die Intention einer Person nur dann im Zusammenhang mit einer Äußerung zum Vollzug einer Handlung führen, wenn geeignete Wörter verwendet werden. Auf diesen Aspekt machen Bach und Harnish auch aufmerksam.[372] Es ist selbstverständlich möglich, auch ohne die Äußerung eines performativen Satzes einen Befehl zu geben, wie etwa durch die Äußerung der Sätze »Die Tür ist dort drüben!« oder »Auf Wiedersehen!« den Befehl, einen Ort zu verlassen. Jedoch ist die Wahl geeigneter Ausdrücke unverzichtbar damit anhand einer Äußerung ein Befehl gegeben wird. Es müssen Ausdrücke verwendet werden, welche die Intention des Sprechers auszudrücken vermögen, sodass mit der Äußerung eine Handlung vollzogen werden *kann*. Das bedeutet jedoch nichts anderes, als dass die linguistische Bedeutung das Medium bzw. Vehikel ist, mit dem die Handlung vollzogen wird. Sie ist ein wesentlicher Bestandteil des Vollzugs der Handlung. Der dargestellte Einwand trifft daher nicht zu. Ein eindringliches Beispiel, das diese These bestätigt, ist die Absolution. Oswald Bayer hat in ausführlichen Studien gezeigt, dass »das Wort bei der Absolution [...] schafft, was es sagt«, da es »in der Definition seiner selbst zugleich mich – neu – definiert, indem es die Vergebung der Sünde mitteilt, ›wie denn die Worte lauten‹.«[373] Im Fall der Absolution sind die Wörter ein *unverzichtbarer* Bestandteil der Konstitution des Freigesprochenseins von den Sünden. Der Priester (der Pfarrer/die Pfarrerin)

370 Harnish 2007, 13. Vgl. die Kritik von Mark Jary an Bach und Harnish. Jary 2007.
371 Bach & Harnish 1992, 97.
372 Bach & Harnish 1992, 104–105.
373 Bayer 1989², 196f.

muss die Worte »Ego te absolvo« äußern, damit die Absolution erteilt und erfolgt ist. Es gibt kein anderes Mittel, mit dem die Freisprechung von Sünden erfolgt als die Äußerung eines Satzes, welcher der Bedeutung des »Ego te absolvo« entspricht.

Die in dieser Untersuchung begründete These, dass ein Bewusstseinsphänomen ein performatives Phänomen darstellt, ist nicht außergewöhnlich oder neu. Bspw. entwickeln Tyler Burge, Hector-Neri Castañeda und unlängst Wolfgang Carl performative Interpretationen bestimmter Aspekte menschlichen Bewusstseins.[374] Die Verwendung des performativen Modells für die Beschreibung und Erklärung von Phänomenen, die von performativen *Äußerungen* unterschieden sind, ist ein Bestandteil wissenschaftlicher Forschungspraxis. Die in dieser Arbeit entwickelte performative Theorie zeichnet sich jedoch nicht nur dadurch aus, dass eine performative Interpretation des *subjektiven Selbstbewusstseins* entwickelt wird. Sie zeichnet sich auch dadurch aus, dass näher dargelegt wird, was es *bedeutet*, dass ein Phänomen ein *performatives* Phänomen darstellt, und dass Voraussetzungen identifiziert werden, die erfüllt sein müssen, damit ein Phänomen, das keine Äußerung ist, sachangemessen als ein performatives Phänomen bezeichnet ist. Es wird die Frage diskutiert, wann die Bezeichnung eines Phänomens als ein *performatives* Phänomen überhaupt sachangemessen ist, und es werden strukturelle Übereinstimmungen eines Phänomens, des subjektiven Selbstbewusstseins, mit einem performativen Phänomen vergleichsweise detailliert dargestellt. Diese Aufgabenstellungen werden oftmals nicht hinreichend behandelt oder zumindest explizit erörtert, sodass nicht nachzuvollziehen ist, was mit dem Ausdruck ›performativ‹ eigentlich gesagt sein soll und wodurch sich ein performatives Phänomen von z.B. einem Phänomen unterscheidet, das spontan mit einer Äußerung entsteht oder ein anderes Phänomen inhaltlich bestimmt.[375]

Dieser Hinweis ist bedeutend. Phänomene müssen zumindest folgende Merkmale aufweisen, wenn sie sachangemessen als performative Phänomene bezeichnet sein sollen: Sie müssen mit der Produktion von linguistischen

374 Vgl. Burge 2003, Castañeda 1989, 1996², Carl 2014. Vgl. auch Bar-on 2007, Pape 2002, Pilot 2002.

375 Dies ist eine Kritik, die an einige Untersuchungen zu richten ist, die in den letzten Jahren v.a. im deutschen Sprachraum, aber auch darüber hinausgehend präsentiert worden sind. Die unspezifische Verwendung des Ausdrucks ›performativ‹ hat mehrere unerfreuliche Auswirkungen, bspw. dass diese Untersuchungen begrifflich unpräzise sind, da u.a. von Performativität die Rede ist, obgleich von Spontaneität oder Selbstreferentialität die Rede sein sollte; dass (viel zu viele) Phänomene oder Theorien nicht sachangemessen als *performativ* bezeichnet werden; sodass insgesamt das Erklärungspotential des performativen Modells leichtfertig verspielt wird.

Ausdrücken entstehen. Sie müssen mehr oder anderes als die Produktion eines Ausdrucks oder als eine feststellende Äußerung enthalten oder darstellen, also bspw. eine weitere Handlung oder ein Bewusstseinsphänomen darstellen bzw. konstituieren. Sie müssen einen linguistischen oder bewussten Gehalt aufweisen, der Informationen über das Phänomen enthält, das entsteht. Schließlich müssen diese Aspekte eine Einheit darstellen, Aspekte *eines* Phänomens sein, sodass diese Aspekte nur gemeinsam zur Konstitution des Phänomens führen. Anderenfalls ist die Bezeichnung »performativ« nicht spezifisch und sachangemessen.[376]

Die Diskussion der These 10 erfolgt im nächsten Kapitel bei der Darstellung allgemeiner Einwände gegen die performative Theorie. Gegen die These 11 scheint insbesondere folgender Einwand zu sprechen. Er besagt, dass die performative Theorie das subjektive Selbstbewusstsein nicht erklärt. Die Frage, wie egologisches Selbstbewusstsein gewonnen wird und worin es besteht, wird nicht beantwortet. Die Ausdrücke ›egologische Selbstvertrautheit‹ und ›performative Identität‹ erklären das subjektive Selbstbewusstsein nicht. Dieser Einwand überzeugt nicht. Eine zentrale These der performativen Theorie lautet, dass das subjektive Selbstbewusstsein ein basales bzw. primitives Phänomen sui generis ist. Wenn ein Phänomen ein primitives Phänomen ist, ist es nicht möglich, es weiter zu erklären, bspw. anhand der Verbindung von anderen Phänomenen oder kognitiven Leistungen. Anderenfalls wäre es kein primitives Phänomen.[377] Es ist nur möglich, eine *Begründung* des *primitiven* Status' und eine sachangemessene Beschreibung des Phänomens zu geben. Dies gilt nicht nur im Fall des subjektiven Selbstbewusstseins, sondern für alle basalen bzw. primitiven Phänomene. Das performative Erklärungsmodell begründet, *warum* das egologische Selbstbewusstsein nicht weiter erklärt werden kann. Vorausgesetzt, ein mentaler Akt ist ein spontaner, performativ selbstvertrauter Akt und sein Selbstbewusstsein weist keine relationale repräsentationale Struktur auf, kann das subjektive Selbstbewusstsein nicht weiter erklärt werden. Egologische Selbstvertrautheit einzuschließen und spontan darzustellen, ist, was den Akt auszeichnet. Das subjektive

376 In neueren Arbeiten unterscheide ich daher drei Ebenen bzw. Arbeitsschritte. Performative Äußerungen (a) erlauben es ein performatives Modell (b) zu bestimmen, sodass ein Phänomen, das die Merkmale dieses Modells aufweist, ein performatives Phänomen ist. Das subjektive Selbstbewusstsein (c) weist diese Merkmale auf. Mit Blick auf performative Äußerungen wird das performative Modell wie im Haupttext angeführt bestimmt.

377 Vgl. Kant 1995, 79: »Nun ist aber alle menschliche Einsicht zu Ende, so bald wir zu Grundkräften oder Grundvermögen gelanget sind; denn deren Möglichkeit kann durch nichts begriffen, darf aber eben so wenig beliebig erdichtet und angenommen werden.«

Selbstbewusstsein ist ein performatives Phänomen. Diese ontologische Aussage ist die letzte oder höchste Einsicht, die mit Blick auf das egologische Selbstbewusstsein möglich ist. Die These 8, die besagt, dass das subjektive Selbstbewusstsein in bewusstseinstheoretischer Hinsicht nicht weiter erklärt werden kann, widerspricht daher nicht der These 11. Das subjektive Selbstbewusstsein ist in bewusstseinstheoretischer Hinsicht nicht weiter erklärbar, das heißt, durch andere Phänomene oder kognitive Operationen erklärbar. Unter Maßgabe der aktontologischen Interpretation des subjektiven Selbstbewusstseins lautet daher die Antwort auf die Fragen, welche Struktur das subjektive Selbstbewusstsein aufweist und wie es gewonnen wird, dass es ein spontaner performativ-egologisch-selbstvertrauter mentaler Akt ist und durch diesen Akt besteht.

Die Erkenntnis, dass ein Phänomen ein primitives Phänomen ist, ist weder trivial noch absurd. Bspw. ist die Retention ein primitives Phänomen. Sie ermöglicht, dass ein soeben verklungener Ton als vergangen im Bewusstsein aktuell präsent ist. Dies ist eine ursprüngliche Leistung, die nicht weiter erklärt werden kann. Die Frage, wie es möglich ist, dass ein mentaler Akt egologische Selbstvertrautheit einzuschließen *vermag*, ist gemäß dem performativen Modell sinnlos. Sie ist ebenso sinnlos wie die Frage, wie es möglich ist, dass die Retention gerade vergangene Bewusstseinsinhalte als Vergangene im Bewusstsein gegenwärtig zu behalten vermag. Der performative selbstvertraute Akt und die Retention sind basale Grundleistungen, die nicht auf weitere Bestandteile zurückgeführt werden können.

KAPITEL 22

Einwände gegen die performative Theorie II

Gegen die performative Theorie subjektiven Selbstbewusstseins scheinen mehrere allgemeine Einwände zu sprechen, von denen an dieser Stelle nur eine Auswahl berücksichtigt werden soll, deren Diskussion diese Theorie zugleich näher erläutert. Ein erster Einwand besagt, dass bei der Darstellung des performativen Modells nicht gezeigt worden ist, dass dieses Modell mit dem Phänomen, subjektives Selbstbewusstsein, übereinstimmt. Es wurde nicht ausgewiesen, dass es eine performative Selbstvertrautheit *gibt*.[378] Es ist daher unklar, ob diese Theorie richtig ist oder nicht. Dieser Einwand überzeugt nicht. Der Ausgangspunkt der performativen Interpretation sind die in Kapitel 20 angeführten Eigenschaften des subjektiven Selbstbewusstseins. Eine Person besitzt bei ihrer Produktion eines Ausdrucks intentionales Bewusstsein vom produzierten Ausdruck sowie egologisches Selbstbewusstsein. Dies sind Tatsachen des Bewusstseins. Die Struktur subjektiven Selbstbewusstseins ist den Tatsachen des Bewusstseins aber nicht zu entnehmen. Es stellt sich daher die Aufgabe, eine Theorie zu entwickeln, welche das subjektive Selbstbewusstsein sachangemessen beschreibt und erklärt. Die Tatsachen des Bewusstseins ermöglichen es jedoch nicht zu erkennen, ob der performative Ansatz oder bspw. ein selbstrepräsentationalistischer Ansatz richtig ist. Es ist daher anhand von Argumenten zu entscheiden, welche Theorie richtig ist. Der Ausweis, dass die performative Theorie mit der Wirklichkeit übereinstimmt, ist jedoch nicht möglich. Eine Theorie darf den Tatsachen des Bewusstseins zwar nicht widersprechen. Da die performative Beschreibung des subjektiven Selbstbewusstseins jedoch sowohl mit einer selbstrepräsentationalistischen Theorie als auch dem performativen Erklärungsansatz zu vereinbaren ist, erfüllen beide Modelle dieses Kriterium. Es erlaubt daher nicht zu entscheiden, welche Theorie richtig ist. Der Ausweis der Richtigkeit einer Theorie kann allein durch Argumente erfolgen. Wenn eine argumentativ begründete Theorie subjektiven Selbstbewusstseins entwickelt worden ist, die den Tatsachen des Bewusstseins nicht widerspricht, sind das Ziel und die Aufgabe einer philosophischen Untersuchung erreicht und gelöst. Wer mehr verlangt, beachtet nicht, was die Philosophie zu leisten imstande ist und was das Ziel einer philosophischen Untersuchung des subjektiven Selbstbewusstseins sein kann.

378 Dieser Einwand richtet sich insbesondere gegen die These 10.

 | DOI:10.30965/9783957437273_024

Gegen diese Ausführungen scheint zu sprechen, dass in der Gegenwart nach Ansicht vieler Philosophen ein Kriterium für die Beurteilung der Qualität einer Theorie darin besteht, dass sie mit dem Projekt einer naturalistischen Theorie menschlichen Geistes zu vereinbaren ist.[379] Es wurde jedoch nicht gezeigt, dass die performative Theorie mit einer naturalistischen Interpretation menschlichen Bewusstseins und Selbstbewusstseins vereinbart werden kann. Higher-order Theorien sind daher vorzuziehen. Sie sind mit naturalistischen Theorien zu vereinbaren.

Die Vereinbarkeit einer philosophischen Theorie mit einer naturalistischen Erklärung menschlichen Bewusstseins ist jedoch solange kein überzeugendes Kriterium wie nicht nachgewiesen worden ist, dass der naturalistische Standpunkt richtig ist. Dieser Nachweis ist bislang aber nicht erbracht worden und es ist äußerst fragwürdig, ob er jemals gelingen wird. Die Untersuchung der Frage, ob die performative Theorie mit dem Projekt einer naturalistischen Erklärung menschlichen Bewusstseins vereinbart werden kann, ermöglicht es daher nicht zu entscheiden, ob die performative Theorie richtig ist. Bei einer philosophischen Untersuchung des subjektiven Selbstbewusstseins sollte die Frage, ob eine Theorie mit dem naturalistischen Standpunkt vereinbar ist, keine die Forschung leitende Rolle spielen. Anderenfalls beruht die Entwicklung einer philosophischen Theorie auf Voraussetzungen und Einschränkungen, die nicht begründet sind – und in einer philosophischen Untersuchung nicht verwendet werden sollten oder zumindest nicht verwendet werden müssen. Die Frage, ob die performative Theorie mit dem Projekt einer naturalistischen Erklärung menschlichen Bewusstseins vereinbart werden kann, wird und muss im Rahmen dieser Untersuchung daher auch nicht behandelt werden.

Ein zweiter Einwand lautet, dass unklar ist, was für einen Typ von Erklärungsmodell der performative Ansatz darstellt. Theorien phänomenalen Bewusstseins sind bspw. entweder *konstitutive* oder *konstruktive* Theorien. Kriegel erläutert den Unterschied zwischen einer konstruktiven und einer konstitutiven Theorie mit Blick auf Rosenthals higher-order Theorie phänomenalen Bewusstseins folgendermaßen:

> It is important to keep in mind that higher-order representationalism is a *constitutive*, not a *causal* thesis. Its claim is *not* that the presence of an appropriate higher-order representation *yields*, or *gives rise to*, or *produces*, M's being conscious. Rather, the claim is that the presence of an appropriate higher-order representation *constitutes* M's being conscious. It is not that, by representing M,

379 Vgl. bspw. Kriegel 2009, Williford & Rudrauf & Landini 2012.

> M* *modifies* M in such a way as to make M conscious. Rather, M's being conscious simply *consists in* its being represented by M*.[380]

Eine Theorie der Konstruktion erklärt, wie phänomenales Bewusstsein (kausal) produziert wird. Demgegenüber untersucht eine Theorie der Konstitution die Frage, worin phänomenales Bewusstsein besteht, das heißt, aufgrund von welchen repräsentationalen Leistungen und Beziehungen phänomenales Bewusstsein besteht. Die performative Theorie ist jedoch weder eine konstruktive noch eine konstitutive Theorie. Es ist daher nicht nachzuvollziehen, was diese Theorie eigentlich erklärt. Sie erklärt das subjektive Selbstbewusstsein nicht.

Es ist richtig, dass die performative Theorie keine kausale Theorie subjektiven Selbstbewusstseins entwickelt. Eine These lautet zwar, dass das subjektive Selbstbewusstsein spontan entsteht. Die performative Theorie enthält jedoch keine Theorie der Spontaneität des Selbst bzw. von Selbstbewusstsein. Die performative Theorie ist zudem auch von *repräsentationalen* konstitutiven Theorien zu unterscheiden. Diese Theorien identifizieren die repräsentationalen Leistungen und Beziehungen, die ein Phänomen ermöglichen. Da nach der performativen Theorie die egologische Selbstvertrautheit keine repräsentationale Struktur auszeichnet, ist sie von repräsentationalen konstitutiven Theorien zu unterscheiden. Das bedeutet jedoch *nicht*, dass sie keine konstitutive Theorie darstellt. Repräsentationale Theorien sind nicht die einzig möglichen und sinnvollen konstitutiven Theorien. Der performative Ansatz stellt eine *aktontologische* konstitutive Theorie dar. Sie erklärt worin das subjektive Selbstbewusstsein besteht. Der Basisbegriff dieser Theorie ist jedoch nicht der Begriff der Repräsentation, sondern der Spontaneität bzw. Performativität. Das subjektive Selbstbewusstsein ist ein performativ-selbstvertrauter Akt. Die performative Theorie beantwortet zudem u.a. die Fragen, warum eine Person dann, wenn sie ein Wort produziert, ein Bewusstsein von diesem Wort besitzt, und warum sie nicht glaubt, dass sie selbst das transitiv bewusste Objekt ist. Die Anwort lautet, dass der Akt der Produktion eines Wortes zugleich ein Akt der Repräsentation dieses Wortes ist und dass er das Objekt, das produzierte Wort, aus der Selbstvertrautheit ausschließt. Die performative Theorie erläutert, wie die Einheit von mentaler Tätigkeit und dem subjektiven Selbstbewusstsein zu verstehen ist. Sie zeichnet sich durch eine performative Identität aus. Aus diesem Grund ist garantiert, dass subjektives Selbstbewusstsein besteht, wenn ein Ausdruck produziert wird, und dass ein Ausdruck produziert wird, wenn subjektives

380 Kriegel 2009, 142. Vgl. Rosenthal 1997, 738–739.

Selbstbewusstsein besteht. Schließlich begründet diese Theorie, warum das subjektive Selbstbewusstsein ein basales bzw. primitives Phänomen ist. Denn da es spontan entsteht, da es eine nicht-repräsentationale Selbstvertrautheit auszeichnet und da der mentale Akt performativ identisch mit dem subjektiven Selbstbewusstsein ist, ist es ein Phänomen sui generis, das nicht weiter erklärt werden kann. Der Einwand, dass unklar ist, was die performative Theorie erklärt, trifft somit nicht zu. Sie ist eine aktontologische konstitutive Theorie des subjektiven Selbstbewusstseins.

Es ist instruktiv, zu berücksichtigen, anhand von welchen Problemstellungen der performative Standpunkt entwickelt wird. Der Ausgangspunkt, der zur Formulierung der performativen Theorie führt, besteht in der Einsicht, dass eine Theorie subjektiven Selbstbewusstseins zu erklären hat, wie eine Person die Information gewinnt, dass sie Bewusstsein von sich selbst besitzt. Repräsentationale Theorien vertreten den Standpunkt, dass Selbstbewusstsein eine relationale repräsentationale Struktur auszeichnet. Diesen Theorien gelingt es jedoch nicht, die Frage zu beantworten, wie *Selbst*bewusstsein gewonnen wird. Aufgrund dieses *bewusstseinstheoretischen* Problems wird in einem nächsten Schritt eine *strukturelle* These formuliert, und zwar dass das subjektive Selbstbewusstsein keine relationale, repräsentationale Struktur aufweist. Es ist ein Phänomen sui generis, das von Wahrnehmungsbewusstsein, Selbstgefühlen usw. zu unterscheiden ist. In einem weiteren Schritt wird berücksichtigt, dass das subjektive Selbstbewusstsein im Zusammenhang mit der Produktion von Wörtern entsteht und dass der mentale Akt und das subjektive Selbstbewusstsein eine Einheit darstellen. Sie sind Aspekte eines Phänomens. Damit stellt sich die Aufgabe, die Einheit von dem mentalen Akt und dem subjektiven Selbstbewusstsein zu erklären. Es ist somit naheliegend, nach Modellen Aussicht zu halten, die diese »spontane Einheit« begrifflich zu bestimmen erlauben. Aufgrund von signifikanten strukturellen (formalen) Übereinstimmungen des subjektiven Selbstbewusstseins mit performativen Äußerungen wird schließlich eine performative Interpretation dieser Einheit entwickelt. Auf diese Weise führt eine bewusstseinstheoretische Problemstellung zur Formulierung einer aktontologischen Position. Die Lösung einer bewusstseinstheoretischen Problemstellung im Zusammenhang mit der Entwicklung einer »metaphysischen« Theorie ist weder absurd noch außergewöhnlich. Peacocke hat unlängst zu Recht darauf aufmerksam gemacht, dass manche subjektivitätstheoretischen Fragestellungen nur bei Berücksichtigung von metaphysischen Annahmen gelöst werden können.[381]

381 Peacocke 2014, 268. Vgl. Peacocke 2014, 1–2. Peacocke bezieht sich auf Theorien erstpersonaler Repräsentation.

Ein weiterer Einwand lautet, dass bei der Darstellung der performativen Theorie nicht erklärt worden ist, was für eine *Art* von Bewusstsein das egologische Selbstbewusstsein darstellt. Es wurde nur dargelegt, dass es kein Fall von begrifflichem Selbstbewusstsein ist, dass es von Wahrnehmungsbewusstsein zu unterscheiden ist und auch kein Selbstgefühl darstellt. Damit bleibt im Dunkeln, wie dieses Selbstbewusstsein näher zu verstehen ist. Die Antwort auf diesen Einwand lautet, dass es ein Phänomen *sui generis* ist. Es zeichnet sich durch eine egologische Selbstvertrautheit aus. Das heißt, es stellt eine ausgezeichnete Art von Selbstbewusstsein dar, die mit dem Begriffsrepertoire: Gefühl, Anschauung und Begriff, nicht sachangemessen bestimmt ist. Auch aus diesem Grund verwenden Autoren wie Manfred Frank den Ausdruck *Selbstvertrautheit*. Dieser Ausdruck steht für eine besondere, ausgezeichnete Art von Selbstbewusstsein sui generis.

Ein systematischer Nachteil des Standpunkts, dass Selbstbewusstsein eine nicht-repräsentationale Struktur auszeichnet, scheint jedoch darin zu bestehen, dass unklar ist, wie dieser Standpunkt mit einer umfassenderen Theorie menschlichen Bewusstseins vereinbart werden kann. Bspw. ist phänomenales Bewusstsein ein Fall von transitivem, repräsentationalem Bewusstsein. Es ist daher zu fragen, wie die Verbindung von nicht-repräsentationalem Selbstbewusstsein und repräsentationalem Bewusstsein möglich ist.[382] Es ist unklar, wie eine überzeugende Antwort auf diese Frage lauten könnte. Der Standpunkt, dass subjektives Selbstbewusstsein keine repräsentationale Struktur aufweist, ist daher nicht überzeugend. Dieser Einwand widerlegt die performative Theorie nicht. Das subjektive Selbstbewusstsein enthält nicht nur eine egologische Selbstvertrautheit. Es schließt transitives, repräsentationales Bewusstsein vom produzierten Ausdruck mit ein. Nicht-repräsentationales Selbstbewusstsein ist *ein* Aspekt des *repräsentationalen* mentalen Akts, der einen Ausdruck produziert. Die performative Theorie zeichnet sich gegenüber anderen Theorien dadurch aus, dass sie von einer ursprünglichen Verbindung und Einheit von repräsentationalem Bewusstsein und nicht-repräsentationalem Selbstbewusstsein ausgeht: Weder besteht egologisches Selbstbewusstsein ohne transitives Bewusstsein vom produzierten Ausdruck noch transitives Bewusstsein ohne egologisches Selbstbewusstsein. Die performative Theorie hat daher einen entscheidenden systematischen Vorteil. Sie stellt eine Theorie dar, in der ursprünglich und von Vornherein von der Einheit von repräsentationalem Bewusstsein und nicht-repräsentationalem Selbstbewusstsein ausgegangen wird, sodass das Problem der (nachträglichen) Verbindung und Vereinbarkeit beider Bewusstseinsmodi nicht entsteht.

---

382 Vgl. Williford 2006b.

Ein wichtiger Einwand gegen die performative Theorie lautet folgendermaßen: Die Psychopathologie zeigt, dass schizophrene Personen Ausdrücke produzieren und dass sie nicht wissen, dass sie selber die Urheber dieser Ausdrücke sind. Dies wurde im ersten Hauptstück eingeräumt. Dies zeigt, dass der Akt der Produktion eines Ausdrucks kein performativ-bewusster Akt ist, der Bewusstsein von der Produktion eines Ausdrucks einschließt. Dieser Einwand überzeugt nicht. Die Tatsache, dass es möglich ist, dass eine schizophrene Person nicht weiß, dass sie selbst einen Ausdruck produziert, zeigt nicht, dass der performative Ansatz falsch ist. Performative Äußerungen setzen *Rahmenbedingungen* voraus damit sie erfolgreich sind, das heißt, ein illokutionärer Akt vollzogen oder ein Phänomen erzeugt wird. Dazu zählt bspw., dass eine Äußerung aufrichtig erfolgt. Auch in diesem Punkt besteht eine Übereinstimmung zwischen performativen Äußerungen und dem subjektiven Selbstbewusstsein. Externe Einflüsse wie Medikamente oder interne mentale Störungen können dazu führen, dass mentale Leistungen nicht, gestört oder nur partiell ausgeführt werden.[383] Es ist daher möglich, dass der Akt der Produktion eines Ausdrucks keine egologische Selbstvertrautheit einschließt, da er aufgrund von externen Einflüssen oder internen Störungen sich nicht vollständig zu realisieren bzw. zu entfalten vermag. Wenn geeignete Rahmenbedingungen nicht bestehen, ist es möglich, dass der Akt keine egologische Selbstvertrautheit miteinschließt.[384]

Nach der performativen Theorie ist die Beziehung des mentalen Akts und des subjektiven Selbstbewusstseins zueinander somit – mit den Worten Uriah Kriegels gesprochen – als eine unilaterale Trennbarkeit zu bezeichnen.[385] *Trennbare* Bestandteile sind Bestandteile eines Phänomens, die realiter voneinander abgetrennt werden können. Sie unterscheiden sich von *unterscheidbaren* Bestandteilen, die nur in Gedanken unterschieden werden können. Eine unilaterale Trennbarkeit besteht dann, wenn ein Bestandteil P_1 eines Phänomens trennbar von einem Bestandteil P_2 ist, P_2 aber seinerseits nur unterscheidbar von P_1 ist. Da es möglich ist, dass ein Wort produziert wird, ohne dass subjektives Selbstbewusstsein besteht, ist der mentale Akt vom subjektiven Selbstbewusstsein trennbar. Da das subjektive Selbstbewusstsein jedoch performativ identisch mit dem mentalen Akt ist, ist es seinerseits unterscheidbar, aber vom Akt nicht trennbar. Das Verhältnis des mentalen Akts und des subjektiven Selbstbewusstseins ist daher als eine unilaterale Trennbarkeit zu bezeichnen.

383 Vgl. Leube & Pauly 2007, 494–495.

384 Vgl. die Erläuterung der Regel 17 im ersten Hauptstück dieser Untersuchung.

385 Kriegel Manuskript, 8.

Das subjektive Selbstbewusstsein ist somit ein Sonderfall einer komplexen Einheit. Es stimmt insofern mit komplexen Einheiten überein, als es nur dann besteht, wenn eine bestimmte Beziehung zwischen den spezifischen Bestandteilen dieses Phänomens vorhanden ist. Bspw. genügt es nicht, dass ein Ausdruck produziert wird und eine Person intentionales Bewusstsein von irgendeinem Ausdruck besitzt. Damit subjektives Selbstbewusstsein besteht, ist u.a. erforderlich, dass intentionales Bewusstsein von demjenigen Ausdruck besteht, der von der mentalen Tätigkeit erzeugt wird. Das subjektive Selbstbewusstsein stellt daher eine komplexe Einheit dar. Damit ist die Einheit, die es auszeichnet, jedoch nicht vollständig charakterisiert. Das subjektive Selbstbewusstsein ist außerdem mit dem mentalen Akt performativ identisch. Es ist vom mentalen Akt unterscheidbar, aber nicht trennbar. Das subjektive Selbstbewusstsein ist eine *performative* komplexe Einheit.

Schließlich lautet ein weiterer Einwand folgendermaßen: Das subjektive Selbstbewusstsein entsteht spontan. Es wird durch eine mentale Tätigkeit gewonnen. Die performative Theorie erklärt jedoch nicht, wie das Bewusstsein von *dieser* Tätigkeit gewonnen wird. Damit ist das subjektive Selbstbewusstsein nicht erklärt. Es wird nicht erklärt, wie es gewonnen wird. Dieser Einwand trifft nicht zu. Es ist eine Tatsache des Bewusstseins, dass das subjektive Selbstbewusstsein *keine* Information über einen mentalen Akt miteinschließt, durch den Selbstbewusstsein gewonnen wird. Es ist somit nicht die Aufgabe einer Theorie darzulegen, wie diese Information gewonnen wird. Außerdem enthält dieser Einwand eine falsche Prämisse. Es wird vorausgesetzt, dass das subjektive Selbstbewusstsein durch eine mentale Tätigkeit gewonnen wird. Das bedeutet, dass diese Tätigkeit nicht selber Selbstbewusstsein einschließt. Sie ist nicht selber mit sich vertraut. Damit wird auf akttheoretischer Ebene ein relationalistisches Erklärungsmodell reformuliert. Es ist jedoch nicht nachzuvollziehen, wie durch einen unbewussten (oder aber bspw. auch einen anonym bewussten) Akt *egologisches* Selbstbewusstsein gewonnen werden können soll. Wie soll ein unbewusster mentaler Akt (oder ein anonym bewusster mentaler Akt) egologisches Selbstbewusstsein hervorbringen können? Der Hinweis darauf, dass das subjektive Selbstbewusstsein kein Bewusstsein von der Tätigkeit miteinschließt, durch die es gewonnen wird, zeigt somit nicht, dass die performative Theorie falsch ist. Das subjektive Selbstbewusstsein schließt weder eine Information über den Akteur mit ein, der es erzeugt, noch ist ein Bewusstsein von dieser Information erforderlich, um das subjektive Selbstbewusstsein zu erklären. Der mentale Akt vollzieht sich spontan und schließt ein egologisches Bewusstsein von dieser Tätigkeit mit ein. Das heißt, er enthält eine bewusste Information von derjenigen Tätigkeit, *mit* der Selbstbewusstsein entsteht, da es der Akt selber ist, der Selbstbewusstsein einschließt.

Bei der Beurteilung der performativen Interpretation von Selbstbewusstsein ist es wichtig, das Ziel dieses Interpretationsansatzes zu beachten. Es besteht darin, ein alternatives Erklärungsmodell zu entwickeln, das nachvollziehbar ist und auf die identifizierten Bestandteile des subjektiven Selbstbewusstseins angewandt werden kann. Es ist daher letzten Endes weder erforderlich, dass die dargestellte Interpretation performativer Äußerungen in jedem Punkt richtig ist. Ebenso wenig ist erforderlich, dass die Strukturmerkmale von performativen Äußerungen 1 zu 1 auf das subjektive Selbstbewusstsein übertragen werden können. Das subjektive Selbstbewusstsein ist keine Äußerung. Entscheidend ist, dass es mithilfe performativer Äußerungen möglich ist, ein *Modell* zu entwickeln, das nachvollziehbar ist und die Konstitution des subjektiven Selbstbewusstseins erklärt. Die Antwort auf die Frage, ob die dargelegte Interpretation performativer Äußerungen, die sich eher an Austin und Searle als bspw. an Bach und Harnish orientiert, zutreffend ist, ist für die Beantwortung der Frage, ob das Erklärungsmodell, das als »performativ« tituliert wird, im Fall des subjektiven Selbstbewusstseins überzeugend ist, nicht von Bedeutung. Dies gilt solange, wie das dargestellte performative Erklärungsmodell nachvollziehbar ist.[386]

386 Die Gutachter dieser Arbeit haben dies bei aller sachlichen Kritik an meinen Ausführungen zugestanden.

TEIL III

Performatives autobiographisches Bewusstsein

KAPITEL 23

Autobiographische indexikalische Identifizierung

Im zweiten Hauptstück dieser Untersuchung wurde eine performative Interpretation von präreflexivem egologischem Selbstbewusstsein bzw. von »Meinigkeit« entwickelt, das unter Voraussetzung geeigneter Rahmenbedingungen die Produktion von Wörtern begleitet. Im dritten Hauptstück werden zwei Aufgabenstellungen bearbeitet. Die erste Aufgabenstellung besteht darin, Varietäten von Selbstbewusstsein zu erklären, die bei der indexikalischen Identifizierung bestehen. Bei der Untersuchung dieser Aufgabe werden zwei Thesen begründet. Die erste These lautet, dass Fälle von Selbstbewusstsein, die im Zuge der autobiographischen indexikalischen Identifizierung bestehen, mithilfe des präreflexiven Selbstbewusstseins erklärt werden können. Die zweite These besagt, dass auch die Varietäten von Selbstbewusstsein, die mithilfe der indexikalischen Identifizierung bestehen, performative Phänomene sind. Sie sind jedoch keine Fälle von Meinigkeitsbewusstsein mehr, sondern, allgemein gesprochen, Fälle von Bewusstsein, selbst ein Subjekt zu sein (»me-ness«), das bestimmte Eigenschaften besitzt. Die zweite Aufgabenstellung des dritten Hauptstücks besteht darin, die performative Interpretation präreflexiven Selbstbewusstseins und der autobiographischen indexikalischen Identifizierung mit zwei Fragestellungen der Theorie der Subjektivität in Beziehung zu setzen, die im bisherigen Verlauf der Untersuchung nicht behandelt worden sind. Die erste Fragestellung lautet, worin die Einheit von Selbstbewusstsein und das Bewusstsein der Identität des Subjekts besteht. Da Subjekte nicht nur performatives Selbstbewusstsein besitzen, ist zu zeigen, wie unter Berücksichtigung von performativer Subjektivität die Einheit des Selbstbewusstseins und das Identitätsbewusstsein des Subjekts möglich ist. Lässt sich performative Subjektivität mit der Einheit von Selbstbewusstsein und dem Bewusstsein der Identität des Subjekts unterschiedlicher Fälle von Selbstbewusstsein vereinbaren? Die zweite Fragestellung der Theorie der Subjektivität, die behandelt wird, lautet, was ist ein Subjekt? Da performatives präreflexives Selbstbewusstsein ein Fall von Meinigkeitsbewusstsein darstellt und performatives autobiographisches Selbstbewusstsein bewusste Informationen über das Subjekt (me-ness) enthält, gilt es zu erklären, was unter einem Subjekt zu verstehen ist und wie die performative autobiographische Interpretation von Selbstbewusstsein mit der Ontologie des Subjekts vereinbart werden kann.

 | DOI:10.30965/9783957437273_025

Der Ausgangspunkt dieses Hauptstücks ist die autobiographische indexikalische Identifizierung. Eine Person gewinnt durch sie Informationen über ihre Beziehung zu Gegenständen in der Welt. Welche Bedeutung besitzt der Ausdruck ›autobiographische indexikalische Identifizierung‹? Der Ausdruck ›indexikalische Identifizierung‹ bezeichnet im Folgenden, allgemein gesprochen, das Herausgreifen (to pick out) eines bewussten raumzeitlichen Gegenstandes aus einer Gruppe von bewussten raumzeitlichen Gegenständen im Zusammenhang mit der Produktion von reinen indexikalischen Ausdrücken und echten Demonstrativausdrücken.[387] Die indexikalische Identifizierung ist eine mentale Tätigkeit einer Person. Sie erfolgt mit und durch die Produktion von indexikalischen Ausdrücken. Der identifizierte Gegenstand ist der Referent des verwendeten Ausdrucks (für den Sprecher). Er ist ein bewusster Gegenstand, da ein Sprecher einen indexikalischen Ausdruck (in der Regel) dann produziert, wenn er ein Bewusstsein von einem Gegenstand besitzt, bspw. im Zusammenhang mit einer visuellen Wahrnehmung. Der Sprecher besitzt bei der indexikalischen Identifizierung eines Gegenstandes zudem ein Bewusstsein von Gegenständen, in Abgrenzung von welchen ein Gegenstand identifiziert wird. Eine indexikalische Identifizierung greift einen einzelnen Gegenstand aus einer Gruppe von Gegenständen heraus und schließt das Bewusstsein eines Kontrasts bzw. Unterschieds mit ein.[388] Ein Zeitpunkt, der bspw. mithilfe des indexikalischen Ausdrucks ›jetzt‹ identifiziert wird, unterscheidet sich von Zeitpunkten, die früher oder später stattfinden.

Die indexikalische Identifizierung ist von der Re-Identifizierung eines Gegenstandes zu unterscheiden. Der Ausdruck ›Re-Identifizierung‹ bezeichnet nach Peter Frederick Strawson die Erkenntnis, dass ein Gegenstand, der einer Person in einem bestimmten Zusammenhang begegnet oder der ihr in Bezug auf diesen Zusammenhang beschrieben ist, derselbe Gegenstand ist, welcher ihr in einem anderen Zusammenhang begegnet oder in Bezug auf diesen beschrieben ist.[389] Es ist auch dann möglich, einen Gegenstand indexikalisch zu identifizieren, wenn die Möglichkeit einer Re-Identifizierung ausgeschlossen ist. Wenn eine Person bspw. eine Sternschnuppe sieht und »Da!« äußert, identifiziert sie mit diesem Ausdruck einen Gegenstand, der nicht re-identifiziert werden kann, da die Sternschnuppe unmittelbar nach

387 Kapitan 2001, 298. Der Ausdruck ›Identifizierung‹ kann Unterschiedliches bedeuten. Vgl. bspw. Searle 1983, Strawson 2003, Tugendhat 1976.

388 Die Redeweise von einem *einzelnen* Gegenstand ist nicht in dem Sinn zu verstehen, dass nur ein einziger Gegenstand gemeint ist. So ist bspw. der Ausdruck ›wir‹ ein indexikalischer Ausdruck, mithilfe dessen mehr als eine Person identifiziert wird. Der Ausdruck ›Gegenstand‹ bezeichnet u.a. Personen, Örter und Zeitpunkte.

389 Vgl. Strawson 2003, 39.

der indexikalischen Äußerung aufgehört hat zu existieren. Dennoch entspricht es dem alltäglichen Sprachgebrauch, wenn die Bezugnahme auf die Sternschnuppe mittels des Ausdrucks ›da‹ als ein Fall von Identifizierung bezeichnet wird.[390] Auch wenn die Möglichkeit der Re-Identifizierung ausgeschlossen ist, ist es sinnvoll von einer Identifizierung zu sprechen, da mittels eines indexikalischen Ausdrucks eine Unterscheidung getroffen wird bzw. ein Gegenstand aus einer Gruppe von Gegenständen herausgegriffen wird. Es ist somit auch möglich, einen Gegenstand indexikalisch zu identifizieren, wenn der Sprecher die Frage, welcher Gegenstand gemeint ist, nicht vollständig und umfassend beantworten kann. Es ist bspw. nicht erforderlich, dass er auf einen Gegenstand mit seinem Eigennamen referieren kann.[391] Erforderlich ist, dass eine Person im Zusammenhang mit der Produktion eines indexikalischen Ausdrucks einen Gegenstand aus einer Gruppe von Gegenständen herausgreift und damit eine Unterscheidung trifft.

Die *autobiographische* indexikalische Identifizierung zeichnet sich dadurch aus, dass eine Person anhand einer indexikalischen Identifizierung eine Information über *ihr* Verhältnis zu Gegenständen in der Welt gewinnt. Sie gewinnt bspw. durch die indexikalische Identifizierung eines Ortes anhand der Verwendung des Ausdrucks ›hier‹ eine Information über die räumliche Relation, in der sie sich zum identifizierten Ort befindet. Wenn Kolumbus bspw. den Satz äußert »Hier ist Gomera«, weiß er, dass *er* sich an dem Ort befindet, auf welchen der Ausdruck ›hier‹ referiert. Er weiß daher kraft seiner indexikalischen Identifizierung (und seiner geographischen Kenntnisse), wie er die Rückkehr aufs spanische Festland bewerkstelligen kann.

Eine Person besitzt jedoch nicht in jedem Fall einer indexikalischen Identifizierung autobiographisches Bewusstsein, das heißt, ein Bewusstsein von ihrer Beziehung zum Referenten des verwendeten Ausdrucks. Es ist möglich, dass ein Sprecher indexikalische Ausdrücke produziert und dass er nicht weiß, in welcher Beziehung er sich zum identifizierten Gegenstand befindet. Wenn ein Bergsteiger sich bspw. in den Alpen verirrt und auf einen Punkt auf einer Karte zeigt und sagt: »Hier ist mein Basislager«, identifiziert er einen Ort auf der Landkarte, an dem sich sein Lager befindet. Er weiß jedoch nicht, wo er sich befindet sowie in welcher räumlichen Beziehung er zum identifizierten Gegenstand steht. Es ist daher erforderlich, von der *autobiographischen*

390 Kapitan erwähnt weitere Beispiele. Vgl. Kapitan 2001, 299–300.

391 Der Ausdruck ›Identifizierung‹ besitzt in dieser Untersuchung somit eine andere Bedeutung als dieser Ausdruck bspw. in den Theorien von Tugendhat und Searle besitzt. Vgl. Tugendhat 1976, 398, 400, Searle 1983, 133.

indexikalischen Identifizierung eine *nicht-autobiographische* indexikalische Identifizierung zu unterscheiden.[392]

Im Zentrum der folgenden Ausführungen steht die *autobiographische* indexikalische Identifizierung. Eine Person gewinnt durch sie Informationen über ihre eigene Beziehung zu Gegenständen in der Welt. Das bedeutet auch, dass der Ausdruck ›Referent eines indexikalischen Ausdrucks‹ im Rahmen der in den Kapiteln 26 und 27 entwickelten Interpretation autobiographischen Bewusstseins den Referenten eines Ausdrucks *für den Sprecher* meint. Es ist möglich, dass der Referent eines indexikalischen Ausdrucks für einen Sprecher sich von dem Referenten eines *Ausdrucks* unterscheidet (semantische Referenz). Für die Theorie der Subjektivität ist die Referenz für den Sprecher von primärer Bedeutung. Für den Sprecher und die Erklärung seines Verhaltens ist der Referent entscheidend, den der Sprecher als Referenten eines Ausdrucks begreift.[393] Das Ziel der folgenden Untersuchung besteht somit nicht darin, eine Theorie indexikalischer Identifizierung oder der semantischen Referenz indexikalischer Ausdrücke zu entwickeln. Es besteht darin, den *autobiographischen* Aspekt indexikalischer Identifizierung zu erklären. Dies ist für eine Theorie der Subjektivität der entscheidende Aspekt indexikalischer Identifizierung. Die zentrale Frage lautet, wie gewinnt eine Sprecherin bei einer autobiographischen indexikalischen Identifizierung Informationen über *ihre* Beziehung zu Gegenständen in der Welt?

Eine Untersuchung dieser Fragestellung ist gut beraten, wenn sie sich an Tomis Kapitans Theorie indexikalischer Identifizierung orientiert. Kapitan weist zu Recht auf einen Unterschied hin, der oftmals nicht hinreichend beachtet wird. Es ist dies der Unterschied zwischen der Weise wie ein *Sprecher* und wie *Hörer* indexikalische Identifizierungen vornehmen. Hörer identifizieren die Referenten von indexikalischen Ausdrücken indem sie Ausdrücke

392 In dieser Untersuchung wird die nicht-autobiographische Identifizierung nicht behandelt. Es ist nicht die Aufgabe dieser subjektivitätstheoretischen Untersuchung, eine umfassende Theorie indexikalischer Identifizierung zu entwickeln.

393 Vgl. Kripke 1977, 264: »So, we may tentatively define the speaker's referent of a designator to be that object which the speaker wishes to talk about, on a given occasion, and believes fulfills the conditions for being the semantic referent of the designator. He uses the designator with the intention of making an assertion about the object in question (which may not really be the semantic referent, if the speaker's belief that it fulfills the appropriate semantic conditions is in error). The speaker's referent is the thing the speaker referred to by the designator, though it may not be the referent of the designator, in his idiolect.« Diese Unterscheidung ist auch deswegen bedeutend, da es m.E. gegenwärtig keine überzeugende Theorie (semantischer) indexikalischer Referenz gibt (vgl. Kapitel 3). Es ist nicht das Ziel dieser Untersuchung, eine Theorie zu entwickeln, welche das Bewusstsein von den semantischen Referenten indexikalischer Ausdrücke erklärt.

wahrnehmen sowie anhand ihrer Interpretation der linguistischen Bedeutung dieser Ausdrücke und den Informationen, die sie über den Kontext der Äußerung besitzen. Der Hörer interpretiert die linguistische Bedeutung eines indexikalischen Ausdrucks, mit den Worten Kapitans gesprochen, gemäß einer *äußerungsreflexiven* (utterance-reflexive) Regel. Bspw. interpretiert ein Hörer die linguistische Bedeutung des Ausdrucks ›today‹ als Regel, die besagt, dass dieser Ausdruck auf den Tag der Äußerung dieses Ausdrucks referiert.[394] Die linguistische Bedeutung dieses Ausdrucks thematisiert somit die Äußerungssituation, in welcher dieser Ausdruck verwendet wird, und zwar den Tag, an dem die Äußerung erfolgt. Für den Hörer sind für die Identifizierung der Referenten von indexikalischen Ausdrücken Informationen über den Kontext der Äußerung unverzichtbar. So ist etwa die Identifizierung des Referenten des Ausdrucks ›today‹ ohne Kenntnis des Kontexts der Äußerung nicht möglich. Ein Hörer, der die linguistische Bedeutung dieses Ausdrucks versteht, weiß kraft seines Verstehens dieser Bedeutung lediglich, dass auf denjenigen Tag referiert wird, an welchem dieser Ausdruck produziert wird. Ohne Kenntnis der Äußerungssituation ist es dem Hörer jedoch nicht möglich, den Tag zu identifizieren, auf welchen der Ausdruck ›today‹ referiert. Er weiß lediglich, dass dieser Ausdruck auf den Tag der Äußerung referiert, welcher Tag auch immer dies sein mag. Das heißt, nur dann, wenn der Hörer weiß, wann dieser Ausdruck verwendet wird, weiß er, auf welchen Tag dieser Ausdruck referiert. Die Identifizierung des Referenten eines indexikalischen Ausdrucks durch den Hörer erfolgt somit (in der Regel) auf die Weise, dass zunächst ein Satz wahrgenommen wird, sodann die linguistische Bedeutung des indexikalischen Ausdrucks interpretiert wird und schließlich der Referent durch die Interpretation des Kontexts der Äußerungssituation bestimmt wird. Nach Kapitan bedeutet dies, dass der Hörer *unabhängig* von der Äußerung des Satzes, die er wahrnimmt, und der Interpretation von seiner linguistischen Bedeutung den Referenten identifizieren können muss: »So, for me to understand your references [...] I must be able to identify what you are referring to *independently* of interpreting your tokens.«[395] Ein Hörer muss erkennen, dass der Gegenstand, den er sieht oder meint, *derselbe* Gegenstand ist, von dem der Sprecher spricht.[396] Der Hörer muss diesen Gegenstand daher unabhängig von der Äußerung des Sprechers identifizieren können.

Auch der Sprecher berücksichtigt bei der indexikalischen Identifizierung von raumzeitlichen Gegenständen die äußerungsreflexive linguistische

394 Kapitan 2001, 296.

395 Kapitan 2001, 295.

396 Vgl. Strawson 2003, 39, Tugendhat 1976, 393–394.

Bedeutung von indexikalischen Ausdrücken.[397] Er weiß, dass der Hörer die Referenten seiner Äußerungen mithilfe der äußerungsreflexiven Regeln indexikalischer Ausdrücke identifiziert. Und wenn der Sprecher vom Hörer verstanden werden möchte, vertraut er darauf, dass der Hörer sich bei der Interpretation des von ihm geäußerten Satzes an der äußerungsreflexiven linguistischen Bedeutung der produzierten indexikalischen Ausdrücke orientiert. Dennoch unterscheidet sich die Identifizierung eines Gegenstandes mittels eines indexikalischen Ausdrucks durch einen Sprecher von der Identifizierung durch einen Hörer. Ein Sprecher nimmt nicht zunächst einen Satz, den er äußert, wahr und interpretiert die linguistische Bedeutung der produzierten Ausdrücke, um anschließend den Kontext der Äußerungssituation zu berücksichtigen und dadurch die Referenten indexikalischer Ausdrücke zu identifizieren. Der Sprecher identifiziert einen raumzeitlichen Gegenstand *mit* und *durch* die Produktion eines indexikalischen Ausdrucks. Die indexikalische Identifizierung durch einen Sprecher lässt sich somit *nicht* anhand der Weise erklären, wie ein Hörer den Referenten eines wahrgenommenen indexikalischen Ausdrucks identifiziert.

Im Unterschied zur Identifizierung durch den Hörer ist die indexikalische Identifizierung durch den Sprecher – mit Kapitan gesprochen – *exekutiv*: »Since the identification is one a speaker makes *in the course of* producing or executing an indexical utterance, let us speak of it as *executive* identification.«[398] Die exekutive Identifizierung durch den Sprecher steht im Zentrum der folgenden Untersuchung autobiographischer indexikalischer Identifizierung. Sie ist (zumindest in subjektivitätstheoretischer Hinsicht) gegenüber der äußerungsreflexiven Identifizierung durch einen Hörer die grundlegendere oder fundamentale Weise der Identifizierung. Sätze müssen zunächst geäußert werden ehe sie interpretiert werden können. Der Sprecher muss einen Gegenstand bereits identifiziert haben, bevor der Hörer diesen Gegenstand als den Referenten der Äußerung des Sprechers zu identifizieren vermag.[399]

Dies bestätigt ein weiterer Unterschied zwischen der exekutiven Identifizierung durch einen Sprecher und der äußerungsreflexiven Identifizierung durch einen Hörer. Er besteht darin, dass ein Sprecher einen

397 Kapitan teilt diesen Standpunkt nicht. Vgl. Kapitel 24.

398 Kapitan 2001, 296.

399 Der Ausdruck ›identifizieren‹ bezeichnet somit nicht ausschließlich eine Tätigkeit zwischenmenschlicher Kommunikation. Es ist möglich, dass ein Sprecher »im Stillen«, »innerlich« einen Gegenstand identifiziert. Dennoch gilt, dass der Sprecher immer auch weiß, wie ein Adressat seiner Äußerung den gemeinten Gegenstand identifizieren würde. Der Sprecher identifiziert einen Gegenstand daher (vermutlich) immer auch anhand der äußerungsreflexiven linguistischen Bedeutung.

Handlungsspielraum hat, den ein Hörer nicht besitzt. Der Sprecher legt fest mittels welchen Ausdrucks ein Gegenstand identifiziert wird, also etwa ob der Ausdruck ›er‹ oder ›dieser Mann‹ produziert wird. Der Sprecher besitzt eine Wahlfreiheit.[400] Dies gilt auch dann, wenn die linguistische Bedeutung von indexikalischen Ausdrücken durch gesellschaftliche Konventionen bestimmt und dem Sprecher vorgegeben ist. Es bedeutet auch nicht, dass dem Sprecher keine Grenzen bei der Auswahl der Wörter gesetzt sind. So können bspw. nur Zeitpunkte bzw. Zeitabschnitte die Referenten des Ausdrucks ›jetzt‹ sein. Dennoch besitzt der Sprecher unter Berücksichtigung dieser linguistischen Grenzen einen Handlungsspielraum, den ein Hörer nicht hat. Der Hörer ist bei der Identifizierung des Referenten eines indexikalischen Ausdrucks durch die linguistische Festlegung durch den Sprecher bestimmt.

Die (begrenzte) Wahlfreiheit des Sprechers zeigt, dass die Identifizierung von Gegenständen eine mentale Tätigkeit ist, die ein Sprecher *spontan* bzw. m.a.W. gesprochen *selbsttätig* leistet. Ein Gegenstand legt nicht fest, mittels welchen linguistischen Ausdrucks ein Sprecher auf ihn referiert. Es besteht in der Regel eine Wahlmöglichkeit hinsichtlich des Ausdrucks, der produziert wird. Die Auswahl verdankt sich einer selbsttätigen Leistung des Subjekts.[401] Kapitan unterscheidet somit zu Recht zwischen der Weise, wie ein Sprecher und ein Hörer indexikalische Identifizierungen durchführen. Seine Interpretation der exekutiven Identifizierung ist daher der Ausgangspunkt der in den Kapiteln 26, 27 und 28 entwickelten Untersuchung autobiographischer exekutiver indexikalischer Identifizierung. Sie wird im folgenden Kapitel näher dargestellt.[402]

Ehe Kapitans Theorie indexikalischer Identifizierung näher behandelt wird, ist es instruktiv, ein Wort zur in den letzten Jahren viel diskutierten Kritik Herman Cappelens und Josh Devers an den Thesen einer »indexikalischen Essentialität

400 Kapitan 2001, 296.

401 Die These, dass die Identifizierung von Gegenständen durch einen Sprecher und durch einen Hörer sich unterscheiden, bestätigen psycholinguistische Untersuchungen der Produktion und der Rezeption von Wörtern und Sätzen. Vgl. Cutler & Clifton 1999.

402 Im Unterschied zu Kapitan ist die Untersuchung indexikalischer Identifizierung jedoch auf Fälle autobiographischer exekutiver indexikalischer Identifizierung beschränkt. Nach Kapitan ist (in der Regel) jede Identifizierung autobiographisch. Auch die Identifizierung von Gegenständen mittels der Verwendung von Eigennamen oder Kennzeichnungen schließt eine autobiographische Information mit ein. Für Kapitan ist eine Beschränkung der Untersuchung indexikalischer Identifizierung auf Fälle autobiographischer exekutiver Identifizierung nicht sinnvoll, da es – abgesehen von Ausnahmen, vgl. Kapitan 1999a, 38 –, keine nicht-autobiographischen Fälle von Identifizierung gibt. Diese These wird in dieser Untersuchung nicht untersucht.

und essentiellen perspektivischen Repräsentation« zu verlieren.[403] Beispiele für perspektivische Repräsentationen sind Gedanke wie, »dass es heiß hier ist« oder »dass ich in Gefahr bin«.[404] Sie schließen also eine indexikalische Komponente mit ein. Perspektivische Repräsentationen sind (vorgeblich) *repräsentational essentiell*, so Cappelen und Dever, da sie die Welt auf eine Weise repräsentieren wie es nicht-perspektivische Repräsentationen nicht vermögen. Sie sind zudem *metarepräsentational essentiell*, da sie für die Erklärung menschlichen Verhaltens, von Überzeugungen und der Wahrnehmung unverzichtbar sind. Damit Überzeugungen uns bspw. zu Handlungen motivieren, genügt es nicht, dass sie die Welt repräsentieren. Es ist erforderlich, dass der jeweils eigene Standpunkt in der Welt repräsentiert wird. Die Kritik Cappelens und Devers lautet u.a., dass perspektivische Repräsentation weder eine ausgezeichnete Rolle für die Erklärung von Handlungen und der Wahrnehmung spielt, noch dass es einen tiefgreifenden Unterschied zwischen perspektivischer und nicht-perspektivischer Repräsentation gibt:[405] »there is no such thing as essential indexicality, irreducibly *de se* attitudes, or self-locating attitudes.«[406]

Mit Blick auf die Aufgabenstellung dieser Untersuchung ist es nicht erforderlich, die Einwände von Cappelen und Dever oder auch die von ihnen kritisierten Positionen und die Bedeutung der Ausdrücke ›Irreduzibilität der de se Einstellungen‹ usw. zu erklären. Wichtig ist die Antwort auf die Frage, was für diese Untersuchung folgt, wenn Cappelen und Dever Recht haben. Die Antwort auf diese Frage lautet: Es gibt keine nennenswerten Auswirkungen. Cappelen und Dever bestreiten nicht, dass es Perspektivität und Indexikalität gibt.[407] Es ist auch nicht zu bestreiten, dass Subjekte gelegentlich referentielles Selbstbewusstsein besitzen. Es ist daher sinnvoll, dieses Phänomen zu untersuchen und zu fragen, wie ein Subjekt im Zusammenhang mit der indexikalischen Identifizierung die bewusste Information gewinnt, Bewusstsein von sich selbst zu haben. Das ist eine erklärungsbedürftige Frage, welche Philosophinnen und Philosophen seit Jahrhunderten nicht zuletzt in der nicht- oder voranalytischen Tradition beschäftigte und beschäftigt. Cappelen und Dever zeigen nicht, dass diese Frage sinnlos ist oder bereits zufriedenstellend beantwortet wäre. Das ist auch gar nicht ein Ziel ihrer Arbeit.

Wenn Cappelen und Dever Recht haben, zeigen sie, dass eine philosophische Untersuchung des Selbstbewusstseins schlecht beraten ist, wenn sie

403 Capellen & Dever 2013.
404 Capellen & Dever 2013, 1.
405 Cappelen & Dever 2013, 2.
406 Cappelen & Dever 2013, 3.
407 Cappelen & Dever 2013, 180.

sich weiterhin an den Fragen orientiert, die analytische Selbstbewusstseinstheoretikerinnen und -theoretiker seit Wittgenstein, Strawson und Castañeda beschäftigen. Dazu zählen die Debatten um die Immunität gegenüber einer Fehlidentifizierung bezüglich der ersten Person, die Irreduzibilität von de se Einstellungen usw. Die Lehre, die aus Cappelens und Devers Buch zu ziehen ist, lautet vielleicht, dass diese Themenstellungen für die Theorie der Subjektivität und mit Blick auf das Phänomen Selbstbewusstsein von vergleichsweise zweitrangiger Bedeutung sind. Indes haben diese Themenstellungen wichtigere und grundlegendere Fragen in den Hintergrund verdrängt, wie bspw. die Frage nach der Konstitution des Selbstbewusstseins.

KAPITEL 24

Exekutive indexikalische Identifizierung

Nach Kapitan erfolgt eine Identifizierung nicht notwendigerweise mithilfe linguistischer Ausdrücke, sondern mittels Begriffe. Wenn eine Identifizierung sprachlich ausgedrückt wird, verwendet eine Person jedoch referentielle Ausdrücke.[408] Im Zentrum dieses Hauptstücks steht die indexikalische Identifizierung, insofern sie im Zusammenhang mit der Verwendung von Wörtern erfolgt. Unter der Voraussetzung der Annahme, dass eine Person Gegenstände identifiziert und dabei Wörter verwendet, lässt sich Kapitans Theorie indexikalischer Identifizierung anhand von elf Merkmalen charakterisieren.[409]

1. Nach Kapitan bezeichnet der Ausdruck ›Referenz‹ primär einen mentalen Zustand.[410] Ein Sprecher referiert auf Gegenstände durch einen psychologischen Mechanismus: denkendes Referieren (thinking reference). Ein Sprecher referiert denkend indem er bewusst ein Objekt identifiziert und ihm etwas zuschreibt, bspw. einen raumzeitlichen Standpunkt relativ zum Standpunkt des Sprechers. Die semantische Referenz, die mit einem linguistischen Ausdruck verbunden ist, ist abhängig (parasitic) von der denkenden Referenz und damit der Identifizierung von Gegenständen: »Only in a derivative sense do terms refer, by conveying or storing what is psychologically or *thinkingly* referred to.«[411]

2. Der Ausdruck ›indexikalische Identifizierung‹ bezeichnet nach Kapitan (in Übereinstimmung mit den Ausführungen in Kapitel 23) eine Tätigkeit, durch die ein bewusster Gegenstand aus einer Gruppe von bewussten Gegenständen unter Verwendung von linguistischen Ausdrücken herausgegriffen wird und die von der Re-Identifizierung eines Gegenstandes zu unterscheiden ist.[412] Damit die Identifizierung eines Gegenstandes möglich ist, ist ein

408 Kapitan 2001, 293–296.

409 Es gilt somit zu beachten, dass im Folgenden Kapitans Theorie nicht vollständig dargestellt wird. Es wird dargelegt, wie im Rahmen seiner Theorie die autobiographische Identifizierung unter Verwendung von indexikalischen Wörtern erfolgt. Leider war es nicht möglich, mit Kapitan über die folgende Darstellung seiner Theorie ausführlich zu diskutieren, da er unglücklicherweise viel zu früh verstorben ist. Es ist einzuräumen, dass die folgende Darstellung Kapitans Theorie womöglich nicht in jedem Punkt gerecht wird.

410 Kapitan 1999a, 21. In diesem Punkt folgt Kapitan Hector-Neri Castañeda. Vgl. Kapitan 1999b, 5ff., Castañeda 1989, 3–9.

411 Kapitan 1999a, 21.

412 Kapitan 1999a, 22, 2001, 298. Kapitan macht darauf aufmerksam, dass es auch »non-identificatory states of awareness« gibt bzw. geben könnte. Kapitan 2013, 12.

 DOI:10.30965/9783957437273_026

Bewusstsein von Unterschieden zwischen Gegenständen vorausgesetzt. Das heißt, eine Person besitzt bereits Bewusstsein von Unterschieden zwischen Gegenständen bevor eine indexikalische Identifizierung erfolgt. Kapitan erläutert nicht, wie dieses Bewusstsein von Unterschieden näher zu verstehen ist. Jedoch liegt der Identifizierung von Gegenständen folgendes Identifizierungsprinzip zugrunde: »One identifies an item only in terms of what is unique to it, that is, by means of one or more of its distinguishing features.«[413] Es genügt in bestimmten Fällen, dass das Merkmal, durch das sich ein Gegenstand gegenüber allen anderen auszeichnet, seine zeitliche oder räumliche Position ist. Bspw. unterscheiden sich zwei Blätter, die mit Blick auf ihre Eigenschaften keine erkennbaren qualitativen Unterschiede aufweisen, durch ihre räumliche Position. Eine Identifizierung ist ohne Bewusstsein von einem Alleinstellungsmerkmal eines Gegenstandes nicht möglich.

3. Dies bedeutet, dass die indexikalische Identifizierung anhand von Gegebenheitsweisen (modes of presentation) eines Gegenstandes erfolgt.[414] Die Gegebenheitsweise unterscheidet sich jedoch für den Hörer und den Sprecher. Für den *Hörer* entspricht die Gegebenheitsweise der äußerungsreflexiven linguistischen Bedeutung der verwendeten Ausdrücke. Bspw. entspricht im Fall der Äußerung des Satzes »You can leave« die Gegebenheitsweise des Referenten des Ausdrucks ›you‹ für den Hörer »being addressed by the speaker through the utterance of ›you‹«.[415] Die Gegebenheitsweise des Referenten wird von der äußerungsreflexiven linguistischen Bedeutung des verwendeten indexikalischen Ausdrucks bestimmt. Das heißt, mit und durch die indexikalische Identifizierung wird der Referent bestimmt, und zwar dahingehend, dass er der Adressat der Äußerung des Sprechers, des Wortes ›du‹, ist. Die indexikalische Gegebenheitsweise des Referenten ist ein *extrinsisches* und *ephemerisches* Merkmal des Referenten. Keine Person ist unabhängig von der Identifizierung durch den Sprecher mittels der Ausdrücke ›you‹ oder ›he‹ ein *Du* oder ein *Er*.[416] Für das Verhältnis zwischen der indexikalischen Identifizierung und der äußerungsreflexiven linguistischen Bedeutung der verwendeten Ausdrücke bedeutet dies, dass die äußerungsreflexive linguistische Bedeutung eine Anleitung für die Identifizierung von Referenten enthält. Bspw. besagt die linguistische Bedeutung des Ausdrucks ›heute‹, in etwa, dass der Ausdruck ›heute‹ auf den Tag der Verwendung dieses Ausdrucks referiert.

413 Kapitan 2001, 298.

414 Kapitan 2006, 395.

415 Vgl. Kapitan 2001, 298, 2006, 384.

416 Vgl. Castañeda 1989, 69: »Nothing is really an enduring *you* […] Nothing is intrinsically a *this*, or a *that*. Likewise, no moment can claim to be a *now* beyond itself. And no place can claim a proprietary right to be a *here* or a *there*«.

Wenn eine Person den Satz »Heute bin ich glücklich« hört, besteht die Anleitung, welche der Identifizierung des Referenten des Ausdrucks ›heute‹ zugrunde liegt, daher darin: »Take the referent of a ›today‹ token to be the day on which this token is uttered.«[417] Die äußerungsreflexive linguistische Bedeutung von indexikalischen Ausdrücken erfüllt somit zwei Funktionen. Zum einen bestimmt sie die Gegebenheitsweise des Referenten eines indexikalischen Ausdrucks für den Hörer, insofern er sich bei der Identifizierung eines Gegenstandes an der Äußerung eines Sprechers orientiert. Zum anderen orientiert sich der Hörer bei seiner Identifizierung des Referenten an der linguistischen Bedeutung des verwendeten indexikalischen Ausdrucks. Kapitan betont, dass die Gegebenheitsweise eines Referenten ein Bestandteil des *Gehalts* ist, der identifiziert wird. Das heißt, Kapitan lehnt die neorussellianische Annahme singulärer Propositionen ab und vertritt einen neofregeanischen Ansatz.[418] Dies gilt sowohl im Fall der äußerungsreflexiven Identifizierung durch einen Hörer als auch für die exekutive Identifizierung durch einen Sprecher.[419]

4. Die exekutive Identifizierung durch den Sprecher unterscheidet sich von der äußerungsreflexiven Identifizierung durch den Hörer. Das bedeutet, dass der Hörer und der Sprecher den Referenten indexikalischer Identifizierung anhand *unterschiedlicher* Gegebenheitsweisen erfassen. Und da die linguistische Bedeutung die Gegebenheitsweise bestimmt, verbindet der Sprecher mit einem Ausdruck eine andere linguistische Bedeutung als wie der Hörer. Ein Sprecher rechnet zwar damit, dass der Hörer den Referenten eines indexikalischen Ausdrucks, den er, der Sprecher, produziert, anhand der äußerungsreflexiven linguistischen Bedeutung des verwendeten indexikalischen Ausdrucks identifiziert.[420] Dies bedeutet jedoch nicht, dass der Sprecher bei seiner exekutiven Identifizierung eines Gegenstandes mithilfe eines indexikalischen Ausdrucks dieselbe linguistische Bedeutung wie der Hörer mit diesem Ausdruck verbindet. Kapitan weist zu Recht darauf hin, dass ein Sprecher bspw. den Referenten des Ausdrucks ›today‹ nicht auf eine Weise identifiziert, die angemessen mithilfe einer äußerungsreflexiven Regel beschrieben ist. Wenn

417 Kapitan gibt mit Blick auf Anrufbeantworter folgende Erklärung: »Take the referent of a »today« token to be the day on which its utterance is encoded.« Kapitan 2001, 296, 2006, 387.

418 Vgl. Kapitan 2013, 9.

419 Kapitan begründet dies u.a. damit, dass ein Gegenstand indexikalischer Identifizierung sich stets durch ein Alleinstellungsmerkmal auszeichnet, kraft dessen er überhaupt identifiziert werden kann. Kapitan 2006, 395. Es ist nicht möglich, einen Gegenstand unabhängig von einem Merkmal zu identifizieren, durch das er sich von allen anderen Gegenständen unterscheidet.

420 Kapitan 2001, 296.

ein Sprecher bspw. den Tag, an dem er einen Satz äußert, mittels des Ausdrucks ›today‹ identifiziert, identifiziert er einen Tag als den *gegenwärtigen* Tag und nicht als denjenigen Tag, an dem er *den Ausdruck ›today‹ verwendet.* Und wenn ein Sprecher den Ort, an dem er sich befindet, im Zusammenhang mit der Produktion des Ausdrucks ›hier‹ identifiziert, begreift er diesen Ort nicht als denjenigen Ort, an dem die Äußerung des Ausdrucks ›hier‹ erfolgt. Vielmehr identifiziert er diesen Ort als den Ort, an dem er sich befindet. Die exekutive Identifizierung durch den Sprecher unterscheidet sich nach Kapitan somit von der äußerungsreflexiven Identifizierung durch den Hörer durch unterschiedliche linguistische Bedeutungen, die bei der indexikalischen Identifizierung verwendet werden. So lautet bspw. die äußerungsreflexive linguistische Bedeutung von ›today‹, dass dieser Ausdruck auf den Tag der Verwendung dieses Ausdrucks referiert, und die *exekutive* linguistische Bedeutung, *der gegenwärtige Tag.* Ein indexikalischer Ausdruck qua Type hat daher zwei linguistische Bedeutungen, eine im Zusammenhang mit der Identifizierung eines Gegenstandes durch den Sprecher und eine andere im Fall der Identifizierung durch den Hörer. Da die linguistische Bedeutung von indexikalischen Ausdrücken die Gegebenheitsweise des identifizierten Gegenstandes bestimmt, entspricht diesem Unterschied eine Differenz der Gegebenheitsweisen. Die Gegebenheitsweise des Referenten des Ausdrucks ›heute‹ ist für den Sprecher nicht derjenige Tag, an dem eine Äußerung erfolgt, sondern »der gegenwärtige Tag«. Kapitan vertritt somit eine dualistische Theorie der linguistischen Bedeutung von indexikalischen Ausdrücken sowie der Gegebenheitsweise von Referenten indexikalischer Ausdrücke. Die exekutive linguistische Bedeutung des Ausdrucks ›today‹ stellt die Gegebenheitsweise (mode of presentation bzw. concept) des Referenten dieses Ausdrucks für den Sprecher dar. Die äußerungsreflexive linguistische Bedeutung entspricht der Gegebenheitsweise für den Hörer bzw. Interpreten. Sowohl der Sprecher als auch der Hörer verwenden beide Gegebenheitsweisen. Der Sprecher weiß, dass der Hörer bei der Interpretation eines geäußerten Satzes die interpretative Bedeutung verwendet.[421] Der Hörer weiß, welche Gegebenheitsweise der Sprecher (qua Type) verwendet, und zwar die exekutive linguistische Gegebenheitsweise. Der Hörer weiß aus eigener Erfahrung, wie, anhand von welcher Gegebenheitsweise, der Sprecher Gegenstände identifiziert.

421 Dies bedeutet nach Kapitan jedoch nicht, dass ein Sprecher einen Gegenstand aktuell anhand der äußerungsreflexiven linguistischen Bedeutung identifiziert. Ein Sprecher besitzt die *Disposition,* Gegenstände anhand der äußerungsreflexiven linguistischen Bedeutung zu identifizieren.

5. Die exekutive Identifizierung erfolgt nicht allein anhand der exekutiven linguistischen Bedeutung. Sowohl die exekutive Gegebenheitsweise als auch die äußerungsreflexive Gegebenheitsweise sind für sich betrachtet generische Gegebenheitsweisen. Bspw. ist die äußerungsreflexive Gegebenheitsweise des Referenten des indexikalischen Ausdrucks ›you‹ »being addressed by a speaker«, welche unterschiedliche Gegenstände erfüllen können. Die exekutive Gegebenheitsweise des Referenten von ›today‹ besteht darin, der »gegenwärtige Tag« zu sein, welche je nach dem Kontext der Äußerung unterschiedliche Tage aufweisen können.[422] Damit ein Token vorliegt, bedarf es der Berücksichtigung des *Kontexts* der Äußerung. Der für die indexikalische Identifizierung relevante Kontext unterscheidet sich im Fall der exekutiven Identifizierung durch den Sprecher und der äußerungsreflexiven Identifizierung durch den Hörer. Bei der äußerungsreflexiven Identifizierung durch den Hörer sind die kontextuellen Parameter der Sprecher, der Ort und der Zeitpunkt der Äußerung sowie je nach verwendetem indexikalischem Ausdruck zusätzliche Faktoren, etwa eine hinweisende Geste des Sprechers. Der für die exekutive Identifizierung relevante Kontext besteht in der *Perspektivität* indexikalischer Identifizierung.

6. Ein Schlüsselbegriff von Kapitans Theorie exekutiver indexikalischer Identifizierung ist daher der Begriff der Perspektivität des Bewusstseins. Er bezeichnet, allgemein gesprochen, die raumzeitliche Relation raumzeitlicher Gegenstände zueinander, aber, und das ist von Bedeutung, auch zum Ort und Zeitpunkt des Akts der Identifizierung, also des Sprechers. Das bedeutet, dass jeder Referent eines indexikalischen Ausdrucks einen ausgezeichneten räumlichen und/oder zeitlichen Standpunkt gegenüber dem raumzeitlichen Standpunkt des Akts der Identifizierung einnimmt.[423] Kapitan betont, dass die exekutive indexikalische Identifizierung eines Gegenstandes nicht allein

422 Kapitan teilte mir in einem Schreiben mit, dass seiner Ansicht nach alle indexikalischen Gegebenheitsweisen »tokens« sind, also einzelne Vorkommnisse. Indes erwähnt er an anderer Stelle, dass es generische Gegebenheitsweisen des Selbst (generic self mode) gibt. Kapitan 2001, 301.

423 Es gibt Fälle indexikalischer Identifizierung, bei denen ausschließlich der räumliche oder der zeitliche Standpunkt relevant ist. Kapitan gibt folgende Beispiele: »Sometimes the only difference between individuating modes is spatial position, for example, when someone simultaneously observes one part of a ship from one window and another part from a different window and thinks: *This ship is identical to this ship*. Positional difference may here be the sole source of non-triviality. Sometimes it is only a temporal component that individuates, as in anaphoric reference expressed through indexicals like ›the former,‹ ›the latter,‹ or ›the previous one,‹ or, again, when through a single window the person observes first the bow and then the stern go past and thinks the non-trivial: *This ship is identical to this ship*.« Kapitan 2001, 303.

anhand der Verbindung des raumzeitlichen Standpunkts des Sprechers mit der exekutiven linguistischen Bedeutung erfolgt. Eine jede exekutive Identifizierung erfolgt vom raumzeitlichen Standpunkt des Sprechers ausgehend. Die exekutive linguistische Bedeutung bestimmt eine generische Gegebenheitsweise, die unterschiedliche Gegenstände erfüllen können. Wenn eine Person bspw. den Satz äußert »You, you, you, and you can leave, but you stay!«,[424] werden unterschiedliche Personen mittels derselben exekutiven linguistischen Bedeutung und von demselben raumzeitlichen Standpunkt des Sprechers ausgehend identifiziert. Damit unterschiedliche Referenten identifiziert werden können, ist ein weiterer Faktor von Bedeutung. Er besteht darin, dass die Perspektive nicht bloß den raumzeitlichen Standpunkt des Sprechers mit einschließt, sondern zudem auch die raumzeitlichen Relationen zwischen Gegenständen. Der Ausdruck ›Perspektive‹ bezeichnet somit den Ursprungsort indexikalischer Identifizierung (point of origin), d. h. den raumzeitlichen Standpunkt des Sprechers, aber auch die raumzeitliche Position des identifizierten Gegenstandes gegenüber anderen Gegenständen und dem Ursprungsort der indexikalischen Identifizierung. Ein jeder Gegenstand nimmt eine bestimmte *Position* innerhalb des raumzeitlichen Beziehungsgefüges ein und steht damit in einer bestimmten Beziehung zum Ursprungsort des Akts der Identifizierung.[425] Die Identifizierung eines Gegenstandes setzt daher voraus, dass ein Sprecher Bewusstsein von mehreren Gegenständen (immediate data) besitzt, von denen *ein* Gegenstand mittels eines indexikalischen Ausdrucks identifiziert wird.[426]

7. Kapitans Analyse der exekutiven indexikalischen Identifizierung ist mit diesen Erläuterungen noch nicht hinreichend skizziert. Es gilt Fälle direkter exekutiver indexikalischer Identifizierung von Fällen abgeleiteter (deferred) exekutiver Identifizierung zu unterscheiden.[427] Eine direkte exekutive indexikalische Identifizierung erfolgt dann, wenn das identifizierte Objekt ein Gegenstand der Wahrnehmung eines Sprechers ist, also bspw. wenn ein Sprecher eine andere Person visuell wahrnimmt und ihn unter Verwendung des Ausdrucks ›er‹ identifiziert. Eine Identifizierung ist demgegenüber indirekt, wenn ein Gegenstand nicht direkt wahrgenommen wird, sondern mithilfe eines vermittelnden Mediums. Wenn Haydn bspw. auf einen Punkt

424 Kapitan 2001, 302.

425 Eine Position zeichnet sich näher betrachtet dadurch aus, dass sie einen bestimmten Umfang oder eine Dauer hat. Vgl. Kapitan 2001, 303.

426 Im Fall der Verwendung von indexikalischen Ausdrücken im Plural, etwa ›wir‹, wird eine Gruppe von Gegenständen in Abgrenzung von einem oder mehreren Gegenständen identifiziert.

427 Kapitan 2001, 303.

auf einer Landkarte zeigt und sagt: »Hier ist Wien«, identifiziert er Wien. Er nimmt Wien jedoch nicht direkt visuell wahr, sondern identifiziert diese Stadt mithilfe eines Stellvertreters, und zwar eines Punktes auf einer Landkarte. Eine indexikalische Identifizierung erfolgt daher anhand von unmittelbar gegebenen Inhalten (immediate contents) bzw. einem *Index*.[428] Im zuvor genannten Beispiel ist der Index ein Punkt auf einer Landkarte, während die Stadt Wien der mittelbar identifizierte Gegenstand ist. Wenn der Gegenstand, der identifiziert wird, direkt wahrgenommen wird, ist dieser Gegenstand der Index. Bei einer abgeleiteten Identifizierung unterscheidet sich der Gegenstand, welcher den Index darstellt, vom Referenten eines indexikalischen Ausdrucks.

Eine exekutive indexikalische Identifizierung zeichnet sich folglich durch eine Orientierungsrelation aus (orienting relation). Die Orientierungsrelation besteht zwischen dem unmittelbar gegebenen Gehalt (Index) einer Identifizierung und dem damit identifizierten Gegenstand. Im Fall direkter Identifizierung ist die Orientierungsrelation eine Identitätsbeziehung. Der unmittelbar gegebene Gehalt ist der identifizierte Gegenstand. Im Fall einer indirekten Identifizierung besteht ein Unterschied zwischen dem unmittelbar gegebenen Inhalt und dem identifizierten Gegenstand. Im zuvor genannten Beispiel besteht die Orientierungsrelation in der Beziehung »being represented by« (repräsentiert sein durch).[429] Die Stadt Wien wird durch einen Punkt auf einer Landkarte repräsentiert. Ein identifizierter Gegenstand zeichnet sich in seiner Gegebenheitsweise somit durch eine *Orientierung* (orientation) aus. Sie ist eine relationale Eigenschaft, welche der Gegenstand mit Blick auf seine Orientierungsbeziehung aufweist. Die relationale Eigenschaft von Wien besteht bspw. darin, von dem Punkt auf der Landkarte repräsentiert zu sein. Die Orientierung ist ein relationaler Aspekt der Gegebenheitsweise eines Gegenstandes, der durch das Verhältnis zwischen dem Index – mithilfe dessen eine Identifizierung erfolgt – und dem identifizierten Gegenstand bestimmt ist.

8. Nach Kapitan sind die angeführten Bestandteile einer exekutiven indexikalischen Identifizierung Aspekte der exekutiven *Gegebenheitsweise* eines Referenten. Die exekutive indexikalische Gegebenheitsweise ist daher durch folgende Merkmale bestimmt: i. die exekutive linguistische Bedeutung eines indexikalischen Ausdrucks, ii. einen unmittelbar gegebenen Gehalt (Index) sowie einen Gegenstand, welcher der Referent des indexikalischen Ausdrucks ist, iii. eine Orientierungsrelation, welche dem Verhältnis zwischen dem Index und dem Referenten entspricht, iv. eine Orientierung, die eine

428 Kapitan 2006, 391.
429 Kapitan 2001, 304.

Eigenschaft des identifizierten Gegenstandes ist, die im Fall abgeleiteter (deferred) Identifizierung nicht dem Index zukommt, v. eine Position, die ein Index bzw. ein unmittelbar gegebener Gehalt relativ zum Standpunkt des Sprechers und anderen bewussten Gegenständen einnimmt,[430] vi. den raumzeitlichen Standpunkt des Sprechers (point of origin) und schließlich vii. eine Perspektive, die eine raumzeitliche Anordnung von unmittelbar gegebenen Inhalten einschließt, welche zu einem Akt der Identifizierung gehören und relativ zu diesem Akt jeweils eine bestimmte Position einnehmen.

Aufgrund der Perspektivität der exekutiven indexikalischen Identifizierung kann die exekutive Gegebenheitsweise eines identifizierten Gegenstandes für den Sprecher vom Hörer *als solche* nicht erfasst werden. Zwar gilt, wie gesagt, dass der Hörer weiß, dass der Sprecher einen Gegenstand anhand der exekutiven Gegebenheitsweise identifiziert. Da der Hörer den Standpunkt des Sprechers jedoch nicht »1 zu 1« zu teilen vermag, ist ausgeschlossen, dass ein Hörer auf exakt dieselbe Weise wie der Sprecher einen Gegenstand auffasst. Kapitan vertritt daher die Position, dass es *private* Gegebenheitsweisen und folglich private Propositionen gibt.

9. Die exekutive indexikalische Identifizierung enthält ein *reflexives* Moment. Die exekutive indexikalische Gegebenheitsweise schließt den Ursprungsort, den Zeitpunkt des Akts der Identifizierung und den Akt der Identifizierung mit ein.[431] Sie sind Aspekte der Perspektive des Akts der Identifizierung, welche ein Bestandteil der exekutiven Gegebenheitsweise ist. Das bedeutet nichts anderes, als dass das Bewusstsein eines Sprechers von einem identifizierten raumzeitlichen Gegenstand ein Bewusstsein vom raumzeitlichen Verhältnis des Gegenstandes *zu ihm selbst*, und zwar zum raumzeitlichen Standpunkt des Aktes der Identifizierung einschließt. Die exekutive Identifizierung schließt nach Kapitan *Selbstbewusstsein* mit ein. Es ist jedoch wichtig zu beachten, dass Kapitan einen *nicht*-egologischen Ansatz vertritt. Wenn ein Sprecher einen Gegenstand im Zusammenhang mit der Produktion von indexikalischen Ausdrücken identifiziert, besitzt er zwar ein Bewusstsein vom raumzeitlichen Standpunkt seines Aktes der Identifizierung sowie von seiner Aktivität selbst. Aber dieses Selbstbewusstsein schließt weder das Bewusstsein mit ein, dass dies der *eigene* raumzeitliche Standpunkt ist, noch, dass *man selbst* die Identifizierung vornimmt. Das Bewusstsein von der

430 Dies bedeutet, dass die Position eines Gegenstandes näher betrachtet nicht notwendigerweise den Referenten eines indexikalischen Ausdrucks betrifft. Im Fall einer indirekten exekutiven Identifizierung betrifft sie den unmittelbar gegebenen Inhalt, mithilfe von dem der Referent identifiziert wird.

431 Kapitan 2001, 308, 2006, 401–402.

Perspektive der Identifizierung schließt nicht das Bewusstsein mit ein, dass es sich hierbei um die *eigene* Perspektive handelt. Das Bewusstsein vom Akt der Identifizierung schließt kein Bewusstsein von »being me, mine, or anything else« mit ein.[432] Nach Kapitan ist das Selbstbewusstsein, welches die exekutive indexikalische Identifizierung begleitet, *anonym*. Ein Sprecher besitzt nur dann egologisches Selbstbewusstsein, wenn er den Ausdruck ›ich‹ verwendet.[433]

Es ist außerdem zu beachten, dass nach Kapitan das *Subjekt* exekutiver indexikalischer Identifizierung eine »komprehensive Einheit« (comprehensive unity) ist. Der Ausdruck ›komprehensive Einheit‹ bezeichnet die Perspektivität des Bewusstseins, aber auch die zu einem bestimmten Zeitpunkt damit verbundenen emotionalen, theoretischen und praktischen Einstellungen bzw. Handlungen.[434] Die Einheit ist sowohl der Empfänger von Inhalten (receiver of stimuli) als auch der Akteur, der auf diese Inhalte reagiert.[435] Sie besteht in jedem Fall einer indexikalischen Identifizierung. Sie ist nach Kapitan nichts anderes als »das Selbst« oder »Ich«.[436] Das Bewusstsein von der komprehensiven Einheit ist aber nur bei der Verwendung des Ausdrucks ›ich‹ ein Fall von *egologischem* Selbstbewusstsein.

10. Nach Kapitan besteht egologisches Selbstbewusstsein dann, wenn ein Sprecher den Ausdruck ›ich‹ verwendet und somit sich selbst identifiziert. Es wird mithilfe einer *egologischen Gegebenheitsweise* gewonnen. Sie wird von der exekutiven linguistischen Bedeutung des Ausdrucks ›ich‹ bestimmt, und zwar »being a self«.[437] Die egologische Gegebenheitsweise wird jedoch nicht allein durch die Verwendung der exekutiven linguistischen Bedeutung des Ausdrucks ›ich‹ gewonnen. Zusätzlich zur exekutiven linguistischen Bedeutung müssen drei weitere Aspekte berücksichtigt werden.

Erstens besteht egologisches Selbstbewusstsein nur dann, wenn die komprehensive Einheit der *Index*, der unmittelbare Gegenstand indexikalischer Identifizierung ist. Dies bedeutet nicht, dass ein Sprecher nur dann ein Bewusstsein von dieser Einheit besitzt, wenn sie der Index ist. Sie ist in jedem Fall einer Identifizierung zumindest marginal bewusst.[438] Jedoch ist sie nur im Fall der egologischen Gegebenheitsweise der Index einer Identifizierung und nur insofern sie der Index ist, besteht die *egologische* Gegebenheitsweise

432 Kapitan 1999a, 40.

433 Das gilt, wie eingangs erwähnt, unter der Voraussetzung der Annahme, dass eine Person Gegenstände identifiziert und dabei Wörter verwendet.

434 Kapitan 2006, 398.

435 Kapitan 2013, 10.

436 Kapitan 2006, 401.

437 Kapitan 2001, 301.

438 Kapitan 2006, 401.

und somit egologisches Selbstbewusstsein. Das heißt, ausschließlich im Fall indexikalischer Identifizierung anhand der Verwendung des Ausdrucks ›ich‹ begreift ein Subjekt diese Einheit als seine *eigene* Einheit und besitzt egologisches Selbstbewusstsein.[439] Zweitens besitzt ein Sprecher einen ausgezeichneten, privilegierten Zugang zu sich selbst.[440] Der privilegierte Zugang besteht in innerer Wahrnehmung, und zwar der Introspektion oder bspw. der Propriozeption. Im Zusammenhang mit der inneren Wahrnehmung ist eine Person sich direkt des erfahrenden Subjekts bewusst, sodass im Fall der indexikalischen Identifizierung dieses Subjekts anhand der Verwendung des Ausdrucks ›ich‹ gilt: »I cannot help but think of that something as a subject, that is, as an experiencing or thinking thing or process, a *res cogitans*, albeit physical. This is a direct access that is privileged in that no one else has it to that something, myself.«[441] Durch die innere Wahrnehmung unterscheidet sich das Bewusstsein von einem selbst und von anderen Personen. Nur der Sprecher selbst hat durch die innere Wahrnehmung einen direkten Zugang zu sich selbst.

Drittens berücksichtigt Kapitan bei seiner Erklärung egologischen Selbstbewusstseins, dass Personen sich als persistierende Subjekte begreifen. Kapitan unterscheidet daher zwischen der komprehensiven Einheit und dem persistierenden Subjekt. Die komprehensive Einheit ist im Fall indexikalischer Identifizierung mittels der egologischen Gegebenheitsweise der Index. Das persistierende Subjekt ist demgegenüber so wie im Fall indirekter indexikalischer Identifizierung ein mittelbar identifizierter (deferred) Gegenstand. Die komprehensive Einheit ist somit näher betrachtet das Subjekt, das im Augenblick einer Identifizierung besteht und das auch nur solange vorhanden ist, wie die Identifizierung erfolgt. Das persistierende Subjekt wird durch die Verbindung der in zeitlicher Hinsicht unterschiedlichen komprehensiven Einheiten konstituiert. Es entspricht der Vorstellung eines zeitlich erstreckten Subjekts, zu dem die einzelnen komprehensiven Einheiten gehören.[442]

11. Kapitan lehnt die Regel 17 ab.[443] Die Produktion eines linguistischen Ausdrucks wird nicht von subjektivem egologischem Selbstbewusstsein begleitet.

---

439 Kapitan 2006, 399, 2013, 12.

440 Kapitan 2006, 397–398.

441 Kapitan 2006, 397.

442 Kapitan 2006, 399.

443 Im Rahmen einer Tagung des ZiF in Bielefeld habe ich eine Kritik an Kapitans Theorie indexikalischer Identifizierung vorgetragen. Bei dieser Tagung hat Kapitan eine Antwort auf meine Einwände vorgetragen und dabei die Regel 17 kritisiert sowie eine dispositionale Erklärung von egologischem Selbstbewusstsein vorgestellt. Der Titel des Manuskripts lautet: *Egological Ubiquity: Response to Stefan Lang*, Sept. 2013.

Die Produktion von linguistischen Ausdrücken wird von anonymem Selbstbewusstsein begleitet. Es besteht in nichts anderem als dem Bewusstsein von der Perspektive des Akts der Identifizierung sowie vom Akt der Identifizierung selbst. Dieses Bewusstsein entspricht dem Bewusstsein, dass »someone« oder »something« eine Erfahrung macht. Es schließt kein egologisches Selbstbewusstsein mit ein, das heißt, es enthält nicht die Information, dass *man selbst* einen Akt der Identifizierung vollzieht oder dass es die *eigene* Perspektive ist, von der man ein Bewusstsein hat. Egologisches Selbstbewusstsein besteht ausschließlich dann, wenn der Ausdruck ›ich‹ produziert wird. Nach Kapitan besitzt ein Sprecher jedoch die *Disposition*, egologisches Selbstbewusstsein zu entwickeln. So vermag eine Person bspw. zu erkennen, dass sie selbst einen linguistischen Ausdruck produziert, wenn sie gefragt wird, ob sie sich wirklich sicher sei, dass *sie* diesen Ausdruck hervorgebracht hat. Kraft dieser Disposition zur Entwicklung von egologischem Selbstbewusstsein ist im Fall der Produktion eines linguistischen Ausdrucks die Möglichkeit ausgeschlossen, dass eine Person glauben würde, dass eine andere Person einen linguistischen Ausdruck produziert.[444] Kapitans dispositionaler Ansatz widerspricht somit explizit der Regel 17. Es ist nicht richtig, dass eine rationale Person immer dann, wenn sie einen linguistischen Ausdruck produziert, *aktuell* weiß, dass sie selbst diesen Ausdruck hervorbringt. Personen besitzen lediglich die *Disposition* zur Entwicklung von egologischem Selbstbewusstsein.

444 Kapitan 2013, 6.

KAPITEL 25

Die Irreduzibilität egologischen Selbstbewusstseins

Kapitans Theorie überzeugt in mehreren Punkten. Es ist wichtig zwischen der indexikalischen Identifizierung durch den Sprecher und den Hörer zu unterscheiden. Sprecher identifizieren Gegenstände nicht indem sie zunächst einen Ausdruck, den sie äußern, wahrnehmen, anschließend dessen linguistische Bedeutung interpretieren, um schließlich mithilfe des Kontexts der Äußerung den Referenten zu bestimmen. Vielmehr wird ein Gegenstand *mit* und *durch* die Produktion eines indexikalischen Ausdrucks identifiziert. Die indexikalische Identifizierung durch einen Sprecher ist exekutiv. Außerdem ist eine indexikalische Identifizierung eines Gegenstandes nur dann möglich, wenn ein Gegenstand sich von etwas, einem anderen Gegenstand unterscheidet. Einen Gegenstand zu identifizieren bedeutet, ihn mit einer bestimmten Gegebenheitsweise aufzufassen. Und da die Identifizierung durch den Sprecher sich von der Identifizierung durch den Hörer unterscheidet, gilt es mit Kapitan zwischen der Gegebenheitsweise eines indexikalisch identifizierten Gegenstandes für den Sprecher und der Gegebenheitsweise für den Hörer zu unterscheiden. Ein Sprecher identifiziert den Referenten von ›heute‹ nicht (oder zumindest nicht allein) als den Tag der Äußerung dieses Ausdrucks, sondern als den *gegenwärtigen* (oder aktuellen) Tag.[445] Der Hörer identifiziert den Gegenstand anhand der äußerungsreflexiven Gegebenheitsweise. Im Fall der indexikalischen Identifizierung eines Gegenstandes wird ein Gegenstand von dem Sprecher auf eine andere Weise aufgefasst als von dem Hörer.

Kapitans Ansatz ist jedoch in einigen Punkten nicht überzeugend.[446] Erstens gelingt es Kapitan nicht, egologisches Selbstbewusstsein zu erklären. Kapitan betont, dass die exekutive linguistische Bedeutung des Ausdrucks ›ich‹ allein nicht genügt, um egologisches Selbstbewusstsein zu besitzen. Nach Kapitan enthält der exekutive Ich-Begriff die Information »being a self«, »ein Subjekt sein«. Dieser Begriff (mode of presentation) erklärt jedoch nicht, wie egologisches Selbstbewusstsein möglich ist, da er – als solcher – eine generische Gegebenheitswese darstellt. Auch das Bewusstsein

445 Vgl. Evans 1981, 289.

446 Kapitan erwähnte in Debatten, die wir führten, dass die Frage, wie egologisches Selbstbewusstsein gewonnen wird, durchaus eine wichtige Frage ist. Es ist jedoch nicht sein Ziel, diese Frage zu beantworten. Diese Frage wird im Folgenden in Auseinandersetzung mit Kapitans Standpunkt untersucht, da er mit Blick auf die Aufgabenstellung dieses Hauptstücks die interessanteste neofregeanische Theorie entwickelt.

 | DOI:10.30965/9783957437273_027

von Perspektivität sowie das Bewusstsein vom Akt der Identifizierung erklären nicht, wie egologisches Selbstbewusstsein gewonnen wird. Das Bewusstsein von Perspektivität schließt nicht die Information mit ein, dass es die eigene Perspektive ist (»Meinigkeit«), welche bewusst ist. Die indexikalische Identifizierung schließt zwar das Bewusstsein von der mentalen Aktivität der Identifizierung mit ein. Jedoch enthält es nicht die Information, dass es die eigene Tätigkeit ist. Weder der Ich-Begriff, das Bewusstsein von Perspektivität noch das Bewusstsein vom Akt der Identifizierung erklären, wie egologisches Selbstbewusstsein gewonnen wird. Es ist daher nicht nachzuvollziehen, wie durch die Kombination dieser Aspekte egologisches Selbstbewusstsein gewonnen werden soll bzw. warum egologisches Selbstbewusstsein bestehen soll.

Auch die Annahmen eines privilegierten inneren Zugangs und einer komprehensiven Einheit, die im Fall der Verwendung des Ausdrucks ›ich‹ der Index indexikalischer Identifizierung ist, erklären nicht, wie egologisches Selbstbewusstsein gewonnen wird bzw. worin es besteht. In Kapitel 13 wurde dargelegt, dass die Annahme eines privilegierten Zugangs egologisches Selbstbewusstsein nicht erklärt. Die komprehensive Einheit besteht nach Kapitan in jedem Fall einer indexikalischen Identifizierung. Das Bewusstsein von der komprehensiven Einheit ist anonym, es sei denn, dass die komprehensive Einheit der Index indexikalischer Identifizierung ist, das heißt, wenn der Ausdruck ›ich‹ verwendet wird. Egologisches Selbstbewusstsein müsste demnach dadurch erklärt werden können, dass die komprehensive Einheit im Fall der Verwendung des Personalpronomens der ersten Person singular der *Index* ist. Da die komprehensive Einheit jedoch in jedem Fall indexikalischer Identifizierung vorliegt und in der Regel anonym ist, ist nicht nachzuvollziehen, warum ein Bewusstsein von der komprehensiven Einheit, insofern sie der Index ist, egologisches Selbstbewusstsein enthalten können soll. Denn, so ist zu fragen, warum soll die komprehensive Einheit als die *eigene* Einheit begriffen werden, wenn sie der Index ist? Offenkundig ist die Erklärung, dass dies deswegen der Fall ist, weil die komprehensive Einheit die eigene Einheit *ist*, nicht überzeugend. Um Selbstbewusstsein erklären zu können, genügt es nicht, dass angenommen wird, dass ein Subjekt Bewusstsein von etwas, einem Index oder einer komprehensive Einheit besitzt, die es selbst ist. Es muss zudem erklärt werden, wie es zu erkennen vermag, dass es Bewusstsein von sich selbst hat bzw. dass es selbst der Index und die komprehensive Einheit ist. Es gilt zu erklären, wie das Subjekt durch das Bewusstsein vom Index bzw. der komprehensiven Einheit eine bewusste egologische Information zu besitzen vermag. Wie eine überzeugende Lösung dieser Aufgabenstellung lauten könnte, ist unter Maßgabe von Kapitans Ausführungen völlig unklar. Es sei denn, es wird postuliert, dass die komprehensive Einheit als die *eigene* begriffen wird – sobald und kraft dessen, dass sie in der Position eines Indexes auftritt. In diesem Fall ist egologisches Selbstbewusstsein aber nicht erklärt. Der Übergang von nicht-egologischem Selbstbewusstsein zu egologischem Selbstbewusstsein ist nicht nachvollziehbar, sondern wird letztlich postuliert.

Damit ist nicht geklärt, warum ein Sprecher kraft der vermeintlich »egologischen« Gegebenheitsweise egologisches Selbstbewusstsein besitzen können soll, das heißt, die Information besitzt, dass er sich selbst identifiziert. Denn, um diesen wichtigen Punkt nochmals zusammen zu fassen: Weder das Bewusstsein von der Aktivität der Identifizierung noch das Bewusstsein von der Perspektive schließen egologisches Selbstbewusstsein mit ein. Die Verwendung der exekutiven linguistischen Bedeutung des Ausdrucks ›ich‹ erklärt egologisches Selbstbewusstsein ebenso wenig wie das Bewusstsein von der komprehensiven Einheit als dem Index der indexikalischen Identifizierung. Schließlich erklärt auch die Annahme eines privilegierten Zugangs nicht, wie egologisches Selbstbewusstsein gewonnen wird. Es ist somit nicht nachvollziehbar, warum und inwiefern die Verbindung dieser Aspekte egologisches Selbstbewusstsein ermöglichen oder erklären können soll. Kapitan gelingt es daher nicht, den Übergang von anonymem Selbstbewusstsein zu egologischem Selbstbewusstsein zu erklären. Dies ist das *Transitionsproblem* anonymer Theorien des Selbstbewusstseins: Anonymen Theorien des Selbstbewusstseins gelingt es nicht, die Konstitution von egologischem Selbstbewusstsein zu erklären.

Dieses Urteil ist auch nicht dadurch zu widerlegen, dass Kapitans Annahme eines persistierenden Subjekts in die Betrachtung mit einbezogen wird. Kapitan erklärt, dass die Vorstellung vom persistierenden Subjekt durch die Feststellung von Übereinstimmungen zwischen temporär auftretenden komprehensiven Einheiten gewonnen wird. Die komprehensive Einheit erklärt jedoch nicht wie egologisches Selbstbewusstsein möglich ist. Also müsste die Annahme eines persistierenden Subjekts egologisches Selbstbewusstsein erklären können. Aber auch dies ist nicht möglich. Denn erneut ist die Frage zu stellen, wie ein Subjekt die Information gewinnt, dass es das *eigene* persistierende Subjekt ist, von dem es Bewusstsein besitzt bzw. dass es selbst das persistierende Subjekt ist? Auch wenn man selbst das persistierende Subjekt ist, von dem man Bewusstsein hat, erklärt dies nicht, wie das Bewusstsein gewonnen wird und worin das Bewusstsein besteht, dass es das *eigene* persistierende Subjekt ist. Bewusstsein vom persistierenden Subjekt zu haben, schließt für sich betrachtet nicht (ohne weiteres) mit ein, dass man sich selbst als dieses Subjekt versteht. Auch bei Berücksichtigung der Annahme eines persistierenden Subjekts gelingt es Kapitan nicht, egologisches Selbstbewusstsein zu erklären. Kapitans Theorie stellt somit keine Mittel zur Verfügung, die es erlauben, egologisches Selbstbewusstsein zu erklären. Das gilt folglich auch für das subjektive Selbstbewusstsein.

Zweitens ist Kapitans dispositionaler Ansatz ebenfalls nicht überzeugend. Subjektives egologisches Selbstbewusstsein ist ein *aktueller* Fall von Bewusstsein, der in jedem Fall der Produktion eines linguistischen Ausdrucks besteht. Kapitan behauptet, wie gesagt, dass ein Sprecher nicht aktuell das Bewusstsein besitzt, dass er selbst einen linguistischen Ausdruck produziert, wenn er ihn hervorbringt. Dieses Bewusstsein ist dann aktuell (occurent) vorhanden, wenn eine Person bspw. gefragt wird, ob sie sich sicher ist, dass sie selbst einen Ausdruck produziert, und über die richtige Antwort auf diese Frage nachdenkt. Ein Sprecher besitzt die Disposition zur Entwicklung von egologischem Selbstbewusstsein. Kapitans Ansatz wäre jedoch nur dann überzeugend, wenn es ihm gelänge, egologisches Selbstbewusstsein zu erklären. Dies ist nicht der Fall. Dies ist bedeutend, denn eine Disposition als solche erklärt egologisches Selbstbewusstsein *nicht*. Eine Disposition setzt einen Mechanismus voraus, durch den eine Person egologisches Selbstbewusstsein zu entwickeln vermag. Aufgrund dieses Mechanismus' vermag eine Person eine Disposition zur Entwicklung von egologischem Selbstbewusstsein zu erwerben. Da es Kapitan jedoch nicht gelingt, egologisches Selbstbewusstsein zu erklären, ist nicht nachzuvollziehen, wie eine Person die Disposition zur Entwicklung von egologischem Selbstbewusstsein zu gewinnen vermag. Kapitans dispositionaler Ansatz ist daher nicht überzeugend.

Dementsprechend ist auch seine Kritik an der Regel 17 nicht zutreffend. Kapitan begründet seine Kritik an dieser Regel mit der These, dass eine Disposition zur Entwicklung von egologischem Selbstbewusstsein genügt, um erklären zu können, warum eine Person bei der Produktion eines linguistischen Ausdrucks sich weder im Unklaren ist, wer diesen Ausdruck produziert, noch warum sie nicht glaubt, dass eine andere Person diesen Ausdruck verwendet. Diese These ist jedoch unbegründet, da es Kapitan nicht gelingt, zu zeigen, wie eine Person diese Disposition zu gewinnen vermag. Dies bedeutet, dass die Regel 17 nicht widerlegt ist.

Im Anschluss an diese Kritik ist ein dritter Einwand vorzubringen. Nach Kapitan besteht egologisches Selbstbewusstsein nur im Fall indexikalischer Identifizierung, welche die egologische Gegebenheitsweise einschließt, das heißt, im Fall der Verwendung des Ausdrucks ›ich‹. Dies ist nicht zutreffend. Subjektives (egologisches) Selbstbewusstsein setzt nicht die Produktion des Ausdrucks ›ich‹ voraus. Es begleitet die Produktion eines jeden linguistischen

Ausdrucks. Der dritte Einwand lautet somit, dass Kapitan egologisches Selbstbewusstsein auf begriffliches Selbstbewusstsein *reduziert*, das im Fall der Produktion des Ausdrucks ›ich‹ besteht. Diese Kritik ermöglicht es, einen vierten Einwand zu formulieren. Er ist für Kapitans Theorie indexikalischer Identifizierung von zentraler Bedeutung. Die Regel 17 gilt in jedem Fall der Produktion eines linguistischen Ausdrucks. Sie gilt in jedem Fall indexikalischer Identifizierung eines Gegenstandes, wenn ein linguistischer Ausdruck produziert wird. Kapitan gelingt es jedoch nicht, das subjektive Selbstbewusstsein zu erklären. Dies bedeutet, dass Kapitan ein konstantes Merkmal der linguistisch vermittelten indexikalischen Identifizierung von Gegenständen nicht erklärt. Kapitans Theorie indexikalischer Identifizierung ist daher *unvollständig*. Denn da die Regel 17 gilt, ist subjektives Selbstbewusstsein ein bedeutender Aspekt denkender Referenz (thinking reference). Kapitan gelingt es jedoch nicht, subjektives Selbstbewusstsein zu erklären. Kapitan erklärt daher ein konstantes Merkmal denkender Referenz nicht, insofern (indexikalische) Wörter verwendet werden.

Zum Abschluss der Diskussion von Kapitans Ansatz ist die im zweiten Hauptstück angekündigte Begründung nachzuliefern, warum das subjektive Selbstbewusstsein im Rahmen eines neofregeanischen Ansatzes nicht erklärt werden kann.[447] Der erste Argumentationsschritt in der Begründung der These, dass das subjektive Selbstbewusstsein kein Fall von propositionalem Selbstbewusstsein ist, lautete folgendermaßen:

1. Die Information, die eine Person besitzt, wenn sie Bewusstsein von einer Proposition hat, schließt nicht den Informationsgehalt des subjektiven Selbstbewusstseins als transzendentales Präfix mit ein.
2. Das subjektive Selbstbewusstsein ist nicht unbewusst, sondern ein bewusstes Phänomen.
3. Also ist das subjektive Selbstbewusstsein von propositionalem Selbstbewusstsein zu unterscheiden.

Von Kapitans neofregeanischem Ansatz ausgehend, könnte ein Einwand gegen dieses Argument besagen, dass die erste Prämisse falsch ist. Der Informationsgehalt des subjektiven Selbstbewusstseins ist vom Informationsgehalt des Satzes, der geäußert wird, zu unterscheiden. Dies bedeutet jedoch nicht, dass das subjektive Selbstbewusstsein kein Bestandteil des propositionalen Gehalts ist. Der Informationsgehalt des geäußerten Satzes ist nur *ein* Bestandteil des vollständigen propositionalen Gehalts bzw. Gedankens. Der vollständige Gehalt schließt den Informationsgehalt des subjektiven Selbstbewusstseins mit ein. Ein Sprecher ist sich dieses Gehalts lediglich auf eine andere Weise

447 Vgl. Kapitel 15.

bewusst als des Gehalts des geäußerten Satzes. Die Begründung dieser Überlegung könnte sich auf Kapitans Ansatz berufen. Kapitan behauptet, dass »[a] person X's thinking reference to an item O is accomplished only via referential modes each of which is a way through which X cognizes (thinks of, conceives, perceives) O and at least one of which is an *identifying* mode whereby X distinguishes O from everything else.«[448] Die identifizierende Gegebenheitsweise des Referenten ist ein Bestandteil des vollständigen propositionalen Gehalts. Sie schließt eine indexikalische Identifizierung des Referenten mit ein und damit die Perspektivität indexikalischer Identifizierung.[449] Wenn ein Sprecher einen Gegenstand identifiziert, ist er sich, so Kapitan, dieser perspektivischen identifizierenden Gegebenheitsweise des Referenten »ipso facto« bewusst, ohne dass er auf diese Gegebenheitsweise referieren müsste oder dass sie begrifflich bestimmt werden müsste.[450] Der Sprecher besitzt in jedem Fall der durch sprachliche Ausdrücke vermittelten Identifizierung ein nicht-begriffliches Bewusstsein von der perspektivischen identifizierenden Gegebenheitsweise eines Referenten.[451] Unter Voraussetzung der Annahme, dass diese Interpretation zutreffend ist, könnte schließlich behauptet werden, dass auch das subjektive Selbstbewusstsein ein konstantes Merkmal propositionalen Bewusstseins ist, und zwar indem es ein Bestandteil der perspektivischen indexikalischen Gegebenheitsweise ist. Also ist die erste Prämisse nicht richtig und das Argument widerlegt.

Dieser Ansatz überzeugt nicht. Im Rahmen von Kapitans Theorie ist es nicht möglich, das subjektive Selbstbewusstsein zu erklären. Kapitan gelingt es nicht, den egologischen Aspekt von Selbstbewusstsein zu erklären, der u.a. das subjektive Selbstbewusstsein auszeichnet. Egologisches Selbstbewusstsein besteht nach Kapitan dann, wenn der Sprecher unter einer egologischen Gegebenheitsweise aufgefasst wird. Seine Analyse der egologischen Gegebenheitsweise zeigt jedoch nicht, wie egologisches Selbstbewusstsein gewonnen wird und worin es besteht. Auch bei Berücksichtigung eines neofregeanischen Ansatzes bestätigt sich somit die These, dass das subjektive egologische Selbstbewusstsein kein Fall von propositionalem Selbstbewusstsein ist.[452] Sodann besitzt eine Person das subjektive Selbstbewusstsein, gleichgültig welcher linguistische Ausdruck produziert wird. Es ist nicht nur dann vorhanden, wenn ein Gegenstand *identifiziert* wird oder ein Satz geäußert wird, der eine

448 Kapitan 1999a, 23.
449 Kapitan 1999a, 38–39.
450 Kapitan 1999a, 24.
451 Kapitan 1999a, 39–40.
452 Vgl. jedoch die Ausführungen in den Kapiteln 26, 27 und 29.

Proposition ausdrückt. Das subjektive Selbstbewusstsein besteht auch dann, wenn die Sätze »Hallo!«, »Mist!«, »Nein!«, »Niemals« oder bspw. die Wortfolge »so, so« geäußert werden. Das subjektive Selbstbewusstsein ist von propositionalem Bewusstsein zu unterscheiden.

Das bedeutet freilich nicht, dass es grundsätzlich keinem neofregeanischen Ansatz gelingen könnte, das subjektive Selbstbewusstsein zu erklären. Eine vollständige Begründung der These, dass subjektives egologisches Selbstbewusstsein nicht durch einen neofregeanischen Ansatz erklärt werden kann, hätte alle möglichen neofregeanischen Ansätze zu prüfen. Das ist weder die Aufgabe noch das Ziel dieser Untersuchung. Jedoch wurden im bisherigen Verlauf dieser Untersuchung strukturelle Problemstellen identifiziert, die es aussichtslos erscheinen lassen, dass es im Rahmen eines neofregeanischen Ansatzes möglich ist, das subjektive Selbstbewusstsein zu erklären. Erstens sprechen die Tatsachen des Bewusstseins dafür, dass es propositionalem Bewusstsein *voranzustellen* ist und dass eine strukturelle Differenz zwischen propositionalem Bewusstsein und subjektivem Selbstbewusstsein besteht.[453] Zweitens besteht das subjektive Selbstbewusstsein im Fall der Produktion eines jeden linguistischen Ausdrucks für sich betrachtet, während propositionales Bewusstsein dann besteht, wenn ein (vollständiger) Satz vorliegt. Drittens erklärt auch die Annahme eines privilegierten Zugangs nicht, wie das subjektive Selbstbewusstsein gewonnen wird und worin es besteht. Wie es angesichts dieser Problemlage im Rahmen eines neofregeanischen Ansatzes dennoch möglich sein soll, das subjektive Selbstbewusstsein zu erklären, ist nicht abzusehen.

453 Vgl. Kapitel 14 im zweiten Hauptstück.

KAPITEL 26

Autobiographisches Bewusstsein I

Das Ziel dieses Hauptabschnitts besteht darin, das *autobiographische* Bewusstsein zu erklären, das Sprecher besitzen, wenn sie eine exekutive indexikalische Identifizierung vollziehen.[454] Das autobiographische Bewusstsein enthält Informationen über Beziehungen von Gegenständen zu einem selbst. Wenn eine Person bspw. anhand der Produktion des Ausdrucks ›hier‹ eine autobiographische Identifizierung vornimmt, weiß sie, dass sie selbst sich am Ort der Äußerung befindet und somit an dem Ort, auf welchen der Ausdruck ›hier‹ referiert.[455] Im Fall der Produktion dieses Ausdrucks enthält das autobiographische Bewusstsein die Information, dass dieser Ausdruck auf den eigenen räumlichen Standpunkt referiert. Der autobiographische Aspekt indexikalischer Identifizierung ist ein Fall von *egologischem* Selbstbewusstsein: Eine Person, die eine autobiographische Identifizierung vornimmt, weiß, dass *sie selbst* sich in einer bestimmten Beziehung zu einem Gegenstand, bspw. einem Ort, befindet. Das autobiographische Bewusstsein enthält aber, – mit der Ausnahme der Produktion des Ausdrucks ›ich‹ –, nicht nur egologisches Selbstbewusstsein. Es schließt *Welt*bewusstsein mit ein, das heißt, Bewusstsein von einem oder mehreren Gegenständen, die sich von einem selbst unterscheiden. Wenn eine Person autobiographisches Bewusstsein besitzt, hat sie Informationen über ihre Beziehung zu einem *Gegenstand*, bspw. einem Ort, in der Welt, der nicht sie selbst ist. Die autobiographische Identifizierung ist eine Aktivität, welche Selbst- und Weltbewusstsein hervorbringt. Dies gilt sowohl im Fall der Produktion von echten Demonstrativausdrücken als auch reinen indexikalischen Ausdrücken.

Die zentrale These, die in diesem und in den anschließenden Kapiteln begründet und erläutert wird, lautet, dass das autobiographische Bewusstsein

---

454 Der Ausdruck ›autobiographische exekutive indexikalische Identifizierung‹ wird im Folgenden oftmals abgekürzt mit ›autobiographische Identifizierung‹ wiedergegeben. Aus Gründen der Lesbarkeit werden im Folgenden die Ausdrücke ›Sprecher‹ und ›diejenige Person, welche einen Ausdruck produziert‹, synonym verwendet. Der Ausdruck ›Sprecher‹ bezeichnet damit nicht nur Personen, die Wörter in der Lautsprache äußern, sondern auch Personen, die Wörter »innerlich« bzw. »im Stillen« verwenden.

455 McGinn behauptet, dass »to think of something indexically is to think of it in relation to *me*, as I am presented to myself in self-consciousness«. McGinn 1983, 17. Nach McGinn schließt eine indexikalische Identifizierung Selbstbewusstsein mit ein. Es enthält die Information, dass *man selbst* mit dem Referenten eines indexikalischen Ausdrucks in einer bestimmten Beziehung steht.

 | DOI:10.30965/9783957437273_028

mithilfe des subjektiven Selbstbewusstseins erklärt werden kann. Diese These kann auf zwei Weisen begründet werden. Meines Erachtens besitzt ein Sprecher im Fall einer indexikalischen Identifizierung immer auch ein »Bewusstsein« von der äußerungsreflexiven linguistischen Bedeutung eines produzierten Ausdrucks. Ein Sprecher versteht oder stellt stets in Rechnung, wie eine Hörerin die linguistische Bedeutung auffasst bzw. verstehen würde, falls sie die Äußerung hört. Dies bedeutet nicht, wie gesagt, dass ein Sprecher einen Gegenstand *ausschließlich* anhand dieser linguistischen Bedeutung identifiziert. Ein Sprecher identifiziert einen Gegenstand *für sich* immer auch anhand der exekutiven linguistischen Bedeutung. Die erste Weise, wie das autobiographische Bewusstsein erklärt werden kann, setzt somit bei der These an, dass ein Sprecher bei der indexikalischen Identifizierung ein Bewusstsein von der äußerungsreflexiven linguistischen Bedeutung eines Ausdrucks besitzt. Die zweite Weise, wie das autobiographische Bewusstsein erklärt werden kann, berücksichtigt demgegenüber den Ansatz, dass die indexikalische Identifizierung *ausschließlich* anhand der exekutiven linguistischen Bedeutung erfolgt.

Insofern ein Sprecher im Fall autobiographischer Identifizierung ein Bewusstsein von der äußerungsreflexiven linguistischen Bedeutung des produzierten indexikalischen Ausdrucks besitzt, gilt es Unterschiede zu beachten, die bei der Produktion *reiner* indexikalischer Ausdrücke und *echter Demonstrativausdrücke* bestehen. Außerdem ist die autobiographische Identifizierung anhand der Produktion des Ausdrucks ›ich‹ ein *Sonderfall*, der einer eigenen Erklärung bedarf. Diese Unterschiede sind eine Folge der unterschiedlichen linguistischen Bedeutungen von indexikalischen Ausdrücken sowie von Bedingungen, die erfüllt sein müssen, damit eine autobiographische Identifizierung möglich ist.[456]

Wenn eine Person eine autobiographische Identifizierung anhand der Produktion von *reinen* indexikalischen Ausdrücken wie ›hier‹, ›jetzt‹ oder ›gestern‹ vornimmt, gewinnt er die autobiographische Information dadurch, dass er

1. die äußerungsreflexive linguistische Bedeutung des produzierten reinen indexikalischen Ausdrucks versteht; dass er

---

456 Bspw. ist eine indexikalische Identifizierung mittels echter Demonstrativausdrücke wie ›dieser‹ nach Kaplan in *Demonstratives* nur dann erfolgreich, wenn der Sprecher eine hinweisende Geste vollzieht. Eine Geste ist im Fall der Verwendung von reinen indexikalischen Ausdrücken (in der Regel) nicht erforderlich.

2. sich (im Modus der Selbstvertrautheit) bewusst ist, dass er selbst diesen Ausdruck produziert (Regel 17); dass er
3. die Information besitzt (die Regel kennt), dass der Referent des Ausdrucks (in der Regel) in derjenigen Beziehung zur Person steht, die diesen Ausdruck produziert, welche der Information der äußerungsreflexiven linguistischen Bedeutung – hinsichtlich des Verhältnisses zwischen dem Referenten und der Äußerung – entspricht; und dass er
4. die in den Punkten 1 bis 3 angeführten Informationen *verbindet.*

Durch die Verbindung dieser Informationen gewinnt der Sprecher die Information, dass der Referent des produzierten indexikalischen Ausdrucks sich in derjenigen Beziehung *zu ihm selbst* befindet, welche die äußerungsreflexive linguistische Bedeutung des produzierten Ausdrucks hinsichtlich des Verhältnisses zwischen dem Referenten und der Äußerung thematisiert. Er gewinnt zudem bspw. bei der Produktion der Ausdrücke ›hier‹ und ›jetzt‹ die Information, dass diese Ausdrücke auf seinen räumlichen bzw. zeitlichen Standpunkt referieren.

Der Punkt 3 besagt, dass ein Sprecher die Information besitzt, dass der Referent eines indexikalischen Ausdrucks in einer solchen Beziehung zum Sprecher steht, welche der Information entspricht, die die äußerungsreflexive linguistische Bedeutung hinsichtlich des Verhältnisses zwischen der *Äußerung* und dem *Referenten* enthält. Im Fall der Produktion des Ausdrucks ›hier‹ besagt die äußerungsreflexive linguistische Bedeutung (in etwa), dass dieser Ausdruck auf den Ort der Äußerung referiert. Das Verhältnis zwischen der *Äußerung* und dem Referenten besteht somit darin, dass der Referent sich am Ort der Äußerung befindet. Der Ort der Äußerung ist der Ort des Referenten. Da der Punkt 3 besagt, dass der *Referent* in derselben Beziehung zum *Sprecher* steht, wie sie zwischen der Äußerung und dem Referenten besteht, gilt, dass der Sprecher sich am Ort des Referenten und mithin am Ort der Äußerung befindet.

Ein Sprecher verfügt über die in den Punkten 1 und 2 angeführten Informationen kraft des egologischen Selbstbewusstseins *und* des linguistischen Bewusstseins (sowie des linguistischen Diskriminationsvermögens).[457] Die in Punkt 3 genannte Information ist durch das linguistische Bewusstsein alleine nicht zu gewinnen. Es enthält Informationen über die linguistische Bedeutung von Wörtern. Die linguistische Bedeutung eines indexikalischen Ausdrucks wie ›hier‹ enthält keine Auskunft darüber, in welcher Beziehung der Referent zum Sprecher steht. Die äußerungsreflexive linguistische Bedeutung dieses

457 Vgl. Kapitel 11.

Ausdrucks besagt, dass dieser Ausdruck auf den Ort der *Äußerung* referiert – und nicht, dass er auf den Standpunkt des Sprechers referiert.[458] Kraft des linguistischen Bewusstseins gewinnt ein Sprecher somit nicht die in Punkt 3 angeführte Information.[459] Die Information, dass der Gegenstand, auf den ein indexikalischer Ausdruck referiert, in derjenigen Beziehung zum Sprecher steht, welche dem Verhältnis zwischen der Äußerung und dem Referenten entspricht, ist eine Information, die kompetente Teilnehmer einer Sprachgemeinschaft (zumindest der deutschen oder englischen Sprache) besitzen. Bspw. besitzt ein Suchtrupp diese Information, wenn er die Äußerung »Hier!« wahrnimmt. Anderenfalls wäre nicht nachzuvollziehen, warum der Suchtrupp sich zum Ort der Äußerung des Ausdrucks ›hier‹ begibt, in der Erwartung an diesem Ort die gesuchte Person zu finden. Auch der Sprecher besitzt diese Information. Anderenfalls würde er nicht davon ausgehen, dass der Suchtrupp ihn finden wird, wenn er »Hier!« ruft. Er würde diesen Ausdruck nicht produzieren. Die Anwendung dieser Regel ist jedoch kontextabhängig. Wenn der Sprecher eine nicht-autobiographische Identifizierung vornimmt – und der Hörer womöglich versteht, dass die Äußerung in einem nicht-biographischen Sinn zu interpretieren ist – wird die Regel 3 nicht angewandt.

Damit soll nicht behauptet werden, dass Personen ein Bewusstsein von dieser Regel besitzen noch sie zu formulieren vermögen, wenn sie autobiographisches Bewusstsein besitzen. Es ist jedoch eine Information, die Personen im Alltag bei ihrer Äußerung und Interpretation von indexikalischen Ausdrücken besitzen und verwenden. Ein Sprecher muss die Information, dass derjenige Gegenstand, auf den ein indexikalischer Ausdruck referiert, in derjenigen Beziehung zum Sprecher steht, welche (gemäß der äußerungsreflexiven linguistischen Bedeutung) dem Verhältnis zwischen der Äußerung und dem Referenten entspricht, abrufen. Anderenfalls würde er die autobiographische Information nicht gewinnen.[460]

---

458 Vgl. Sidelle 1991, 526. Zur Kritik an der These, dass der Ausdruck ›hier‹ auf den Sprecher referiert vgl. Kapitan 1999a, 36–37.

459 In Punkt 3 ist eine Einschränkung – »in der Regel« – enthalten, da es möglich ist, dass ein Referent nicht in der Beziehung zum Sprecher steht, die dem Verhältnis zwischen der Äußerung und dem Referenten entspricht, und dass der Sprecher kein autobiographisches Bewusstsein besitzt, wenn er einen indexikalischen Ausdruck produziert. Letzteres ist dann der Fall, wenn es sich um eine nicht autobiographische Identifizierung handelt. Da in dieser Untersuchung ausschließlich Fälle von autobiographischer Identifizierung beachtet werden, ist diese Einschränkung ohne Bedeutung. Aus diesem Grund ist der Ausdruck ›in der Regel‹ in Klammern gesetzt.

460 Wie Personen die Information erwerben, die in Punkt 3 angeführt ist, ist eine empirische Frage, die unter Berücksichtigung des Spracherwerbs zu beantworten ist.

Kraft der *Verbindung* der in den Punkten 1 bis 3 genannten Informationen vermag ein Sprecher autobiographisches Bewusstsein zu gewinnen. Diese Verbindungsleistung ist ein *kognitiver* Akt, bei dem der Informationsgehalt des subjektiven Selbstbewusstseins – die bewusste Information, dass man selbst einen Ausdruck produziert – mit der linguistischen Bedeutung eines produzierten indexikalischen Ausdrucks sowie einer kontextabhängigen Regel verbunden wird. Durch diesen kognitiven Akt wird die Information gewonnen, dass dasjenige *Subjekt*, das einen linguistischen Ausdruck produziert und davon nicht-begriffliches egologisches Bewusstsein (Regel 17) besitzt,[461] eine *Person* darstellt, wie sie in Punkt 3 angeführt ist. Er bringt zudem die Erkenntnis hervor, dass die kraft der Regel 17 bewusste Information über die eigene *Produktion* eines Ausdrucks eine *Äußerung* gemäß der in Punkt 3 angeführten Information ist.[462] Anderenfalls würde ein Sprecher anhand der Verbindung der angeführten Informationen kein autobiographisches Bewusstsein gewinnen. Er wüsste nicht, dass er selbst als dasjenige Subjekt, das einen linguistischen Ausdruck produziert und egologisches Selbstbewusstsein besitzt, eine Person, ein raumzeitlicher Gegenstand, gemäß der in Punkt 3 enthaltenen Information ist und dass die Produktion, die er vollzieht, eine *Äußerung* darstellt. Der kognitive Akt, welcher diese Leistung vollbringt, wird in Kapitel 28 näher untersucht. Personen haben jedoch (in der Regel) kein Bewusstsein von diesem kognitiven Akt oder auch der in Punkt 3 angeführten Regel. Die autobiographische Information ist eine bewusste Information, während Aktivitäten, die autobiographisches Bewusstsein ermöglichen (vermutlich) unbewusst sind.

Offensichtlich ist es nicht möglich, das autobiographische Bewusstsein allein anhand der Verbindung von den in den Punkten 1 und 3 genannten Informationen zu erklären. Die in Punkt 3 angeführte Regel enthält nicht die Information, von welcher Person die Rede ist, wer gemeint ist. Sie gilt für diejenige Person, welche auch immer einen reinen indexikalischen Ausdruck produziert und damit eine autobiographische Identifizierung vornimmt. Die in Punkt 3 angeführte Information erklärt nicht, wie eine Person die Information zu gewinnen vermag, dass der Referent *zu ihr selbst* in der Beziehung steht, welche dem Verhältnis zwischen der Äußerung und dem Referenten entspricht. Dies gilt auch für die in Punkt 1 angeführte Information. Der linguistischen

461 Die Bedeutung des Ausdrucks ›Subjekt‹ wird in Kapitel 33 erläutert.

462 Wenn eine Person Sätze in der Lautsprache artikuliert, besitzt sie in der Regel auch ein Bewusstsein von ihrer akustischen Artikulation von Wörtern. Auch diese Information wird mit den in den Punkten 1, 2 und 3 angeführten Informationen verbunden. Dieser Aspekt wird jedoch nicht näher behandelt, da er für die Erklärung autobiographischen Bewusstseins von untergeordneter Bedeutung ist.

Bedeutung eines reinen indexikalischen Ausdrucks ist nicht zu entnehmen, wer der Referent ist. Durch die Verbindung dieser Informationen ist das autobiographische Bewusstsein daher nicht zu gewinnen.

Ein Beispiel soll diese Erklärung des autobiographischen Aspekts indexikalischer Identifizierung verdeutlichen. Wenn ein Bergsteiger bspw. »Hier!« ruft, um einen Suchtrupp auf seinen Standort aufmerksam zu machen, dann versteht er

1. dass dieser Ausdruck auf den Ort der Äußerung referiert; er ist sich
2. bewusst, dass er selbst diesen Ausdruck produziert (Regel 17); er besitzt
3. die Information, dass diejenige Person, welche diesen Ausdruck produziert, sich am Ort des Referenten des Ausdrucks ›hier‹ befindet.

Kraft der *Verbindung* dieser Informationen gewinnt der Sprecher autobiographisches Bewusstsein. Er besitzt das Bewusstsein, dass *er selbst* sich am Ort der Äußerung befindet, sowie dass er sich an demjenigen Ort befindet, auf welchen der Ausdruck ›hier‹ referiert.[463] Der Sprecher gewinnt die Information, dass er selbst sich am *Ort der Äußerung* befindet, da er die Information besitzt, dass er selbst den Ausdruck ›hier‹ *produziert*, und diese Information mit der Information verbindet, dass der *Produzent* sich am Ort des Referenten des Ausdrucks ›hier‹ befindet und dies dem Ort der Äußerung entspricht.[464] Er gewinnt die Information, dass der Ausdruck ›hier‹ auf seinen eigenen räumlichen *Standpunkt* referiert, da er weiß, dass er selbst sich am Ort der *Äußerung* befindet, und er die linguistische Bedeutung des Ausdrucks ›hier‹ versteht, sodass er weiß, dass dieser Ausdruck auf den Ort der *Äußerung* referiert. Durch die Verbindung dieser Informationen gewinnt er das Bewusstsein, dass der Ausdruck ›hier‹ auf seinen eigenen Standpunkt referiert.

B. Die dargelegte Erklärung des autobiographischen Bewusstseins gilt im Fall der Produktion von reinen indexikalischen Ausdrücken wie ›hier‹ und ›jetzt‹. Die Produktion des reinen indexikalischen Ausdrucks ›ich‹ stellt einen *Sonderfall* dar, der einer eigenen Erklärung bedarf. Die Erklärung der

463 Diese Interpretation des autobiographischen Bewusstseins stellt freilich eine Idealisierung im Rahmen einer philosophischen Theorie dar. Im Alltag besitzen Personen oftmals keine explizite Kenntnis von der linguistischen Bedeutung der Wörter, die sie verwenden, und sie können womöglich den Informationsgehalt ihres autobiographischen Bewusstseins nicht präzise explizieren.

464 Eine Person ist sich der Regel bzw. Information, dass der Produzent sich am Ort der Äußerung befindet, in der Regel nicht aktuell bewusst. Dies gilt, wie erwähnt, auch für den kognitiven Akt.

autobiographischen Information, die eine Person bei der Verwendung dieses Ausdrucks gewinnt, ist ein Sonderfall, da die äußerungsreflexive linguistische Bedeutung dieses Ausdrucks gegenüber der Bedeutung anderer reiner indexikalischer Ausdrücke wie ›hier‹ oder ›jetzt‹ eine zusätzliche Information enthält. Die äußerungsreflexive linguistische Bedeutung des Ausdrucks ›ich‹ besagt in etwa, dass dieser Ausdruck auf diejenige Person referiert, welche diesen Ausdruck produziert. Im Unterschied zur linguistischen Bedeutung der Ausdrücke ›hier‹ und ›jetzt‹ thematisiert die linguistische Bedeutung dieses Ausdrucks nicht nur die Äußerung eines Ausdrucks, sondern zudem die *Person*, welche die Äußerung vollzieht. Aus diesem Grund unterscheidet sich die Erklärung des autobiographischen Aspekts indexikalischer Identifizierung im Fall der Produktion des Personalpronomens der ersten Person singular von der Erklärung, die im Zusammenhang mit der Produktion von anderen reinen indexikalischen Ausdrücken zu geben ist. Im Fall der Produktion des Ausdrucks ›ich‹ gewinnt ein Sprecher autobiographisches Bewusstsein dadurch, dass er

1. die linguistische Bedeutung des Ausdrucks ›ich‹ versteht; das heißt, er weiß, dass dieser Ausdruck auf diejenige Person referiert, welche diesen Ausdruck produziert;
2. weiß, dass er selbst diesen Ausdruck produziert (Regel 17); sodass er
3. durch die Verbindung dieser Informationen das Bewusstsein zu gewinnen vermag, dass er selbst der Referent dieses Ausdrucks ist und dass er selbst diesen Ausdruck produziert.

Der Sprecher gewinnt die bewusste autobiographische Information, dass er selbst der Produzent des Ausdrucks ›ich‹ ist, indem er das subjektive Selbstbewusstsein von der eigenen *Produktion* dieses Ausdrucks mit der linguistischen Bedeutung verbindet, gemäß welcher der Ausdruck ›ich‹ auf die Person referiert, welche diesen Ausdrucks *produziert*. Er weiß, dass dieser Ausdruck auf ihn selbst referiert, da er die Information, dass er selbst der Produzent des Ausdrucks ›ich‹ ist, mit der linguistischen Bedeutung dieses Ausdrucks verbindet, die besagt, dass dieser Ausdruck auf den Produzenten *referiert*. Die dargestellte Erklärung autobiographischer indexikalischer Identifizierung erklärt somit, wie referentielles Selbstbewusstsein gewonnen wird.[465]

Die autobiographische Information, dass man selbst einen Ausdruck produziert, unterscheidet sich somit vom subjektiven Selbstbewusstsein. Beide Fälle von Bewusstsein enthalten zwar insofern dieselbe Information, als eine

465 Das gilt für den Fall, dass der Referent des Wortes ›ich‹ dieses Wort auch selbst produziert.

Person das Bewusstsein besitzt, dass sie selbst den Ausdruck ›ich‹ produziert. Das subjektive Selbstbewusstsein besitzt diese Information jedoch im Modus der Selbstvertrautheit. Das autobiographische Bewusstsein enthält diese Information, indem der Informationsgehalt des subjektiven Selbstbewusstseins durch einen kognitiven Akt mit der linguistischen Bedeutung des Ausdrucks ›ich‹ verbunden wird. Die Information, dass man selbst einen Ausdruck produziert, ist daher auf eine andere Weise bzw. in einem anderen kognitiven Format bewusst. Außerdem enthält das autobiographische Bewusstsein die Information, dass man selbst eine Person bzw. ein Sprecher ist, also ein raumzeitlicher Gegenstand. Das subjektive Selbstbewusstsein enthält diese Information nicht. Es stellt eine egologische Selbstvertrautheit dar, welche verglichen mit dem autobiographischen Bewusstsein an Informationen ärmer ist. Das subjektive Selbstbewusstsein enthält nicht die Information, dass man selbst eine Person im Sinn eines raumzeitlichen Gegenstandes ist.[466]

C. Das autobiographische Bewusstsein, das bei der Produktion von echten Demonstrativausdrücken, wie bspw. ›dieser‹, gewonnen wird, bedarf einer eigenen Erklärung.[467] David Kaplan gibt in seinem Geleitwort zur deutschen Ausgabe des sechsten Bandes von *Hans Reichenbachs Gesammelten Werken* folgende Erklärung der, mit Reichenbachs Worten gesprochen, tokenreflexiven linguistischen Bedeutung des Ausdrucks ›dieser Tisch‹. Sie lautet: ›Dieser Tisch‹ bedeutet »der Tisch, auf den der, der gerade dieses Token äußert, mit einer Geste verweist.«[468] Abstrahiert man von der Bindung des Ausdrucks ›dieser‹ an das Wort ›Tisch‹, besagt ›dieser‹ soviel wie »derjenige Gegenstand, auf den diejenige Person, die diesen Ausdruck produziert, mit einer Geste hinweist«.[469] Das autobiographische Bewusstsein, das im Zusammenhang mit der

---

466 Diese Erklärung des Bewusstseins, dass der Ausdruck ›ich‹ auf einen selbst referiert, bedarf einer näheren Erläuterung. Sie wird in Kapitel 28 gegeben. In diesem Kapitel werden im Allgemeinen die Weisen dargestellt, wie die autobiographische Information im Zusammenhang mit der Produktion von reinen indexikalischen Ausdrücken und echten Demonstrativausdrücken gewonnen wird.

467 Bei Demonstrativausdrücken sind Verwendungsweisen zu unterscheiden. Ein Demonstrativausdruck wie ›he‹ kann entweder demonstrativ verwendet werden, aber bspw. auch wie eine ungebundene Variable. Eine demonstrative Verwendung liegt nach Kaplan in *Demonstratives* vor, wenn der Referent eines Demonstrativausdrucks mittels einer Demonstration (oder gemäß Kaplans Standpunkt in *Afterthoughts* der Intention) des Sprechers bestimmt wird. Eine demonstrative Verwendung des Ausdrucks ›he‹ liegt bspw. vor, wenn Perry den Satz äußert »He [hinweisende Geste auf Gareth Evans] is a philosopher«. Für die Untersuchung autobiographischen Bewusstseins ist die demonstrative Verwendungsweise von Bedeutung.

468 Kaplan 1999, XIII.

469 Bei dieser Erläuterung der äußerungsreflexiven linguistischen Bedeutung von ›dieser‹ ist zu beachten, dass das Token von ›dieser‹ (»diesen«), welches in der Definition des

Produktion des Ausdrucks ›dieser‹ besteht, ist folgendermaßen zu erklären: Ein Sprecher besitzt autobiographisches Bewusstsein, wenn er

1. die linguistische Bedeutung dieses Ausdrucks versteht: derjenige Gegenstand, auf den diejenige Person, die diesen Ausdruck produziert, mit einer Geste hinweist; wenn er sich
2. gemäß der Regel 17 bewusst ist, dass er selbst diesen Ausdruck produziert; und wenn er
3. die in den Punkten 1 und 2 genannten Informationen verbindet.

Kraft der Verbindung dieser Informationen gewinnt er das Bewusstsein, dass *er selbst* den Ausdruck ›dieser‹ produziert (der Sprecher ist) und dass er selbst in derjenigen Beziehung zum Referenten des Ausdrucks ›dieser‹ steht, welche durch das Merkmal der *hinweisenden Geste* charakterisiert ist, bzw. dass er selbst auf den Gegenstand mit einer Geste hinweist.[470]

Ausdrucks ›dieser‹ auftritt, nicht demonstrativ, sondern reflexiv gebraucht wird. Das Ziel der Explikation der linguistischen Bedeutung von ›dieser‹ besteht im vorliegenden Zusammenhang darin, die demonstrative Bedeutung zu erklären. Durch die Unterscheidung zwischen der demonstrativen und der reflexiven Verwendung von ›dieser‹ sind die angeführten Erläuterungen nicht zirkulär. Kaplan 1999, XIII–XIV: »Warum ist der Ausdruck »dieses Token« nicht Gegenstand einer ähnlichen Analyse »das Token, auf das die Geste verweist«? Es gibt natürlich einen demonstrativen Gebrauch des Ausdrucks »dieses Token« (zum Beispiel, indem man zugleich auf etwas an die Tafel Geschriebenes zeigt), dessen Analyse nach Reichenbach der von »dieser Tisch« folgen würde. Aber in Reichenbachs »dieses Token« kommt »dieses« nicht demonstrativ sondern reflexiv vor. Auch wenn er diese scheinbare Mehrdeutigkeit im Wort »dieses« nicht erwähnt, ist seine Absicht klar genug.«

470 Das Erklärungsmodell ist zu variieren, je nachdem, wie die Referenz von echten Demonstrativausdrücken erklärt wird. Wenn bspw. keine Geste erforderlich ist, um den Referenten eines echten Demonstrativausdrucks zu bestimmen, sondern die referentielle Intention, ist sie zu berücksichtigen. Vgl. Bach 1992b. Die *referentielle Intention* besteht darin, auf denjenigen Gegenstand zu referieren, auf den mittels eines Demonstrativausdrucks tatsächlich referiert wird. Der Erfolg einer referentiellen Intention ist im Unterschied zu einer nicht-referentiellen Intention davon unabhängig, ob die Referenz eines Demonstrativausdrucks auf den vom Sprecher intendierten Gegenstand gelingt oder nicht. Wenn Perry bspw. einen Mann sieht, den er irrtümlich für Gareth Evans hält, und den Satz äußert »Er ist Evans«, ist die nicht-referentielle Intention nicht erfolgreich. Der intendierte Referent ist nicht der tatsächliche Referent des Ausdrucks ›er‹. Perrys referentielle Intention ist jedoch nicht fehlgeschlagen. Sie besteht darin, auf diejenige Person zu referieren, auf den die Demonstration erfolgen soll. Die referentielle Intention ist näher betrachtet ein Bestandteil der kommunikativen Intention und als solche eine reflexive Intention: »[A] referential intention isn't just any intention to refer to something one has in mind but is the intention that one's audience identify, and take themselves to

Im Unterschied zur Produktion reiner indexikalischer Ausdrücke ist bei der Produktion eines echten Demonstrativausdrucks jedoch ein weiterer Aspekt zu beachten. Nach Kaplans Standpunkt in *Demonstratives* referiert ein echter Demonstrativausdruck dann auf einen Gegenstand, wenn der Sprecher eine hinweisende Geste gibt. Es gilt somit, dass ein weiterer Bestandteil der autobiographischen Identifizierung darin besteht, dass

4. der Sprecher eine hinweisende Geste vollzieht.

Anderenfalls ist eine indexikalische Identifizierung unvollständig (incomplete),[471] das heißt, der Referent ist nicht bestimmt. Der zuletzt angeführte Punkt ist eine Bedingung der Möglichkeit einer indexikalischen Identifizierung. Vorausgesetzt, dass ein Sprecher eine hinweisende Geste vollzieht, gewinnt er kraft der Verbindung der in den Punkten 1 und 2 enthaltenen Informationen die Information, dass er selbst in der Beziehung »hinweisende Geste« zum Referenten des Ausdrucks ›dieser‹, also zum Gegenstand steht.

Die in diesem Kapitel dargestellte Erklärung des autobiographischen Bewusstseins indexikalischer Identifizierung unterscheidet sich im Fall der Produktion von reinen indexikalischen Ausdrücken wie ›hier‹ oder ›gestern‹ und echten Demonstrativausdrücken durch zwei Merkmale. Erstens ist im Fall der Produktion echter Demonstrativausdrücke ein Aspekt zu berücksichtigen, der im Fall der Produktion von reinen indexikalischen Ausdrücken wie ›hier‹ ohne Bedeutung ist. Es ist dies die hinweisende Geste oder, wenn bspw. Kent Bachs Standpunkt herangezogen wird, die referentielle Intention des Sprechers. In diesem Punkt stimmt die Erklärung des autobiographischen Bewusstseins bei der Produktion des Ausdrucks ›ich‹ mit derjenigen im Fall der Produktion von anderen reinen indexikalischen Ausdrücken überein. Bei der Identifizierung von Gegenständen mithilfe von reinen indexikalischen Ausdrücken ist eine Geste nicht erforderlich. Zweitens enthält die äußerungsreflexive linguistische Bedeutung von echten Demonstrativausdrücken Informationen über diejenige Person, die einen Ausdruck hervorbringt,[472] während dies im Fall reiner indexikalischer Ausdrücke – mit der Ausnahme des Ausdrucks ›ich‹ – nicht gilt.

Die linguistische Bedeutung der Ausdrücke ›jetzt‹, ›hier‹ oder ›gestern‹ thematisiert die Äußerung, aber nicht die Person, die einen solchen Ausdruck

---

be intended to identify, a certain item as the referent by means of thinking of it a certain identifiable way«. Bach 1992b, 143.

471 Kaplan 1989, 490–491.

472 Dies gilt zumindest für die Ausdrücke ›er‹, ›sie‹ und ›dieser‹.

produziert. Dadurch ergibt sich, dass im Fall der Produktion von reinen indexikalischen Ausdrücken, mit der Ausnahme der Produktion des Ausdrucks ›ich‹, eine weitere Information, Punkt 3, berücksichtigt werden muss, und zwar eine Regel, welche den Referenten eines indexikalischen Ausdrucks mit dem Sprecher in ein solches Verhältnis setzt, welches dem Verhältnis zwischen dem Referenten und der Äußerung entspricht.[473]

473 Es mag fragwürdig sein, warum im Fall der Verwendung reiner indexikalischer Ausdrücke die Verbindung von Punkt 1 und Punkt 2 nicht genügt, bspw. die Verbindung der Information, dass ›hier‹ auf den Ort der Äußerung referiert, mit dem Bewusstsein, selbst dieses Wort zu produzieren. Vorausgesetzt, dass die bewusste Information, selbst zu produzieren, als eine Äußerung im Sinn der linguistischen Bedeutung interpretiert wird, folgt, dass das Wort ›hier‹ auf den eigenen Standpunkt referiert. Das Problem dieses Ansatzes besteht darin, dass diese Erklärung nur überzeugt, wenn zwei zusätzliche Informationen in Stellung gebracht werden, und zwar die Information, dass der Ort der Produktion der Ort des Produzenten ist, und die Information, dass der Produzent etwas ist, das einen Ort einzunehmen vermag. Letztere Information ist in Punkt 3 enthalten.

KAPITEL 27

Autobiographisches Bewusstsein II

Wenn ein Sprecher bei einer autobiographischen Identifizierung die exekutive linguistische Bedeutung von indexikalischen Ausdrücken verwendet, ist es möglich, *ein* Erklärungsmodell zu entwickeln, das sowohl im Fall der Produktion von reinen indexikalischen Ausdrücken wie ›hier‹ und ›jetzt‹ als auch von echten Demonstrativausdrücken wie ›dies‹ und ›sie‹ gilt.[474] Ein Sprecher gewinnt die autobiographische Information, indem er

1. die exekutive linguistische Bedeutung eines indexikalischen Ausdrucks versteht; er
2. sich (im Modus der Selbstvertrautheit) bewusst ist, dass er selbst diesen Ausdruck produziert (Regel 17); er
3. die Information besitzt (die Regel kennt), dass der Referent des produzierten indexikalischen Ausdrucks in derjenigen Beziehung zur Person steht, welche diesen Ausdruck produziert, welche der *exekutiven Gegebenheitsweise* des Referenten entspricht, welche die exekutive linguistische Bedeutung thematisiert; er
4. die in den Punkten 1 bis 3 angeführten Informationen verbindet.[475]

Wenn ein Bergsteiger bspw. »Hier!« ruft, um einen Suchtrupp auf seinen Standort aufmerksam zu machen, gewinnt er autobiographisches Bewusstsein, indem er

1. versteht, dass die exekutive linguistische Bedeutung dieses Ausdrucks besagt, der gegenwärtige Ort; er
2. sich bewusst ist, dass er selbst diesen Ausdruck produziert; er
3. die Information besitzt, dass diejenige Person, welche diesen Ausdruck produziert, sich am gegenwärtigen Ort befindet;[476] sodass er

474 Die Verwendung des Ausdrucks ›ich‹ stellt jedoch einen Sonderfall dar.

475 Diese Erklärung des autobiographischen Bewusstseins ist mit Kapitans Ansatz nicht vereinbar. Kapitan lehnt die Regel 17 ab. Diese Regel ist jedoch unverzichtbar. Anderenfalls ist die Erklärung von egologischem Selbstbewusstsein und damit des autobiographischen Aspekts indexikalischer Identifizierung nicht möglich.

476 Präziser, aber umständlicher formuliert, lautet der Punkt 3 folgendermaßen: 3. die Information besitzt, dass derjenige Ort, der sich durch die Gegebenheitsweise

 DOI:10.30965/9783957437273_029

4. durch die Verbindung dieser Informationen das Bewusstsein gewinnt, dass er selbst sich am gegenwärtigen Ort befindet und dass dieser Ausdruck auf seinen eigenen Standpunkt referiert.

Der Sprecher gewinnt die Information, dass er selbst sich am gegenwärtigen Ort befindet, indem er das subjektive Selbstbewusstsein mit der Regel verknüpft, dass diejenige Person, welche den Ausdruck ›hier‹ *produziert*, sich am *gegenwärtigen* Ort befindet.[477] Der Sprecher gewinnt die Information, dass der Ausdruck ›hier‹ auf seinen eigenen Standort referiert, da er weiß, dass dieser Ausdruck auf den gegenwärtigen Ort referiert und er diese Information mit der Information verbindet, dass er selbst sich am gegenwärtigen Ort befindet.[478]

Die in Punkt 3 angeführte Information ist folgendermaßen zu verstehen: Gemäß der exekutiven linguistischen Bedeutung des Ausdrucks ›hier‹ zeichnet sich der Referent dieses Ausdrucks durch die räumliche Eigenschaft »gegenwärtiger Ort sein« aus. Der Referent befindet sich gemäß Punkt 3 daher in der räumlichen Beziehung *gegenwärtig sein* zum Sprecher. Also ist der Ort des Referenten der Ort, an dem der Sprecher sich befindet. Ein weiteres Beispiel soll diesen Punkt erläutern. Wenn eine Person den Ausdruck ›gestern‹ produziert, besagt die exekutive linguistische Bedeutung dieses Ausdrucks ›der vergangene Tag‹. Der *Referent* steht somit in der zeitlichen Beziehung ›vergangener Tag sein‹ zum Sprecher. Die exekutive Gegebenheitsweise ist also *nicht* auf den Sprecher zu übertragen. Dem Sprecher wird nicht zugeschrieben, vergangen zu sein.[479]

Diese Erklärung des autobiographischen Bewusstseins unterscheidet sich vor allem in einem Punkt von der Erklärung bei Berücksichtigung der

---

»gegenwärtiger Ort« auszeichnet, in eben dieser räumlichen Beziehung – gegenwärtig sein – zu derjenigen Person befindet, die diesen Ausdruck produziert.

477 Die Information, dass man selbst diesen Ausdruck produziert, ist somit so wie bei Berücksichtigung der äußerungsreflexiven linguistischen Bedeutung doppelt vorhanden: ein Mal im Zusammenhang mit dem subjektiven Selbstbewusstsein, das andere Mal durch die Verbindung des Informationsgehalts dieses Bewusstseins mit einer Regel. Beide Informationen sind daher zu unterscheiden. Die Information, dass man selbst diesen Ausdruck produziert, die durch die Verbindung des subjektiven Selbstbewusstseins mit einer Regel gewonnen wird, ist im Fall der Verwendung der exekutiven linguistischen Bedeutung (in der Regel) keine aktuell bewusste Information.

478 Hierbei ist freilich vorausgesetzt, dass die Kenntnis der exekutiven linguistischen Bedeutung die Information mit einschließt, dass ein Ausdruck auf denjenigen Gegenstand referiert, den die exekutive linguistische Bedeutung thematisiert. Dies scheint jedoch unproblematisch zu sein.

479 Die Frage, wie eine Person die in Punkt 3 angeführte Information gewinnt, ist eine empirische Frage, die mit Blick auf den Spracherwerb zu beantworten ist.

äußerungsreflexiven linguistischen Bedeutung von reinen indexikalischen Ausdrücken wie ›hier‹ und ›jetzt‹. Dieser Unterschied besteht darin, dass bei Berücksichtigung der äußerungsreflexiven linguistischen Bedeutung der Referent in demjenigen Verhältnis zum Sprecher steht, welches dem Verhältnis zwischen dem Referenten und der *Äußerung* entspricht. Bei Berücksichtigung der exekutiven linguistischen Bedeutung entspricht das Verhältnis, in dem der Referent zum Sprecher steht, der exekutiven *Gegebenheitsweise* des Referenten. Dieser Unterschied entspricht der unterschiedlichen linguistischen Bedeutung, die in Punkt 1 jeweils genannt wird.

Auch bei der autobiographischen Identifizierung anhand der exekutiven linguistischen Bedeutung gilt, dass die Verbindung der Punkte 1 und 3 nicht genügt, um das autobiographische Bewusstsein erklären zu können. Die Begründung dieser These entspricht der in Kapitel 26 gegebenen Begründung. Sie lautet, kurz zusammengefasst, dass die in Punkt 3 angeführte Information für diejenige Person gilt, welche auch immer einen linguistischen Ausdruck produziert. Kraft des Verstehens dieser Information sowie der Kenntnis der linguistischen Bedeutung des produzierten indexikalischen Ausdrucks gewinnt eine Person daher nicht die Information, dass *sie selbst* in derjenigen Beziehung zum Referenten des indexikalischen Ausdrucks steht, welche der exekutiven Gegebenheitsweise des Referenten entspricht.

Auch bei der autobiographischen Identifizierung anhand von echten Demonstrativausdrücken wie ›dies‹ oder ›sie‹ ist es möglich, dieses Erklärungsmodell anzuwenden. Kapitan erläutert die exekutive linguistische Bedeutung von echten Demonstrativausdrücken nicht. Vermutlich entspricht sie im Fall des Ausdrucks ›dieser‹ in etwa einer der Formulierungen »der angezeigte Gegenstand«, »der intendierte Gegenstand« oder der »gemeinte Gegenstand«. Wenn die erste Formulierung der exekutiven linguistischen Bedeutung des Ausdrucks ›dieser‹ berücksichtigt wird, gewinnt ein Sprecher die autobiographische Information, indem er

1. versteht, dass die exekutive linguistische Bedeutung dieses Ausdrucks besagt, der angezeigte Gegenstand;
2. sich bewusst ist, dass er selbst diesen Ausdruck produziert (Regel 17);
3. die Information besitzt, dass der Referent sich in der Beziehung »angezeigter Gegenstand« zu derjenigen Person befindet, welche diesen Ausdruck produziert; sodass er
4. durch die Verbindung dieser Kenntnisse die bewussten Informationen zu gewinnen vermag, dass er selbst sich in dieser Beziehung zum Gegenstand befindet.

Die Erklärung des autobiographischen Aspekts indexikalischer Identifizierung weist im Fall der Produktion von reinen indexikalischen Ausdrücken und echten Demonstrativausdrücken weit reichende Übereinstimmungen auf. Ein Unterschied besteht jedoch darin, dass im Fall der Produktion von echten Demonstrativausdrücken die Berücksichtigung eines zusätzlichen Aspekts erforderlich sein *könnte*. Wenn es bspw. richtig ist, dass eine exekutive Identifizierung mittels des Ausdrucks ›dieser‹ voraussetzt, dass ein Sprecher eine hinweisende Geste vollzieht, ist dieser Aspekt eine Bedingung der Möglichkeit indexikalischer Identifizierung, die bei der Produktion reiner indexikalischer Ausdrücke wie ›gestern‹ ohne Bedeutung ist.[480]

Einen *Sonderfall* stellt jedoch die Erklärung autobiographischen Bewusstseins im Fall der Produktion des Ausdrucks ›ich‹ dar. Es ist *nicht* möglich, das autobiographische Bewusstsein, das bei der Produktion des Ausdrucks ›ich‹ besteht, auf die dargelegte Weise zu erklären. Wenn der dargestellte Erklärungsansatz herangezogen wird, würde gelten: Ein Sprecher gewinnt autobiographisches Bewusstsein, indem er

1. die exekutive linguistische Bedeutung des Ausdrucks ›ich‹ versteht, die lautet: ein Subjekt sein, being a self;
2. weiß, dass er selbst diesen Ausdruck produziert (Regel 17); und er
3. weiß, dass der Referent des indexikalischen Ausdrucks in der Beziehung »ein Subjekt sein« zu derjenigen Person steht, welche diesen Ausdruck produziert; sodass er
4. durch die Verbindung der in den Punkten 1 bis 3 genannten Informationen das Bewusstsein gewinnen können müsste, dass er selbst das Subjekt (self) ist, welches die linguistische Bedeutung thematisiert.

Auf diese Weise ist es nicht möglich, das autobiographische Bewusstsein zu erklären. Anhand von den in den Punkten 1, 2 und 3 angeführten Informationen weiß der Sprecher, dass der *Referent* in der Beziehung »being a self« zu ihm steht. Es ist jedoch nicht nachzuvollziehen, dass der Sprecher die Information gewinnt, dass *er selbst* der Referent ist, der in dieser Beziehung zu ihm steht. Ebenso wenig ist geklärt, warum der Sprecher die exekutive Gegebenheitsweise als seine *eigene* Gegebenheitsweise versteht. Das Erklärungsmodell, welches autobiographisches Bewusstsein im Fall der Produktion von reinen indexikalischen Ausdrücken wie ›jetzt‹ und echten Demonstrativausdrücken

480 Die Frage, ob diese These richtig ist, muss mit Blick auf die Aufgabenstellung dieser Untersuchung nicht entschieden werden.

wie ›dies‹ erklärt, erklärt das autobiographische Bewusstsein bei Produktion des Ausdrucks ›ich‹ somit nicht.

Um die Informationen zu gewinnen, dass man selbst der Referent des Ausdrucks ›ich‹ ist und ein Subjekt ist, ist es erforderlich, dass ein Sprecher anstelle der in Punkt 3 angeführten Information zwei andere Informationen besitzt. Sie lauten:

5. Diejenige Person, welche den Ausdruck ›ich‹ produziert, ist das Subjekt (self), welches die (exekutive) linguistische Bedeutung thematisiert.
6. Diejenige Person, die von der exekutiven linguistischen Bedeutung des Ausdrucks ›ich‹ thematisiert wird, ist der Referent dieses Ausdrucks.

Wenn ein Sprecher diese Informationen besitzt, gewinnt er durch ihre Verbindung mit den Informationen, die in den Punkten 1 und 2 angeführt sind, das Bewusstsein, dass er selbst das Subjekt (self) ist und der Referent des Ausdrucks ›ich‹. Er versteht

1. die exekutive linguistische Bedeutung des Ausdrucks ›ich‹ »ein Subjekt sein«;
2., dass er selbst diesen Ausdruck produziert;
5., dass die Person, welche den Ausdruck ›ich‹ produziert, das Subjekt (self) gemäß der linguistischen Bedeutung ist.

Kraft der Verbindung dieser Informationen weiß der Sprecher, dass er selbst ein Subjekt (self) ist. Und da er 6. weiß, dass der Ausdruck ›ich‹ auf das Subjekt referiert, welches von der (exekutiven) linguistischen Bedeutung thematisiert wird, gewinnt er bei Berücksichtigung dieser Information die bewusste Information, dass der Ausdruck ›ich‹ auf ihn selbst referiert. Die in Punkt 3 angeführte Information ist für die Erklärung autobiographischen Bewusstseins ohne Bedeutung. Mithilfe des präreflexiven Selbstbewusstseins ist es somit möglich, referentielles Selbstbewusstsein auch im Rahmen eines neofregeanischen Ansatzes zu erklären.

Bemerkenswerterweise ist die Erklärung autobiographischen Bewusstseins auch bei ausschließlicher Berücksichtigung der exekutiven linguistischen Bedeutung eines Ausdrucks nur dann möglich, wenn der Sprecher eine *äußerungsreflexive* Information besitzt. Im Fall der Produktion des Ausdrucks ›ich‹ ist dies die Information, dass diejenige Person, welche den Ausdruck ›ich‹ produziert, das Subjekt (self) ist, welches die (exekutive) linguistische Bedeutung thematisiert. Bei der Produktion anderer reiner indexikalischer Ausdrücke und echter Demonstrativausdrücke enthält die jeweils relevante Regel

(Punkt 3) eine äußerungsreflexive Information, und zwar indem sie die Person thematisiert, welche einen Ausdruck produziert. Es scheint daher nicht möglich zu sein, autobiographisches Bewusstsein ohne Berücksichtigung einer äußerungsreflexiven Regel zu erklären.[481]

481 Dies scheint zumindest im Fall der Verwendung der deutschen Sprache zu gelten und mit Blick auf die Verwendung indexikalischer Ausdrücke wie ›ich‹, ›hier‹, ›jetzt‹, ›gestern‹, ›dies‹ oder ›sie‹.

KAPITEL 28

Selbstreferenz und die Self-Notion

Im Anschluss an die dargelegte Erklärung des autobiographischen Bewusstseins ist es instruktiv, einen Einwand zu diskutieren, den Lucy O'Brien formuliert, und eine von Kristina Musholt unlängst veröffentlichte alternative Erklärung von begrifflichem Selbstbewusstsein zu berücksichtigen. O'Brien vertritt in Übereinstimmung mit dem in dieser Untersuchung entwickelten Ansatz den Standpunkt, dass ein Sprecher im Fall der Produktion des Ausdrucks ›ich‹ ein nicht-begriffliches Selbstbewusstsein von der Produktion dieses Ausdrucks besitzt, das ihm in Verbindung mit dem Verstehen der linguistischen Bedeutung dieses Ausdrucks ermöglicht, die bewusste Information zu gewinnen, dass der Ausdruck ›ich‹ auf ihn selbst referiert.[482] Die linguistische Bedeutung des Ausdrucks ›ich‹ entspricht nach O'Brien der äußerungsreflexiven linguistischen Bedeutung. Sie besagt nach O'Brien: »›I‹ refers to its producer.«[483]

O'Brien diskutiert folgenden Einwand gegen ihren Ansatz. Das Bewusstsein, dass der Ausdruck ›ich‹ auf einen selbst *referiert*, ist ein Fall von propositionalem Selbstbewusstsein. Das Bewusstsein, dass man selbst den Ausdruck ›ich‹ produziert, ist dies nicht. Es ist ein Fall von nicht-begrifflichem Selbstbewusstsein. Es ist daher nicht nachzuvollziehen, warum die Verbindung der Kenntnis der linguistischen Bedeutung des Ausdrucks ›ich‹ mit einem nicht-begrifflichen Selbstbewusstsein erklären können soll, wie es möglich ist, dass ein Sprecher weiß, dass der Ausdruck ›ich‹ auf ihn selbst referiert. Es wäre nur dann möglich, mithilfe der bewussten Information, dass man selbst den Ausdruck ›ich‹ produziert, das Bewusstsein zu erklären, dass dieser Ausdruck auf einen selbst referiert, wenn es selbst ein Fall von propositionalem Bewusstsein wäre, und mithin das Bewusstsein enthielte, dass der Ausdruck ›ich‹ bzw. ›man selbst‹ auf einen selbst referiert. In diesem Fall ist der Erklärungsansatz jedoch zirkulär. Bei der Erklärung des Bewusstseins, dass der Ausdruck ›ich‹ auf einen selbst referiert, wird dieses Bewusstsein verwendet.

Dieser Einwand scheint auch gegen die dargestellte Erklärung des autobiographischen Bewusstseins im Fall der Produktion des Ausdrucks ›ich‹ vorzubringen zu sein. Es ist nicht nachzuvollziehen, wie das subjektive Selbstbewusstsein in Kombination mit der linguistischen Bedeutung des Ausdrucks

482 Vgl. die Ausführungen in Kapitel 4 dieser Untersuchung.

483 O'Brien 2007, 79. O'Brien verwendet unterschiedliche Formulierungen. Vgl. O'Brien 2007, 77.

 DOI:10.30965/9783957437273_030

›ich‹ erklären können soll, wie eine Person die bewusste Information gewinnt, dass der Ausdruck ›ich‹ auf sie selbst referiert. Das subjektive Selbstbewusstsein ist kein Fall von propositionalem Selbstbewusstsein. Es stellt eine Selbstvertrautheit dar. Wenn jedoch angenommen wird, dass es ein Fall von propositionalem Selbstbewusstsein ist, ist die Erklärung zirkulär. Das Bewusstsein, dass man selbst den Ausdruck ›ich‹ produziert, schlösse in diesem Fall das Bewusstsein mit ein, dass der Ausdruck ›man selbst‹ – bzw. aus der Perspektive der ersten Person formuliert: der Ausdruck ›ich‹ – auf einen selbst referiert.

O'Brien hat Recht, wenn sie ausführt, dass dieser Einwand nicht überzeugt.[484] Mit Blick auf die in dieser Arbeit entwickelte Erklärung des autobiographischen Bewusstseins zeigen dies folgende Überlegungen. Zunächst ist darauf hinzuweisen, dass erläutert und begründet worden ist, dass und warum das Bewusstsein, dass man selbst den Ausdruck ›ich‹ produziert, kein Fall von begrifflichem und propositionalem Selbstbewusstsein ist. Es enthält zudem nicht die Information, dass der Ausdruck ›ich‹ auf einen selbst *referiert*, sondern dass man selbst diesen Ausdruck *produziert*. Der Zirkel-Vorwurf ist daher unbegründet. Bei der Erklärung des Bewusstseins, dass der Ausdruck ›ich‹ auf einen selbst referiert, wird dieses Bewusstsein nicht vorausgesetzt und in der Erklärung verwendet.

Der Einwand kann somit nur besagen, dass es nicht möglich ist, das Bewusstsein, dass der Ausdruck ›ich‹ auf einen selbst referiert, zu erklären, wenn das Bewusstsein, dass man selbst diesen Ausdruck produziert, ein Fall von nicht-begrifflichem Bewusstsein ist. Auch dieser Einwand trifft nicht zu. Wie in den beiden vorangegangenen Kapiteln dargelegt worden ist, ist es möglich, mithilfe des nicht-begrifflichen Selbstbewusstseins das autobiographische Bewusstsein, und das heißt u.a., das Bewusstsein, dass der Ausdruck ›ich‹ auf einen selbst referiert, zu erklären. Wenn an dieser Stelle die äußerungsreflexive linguistische Bedeutung des Ausdrucks ›ich‹ berücksichtigt wird, lautet die Begründung folgendermaßen: Im Fall der Produktion des Ausdrucks ›ich‹ gewinnt ein Sprecher dadurch autobiographisches Bewusstsein, dass er

1. die linguistische Bedeutung des Ausdrucks ›ich‹ versteht; das heißt, er weiß, dass dieser Ausdruck auf diejenige Person referiert, welche auch immer diesen Ausdruck produziert; dass er
2. weiß, dass er selbst diesen Ausdruck produziert (Regel 17); sodass er
3. durch die Verbindung dieser Informationen das Bewusstsein zu gewinnen vermag, dass er selbst der Referent dieses Ausdrucks ist.

484 O'Brien 2007, 80, 83.

Nach diesem Erklärungsansatz weiß eine Person gemäß Punkt 2, dass sie selbst den Ausdruck ›ich‹ produziert. Dies ist ein Fall von nicht-begrifflichem Selbstbewusstsein. Kraft eines kognitiven Aktes, der die in den Punkten 1 und 2 angeführten Informationen verbindet, weiß sie, dass sie als das Subjekt, welches den Ausdruck ›ich‹ produziert, zu den Gegenständen zu zählen ist, welche die linguistische Bedeutung des Ausdrucks ›ich‹ thematisiert. Das heißt, sie weiß, dass sie eine Person bzw. ein Produzent ist. Indem sie diese Information mit dem nicht-begrifflichen Selbstbewusstsein von der aktuellen Produktion des Ausdrucks ›ich‹ und der linguistischen Bedeutung dieses Ausdrucks verbindet, gewinnt sie die bewusste Information, dass sie selbst die Person ist, auf welche der Ausdruck ›ich‹ referiert, bzw. dass dieser Ausdruck auf sie selbst referiert. Es ist daher möglich, von einem nicht-propositionalen Selbstbewusstsein ausgehend, das Bewusstsein, dass der Ausdruck ›ich‹ auf einen selbst referiert, zu erklären.[485]

Bei dieser Erklärung gilt es zu beachten, dass die Information, die das subjektive Selbstbewusstsein enthält, nicht nur von der Information zu unterscheiden ist, dass der Ausdruck ›ich‹ auf einen selbst referiert. Sie ist auch von der Information zu unterscheiden, die durch den kognitiven Akt gewonnen wird, und zwar dass dasjenige Subjekt, welches den Ausdruck ›ich‹ produziert, eine Person im Sinn der linguistischen Bedeutung des Ausdrucks ›ich‹ ist. Weder das egologische Selbstbewusstsein noch das linguistische Bewusstsein schließen diese Information mit ein. Das subjektive Selbstbewusstsein setzt das Subjekt mit der linguistischen Bedeutung des Ausdrucks ›ich‹ nicht in ein solches Verhältnis, dass es zu den Gegenständen zählt, welche von der linguistischen Bedeutung thematisiert werden. Es enthält lediglich die Information, dass man selbst einen Ausdruck produziert.[486] Es enthält jedoch keine weiteren Informationen über das Subjekt. Die Information, dass das Subjekt, welches den Ausdruck ›ich‹ produziert und davon nicht-begriffliches Selbstbewusstsein besitzt, eine Person im Sinn der linguistischen Bedeutung des verwendeten Ausdrucks ist, unterscheidet sich daher von dem Informationsgehalt des subjektiven Selbstbewusstseins. Auch wenn das egologische Selbstbewusstsein und das linguistische Bewusstsein Aspekte *eines* Phänomens,

485 Wie in Kapitel 23 erläutert worden ist, ist der Referent des Ausdrucks ›ich‹ der Referent *für* den Sprecher. Es ist nicht der Referent des *Ausdrucks* ›ich‹ gemeint, *wenn* die semantische Referenz von der Referenz des Sprechers unterschieden wird.

486 Präziser formuliert enthält es die bewusste Information, dass man selbst einen Ausdruck produziert, dass man selbst diese Information besitzt sowie dass man selbst das Bewusstsein vom produzierten Ausdruck hat. Unter Berücksichtigung der Ausführungen in Kapitel 10 ist zu sagen: Es enthält die bewussten Informationen, selbst einen Ausdruck zu produzieren und selbst Bewusstsein zu haben.

einer mentalen Aktivität, sind, ist diese Aktivität von dem kognitiven Akt zu unterscheiden, der das Subjekt des subjektiven Selbstbewusstseins als eine Person im Sinn der linguistischen Bedeutung dieses Ausdrucks begreift. Dies ist auch daran zu erkennen, dass eine Person subjektives Selbstbewusstsein und damit das linguistische Bewusstsein zu besitzen vermag, ohne dass das Subjekt des subjektiven Selbstbewusstseins als eine Person verstanden oder überhaupt mit der linguistischen Bedeutung des verwendeten Ausdrucks in Beziehung gesetzt wird. Dies ist bspw. dann der Fall, wenn der Sprecher keinen indexikalischen Ausdruck verwendet, sondern bspw. theologisches Vokabular wie *Gott* oder *Allmächtiger*.

Wenn eine Person weiß, dass der Ausdruck ›ich‹ auf sie selbst referiert, setzt dieses Bewusstsein also nicht nur das subjektive Selbstbewusstsein voraus, sondern zudem die Information, dass man selbst zu den Gegenständen zählt, auf welche der Ausdruck ›ich‹ referiert. Näher betrachtet wird die bewusste Information, dass man selbst der Referent des Ausdrucks ›ich‹ ist, somit folgendermaßen gewonnen:[487] Der Sprecher besitzt

1. subjektives Selbstbewusstsein; er versteht
2. die linguistische Bedeutung des Ausdrucks ›ich‹: ›ich‹ referiert auf die Person, die den Ausdruck ›ich‹ produziert; er versteht kraft eines kognitiven Aktes
3. dass er selbst als das Subjekt, welches diesen Ausdruck produziert, eine Person gemäß der linguistischen Bedeutung dieses Ausdrucks ist (sowie dass die *Produktion* dieses Ausdrucks, von der das Subjekt kraft des subjektiven Selbstbewusstseins ein Bewusstsein besitzt, eine *Produktion* im Sinn der linguistischen Bedeutung dieses Ausdrucks darstellt); und er vermag
4. diese Informationen zu verbinden, sodass er erkennt: Der Ausdruck ›ich‹ referiert auf ihn selbst.

O'Brien berücksichtigt diese Leistung eines kognitiven Aktes nicht. O'Brien behauptet zwar, dass durch die Verbindung von der Kenntnis der linguistischen Bedeutung des Ausdrucks ›ich‹ und nicht-propositionalem Selbstbewusstsein das Bewusstsein gewonnen wird, dass dieser Ausdruck auf einen selbst referiert. Sie beachtet jedoch nicht, dass diese Informationen allein *nicht* genügen, um letzteres Selbstbewusstsein erklären zu können. Es bedarf eines kognitiven Aktes, welcher das nicht-propositionale Selbstbewusstsein mit der

487 An dieser Stelle wird die in Kapitel 26 angekündigte nähere Erläuterung nachgereicht, wie diese Information gewonnen wird.

linguistischen Bedeutung des Ausdrucks ›ich‹ in eine solche Beziehung setzt, dass das Subjekt des nicht-propositionalen Selbstbewusstseins überhaupt als eine Person im Sinn der linguistischen Bedeutung dieses Ausdrucks angesehen werden kann. Ohne diesen kognitiven Akt ist nicht nachzuvollziehen, wie ein nicht-begriffliches Selbstbewusstsein in Verbindung mit dem Verstehen der linguistischen Bedeutung des Ausdrucks ›ich‹ das Bewusstsein, dass dieser Ausdruck auf einen selbst referiert, ermöglichen können soll.[488] O'Briens Theorie ist daher unvollständig. Dieser Einwand ist auch gegen Peacocke anzubringen.[489]

An diesem Punkt scheint jedoch erneut ein Zirkeleinwand vorzubringen zu sein. Die bewusste Information, dass der Ausdruck ›ich‹ auf einen selbst referiert, wird u.a. dadurch gewonnen, dass das Subjekt, welches einen Ausdruck produziert und subjektives Selbstbewusstsein besitzt (Regel 17), weiß, dass *es selbst* eine Person gemäß der linguistischen Bedeutung des Ausdrucks ›ich‹ ist. Diese Information hat somit den Inhalt: »Ich bin eine Person«. Damit das autobiographische Bewusstsein gewonnen werden kann, ist daher vorausgesetzt, dass der Sprecher weiß, dass der Ausdruck ›ich‹ auf ihn selbst referiert. Anderenfalls wüsste er nicht, dass *er selbst* eine Person ist. Damit wird bei der Erklärung des Bewusstseins, dass der Ausdruck ›ich‹ auf einen selbst referiert, eben diese Information vorausgesetzt.

Dieser Einwand ist bedeutend. Schließlich ist nicht nur im Fall der Produktion des Ausdrucks ›ich‹ erforderlich, dass das Subjekt, welches diesen Ausdruck produziert, als eine Person interpretiert oder bestimmt wird. Dies ist auch bei der Erklärung von autobiographischem Bewusstsein bei der Produktion von anderen reinen indexikalischen Ausdrücken und echten Demonstrativausdrücken erforderlich. Im Fall der Produktion von echten Demonstrativausdrücken wie bspw. ›dieser‹ wird das autobiographische Bewusstsein dadurch gewonnen, dass das nicht-begriffliche Bewusstsein von der eigenen Produktion dieses Ausdrucks mit seiner linguistischen Bedeutung verbunden wird. Die linguistische Bedeutung thematisiert nun aber die Person bzw. den Sprecher,

488 Diese Erklärung des autobiographischen Bewusstseins bei der Produktion des Ausdrucks ›ich‹ bedarf einer wichtigen Ergänzung. Bei der dargestellten Erklärung wird angeführt, dass das *Subjekt* des subjektiven Selbstbewusstseins als eine Person gemäß der linguistischen Bedeutung des Ausdrucks ›ich‹ interpretiert wird. Im bisherigen Verlauf dieser Untersuchung wurde nicht erläutert, was unter einem Subjekt zu verstehen ist und insbesondere was unter dem Subjekt des subjektiven Selbstbewusstseins zu verstehen ist. Wie in Kapitel 21 angekündigt, wird die Bedeutung des Ausdrucks ›Subjekt‹ in Kapitel 33 erläutert. Die Erklärung des autobiographischen Bewusstseins ist somit erst im letzten Kapitel dieser Untersuchung abgeschlossen.

489 Vgl. Peacocke 2008, 77–79, 81–83.

welche diesen Ausdruck produziert. Sie besagt in etwa: ›dieser‹ bezieht sich auf denjenigen Gegenstand, auf welchen der Sprecher hinweist. Es ist daher erforderlich, dass das Subjekt des nicht-begrifflichen Selbstbewusstseins als ein Sprecher bzw. eine Person bestimmt oder interpretiert wird. Das Subjekt muss eine Information besitzen, deren sprachlicher Ausdruck lautet: *Ich* bin eine Person entsprechend der linguistischen Bedeutung dieses Ausdrucks. Gleiches gilt im Fall der Produktion von reinen indexikalischen Ausdrücken wie ›hier‹. In diesem Fall thematisiert zwar nicht die linguistische Bedeutung die Person, welche diesen Ausdruck produziert. Jedoch besitzt ein Sprecher nur dann autobiographisches Bewusstsein, wenn er zudem weiß, dass der Referent in derjenigen Beziehung zur Person steht, welche diesen indexikalischen Ausdruck produziert, welche dem Verhältnis zwischen dem Referenten und der Äußerung entspricht. Auch im Fall der Produktion von reinen indexikalischen Ausdrücken wie ›hier‹ ist es somit erforderlich, dass das Subjekt sich als eine Person versteht. Dies gilt auch für das autobiographische Bewusstsein im Fall der Produktion von indexikalischen Ausdrücken, wenn ausschließlich die exekutive linguistische Bedeutung berücksichtigt wird.

Dieser Einwand überzeugt jedoch aus zwei Gründen nicht. 1. Das autobiographische Bewusstsein enthält bei der Verwendung des Ausdrucks ›ich‹ die bewussten Informationen, dass man selbst der Referent dieses Ausdrucks ist und dass man selbst diesen Ausdruck produziert. Die Information, selbst eine Person gemäß der linguistischen Bedeutung eines Ausdrucks zu sein, ist demgegenüber in der Regel *nicht* aktuell bewusst. Eine Person besitzt zwar diese Information bzw. Kenntnis, wenn sie autobiographisches Bewusstsein gewinnt. Sie trägt dazu bei, dass autobiographisches Bewusstsein gewonnen wird. Sie ist jedoch keine Information, von der eine Person *aktuell Bewusstsein* besitzt, wenn sie autobiographisches Bewusstsein besitzt. Bei der Erklärung autobiographischen Bewusstseins wird somit nicht vorausgesetzt, dass eine Person die *bewusste* Information besitzt, dass sie selbst eine Person ist. Es ist daher nicht vorausgesetzt, dass eine Person aktuell weiß, dass der Ausdruck ›ich‹ bzw. ›sie selbst‹ auf sie selbst referiert.

2. Dieser Einwand überzeugt aus einem weiteren Grund nicht. Dies ist zu erkennen, wenn die Frage untersucht wird, wie es möglich ist, dass durch einen kognitiven Akt das Subjekt, welches einen Ausdruck produziert und davon nicht-begriffliches Selbstbewusstsein besitzt (Regel 17), als eine Person bzw. ein Produzent interpretiert wird. Eine Antwort auf diese Fragestellung ist anhand von Recanatis oder Perrys Interpretation der *Self-Notion*, das heißt, mithilfe von Begriffen (concepts), zu geben. Die Berücksichtigung von diesem Ansatz ist nahe liegend, da der kognitive Akt eine nicht-begriffliche Information mit der linguistischen Bedeutung eines Ausdrucks in Verbindung setzt. Die im Fall

des nicht-begrifflichen Selbstbewusstseins vorhandene Information muss in ein Format übersetzt werden, welches die Verbindung mit der linguistischen Bedeutung eines Ausdrucks erlaubt. Notions sind kognitive Speicher für Informationen, die (auf jeweils begriffsspezifische Weise) über Gegenstände gewonnen werden. Die Self-Notion enthält Informationen, die ein Subjekt über sich selbst gewinnt und von denen es weiß, dass es sich um Informationen über es selbst handelt. Zu diesen Informationen zählen nicht-begriffliche Informationen, die bspw. anhand der Propriozeption gewonnen werden. Es stellt sich mit Blick auf die in der Self-Notion gespeicherten Informationen für einen Sprecher nicht die Frage, ob es sich um Informationen über ihn selbst handelt. Diese Frage ist stets affirmativ beantwortet, und zwar dadurch, dass diese Informationen in der Self-Notion gespeichert sind.[490] Da zudem gilt, dass linguistische Ausdrücke Notions, Begriffe, *ausdrücken*,[491] ist die Self-Notion die geeignete Schnittstelle, welche die Verbindung des Informationsgehalts des nicht-begrifflichen Selbstbewusstseins mit der linguistischen Bedeutung eines produzierten Ausdrucks erlaubt.

Die Lösung des Problems, wie vermieden werden kann, dass die Erklärung autobiographischen Bewusstseins zirkulär ist, lautet somit folgendermaßen: Der Informationsgehalt des subjektiven Selbstbewusstseins wird in der Self-Notion gespeichert, da es eine Information über einen selbst enthält. Die Self-Notion enthält u.a. zudem die Information, dass man selbst eine Person im Sinn der linguistischen Bedeutung des Ausdrucks ›ich‹ ist.[492] Wenn der Gehalt des subjektiven Selbstbewusstseins in der Self-Notion gespeichert wird, wird – innerhalb der Self-Notion – die Verbindung zur in der Self-Notion enthaltenen Information hergestellt, dass man selbst eine Person (entsprechend der linguistischen Bedeutung eines Ausdrucks) ist. Diese Verbindung lässt sich als eine Folge von wenn-dann Funktionen beschreiben: Wenn der Informationsgehalt des subjektiven Selbstbewusstseins in der Self-Notion gespeichert wird, dann wird die Information aktiviert, dass man selbst eine Person bzw. ein Produzent gemäß der linguistischen Bedeutung des Ausdrucks ›ich‹ ist. Und wenn das geschieht, dann wird die Information des subjektiven

490 Wenn eine Person erkennt, dass er eine Information in der Self-Notion gespeichert hat, die nicht ihn selbst betrifft, – etwa wenn Graucho Marx bemerkt, dass er nicht in einen Spiegel blickt, sondern eine andere Person beobachtet –, wird sie aus der Self-Notion in eine andere Notion transferiert.

491 Vgl. die Darstellung von Recanatis Ansatz in Kapitel 16.

492 Die Frage, wie diese Information gewonnen wird, – dass man selbst eine Person entsprechend der linguistischen Bedeutung eines Ausdrucks ist –, muss im vorliegenden Zusammenhang nicht beantwortet werden. Dies ist eine empirische Frage, die im Zusammenhang mit dem Spracherwerb zu beantworten ist.

Selbstbewusstseins mit der Information, dass man selbst ein Produzent bzw. eine Person ist, verbunden, sodass der Gehalt des nicht-begrifflichen Selbstbewusstseins in die Form übersetzt wird, dass man selbst der *Produzent* dieses Ausdrucks im Sinn der linguistischen Bedeutung des Ausdrucks ›ich‹ ist. Mit Blick auf diese Information stellt sich für eine Person nicht die Frage, ob es sich um eine Information über sie selbst handelt, da sie in der Self-Notion gespeichert ist. Sie wird von der Person als eine Information behandelt, die sie selbst betrifft, wenn sie diese Information aktiviert bzw. auf diese in der Self-Notion gespeicherte Information zugreift.

Es ist somit richtig, dass bei der Erklärung autobiographischen Bewusstseins vorausgesetzt ist, dass das Subjekt weiß, dass sie selbst eine Person im Sinn der linguistischen Bedeutung des Wortes ›ich‹ ist. Dies bedeutet jedoch nicht, dass damit vorausgesetzt ist, dass sie das aktuelle Bewusstsein besitzt, dass der Ausdruck ›ich‹ auf sie selbst referiert. Die Information, dass sie selbst eine Person gemäß der linguistischen Bedeutung ist, ist in der Self-Notion bereits gespeichert *bevor* sie im Zuge der Äußerung eines Satzes referentielles Selbstbewusstsein gewinnt. Diese Information wird aktiviert, wenn sie aktuell subjektives Selbstbewusstsein besitzt. Die bewusste Information, dass der Ausdruck ›ich‹ auf sie selbst referiert, wird allererst durch die Information gewonnen, dass sie selbst eine Person gemäß der linguistischen Bedeutung dieses Ausdrucks ist, und zwar indem diese Information mit der linguistischen Bedeutung und dem Informationsgehalt des subjektiven Selbstbewusstseins verbunden wird. Der Einwand überzeugt daher nicht. Bei der Erklärung autobiographischen Bewusstseins ist das Bewusstsein, selbst der Referent des Ausdrucks ›ich‹ zu sein, nicht vorausgesetzt.

Der kognitive Akt, bzw., wie ebenso gut gesagt werden könnte, der kognitive Prozess, greift somit auf drei in der Self-Notion gespeicherte Informationen zurück, von denen das Subjekt weiß, dass es sich um Informationen über es selbst handelt: zum einen auf den Informationsgehalt des subjektiven Selbstbewusstseins, zum anderen auf die Information, dass man selbst ein Produzent bzw. eine Person gemäß der linguistischen Bedeutung von Ausdrücken ist. Der kognitive Akt verbindet diese Informationen mit der Information über die linguistische Bedeutung des Ausdrucks ›ich‹.[493] Diese Information wird ursprünglich mithilfe des mentalen Lexikons gewonnen.[494] Sie ist jedoch ebenfalls ein Bestandteil der in der Self-Notion gespeicherten Informationen, da das subjektive Selbstbewusstsein ein Bewusstsein von der linguistischen

493 Da der kognitive Akt unterschiedliche Funktionen erfüllt, ist es ebenso sinnvoll von unterschiedlichen Akten zu sprechen, die autobiographisches Bewusstsein ermöglichen.

494 Vgl. Kapitel 7.

Bedeutung des produzierten Ausdrucks mit ein einschließt.[495] Die Self-Notion enthält daher nicht nur die Information, dass man selbst einen Ausdruck produziert, sondern zugleich die Information, um welchen Ausdruck es sich hierbei handelt. Der kognitive Akt bringt durch die Verbindung des Informationsgehalts des subjektiven Selbstbewusstseins mit der Information, dass man selbst ein Produzent entsprechend der linguistischen Bedeutung des Ausdrucks ›ich‹ ist, die bewusste Information hervor, dass man selbst der *Produzent* des Ausdrucks ›ich‹ ist. Da er auch auf die linguistische Bedeutung des Ausdrucks ›ich‹ zurückgreift, ermöglicht er das Bewusstsein zu gewinnen, dass *man selbst* der *Referent* des Ausdrucks ›ich‹ ist, und zwar da gilt, dass dann, wenn man selbst der Produzent dieses Ausdrucks ist, der Ausdruck ›ich‹ auf einen selbst *referiert*.[496]

Wenn der Ausdruck [Ego] die Self-Notion symbolisiert, gilt:

1. [Ego] enthält die Information: eine Person sein (gemäß der linguistischen Bedeutung des Wortes ›ich‹).
2. [Ego] enthält die Information: (aktuelle) Produktion des Ausdrucks ›ich‹.
3. [Ego] enthält die Information: der Ausdruck ›ich‹ referiert auf die Person, welche diesen Ausdruck produziert.

Da diese Informationen in der Self-Notion gespeichert sind, weiß die Person, dass sie Informationen sind, welche sie selbst betreffen.

4. Kraft der Verbindung dieser Informationen durch einen kognitiven Akt wird die Information gewonnen: Der Ausdruck ›ich‹ referiert auf *einen selbst* (mich selbst).

Auch diese Information wird in der Self-Notion gespeichert.

Da in der Self-Notion alle Informationen gespeichert sind, von denen das Subjekt annimmt, dass sie sie selbst betreffen, also etwa auch Informationen

---

495 Vgl. Kapitel 8.

496 Der kognitive Akt erfüllt somit näher betrachtet drei Funktionen. Er interpretiert das Subjekt, das einen indexikalischen Ausdruck produziert, als eine Person gemäß der linguistischen Bedeutung eines Ausdrucks bzw. einer Regel. Er bestimmt die mit dem subjektiven Selbstbewusstsein bewusste Produktion eines Ausdrucks als eine Äußerung bzw. Produktion oder Verwendung eines Ausdrucks gemäß der linguistischen Bedeutung eines Ausdrucks bzw. einer Regel. Und er verbindet diese Informationen mit den in den Kapiteln 26 und 27 dargestellten Informationen, die jeweils erforderlich sind, damit eine Person autobiographisches Bewusstsein zu gewinnen vermag.

über den eigenen Charakter oder den eigenen raumzeitlichen Standpunkt, ist nicht ausgeschlossen, dass eine Person dann, wenn sie das Bewusstsein besitzt, dass sie selbst der Referent des Ausdrucks ›ich‹ ist, nicht nur die Information besitzt, dass sie selbst diesen Ausdruck produziert. Diese Information steht in Verbindung mit allen Informationen, die in der Self-Notion über einen selbst gespeichert sind, also insbesondere auch mit der Information, dass man ein raumzeitlicher Gegenstand ist, der fühlt, begehrt und praktisch tätig zu sein vermag. Das bedeutet nicht, dass ein Sprecher kontinuierlich aktuell ein Bewusstsein von allen in der Self-Notion gespeicherten Informationen besitzt, wenn er begreift, dass der Ausdruck ›ich‹ auf ihn selbst referiert. Jedoch ist es möglich, dass eine Person weiß, dass dieser Ausdruck auf ihn selbst referiert, und er zusätzlich aktuell ein Bewusstsein von weiteren Informationen über sich selbst hat, die in der Self-Notion gespeichert sind, also etwa, dass er der Bruder von Joseph Haydn ist und einen bestimmten Eigennamen, Johann Michael Haydn, trägt.

Gegen die dargestellte Erklärung autobiographischen Bewusstseins sprechen zwei weitere Einwände. Der erste Einwand lautet folgendermaßen: Die dargestellte Erklärung autobiographischen Bewusstseins setzt voraus, dass ein Sprecher einen indexikalischen Ausdruck produziert. Personen besitzen jedoch auch dann autobiographisches Bewusstsein, wenn sie diesen Ausdruck nicht selber produzieren. Bspw. ist es möglich, dass eine Person weiß, dass sie der Referent des Ausdrucks ›ich‹ ist, obwohl sie diesen Ausdruck nicht produziert hat.[497] Die dargelegte Erklärung autobiographischen Bewusstseins erläutert jedoch nicht, wie ein Sprecher diese Information gewinnt. Sie ist somit unvollständig. Dies ist richtig. Die dargestellte Erklärung autobiographischen Bewusstseins gilt nur dann, wenn eine Person subjektives Selbstbewusstsein besitzt. Die Frage, wie ein Sprecher die Information gewinnt, dass er selbst der Referent des Ausdrucks ›ich‹ ist, wenn er diesen Ausdruck nicht erzeugt hat, ist auf der Grundlage einer semantischen – oder auch pragmatischen – Theorie indexikalischer Ausdrücke zu beantworten. Die jüngste Debatte zeigt m.E., dass gegenwärtig keine überzeugende Theorie vorliegt. Es ist nicht die Aufgabenstellung dieser Untersuchung eine solche Theorie zu entwickeln. Die Frage muss und kann daher unbeantwortet bleiben.

Schließlich mag bezweifelt werden, dass es einen kognitiven Akt gibt, der die Verbindung von nicht-begrifflichen Informationen mit der linguistischen Bedeutung von Ausdrücken herzustellen vermag. Die Annahme eines solchen Aktes ist jedoch weder unbegründet noch abwegig. Ein vergleichbarer

497 Vgl. Kapitel 3.

kognitiver Akt findet statt, wenn eine Person bspw. auf Hercule Poirot zeigt und den Satz äußert »Dieser Mann ist gemeint«. Damit der Sprecher oder auch ein Hörer den Referenten des Ausdrucks ›dieser Mann‹ zu identifizieren vermögen, ist u.a. vorausgesetzt, dass sie Hercule Poirot zu den Gegenständen zählen, welche die linguistische Bedeutung des Ausdrucks ›dieser Mann‹ thematisiert. Das räumliche Objekt, das den Eigennamen Hercule Poirot trägt, muss als ein Gegenstand im Sinn der linguistischen Bedeutung des Ausdrucks ›dieser Mann‹ verstanden werden. Die Annahme eines kognitiven Aktes, der die linguistische Bedeutung des Ausdrucks ›dieser Mann‹ mit dem sinnlich wahrgenommenen Objekt Hercule Poirot auf eine Weise verbindet, sodass eine Person die Information besitzt, dass dieses Objekt ein Gegenstand gemäß der linguistischen Bedeutung des verwendeten Ausdrucks ist, ist für die Erklärung der Möglichkeit der Identifizierung des Referenten des Ausdrucks ›dieser Mann‹ ebenso unverzichtbar wie für die Erklärung des Bewusstseins, dass der Ausdruck ›ich‹ auf einen selbst referiert.

Kristina Musholt hat unlängst eine alternative Erklärung von begrifflichem Selbstbewusstsein präsentiert.[498] Sie teilt den in dieser Untersuchung vertretenen Standpunkt, dass es Fälle von nicht-begrifflichem Selbstbewusstsein gibt und dass eine Erklärung von begrifflichem Selbstbewusstsein nur dann möglich ist, wenn nicht-begriffliches Selbstbewusstsein berücksichtigt wird. Ihre Erklärung von begrifflichem Selbstbewusstsein unterscheidet sich jedoch radikal von der in dieser Untersuchung entwickelten Position. Zum Abschluss der Darstellung autobiographischen Bewusstseins mag es daher nicht unnütz sein, in einem Exkurs ihre Theorie in den Blick zu nehmen. Musholt konzentriert sich auf nicht-begriffliches Selbstbewusstsein insofern es im Zusammenhang mit der Wahrnehmung und innerem Körperbewusstsein besteht.[499] Es handelt sich ihrer Meinung nach hierbei jedoch um Fälle von *subjektlosem* nicht-begrifflichem Selbstbewusstsein. Das bedeutet für Musholt, dass der *Gehalt*, der im Zusammenhang mit der Wahrnehmung und Körperbewusstsein besteht, keine Repräsentation des Subjekts mit einschließt.[500] Das Subjekt ist vielmehr ein Aspekt der Weise, wie die

498 Musholt 2015. Begriffliches Selbstbewusstsein bestimmt Musholt als das Vermögen, Ich-Gedanken zu denken, die sprachlich bspw. mit Sätzen der Form »Ich sehe eine rote Lampe« ausgedrückt werden. Musholt 2015, xi.

499 Musholt 2015, xvii.

500 Musholt 2015, 80: »[...] although the contents of perception and bodily experience are self-related, they do not represent the self; that is, they do not contain a self-referring component.«

Erfahrung gemacht wird und sich darstellt.[501] So liefert bspw. die Körperwahrnehmung von den (eigenen) Beinen, die überkreuzt sind, Informationen über einen selbst, – darin besteht ihre funktionale Rolle –, obgleich lediglich die Eigenschaft der Beine und nicht das Subjekt (oder eine egologische Information) ein Bestandteil des Gehalts der Erfahrung ist.[502] Jedoch garantiert die spezifische Weise, wie Informationen von einer Person im Zusammenhang mit ihrer eigenen, innerlichen Körperwahrnehmung gewonnen werden, – die keine andere Person mit Blick auf die Weise, wie sie Informationen über ihren Körper gewinnt, teilt –, dass es sich um Informationen über das Subjekt, sie selbst, handelt. Aus diesem Grund ist es nicht erforderlich, dass der Gehalt des Körperbewusstseins eine Repräsentation des Subjekts aufweist. Die kognitive Architektur des menschlichen Organismus stellt sicher,[503] dass Informationen, die auf diese Weise gewonnen werden, Informationen über den eigenen Körper darstellen.[504] Dementsprechend ermöglicht der Gehalt nicht-begrifflichen Selbstbewusstseins im Sinn eines Falles von »Wissen-wie« erfolgreiche Handlungen zu setzen, also bspw. ein Bein zu heben.[505] Das nicht-begriffliche Selbstbewusstsein und – was nach Musholt dasselbe bedeuten soll – die Vorstellung einer nicht-begrifflichen »Meinigkeit« besteht in nichts anderem als in dieser *selbstbezüglichen*, wenngleich subjektlosen Weise, wie Informationen im Zusammenhang mit der Körperempfindung oder auch der Wahrnehmung gewonnen werden.[506]

---

501 Musholt 2015, xvii.

502 Musholt 2015, 100.

503 Musholt 2015, 80.

504 Auch im Fall der visuellen Wahrnehmung gilt, dass der Gehalt der Wahrnehmung keine Repräsentation des Subjekts enthält, sondern dass es ein Aspekt der Weise ist, wie die Wahrnehmung erfolgt. Die Struktur der Wahrnehmung ist nach Musholt angemessen charakterisiert als »x is aware of standing in front of a tree«, während sie jedoch nicht angemessen charakterisiert ist mit »x perceives x to be standing in front of a tree«. Vgl. Musholt 2015, 79–80.

505 Musholt 2015, 98. Musholt interpretiert den nicht-begrifflichen Gehalt daher derart, dass er die Welt nicht mit Blick auf Wahrheitsbedingungen, sondern mit Blick auf die Anforderungen und Herausforderungen präsentiert, die sie für eine Person bereithält. Musholt 2015, 37–38. Es gilt bspw.: »[t]o experience a sound as coming from behind, for example, is to take oneself to be in a particular position to locate its origin [...] This can also be expressed by saying that nonconceptual representations should be understood in terms of knowledge-how«.

506 »Importantly, [...] it is not necessary to postulate a sense of »mineness« above and beyond the content and mode of experience. [...] Experience is necessarily subjective, in the sense of being *for* a subject, because it is given in a mode that is specific to the experiencing subject; nothing else is required.« Musholt 2015, 85.

Das nicht-begriffliche Selbstbewusstsein ist für Musholt der Ausgangspunkt, um die Entwicklung von begrifflichem Selbstbewusstsein zu erklären, das sprachlich in Sätzen der Form »Ich habe Schmerzen« artikuliert wird. Ihre Theorie des Übergangs von nicht-begrifflichem Selbstbewusstsein zu begrifflichem Selbstbewusstsein zeichnet sich durch vier Thesen aus: 1. Der Übergang besteht in einem Explizit-Machen der implizit vorhandenen selbstbezüglichen Information.[507] Während das Subjekt im Zusammenhang mit nicht-begrifflichem Selbstbewusstsein lediglich anonym anhand der selbstbezüglichen Weise, wie Erfahrungsgehalte gewonnen werden, »mit im Spiel« ist, wird das Subjekt im Zusammenhang mit Ich-Gedanken, wie »Meine Beine sind überkreuzt«, explizit repräsentiert. 2. Das Explizit-Machen erfolgt durch den Vorgang der repräsentationalen Neubeschreibung (representational redescription),[508] bei dem vier Ebenen der Repräsentation unterschieden werden können, sodass nach Musholt neben nicht-begrifflichem Gehalt und begrifflichem Gehalt Zwischenstufen zu berücksichtigen sind.[509] Die repräsentationale Neubeschreibung besteht nach Musholt in einem »recoding of information that is stored in one representational format into another«.[510] Während bspw. auf einer basalen Ebene Informationen in prozeduraler Form vorliegen,[511] d.h. in Prozessen der Verarbeitung von und der Reaktion auf Umweltreize(n), und nicht mit anderen Operationen im Organismus in Verbindung gebracht werden, erfolgt nach Zwischenstufen, die repräsentationale Neubeschreibungen einschließen, auf der höchsten Stufe eine explizite Repräsentation des Subjekts mithilfe eines Begriffs, sodass ein ursprünglich implizit vorhandener selbstbezüglicher Aspekt explizit thematisiert und damit zu einem Bestandteil des bewussten Gehalts wird.

3. Begriffliches Selbstbewusstsein wird mithilfe der repräsentationalen Neubeschreibung, aber auch des Selbst-Begriffes gewonnen. Mithilfe des Selbstbegriffs vermag eine Person Ich-Gedanken zu denken. Es gilt: »it is by applying the self-concept in self-ascribing one's mental and bodily states that one makes explicit the essential self-relatedness that is implicit in the mode of perception and bodily or agentive awareness.«[512] 4. Nach Musholt gewinnt eine Person den Selbst-Begriff und damit das Vermögen, explizites begriffliches Selbstbewusstsein zu entwickeln, im Zusammenhang mit der Entwicklung von intersubjektivem Bewusstsein, d.h. dem Bewusstsein von anderen Personen

507 Musholt 2015, 95–96.
508 Musholt 2015, xii, 96, 112.
509 Musholt 2015, 98.
510 Musholt 2015, 101.
511 Musholt 2015, 103.
512 Musholt 2015, 121. Vgl. Musholt 2015, 81.

sowie dem Bewusstsein des Unterschieds zwischen einem selbst und anderen Personen.[513] Musholt erläutert anhand entwicklungspsychologischer Untersuchungen wie der Selbst-Begriff und begriffliches Selbstbewusstsein gewonnen werden. Von grundlegender Bedeutung für die Erklärung von Selbstbewusstsein ist demnach, dass Kleinkinder etwa ab dem 18 Monat ihres Lebens Empfindungen wie Verlegenheit (embarrassment) und Schüchternheit (coyness) entwickeln. Ab diesem Zeitpunkt beginnt ein Kind im Zusammenhang mit diesen Empfindungen »to fully appreciate herself as a subject among other subjects«.[514] Es ist jedoch nicht erforderlich, dass dieser rudimentäre Fall von Selbstbewusstsein bereits in einem begrifflichen Format vorliegt.[515] Erst ab ca. dem vierten Lebensjahr besitzen Kinder die Fähigkeit zur *begrifflichen* Zuschreibung von mentalen Zuständen wie Überzeugungen an andere Personen in Abgrenzung zur Selbstzuschreibung dieser Zustände und das Vermögen, mentale Zustände als solche zu erfassen.[516] Das heißt, sie vermögen mentale *Einstellungen*, wie das Für-wahr-halten, von intentionalen *Gehalten* sowie die Weise, wie ein Gegenstand zu sein scheint, von der Weise, wie er wirklich ist, zu unterscheiden und sie wissen, dass fehlerhafte Repräsentationen möglich sind. Schließlich soll es Kindern mithilfe der Übersetzung von impliziten in explizite Informationen und der damit einhergehenden Entwicklung von komplexen kognitiven sozialen Vermögen wie etwa narrativen Praktiken gelingen, den Selbst-Begriff zu entwickeln.[517]

Es ist nicht erforderlich, näher auf Musholts Theorie einzugehen und Details ihrer Ausführungen darzustellen. Sie behauptet zu erklären, wie begriffliches Selbstbewusstsein gewonnen wird. Tatsächlich erklärt sie jedoch nicht, wie eine egologische Information gewonnen wird. Bspw. erklärt die Auskunft, dass Kleinkinder ab einem bestimmten Punkt ihrer Entwicklung im Zusammenhang mit Gefühlen wie schüchtern sein zwischen ihnen selbst und

---

513 Musholt 2015, 124: »intersubjectivity is required for the *acquisition* of the ability to think about oneself«.

514 Musholt 2015, 132.

515 Musholt 2015, 133.

516 Musholt 2015, 134.

517 Musholt 2015, 148. Indem Kinder lernen, zwischen ihren mentalen sowie körperlichen Zuständen und den Zuständen von anderen Personen zu unterscheiden, gewinnen sie das Vermögen, sich selbst explizit zu repräsentieren, und damit das Vermögen, eine Selbst-Datei (self-file) zu entwickeln, die der kognitive Speicher für Informationen ist, die eine Person als Informationen über sich selbst versteht. Musholt 2015, 162. Soweit ich sehe, erläutert Musholt nicht näher, wie das Verhältnis zwischen dem Selbst-Begriff und der Selbst-Datei zu verstehen ist. Sie erwähnt zudem eine Self-Notion, deren Beziehung zu dem Selbst-Begriff und der Selbst-Datei m.E. ebenfalls nicht näher erläutert wird. Es ist daher einzuräumen, dass diese Darstellung ihrer Theorie womöglich nicht gerecht wird.

anderen Personen zu unterscheiden vermögen, offensichtlich nicht, wie eine egologische Information gewonnen wird und wie das Vermögen, zwischen einem selbst und anderen Personen unterscheiden zu können, näher zu verstehen ist. Ebenso wenig erklärt die Auskunft, dass begriffliches Selbstbewusstsein im Zusammenhang mit einer repräsentationalen Neubeschreibung und dem Begriff des Selbst gewonnen wird, wie eine egologische Information gewonnen wird. Dies sind Ausführungen und Behauptungen, die nicht die Frage beantworten, wie eine Person eine egologische Information zu gewinnen vermag und worin sie besteht. Gegenüber diesem Ansatz besitzt die in dieser Untersuchung entwickelte Interpretation von begrifflichem Selbstbewusstsein den Vorteil, erklären zu können, wie es möglich ist, dass eine Person im Fall von begrifflichem Selbstbewusstsein die Information zu besitzen vermag, dass sie über eine Information über *sich selbst* verfügt.

Musholts Ansatz ist zudem als ein *eliminativer* Reduktionismus zu bezeichnen. In ihrem Modell besitzt eine Person im Fall von nicht-begrifflichem Selbstbewusstsein keine bewusste Information, die sie als eine Information über sich selbst versteht bzw., – unter Maßgabe einer anonymen Interpretation von Selbstbewusstsein wie sie etwa Frank entwickelt –, kein unmittelbar und anonym mit sich vertrautes Bewusstsein. Damit ist das Phänomen »nicht-begriffliches Selbstbewusstsein« eliminiert und gerade nicht erklärt worden. Obgleich Musholt dies in den Raum stellt, ist ihr Ansatz deshalb auch nicht mit den Theorien der Deutschen Idealisten, der Heidelberger Schule oder auch der Selbstrepräsentationalisten zu vereinbaren. Diese Autoren verstehen unter präreflexivem Selbstbewusstsein oder nicht-begrifflicher Meinigkeit eine bewusste Information, die von der selbstbezüglichen Weise, wie Informationen gewonnen werden, zu unterscheiden ist oder zumindest mehr als diese Weise, wie Informationen gewonnen werden, darstellt. Im Unterschied zu Musholt besitzt bspw. für Fichte und Hegel oder Henrich und Frank oder Kriegel und Williford das nicht-begriffliche Bewusstsein (bzw. je nach Standpunkt: das Subjekt) eine egologische (oder eine nicht-egologische) bewusste Information über sich.[518]

518 M.a.W. gesprochen reduziert Musholt präreflexives Selbstbewusstsein auf »For-me-ness« und verabschiedet »mine-ness« und »me-ness«. Vgl. Guillot 2017.

KAPITEL 29

Propositionales Selbstbewusstsein

Die in den vorangegangenen Kapiteln dargestellte Analyse autobiographischen Bewusstseins erklärt *einen* Aspekt autobiographischer indexikalischer Identifizierung, und zwar wie ein Sprecher Informationen über sich und sein Verhältnis zur Welt gewinnt. Damit ist *nicht* vollständig erklärt, wie die indexikalische Identifizierung möglich ist. In Kapitel 23 dieses Hauptstücks wurde der Ausdruck ›indexikalische Identifizierung‹ so bestimmt, dass er eine Tätigkeit bezeichnet, mit welcher ein bewusster Gegenstand aus einer Gruppe von bewussten Gegenständen unter Verwendung eines reinen indexikalischen Ausdrucks oder echten Demonstrativausdrucks herausgegriffen wird (to pick out). Es gilt somit zu beachten, dass eine Person nicht nur eine autobiographische Information gewinnt, wenn sie eine indexikalische Identifizierung vornimmt. Sie besitzt zudem ein Bewusstsein davon, dass und wodurch sich ein identifizierter Gegenstand von anderen Gegenständen unterscheidet. Im Fall der Produktion des Ausdrucks ›er‹ bedeutet dies, dass der Sprecher Bewusstsein davon besitzt, dass der Referent dieses Ausdrucks sich von anderen Gegenständen unterscheidet. Im Rahmen einer vollständigen Theorie indexikalischer Identifizierung ist u.a. zu klären, wie ein Sprecher das Bewusstsein gewinnt, dass sich ein identifizierter Gegenstand von anderen Gegenständen unterscheidet und wie das Bewusstsein von diesen Gegenständen gewonnen wird. Dies ist weder das Ziel noch die Aufgabenstellung dieser Untersuchung. Eine Lösung *dieser* Aufgabenstellung beantwortet nicht die Frage, wie die autobiographische Information gewonnen wird.

Es gilt zudem zu beachten, dass ein Sprecher in der Regel bereits *vor* der indexikalischen Identifizierung ein Bewusstsein von dem Gegenstand besitzt, den er identifiziert. Anderenfalls würde er keinen indexikalischen Ausdruck produzieren, um damit einen Gegenstand zu identifizieren. Dieses Bewusstsein mag bspw. in einer visuellen Wahrnehmung eines raumzeitlichen Gegenstandes bestehen und eine Information über eine Eigenschaft des Gegenstandes enthalten, der identifiziert werden wird, durch die er sich von anderen Gegenständen unterscheidet, wie etwa eine Farbe, die ihn auszeichnet.[519] Autobiographisches Bewusstsein *setzt intentionales* Bewusstsein, Bewusstsein von etwas, *voraus*. Dies ist ein bedeutender Aspekt. Jedoch schreibt die indexikalische Identifizierung dem jeweils identifizierten

519 Vgl. Kapitan 2001, 298.

 | DOI:10.30965/9783957437273_031

Gegenstand, also bspw. einem Ort im Raum, eine – mit Kapitans Worten gesprochen – *extrinsische* und *ephemere* Eigenschaft zu, welche er unabhängig von und vor der indexikalischen Identifizierung nicht besitzt.[520] Kein Ort ist unabhängig von einer indexikalischen Identifizierung *dort* und kein Zeitpunkt *morgen*. Das bedeutet, auch wenn autobiographisches Bewusstsein intentionales oder transitives Bewusstsein voraussetzt, ist es auf dies vorausgesetzte intentionale Bewusstsein nicht reduzierbar. Mit der indexikalischen Identifizierung *entsteht* etwas, das davor nicht bestanden hatte, autobiographisches Bewusstsein, und damit Bewusstsein von der Eigenschaft eines Gegenstandes, welche er vor der indexikalischen Identifizierung nicht besaß.

Die dargelegte Erklärung autobiographischen Bewusstseins scheint jedoch einem Einwand ausgesetzt zu sein, den Ernst Tugendhat formuliert. Er besagt, dass diese Untersuchung sich unerlaubterweise ausschließlich auf die Analyse singulärer Termini konzentriert und damit deren Ergänzungsbedürftigkeit durch Prädikatsausdrücke übersieht. Eine indexikalische Identifizierung erfolgt nur dann, wenn ein singulärer Terminus mit einem Prädikatsausdruck verbunden wird. Mit der Produktion eines singulären Terminus allein ist, so Tugendhat, auf der »Ebene sinnvoller Rede noch nichts *getan*« und auch noch nichts »gesagt«. Die Produktion eines singulären Terminus besitzt zudem »keine selbstständige Intention« und kann vom Hörer auch nicht erkannt werden.[521] Dieser Einwand widerlegt die dargelegte Interpretation autobiographischen Bewusstseins nicht. Personen identifizieren oftmals Gegenstände, indem sie bspw. einen Satz der Form »Er [hinweisende Geste] ist ein Philosoph« äußern. Personen identifizieren Gegenstände aber nicht nur dann, wenn sie Sätze äußern, die wahr oder falsch sind und die sowohl einen singulären Term als auch einen Prädikatsausdruck enthalten. Wenn eine Person eine ihr bekannte Person auf der gegenüberliegenden Straßenseite sieht und »Hier!« ruft, um die andere Person auf sich aufmerksam zu machen, verwendet sie sprachlich keinen Prädikatsausdruck. Sie sagt nicht: »Ich bin hier«. Und sie besitzt nicht das Bewusstsein, dass sie den Satz produziert »Ich bin hier«. Dennoch identifiziert sie mit und durch die Produktion des Wortes ›hier‹ einen Ort. Sie unterscheidet einen Ort, der sich *hier* befindet, von allen anderen Örtern.[522] Es ist somit weder richtig, dass eine indexikalische Identifizierung allein durch die

520 Vgl. Kapitan 2001, 301, 2006, 391, Castañeda 1989, 69.

521 Tugendhat 1976, 366.

522 Kapitan 2001, 295. Ein weiteres Beispiel lautet folgendermaßen: Ein Angestellter betritt das Büro seines Vorgesetzten. Der Vorgesetzte telefoniert und ruft dem Angestellten lediglich »Später!« oder »Raus!« zu, um ihm mitzuteilen, dass er sein Anliegen später vorbringen möge, bzw. dass er ihn nicht stören soll.

Produktion eines singulären Terms nicht möglich ist, noch ist es zutreffend, dass mit der Produktion eines singulären Terms allein nichts getan und gesagt wird oder auch keine kommunikative Intention bestünde, welche von Hörern erkannt werden könnte. Außerdem schreibt eine Person sich sehr wohl auch dann Prädikate zu, wenn sie einen Satz artikuliert, der nur ein Wort enthält, wie bspw. »Hier!«. Wie dargelegt schließt autobiographisches Bewusstsein bspw. die Information mit ein, dass man selbst sich am Ort der Äußerung befindet. Eine Person besitzt diese Information auch dann, wenn sie sprachlich keinen Prädikatsausdruck produziert, sondern »Hier!« äußert.[523] Schließlich identifizieren Personen auch dann raumzeitliche Gegenstände, wenn sie keine Sätze äußern, die wahr oder falsch sind, etwa im Zusammenhang mit Fragesätzen oder Imperativen. Wenn bspw. Xanthippe Sokrates befielt: »Hole den Eimer dort drüben aus dem Eck«, identifiziert sie einen Eimer mithilfe des indexikalischen Ausdrucks ›dort drüben‹, obgleich der geäußerte Satz weder wahr noch falsch ist. Und wenn Ernst Mach die Frage stellt »Wer ist der herabgekommene Schulmeister dort drüben?«, identifiziert er sich selbst mithilfe des Ausdrucks ›dort drüben‹, ohne einen Satz zu äußern, der wahr oder falsch ist. Wenn eine Person einen Satz äußert, der zusätzlich zu dem Ausdruck ›ich‹ einen Prädikatsausdruck enthält, also bspw. den Satz »Ich bin eine Philosophin«, besitzt sie jedoch zusätzlich zu der autobiographischen Information das Bewusstsein, selbst eine Philosophin zu sein. Es gilt daher kurz zu skizzieren, dass und wie die dargelegte Analyse autobiographischen Bewusstseins mit Theorien propositionalen Bewusstseins sich vereinbaren lässt: Die dargestellte Interpretation des autobiographischen Aspekts indexikalischer Identifizierung ist grundsätzlich sowohl mit einem neofregeanischen Ansatz als auch einem kritischen neorussellianischen Ansatz vereinbar. Im Rahmen eines kritischen neorussellianischen Ansatzes, wie ihn bspw. Recanati vertritt, gilt es bei der Produktion von Sätzen der Form »Ich bin ein Philosoph« zwischen der linguistischen und der psychologischen Gegebenheitsweise sowie der singulären Proposition zu unterscheiden.[524] Weder das Bewusstsein

523 Dies gilt nicht nur im Fall der Produktion des Wortes ›hier‹, sondern auch bei Produktion von echten Demonstrativausdrücken sowie des Ausdrucks ›ich‹. Wenn bspw. Personen in der Nacht an einem Strand liegen und eine von ihnen eine Sternschnuppe (oder ein unbekanntes Flugobjekt) sieht, auf sie zeigt und »Da!« ruft, identifiziert sie einen Gegenstand, ohne dass sie ihm sprachlich einen Prädikatsausdruck zuschreibt. Und wenn meine Partnerin amüsiert über mein jahrelanges Nachdenken über Selbstbewusstsein spöttisch ausruft: »Ich!, Ich!, Ich!«, wissen wir beide, wer gemeint ist und was damit gesagt sein soll. In diesen Fällen identifiziert die Sprecherin einen Gegenstand und hat einen »sinnvollen Zug in der Sprache« gemacht.

524 Damit soll nicht behauptet sein, dass Recanati zustimmen würde, dass die dargestellte Interpretation autobiographischen Bewusstseins mit seinem Ansatz zu vereinbaren ist.

von der singulären Proposition noch das Bewusstsein von der linguistischen Gegebenheitsweise eines Referenten schließen die Informationen mit ein, dass *man selbst* ein Philosoph bzw. der Referent des Ausdrucks ›ich‹ ist.[525] Eine Person gewinnt diese Information nach Recanati mithilfe der psychologischen Gegebenheitsweise, welche die Self-Notion miteinschließt. Da die autobiographische Information in der Self-Notion gespeichert ist, ist die dargestellte Interpretation autobiographischen Bewusststeins mit einem kritischen neorussellianischen Ansatz vereinbar. Die autobiographische Information ist kraft der Self-Notion ein Bestandteil des *vollständigen* Gehalts propositionalen Bewusstseins.[526]

Die dargestellte Interpretation autobiographischen Bewusstseins ist auch mit einem neofregeanischen Ansatz zu vereinbaren. Nach Tomis Kapitan besteht im Fall der Äußerung eines Satzes der Form »Ich bin ein Philosoph« eine identifizierende Gegebenheitsweise des Referenten des Ausdrucks ›ich‹, welche, kurz zusammengefasst, die exekutive Gegebenheitsweise eines Referenten gemäß der exekutiven linguistischen Bedeutung des indexikalischen Ausdrucks ›ich‹ einschließt sowie die Perspektivität der indexikalischen Identifizierung. Weder das Bewusstsein von der Perspektivität der Identifizierung noch das Bewusstsein von der exekutiven Gegebenheitsweise erklären egologisches Selbstbewusstsein.[527] Die dargestellte Interpretation autobiographischen Bewusstseins ist jedoch mit einem neofregeanischen Ansatz vereinbar, wenn angenommen wird, dass die identifizierende Gegebenheitsweise eines Referenten zusätzlich zu diesen Aspekten die autobiographische Information miteinschließt.

Jedoch ist die dargestellte Interpretation autobiographischen Bewusstseins *grundsätzlich* mit einem kritischen neorussellianischen Ansatz vereinbar.

525 Vgl. Kapitel 15.

526 Dies gilt jedoch *nicht* für das subjektive Selbstbewusstsein als solches (Regel 17). Der Informationsgehalt des subjektiven Selbstbewusstseins wird zwar in der Self-Notion gespeichert und weiterverarbeitet. Es zeichnet sich *ursprünglich* jedoch durch eine egologische Selbstvertrautheit aus, welche eine nicht-begriffliche Information darstellt. Es ist als solches – ursprünglich – von der Self-Notion zu unterscheiden.

527 Vgl. Kapitel 25.

KAPITEL 30

Performatives autobiographisches Selbstbewusstsein

Ein Ziel dieses Hauptabschnitts besteht in der Begründung der These, dass das autobiographische Bewusstsein ein *performatives* Phänomen ist.[528] Performative Phänomene zeichnen sich durch folgende Merkmale aus: Sie entstehen mit der Produktion von linguistischen Ausdrücken und stellen mehr oder anderes als die Produktion eines Ausdrucks oder eine feststellende Äußerung dar. Es besteht ein bewusster Gehalt, welcher Informationen über das Phänomen enthält, das entsteht. Schließlich stellen diese Aspekte eine Einheit dar. Sie sind Bestandteile *eines* Phänomens.[529] In den Kapiteln 26 und 27 wurden zwei Weisen erläutert, wie der autobiographische Aspekt indexikalischer Identifizierung gewonnen wird, und zwar mithilfe der exekutiven und der äußerungsreflexiven linguistischen Bedeutung. Dementsprechend gilt es für beide Fälle zu zeigen, dass das autobiographische Bewusstsein ein performatives Phänomen ist. Die erste Begründung berücksichtigt diejenige Erklärung des autobiographischen Bewusstseins, gemäß welcher ein Sprecher dieses Bewusstsein mithilfe der äußerungsreflexiven linguistischen Bedeutung des produzierten Ausdrucks gewinnt. Die zweite Begründung der These, dass das autobiographische Bewusstsein ein performatives Phänomen ist, berücksichtigt die exekutive linguistische Bedeutung des produzierten Ausdrucks. Die These, dass das autobiographische Bewusstsein ein performatives Phänomen darstellt, gilt unabhängig davon, ob die These zutreffend ist, dass

528 Es ist ebenso sinnvoll zu sagen, dass die autobiographische indexikalische Identifizierung ein performatives Phänomen ist. Die These lautet, dass autobiographisches Bewusstsein, das bei der Produktion indexikalischer Wörter – bzw. im Zusammenhang mit einer indexikalischen Identifizierung – besteht, ein performatives Phänomen ist. Die im Folgenden entwickelte performative Interpretation autobiographischen Bewusstseins ist maßgeblich von Hector-Neri Castañedas Überlegungen in *Indexical Reference Is Experiential Reference* beeinflusst. Vgl. Castañeda 1989, 68, 74.

529 Vgl. die Ausführungen in Kapitel 21. Es gilt zu beachten, dass performative Äußerungen inhomogen sind. Vgl. Searle 1989. Das bedeutet, dass bei dieser Interpretation ein Begriff von Performativität verwendet wird, der nicht auf alle performativen Äußerungen zutrifft. Dieser Begriff enthält jedoch wesentliche Merkmale einiger performativer Äußerungen, so dass es im Zusammenhang mit Phänomenen, welche strukturelle Übereinstimmungen mit diesen Merkmalen aufweisen, sinnvoll ist zu sagen, dass es sich hierbei um performative Phänomene handelt.

 | DOI:10.30965/9783957437273_032

ein Sprecher im Fall einer autobiographischen Identifizierung ein Bewusstsein von der äußerungsreflexiven linguistischen Bedeutung von indexikalischen Ausdrücken besitzt.[530]

1. Da die Erklärung autobiographischen Bewusstseins im Fall der Produktion von reinen indexikalischen Ausdrücken wie ›hier‹ und ›jetzt‹, echten Demonstrativausdrücken sowie der Produktion des Ausdrucks ›ich‹ Unterschiede aufweist, wenn die äußerungsreflexive linguistische Bedeutung berücksichtigt wird, gilt es für jede dieser Erklärungen zu zeigen, dass das autobiographische Bewusstsein ein performatives Phänomen darstellt. Wenn ein Sprecher einen *reinen indexikalischen* Ausdruck wie ›hier‹ produziert, gewinnt er auf folgende Weise autobiographisches Bewusstsein:

1. Der Sprecher produziert den Ausdruck ›hier‹.
2. Er besitzt subjektives Selbstbewusstsein.
3. Er versteht die linguistische Bedeutung dieses Ausdrucks: der Ausdruck ›hier‹ referiert auf den Ort der Äußerung.
4. Er wendet die Regel an, dass der Referent dieses Ausdrucks zum Produzenten sich in derselben Beziehung befindet, in welcher der Referent sich zur Äußerung befindet, das bedeutet, dass der Referent sich am Ort des Produzenten befindet.
5. Er verbindet die in den Punkten 2 bis 4 angeführten Informationen durch einen kognitiven Akt, sodass er erkennt, dass er selbst sich am Ort der Äußerung befindet und dass der Ausdruck ›hier‹ auf seinen eigenen Standpunkt referiert.

Ein Vergleich dieser Erklärung autobiographischen Bewusstseins mit der dargestellten Interpretation performativer Phänomene zeigt, dass es ein performatives Phänomen ist. Mit und durch die Produktion eines linguistischen Ausdrucks *entsteht* ein *Phänomen*, nämlich autobiographisches Bewusstsein. Das autobiographische Bewusstsein besteht dann, wenn der Ausdruck ›hier‹ produziert wird. Außerdem wird ein Gegenstand *bestimmt*. Kein Ort ist *hier*, kein Zeitpunkt *gestern* unabhängig von der Produktion eines reinen indexikalischen Ausdrucks. *Hier* und *jetzt* zu sein sind extrinsische Eigenschaften von Örtern und Zeitpunkten, die sie *durch* und mit einer indexikalischen Identifizierung erhalten. Es sind, mit Tomis Kapitans und

530 Sie gilt aber auch dann, wenn eine indexikalische Identifizierung nicht anhand der exekutiven linguistischen Bedeutung erfolgt, sondern ausschließlich anhand der äußerungsreflexiven linguistischen Bedeutung.

Hector-Neri Castañedas Worten gesprochen, ephemerische, flüchtige Eigenschaften.[531] Zudem wird bspw. ein Ort als der Referent des Ausdrucks ›hier‹ bestimmt und als der Ort, an dem man selbst sich befindet. Mit und durch die Produktion eines reinen indexikalischen Ausdrucks gewinnt der Sprecher *Bewusstsein* von dem Phänomen, das mit der Produktion des Ausdrucks ›hier‹ entsteht. Das autobiographische Bewusstsein enthält die Information, dass ein bestimmter Ort *hier* ist bzw. die Eigenschaft aufweist, *hier* zu sein, und dass *man selbst* sich am Ort der Äußerung des Ausdrucks ›hier‹ befindet sowie dass dieser Ausdruck auf den eigenen Standpunkt referiert. Und da schließlich das autobiographische Bewusstsein *mit* und *durch* die Produktion eines Ausdrucks entsteht, ist es von der Produktion eines linguistischen Ausdrucks nicht zu trennen. Das autobiographische Bewusstsein und die Produktion eines linguistischen Ausdrucks stellen eine Einheit dar. Das autobiographische Bewusstsein weist somit die angeführten Merkmale auf, die ein performatives Phänomen auszeichnet. Es ist daher sachangemessen als ein performatives Phänomen bezeichnet.

Auch das autobiographische Bewusstsein, das bei der bei Produktion des Ausdrucks ›ich‹ besteht, ist ein performatives Phänomen. Ein Sprecher gewinnt autobiographisches Bewusstsein, wenn:

1. Der Sprecher den Ausdruck ›ich‹ produziert.
2. Er subjektives Selbstbewusstsein besitzt.
3. Er die linguistische Bedeutung dieses Ausdrucks versteht: der Ausdruck ›ich‹ referiert auf diejenige Person, welche diesen Ausdruck produziert.
4. Er mithilfe eines kognitiven Aktes die in den Punkten 2 und 3 angeführten Informationen verbindet.

Durch die Verbindung dieser Informationen gewinnt der Sprecher das Bewusstsein, dass er selbst der Referent des Ausdrucks ›ich‹ ist und dass er ihn produziert. Mit und durch die Produktion des Ausdrucks ›ich‹ *entsteht* ein Phänomen, und zwar das autobiographische Bewusstsein, dass man selbst der Referent dieses Ausdrucks ist und ihn produziert. Ein Gegenstand, man selbst, wird bestimmt, und zwar als der Referent des Ausdrucks ›ich‹ bzw. als der Produzent dieses Ausdrucks. Der Informationsgehalt des autobiographischen

531 Kapitan 2006, 391: »Indexical status is wholly a contingent and extrinsic feature of an entity. No object in the external world is intrinsically a *you*, a *this*, a *here*, or an *I*, for satisfying an indexical mode is invariably a relational property of an item possessed only in relation to an experient subject who distinguishes it as such. Since these relations can rapidly change, and since a subject might quickly cease to so classify an object, then indexical status is also ephemeral«.

Bewusstseins thematisiert das Phänomen, das entsteht. Der Sprecher besitzt kraft seiner Verbindung der in den Punkten 2 und 3 enthaltenen Informationen das Bewusstsein, dass er selbst den Ausdruck ›ich‹ produziert und dass dieser Ausdruck auf ihn selbst referiert. Schließlich stellen die angeführten Merkmale eine Einheit dar. Eine Person besitzt das Bewusstsein, dass der Ausdruck ›ich‹ auf sie selbst referiert und dass sie ihn produziert, wenn sie diesen Ausdruck produziert. Das autobiographische Bewusstsein weist somit die angeführten Merkmale performativer Phänomene auf. Es ist daher sachangemessen als ein performatives Phänomen bezeichnet.

Die Erklärung autobiographischen Bewusstseins im Fall der Produktion von echten Demonstrativausdrücken, etwa ›dieser‹, lautet:

1. Der Sprecher produziert den Ausdruck ›dieser‹.
2. Er vollzieht eine hinweisende Geste (oder besitzt bspw. eine referentielle Intention).
3. Er besitzt subjektives Selbstbewusstsein.
4. Er versteht die linguistische Bedeutung dieses Ausdrucks: der Ausdruck ›dieser‹ referiert auf denjenigen Gegenstand, auf den die Person, die dieses Token produziert, mit einer Geste verweist.
5. Er verbindet durch einen kognitiven Akt die in den Punkten 3 und 4 angeführten Informationen, sodass er erkennt, dass er selbst diesen Ausdruck produziert und dass er selbst in derjenigen Beziehung zum Referenten des Ausdrucks ›dieser‹ steht, welche der linguistischen Bedeutung entspricht, das heißt, er weiß, dass er selbst in der Beziehung »hinweisende Geste« zum Referenten steht.

Mit und durch die Produktion eines Ausdrucks entsteht ein Phänomen, autobiographisches Bewusstsein. Mit der indexikalischen Identifizierung wird zudem ein Gegenstand bestimmt und in eine Beziehung zum Sprecher gesetzt. Kein Gegenstand besitzt unabhängig von der indexikalischen Identifizierung die Eigenschaften, *dieser* Gegenstand zu sein und damit zusammenhängend zum Sprecher in der linguistisch bestimmten Beziehung »hinweisende Geste« zu stehen. Das autobiographische Bewusstsein enthält Informationen über das Phänomen, das entsteht. Es enthält die Information, dass ein bestimmter Gegenstand in der Beziehung »hinweisende Geste« zu einem selbst steht und die Eigenschaft aufweist, *dieser* Gegenstand zu sein sowie der Referent des Ausdrucks ›dieser‹ zu sein. Schließlich zeichnet sich das autobiographische Bewusstsein durch die Einheit dieser Aspekte aus. Es entsteht mit und durch die Produktion des Ausdrucks ›dieser‹. Auch das autobiographische Bewusstsein, das bei der Produktion von echten Demonstrativausdrücken vorhanden ist, ist ein performatives Phänomen.

2. Wenn die indexikalische Identifizierung (ausschließlich) anhand der exekutiven linguistischen Bedeutung erfolgt, sind zwei Erklärungsmodelle zu diskutieren. Zum einen das Erklärungsmodell, das im Fall der Produktion von reinen indexikalischen Ausdrücken wie ›hier‹ oder ›jetzt‹ und echten Demonstrativausdrücken relevant ist, zum anderen die Erklärung autobiographischen Bewusstseins bei Produktion des Ausdrucks ›ich‹.

Mit Blick auf den Ausdruck ›hier‹ gewinnt ein Sprecher auf folgende Weise autobiographisches Bewusstsein:

1. Der Sprecher produziert den Ausdruck ›hier‹.
2. Er besitzt subjektives Selbstbewusstsein.
3. Er versteht die exekutive linguistische Bedeutung dieses Ausdrucks: der gegenwärtige Ort.
4. Er wendet die Regel an, dass diejenige Person, welche diesen Ausdruck produziert, sich am gegenwärtigen Ort befindet.
5. Er verbindet durch einen kognitiven Akt die in den Punkten 2 bis 4 angeführten Informationen.

Auch bei der Produktion des Ausdrucks ›hier‹ gilt, dass das autobiographische Bewusstsein, dass man selbst sich am gegenwärtigen Ort befindet und dass dieser Ausdruck auf den eigenen Standpunkt referiert, mit und durch eine mentale Aktivität, die Produktion des Ausdrucks ›hier‹, entsteht und besteht. Zudem wird ein Ort als der gegenwärtige Ort bestimmt, an dem man sich selbst befindet, und als der Ort, auf den der Ausdruck ›hier‹ referiert. Kein Ort ist unabhängig von der indexikalischen Identifizierung ein *gegenwärtiger Ort*, an dem man sich selbst befindet, und auf den der Ausdruck ›hier‹ referiert. Das autobiographische Bewusstsein thematisiert das Phänomen, das entsteht. Es enthält die Information, dass man selbst sich am gegenwärtigen Ort befindet und dass der Ausdruck ›hier‹ auf den eigenen Standpunkt referiert. Schließlich zeichnet sich das autobiographische Bewusstsein durch die Einheit dieser Aspekte aus. Es besteht und entsteht mit und durch die Produktion des Ausdrucks ›hier‹. Das autobiographische Bewusstsein im Fall der Produktion des Ausdrucks ›hier‹ ist ein performatives Phänomen.

Ein Sprecher gewinnt bei der Produktion des Ausdrucks ›ich‹ autobiographisches Bewusstsein, wenn

1. der Sprecher den Ausdruck ›ich‹ produziert;
2. er subjektives Selbstbewusstsein besitzt;
3. er die exekutive linguistische Bedeutung dieses Ausdrucks versteht: being a self bzw. ein Subjekt sein;

4. er die Regel kennt, dass diejenige Person, welche den Ausdruck ›ich‹ produziert, das Subjekt (self) ist, welches die exekutive linguistische Bedeutung thematisiert;
5. er weiß, dass diejenige Person, welche von der exekutiven linguistischen Bedeutung des Ausdrucks ›ich‹ thematisiert wird, der Referent dieses Ausdrucks ist;
6. er durch einen kognitiven Akt die in den Punkten 2 bis 5 enthaltenen Informationen verbindet, sodass er das Bewusstsein besitzt, dass er selbst ein Subjekt (self) ist sowie der Referent des Ausdrucks ›ich‹.

Ein Vergleich mit den Merkmalen performativer Phänomene zeigt, dass auch das autobiographische Bewusstsein bei Produktion des Ausdrucks ›ich‹ ein performatives Phänomen ist. Das autobiographische Bewusstsein, ein Subjekt (self) sowie der Referent des Ausdrucks ›ich‹ zu sein, entsteht mit und durch die Produktion dieses Ausdrucks. Eine Person ist unabhängig von der Produktion des Ausdrucks ›ich‹ nicht der Referent dieses Ausdrucks. Sie wird durch die Produktion als ein Subjekt *bestimmt*. Der Sprecher besitzt das Bewusstsein, dass er selbst der Referent des Ausdrucks ›ich‹ und ein Subjekt ist. Das autobiographische Bewusstsein und die Produktion dieses Ausdrucks bilden eine Einheit. Es besteht mit und durch die Produktion des Ausdrucks ›ich‹. Das autobiographische Bewusstsein im Fall der Produktion des Ausdrucks ›ich‹ ist ein performatives Phänomen.

Wenn der Standpunkt richtig ist, dass ein Sprecher bei einer indexikalischen Identifizierung sowohl ein Bewusstsein von der exekutiven linguistischen Bedeutung als auch der äußerungsreflexiven linguistischen Bedeutung besitzt, ist autobiographisches Bewusstsein in doppelter Hinsicht vorhanden. Dementsprechend wäre autobiographisches Bewusstsein in zweifacher Hinsicht ein performatives Phänomen. Wie dem auch sei: Bei der Produktion indexikalischer Ausdrücke bestehen jedenfalls mitunter zwei performative Phänomene: subjektives Selbstbewusstsein und (im Fall autobiographischer Identifizierung) autobiographisches Bewusstsein. Die performative Interpretation autobiographischen Bewusstseins unterscheidet sich von der spekulativen performativen Interpretation des subjektiven Selbstbewusstseins. Im Unterschied zum subjektiven Selbstbewusstsein zeichnet sich das autobiographische Bewusstsein nicht durch eine performative Identität aus. Der kognitive Akt, welcher die autobiographische Information hervorbringt, indem er Informationen verbindet, unterscheidet sich von dem subjektiven Selbstbewusstsein. Dennoch ist autobiographisches Bewusstsein sachangemessen als ein performatives Phänomen bezeichnet. Es weist die Strukturmerkmale performativer Phänomene auf.

KAPITEL 31

Einwände gegen die performative Interpretation

Gegen die dargestellte performative Interpretation autobiographischen Bewusstseins scheinen mehrere Einwände zu sprechen. 1. In den Kapiteln 26 und 27 wird erklärt, wie eine Person autobiographisches Bewusstsein gewinnt. Bei dieser Erklärung ist die performative Interpretation ohne Bedeutung. Es ist daher nicht nachzuvollziehen, welchen Nutzen oder welchen Vorteil eine performative Interpretation autobiographischen Bewusstseins besitzt.

Es ist richtig, dass die Erklärung autobiographischen Bewusstseins unabhängig von der performativen Interpretation erfolgt. Dies bedeutet jedoch nicht, dass die performative Interpretation autobiographischen Bewusstseins bedeutungslos ist. Sie enthält eine phänomengerechte Beschreibung autobiographischen Bewusstseins. Sie verdeutlich den Vollzugscharakter autobiographischen Bewusstseins. Sie ermöglicht es, das Verhältnis zwischen der Verwendung indexikalischer Ausdrücke und autobiographischem Bewusstsein sowie ihre Einheit sachangemessen zu thematisieren und das Phänomen damit auf den Begriff zu bringen. Auch wenn die performative Interpretation bei der Erklärung autobiographischen Bewusstseins nicht entwickelt worden ist, ist der performative Charakter dieses Phänomens von Bedeutung.

2. Ein zweiter Einwand besagt, dass es Fälle von autobiographischem Bewusstsein gibt, die nicht performativ sind. Dies ist bspw. dann der Fall, wenn eine Person den Ausdruck ›ich‹ nicht produziert und trotzdem weiß, dass dieser Ausdruck auf sie selbst referiert, etwa wenn sie die Nachricht »Ich bin nicht hier« an ihrer Bürotür liest und erkennt, dass eine andere Person diese Nachricht an ihre Tür geheftet hat, um Studenten zu informieren, dass sie nicht anwesend ist. In dieser Situation produziert der Referent des Ausdrucks ›ich‹ diesen Ausdruck nicht. Dennoch weiß er, dass er der Referent dieses Ausdrucks ist. Er besitzt autobiographisches Bewusstsein. Es ist jedoch kein performatives Phänomen, da ein wesentlicher Aspekt fehlt: Die Person, die autobiographisches Bewusstsein besitzt, produziert den Ausdruck ›ich‹ nicht. Dieser Einwand trifft zu. Die dargestellte performative Interpretation autobiographischen Bewusstseins gilt nur dann, wenn die Person, die autobiographisches Bewusstsein besitzt, einen indexikalischen Ausdruck produziert. Die performative Interpretation beansprucht daher *nicht*, autobiographisches Bewusstsein *vollständig* zu erklären. Eine vollständige Theorie autobiographischen Bewusstseins ist auf der Grundlage einer überzeugenden Theorie

 | DOI:10.30965/9783957437273_033

indexikalischer Ausdrücke zu entwickeln. Da eine solche Theorie m.E. gegenwärtig nicht vorliegt, ist es nicht möglich, autobiographisches Bewusstsein vollständig zu erklären.

Dieser Einwand verdeutlicht, dass performatives autobiographisches Bewusstsein nur dann besteht, wenn *Rahmenbedingungen* erfüllt sind. Dazu zählt, dass die Person, die autobiographisches Bewusstsein besitzt, einen indexikalischen Ausdruck produziert. Auch in diesem Punkt besteht somit eine Übereinstimmung mit performativen Äußerungen. Auch für sie gilt, dass sie nur dann erfolgreich sind, also bspw. einen Sachverhalt erzeugen, wenn bestimmte Rahmenbedingungen erfüllt sind. Dazu zählt bspw., dass der Kapitän eines Schiffes (auf hoher See) die Worte äußert »Hiermit erkläre ich euch zu Mann und Frau«.

3. Ein weiterer Einwand lautet, dass die Verwendung des Ausdrucks ›performativ‹ Trivialitäten zu kaschieren versucht. Gemäß dem präsentierten Modell ist autobiographisches indexikalisches Bewusstsein u.a. deswegen ein performatives Phänomen, da bspw. mit der Produktion des indexikalischen Ausdrucks ›hier‹ ein bestimmter Ort der Referent dieses Ausdrucks ist, dass ein Sprecher sich am Ort der Äußerung befindet sowie dass dieser Ausdruck damit auf den Sprecher referiert. Dies sind jedoch Trivialitäten. Natürlich ist ein Ort nur dann der Referent des Ausdrucks ›hier‹, wenn dieser Ausdruck produziert wird. Selbstverständlich befindet sich ein Sprecher nur dann am Ort der Äußerung dieses Ausdrucks – wenn eben dieser Ausdruck produziert wird. All dies sind Trivialitäten, die dadurch, dass sie als Aspekte eines performativen Phänomens bezeichnet werden, nichts von ihrer Trivialität verlieren. Es ist freilich zulässig, die performative Interpretation autobiographischen indexikalischen Bewusstseins als trivial zu bezeichnen. Dagegen ist nichts einzuwenden, solange zugestanden wird, dass die Aussagen dieser Interpretation zutreffen. Der Vorwurf der Trivialität zeigt nicht, dass dieser Ansatz falsch ist. Außerdem ist die performative Interpretation autobiographischen Bewusstseins jedenfalls nicht in einem vergleichbaren Sinn trivial wie es bspw. die Auskunft ist, dass morgen ein anderer Tag ist.[532]

4. Ein weiterer Einwand lautet folgendermaßen: Der Ausdruck ›performativ‹ wird in der aktuellen Gegenwart in unterschiedlichen Kontexten verwendet und besitzt keine diskussionsübergreifende einheitliche Bedeutung mehr. Es ist von der Performativität fotographischer Menschenbilder

532 Vgl. Reimer 1995, 662.

ebenso die Rede wie von performativer Geschlechterkonstitution.[533] In Abgrenzung von diesem Verständnis von Performativität gilt es sich an dem Begriff von Performativität zu orientieren, wie er von Austin eingeführt worden ist.[534] In diesem engeren Sinn sind Äußerungen performativ, die keinen Sachverhalt beschreiben, sondern mit und durch welche eine Handlung vollzogen wird.[535] Bspw. wird mit und durch die Äußerung des Satzes »Ich taufe dieses Schiff auf den Namen ›Queen Elizabeth‹« eine Taufe vollzogen und eine Person entschuldigt sich mit und durch die Äußerung »Ich entschuldige mich vielmals«.[536] In diesen Fällen heißt, einen Satz äußern, etwas *tun*, und zwar diejenige Handlung zu vollziehen, von der in dem geäußerten Satz die Rede ist. In der dargestellten Theorie wird jedoch nicht eine *Äußerung* als ein performatives Phänomen bezeichnet, sondern ein *Bewusstseinsphänomen*, autobiographisches Bewusstsein. Die Bezeichnung dieses Bewusstseins als ein performatives Phänomen ist nicht sachangemessen.

Es ist einzuräumen, dass es angesichts der vielfältigen uneinheitlichen Verwendung des Ausdrucks ›performativ‹ in gegenwärtigen Debatten sinnvoll ist, sich an Austins Ansatz oder bspw. die Theorien von Searle oder Bach und Harnish zu orientieren. Es ist auch richtig, dass die These *nicht* lautet, dass reine indexikalische Ausdrücke und echte Demonstrativausdrücke performative *Ausdrücke* sind. Die These lautet, dass autobiographisches Bewusstsein ein performatives Phänomen ist. Dies zeigt jedoch nicht, dass die Bezeichnung dieses Phänomens als ein performatives Phänomen nicht angemessen ist. Mehrere Philosophinnen und Philosophen verwenden diesen Ausdruck, um Phänomene auf den Begriff zu bringen. Neben Dorit Bar-on, Hector-Neri Castañeda, Jaakko Hintikka, Helmut Pape, Harald Pilot oder Truls Wyller verwendet bspw. Tyler Burge diesen Ausdruck bei seiner Analyse von »Cartesian Thoughts«.[537] Die Beschränkung der Verwendung des Ausdrucks ›performativ‹ auf performative *Äußerungen* ist daher eine dogmatische Festlegung, welche dem tatsächlichen Sprachgebrauch in der Philosophie widerspricht. Zudem

533 Vgl. hierzu den Sonderforschungsbereich *Kulturen des Performativen* und bspw. das Teilprojekt *Die Performativität fotografischer Menschenbilder*: Strategien der Erfassung, Formung und Einverleibung (18.08.2010) http://www2.hu-berlin.de/performativ/index.html. Vgl. Butler 1995, 2002.

534 Austin 1979, 2002.

535 Vgl. Austin 2002, 25ff.

536 Austin 1979, 235, 2002, 28f.

537 Bar-on 2007, 141, 342, Burge 2003, 417–418, Castañeda 1989, 68, 74, 1996², 343, 359, Hintikka 1962, 12, 17, Pape 2002, 92, 111, Pilot 2002, 59, Wyller 2002, 31.

wurden (Minimal-)Bedingungen identifiziert, die bestimmen, wann ein Phänomen sachangemessen als ein performatives Phänomen bezeichnet ist.[538] Der Vorwurf der Unangemessenheit oder Beliebigkeit der Verwendung des Ausdrucks ›performativ‹ ist nicht gerechtfertigt.[539]

538 Vgl. Kapitel 21.

539 Harald Delius beachtet nicht die Inhomogenität von performativen Äußerungen bei seiner Kritik an dem Versuch, egologische Aussagen als performative Äußerungen zu interpretieren. Als egologische Aussagen bezeichnet Delius Äußerungen von Sätzen wie bspw. »I am aware of my seeing that there is a cat on the mat«. Delius 1981, 1. Nach Delius entstehen im Zusammenhang mit egologischen Äußerungen mentale Zustände, die privat sind, das heißt, sie sind nicht »accessible to anyone except the speaker of that statement«. Delius 1981, 174. Performative Äußerungen sind laut Delius demgegenüber Äußerungen, die ein Sprecher an eine (oder mehrere) andere Person(en) adressiert, um sie zu informieren. Sie erzeugen keinen mentalen Zustand oder Sachverhalt (state of affairs), der privat ist. Es gibt jedoch performative Äußerungen, mit denen ein mentaler Zustand gewonnen wird, der insofern privat ist, als dass keine andere Person auf dieselbe Weise Zugang zu diesem Zustand besitzt, wie der Sprecher. Dies ist bspw. der Fall, wenn eine Person den performativen Satz äußert »Hiermit gestehe ich mir ein, dass ich wieder an Depressionen leide«. Das Eingestehen, an einer Depression zu leiden, ist ebenso wenig bzw. ebenso sehr öffentlich oder intersubjektiv zugänglich, wie das Bewusstsein, eine Katze selbst zu sehen. Weitere Beispiele lauten: »Ich nehme zur Kenntnis, dass die Wiener Philharmoniker den Dirigenten ignorieren« oder »I am hereby entertaining a thought that Socrates drank some hemlock«. Vgl. Burge 2003, 428. Im Zusammenhang mit diesen performativen Äußerungen entstehen mentale Phänomene, die als solche nicht mehr oder weniger intersubjektiv zugänglich sind als wie der mentale Zustand, der mit der Äußerung »I am aware of my seeing that there is a cat on the mat« entsteht. Es ist daher nicht richtig, dass die Phänomene, die im Zusammenhang mit performativen Äußerungen entstehen, *essentiell* öffentlich sind, das heißt, dass Äußerungen dann, wenn sie intersubjektiv nicht auf dieselbe Weise zugängliche Phänomene erzeugen, keine performativen Äußerungen sind.

KAPITEL 32

Die Einheit von Selbstbewusstsein

Zum Abschluss dieser Untersuchung ist die dargestellte performative Theorie mit zwei Themenbereichen in Beziehung zu setzen, die Schwerpunkte der Theorie der Subjektivität bilden. Der erste Themenbereich behandelt die Fragen, wie sind die Einheit von Selbstbewusstsein und das Bewusstsein der Identität des Subjekts zu erklären? Schließlich besitzen Personen nicht nur performatives autobiographisches indexikalisches Selbstbewusstsein, sondern bspw. auch körperliches und diachrones Selbstbewusstsein und, wie einige Philosophen annehmen, auch nicht-egologisches Selbstbewusstsein. Eine Person begreift sich als ein und dasselbe Subjekt, welches diese unterschiedlichen Arten von Selbstbewusstsein besitzt. Sie besitzt ein Bewusstsein der Identität des Subjekts. Wie ist dies unter Berücksichtigung von performativem Selbstbewusstsein möglich? Der zweite Schwerpunkt besteht in der Untersuchung der Frage, was ist ein Subjekt? Im bisherigen Verlauf dieser Untersuchung wurde diese Frage nicht näher behandelt. Jedoch wurde bspw. bei der Erklärung autobiographischen Bewusstseins dargelegt, dass das Subjekt des subjektiven Selbstbewusstseins eine Person im Sinn der linguistischen Bedeutung des Ausdrucks ›ich‹ ist. Es gilt somit die Bedeutung der Ausdrücke ›Person‹, ›Subjekt‹, ›Subjekt des subjektiven Selbstbewusstseins‹ und ›Subjekt des autobiographischen Bewusstseins‹ zu klären sowie u.a. zu zeigen, wie das Verhältnis zwischen dem Subjekt und subjektivem Selbstbewusstsein sowie autobiographischem Selbstbewusstsein zu verstehen ist. Die erste Fragestellung wird in diesem Kapitel behandelt. Ihre Untersuchung ist für die Beantwortung der zweiten Fragestellung von Bedeutung, die im anschließenden Kapitel dargestellt wird.

Eine Untersuchung der ersten Fragestellung hat zweierlei zu leisten. Sie hat zum einen zu zeigen, wie unterschiedliche Varietäten von Selbstbewusstsein verbunden werden, und sie hat zum anderen darzulegen, wie eine Person ein Bewusstsein der Identität des Subjekts unterschiedlicher Fälle von Selbstbewusstsein zu gewinnen vermag.

Mit Blick auf die erste Aufgabenstellung besitzt die performative Theorie einen systematischen Vorteil. Er besteht darin, den Übergang von nicht-begrifflichem Selbstbewusstsein zu referentiellem Selbstbewusstsein, das heißt, dem Bewusstsein, dass der Ausdruck ›ich‹ auf einen selbst referiert, erklären zu können. Wie dargelegt wurde, besitzt eine Person bei der Produktion des Ausdrucks ›ich‹ subjektives Selbstbewusstsein sowie (in der

 | DOI:10.30965/9783957437273_034

Regel) referentielles Selbstbewusstsein. Sie gewinnt referentielles Selbstbewusstsein durch die Verbindung des subjektiven Selbstbewusstseins mit der linguistischen Bedeutung des Ausdrucks ›ich‹ sowie durch weitere Faktoren wie die Self-Notion. Referentielles Selbstbewusstsein ist ein performatives Phänomen. Die performative Theorie verbindet auf diese Weise subjektives Selbstbewusstsein und referentielles Selbstbewusstsein. Sie zeigt, wie mithilfe des subjektiven Selbstbewusstseins referentielles Selbstbewusstsein gewonnen wird.

Dies ist in systematischer Hinsicht ein nicht zu unterschätzender Vorteil dieses Ansatzes. Er wird deutlich erkennbar durch eine Gegenüberstellung mit einem anderen, *disjunktiven* Modell. Nach Dieter Henrichs Standpunkt in *Selbstbewusstsein – Kritische Einleitung in eine Theorie* sind zwei Arten von Selbstbewusstsein zu unterscheiden: Anonymes Selbstbewusstsein und egologisches, referentielles Selbstbewusstsein. Anonymes Selbstbewusstsein besteht auch unabhängig von referentiellem Selbstbewusstsein. Für Henrich ist anonymes Selbstbewusstsein ein Bewusstsein (Kenntnis) des Bewusstseins von sich. Bewusstsein enthält nicht nur Informationen über Gegenstände und Sachverhalte, sondern schließt ein nicht-begriffliches Bewusstsein von sich selbst mit ein. Henrich erläutert dieses Phänomen folgendermaßen:

> Es wird vorausgesetzt, daß wir mit [...] Bewußtsein vertraut sind. Signifikante Erfahrungen mit ihm sind zum Beispiel die Situation des Erwachens oder des Sichfindens in einem Traum. Plötzlich ist da ein Geflecht von Sinneseindrücken, Bildern und dumpfen Körpergefühlen, oft stimmungs- und symbolbesetzt, eine Welt aus dem Nichts, mit Vergangenem nur durch Erinnerung und Wiedererkennen verbunden. [...] Fragt man nun, wie solches Bewußtsein verstanden werden kann, so kann es nicht mehr für selbstverständlich gelten, daß es einem Ich zugehört und somit ursprünglich Selbstbewußtsein ist. Wir wissen zwar, daß es eine Person ist, die zu wachen und zu träumen beginnt. Das bedeutet aber nicht, daß die Bewußtseinsstruktur, die wir einem gewissen Organismus oder einer gewissen sprach- und handlungsfähigen Person zuordnen, selber auch selbsthaft sein muß. Der uns vertraute Sachverhalt spricht nicht dafür. Beim Erwachen zumindest spannt sich zunächst ein Horizont von Welt aus, in dem wir uns sodann als die Erwachenden wieder finden. Und dem entspricht, daß vor dem Schlaf zuletzt nicht etwa das Selbstgefühl, sondern eine Welt von Bildern versinkt, deren Klarheit, meist auch Farbintensität zuvor in dem Grade zugenommen hat, in dem ausdrücklicher Selbstbezug zum Erliegen kam. Bewußtsein endet also nicht mit einem Rudiment von Selbsterfahrung, was es doch tun sollte, wenn es wesentlich selbsthaft wäre.[540]

540 Henrich 1970, 260–261.

Nach Henrich gibt es Fälle von anonymem Selbstbewusstsein, mit denen Personen bestens bekannt sind: Erwachen, Einschlafen und sich in einem Traum finden.[541] Das bedeutet nicht, dass es kein Ich oder Subjekt und kein egologisches Selbstbewusstsein gibt. Das Subjekt erfüllt eine ausgezeichnete Funktion. Es ist ein aktives Prinzip der Organisation des Bewusstseins, welches beispielsweise für die bewusste Konzentration auf einen Sachverhalt oder die Lösung von Aufgaben unverzichtbar ist.[542] Zudem besitzt es die Fähigkeit, auf sich selbst zu reflektieren und damit referentielles Selbstbewusstsein zu entwickeln. Dem selbstbewussten Ich liegt aber anonymes Selbstbewusstsein, ein nicht-begriffliches Bewusstsein vom Bewusstsein zugrunde. Henrich begründet dies u.a. damit, dass das Ich zielgerichtete Leistungen vollbringt, etwa die Konzentration auf einen Sachverhalt.[543] Damit diese Leistung möglich ist, muss jedoch bereits Bewusstsein vorhanden sein und mit sich auf nicht-begriffliche Weise vertraut sein. Das anonyme Selbstbewusstsein ermöglicht reflektiertes und damit referentielles egologisches Selbstbewusstsein.[544]

Das Problem, das bei dieser radikalen Unterscheidung von zwei Arten von Selbstbewusstsein auftritt, wird deutlich erkennbar, wenn danach gefragt wird, wie referentielles Selbstbewusstsein gewonnen wird. Henrich erläutert explizit, dass das Bewusstsein vom Subjekt ursprünglich nicht dem Subjekt selber zugeschrieben werden darf. Das reflexive und damit auch das referentielle Selbstbewusstsein werden durch das anonyme Selbstbewusstsein ermöglicht:

> »Wegen seiner Fähigkeit, auf sich selbst zu reflektieren, kann dieses aktive Prinzip den Namen ›Ich‹, ›Selbst‹ oder ›Subjekt‹ zu Recht haben. Von entscheidender Bedeutung ist es aber, klarzumachen und daran festzuhalten, daß das *Gewahren* dieses aktiven Prinzips als solches keine aktive Leistung ist, daß es nicht einmal dem ›Ich‹ selber zugerechnet werden kann.«[545] »Die wissende Selbstbeziehung, die in der Reflexion vorliegt, ist kein Grundsachverhalt, sondern ein isolierendes Explizieren, aber nicht unter der Voraussetzung eines wie immer gearteten implizierten Selbstbewußtseins, sondern eines (impliziten) selbstlosen Bewußtseins vom Selbst.«[546]

Dieser Ansatz überzeugt nicht. Nach Henrich wird egologisches Selbstbewusstsein durch anonymes Selbstbewusstsein gewonnen. Es ist jedoch

541 Henrich 1970, 275.
542 Henrich 1970, 276.
543 Henrich 1970, 275.
544 Henrich 1970, 280.
545 Henrich 1970, 276.
546 Henrich 1970, 280, vgl. Henrich 1970, 279.

nicht nachzuvollziehen, wie es möglich ist, dass egologisches Selbstbewusstsein durch oder mithilfe des anonymen Selbstbewusstseins die Vorstellung zu enthalten vermag, dass *man selbst* Selbstbewusstsein besitzt. Schließlich besitzt in diesem Modell das Subjekt ursprünglich gerade *nicht* selber das Bewusstsein von sich selbst. Wie ist es möglich, dass das Subjekt dadurch, dass etwas *anderes* Bewusstsein von ihm hat, die Vorstellung gewinnt, dass *es selbst* Bewusstsein von sich selbst besitzt? Wie eine überzeugende Antwort auf diese Frage lauten könnte, ist völlig unklar. Dies mag einer der Gründe sein, warum Henrich seinen Ansatz in weiterer Folge modifiziert hat.[547]

Gegenüber solch einem disjunktiven Ansatz hat die performative Theorie den Vorteil, den Übergang vom subjektiven Selbstbewusstsein zu referentiellem Selbstbewusstsein erklären zu können. Der performative Ansatz besitzt diesen Vorteil auch deswegen, da das nicht-begriffliche Selbstbewusstsein egologisch interpretiert wird und zur Gewinnung von referentiellem Selbstbewusstsein beiträgt. Ohne die Annahme, dass das subjektive Selbstbewusstsein ein Fall von egologischem Selbstbewusstsein ist, wäre die dargelegte Erklärung autobiographischen indexikalischen Bewusstseins nicht überzeugend.

Bedeutet dies, dass es kein anonymes Selbstbewusstsein gibt? Vom performativen Ansatz ausgehend scheint diese Annahme nahe liegend zu sein. Schließlich wurde mit Nachdruck herausgestellt, dass das subjektive Selbstbewusstsein von der Produktion eines linguistischen Ausdrucks ein Fall von egologischem Selbstbewusstsein ist. Dies ist jedoch *nicht* der Standpunkt, der in dieser Untersuchung vertreten wird. Nach Manfred Frank in *Ansichten der Subjektivität* erleben Personen bspw. wenn sie aus einem Koma aufwachen nicht-egologische Selbstbewusstseinszustände:

> Ein gutes Beispiel für die Anonymität des Bewusstseinsfeldes vor der Einmischung attentionaler und kognitiver Akte ist das Erwachen aus einer Narkose: Wir fühlen uns einem wirren Gewebe von dumpfen Körperempfindungen, Schmerzen, Gerüchen, Farben, vielleicht verzerrten Gesichtern ausgesetzt und kommen in diesem Bilde selbst nicht vor. ›Es‹ ist unheimlich, ›es‹ fühlt sich seltsam an. Erst wenn wir eine Art kantischer Synthesis der Apperzeption vollziehen, kommt ein Ich ins Spiel.[548]

Ich kann diesen Erfahrungsbericht von Frank zwar nicht bestätigen. Jedoch ist der angeführte Erfahrungsbericht ernst zu nehmen und nicht zu übersehen.[549] Es sind somit *drei* Fälle von Selbstbewusstsein zu unterscheiden: Präreflexives

547 Henrich 2007, 1–2.

548 Frank 2012, 357, vgl. Frank 2012, 8.

549 Neugeborene scheinen Franks These zu bestätigen. Sie winden sich. Sie schreien. Vermutlich besitzen sie kein egologisches Selbstbewusstsein. Insofern sie noch keine Sprache

anonymes Selbstbewusstsein, präreflexives egologisches Selbstbewusstsein, das im Zentrum dieser Untersuchung steht, sowie begriffliches und referentielles egologisches Selbstbewusstsein, welches eine Person besitzt, wenn sie bspw. über sich selbst reflektiert und den Gedanken fasst: »Ich verehre Haydn«.

Mit Blick auf diese Unterscheidungen lautet die entscheidende Frage, wie ist die Einheit von Selbstbewusstsein möglich, wenn es neben dem performativen Selbstbewusstsein anonymes Selbstbewusstsein gibt? Das heißt, wie wird die Verbindung von anonymem und egologischem Selbstbewusstsein hergestellt und wie ist es möglich, dass ein Subjekt sich als das Subjekt anonymen Selbstbewusstseins versteht? Eine Antwort auf diese Fragen ist mit Rückgriff auf die Annahme einer Self-Notion zu geben. Die Berücksichtigung der Self-Notion ist nahe liegend. Auch wenn es Bewusstseinszustände gibt, die nicht-egologisches Selbstbewusstsein enthalten, ist es möglich, sich nachträglich an sie zu erinnern und festzustellen, dass sie kein egologisches Selbstbewusstsein aufwiesen, obgleich sie doch die eigenen Bewusstseinszustände waren. Dies belegt der Erfahrungsbericht von Frank. Also muss eine Verbindung mit egologischem Selbstbewusstsein möglich und gegeben sein. Die Self-Notion ist nun aber nicht nur der kognitive Speicher für mentale Phänomene, etwa Erinnerungen an eigene Erlebnisse wie eine Depression, die man erlitten hat, sondern auch für körperliches Selbstbewusstsein, also bspw. die Lage der eigenen Beine im Raum.[550] Die Informationen über den eigenen Körper sind mit Informationen über mentale Zustände verbunden, da sie in der Self-Notion gespeichert werden. Sie erfüllt somit die Funktion, unterschiedliche Fälle und Arten von Selbstbewusstsein zu vereinigen und mit einander in Beziehung zu setzen, sodass ein Subjekt alle in der Self-Notion gespeicherten Informationen als Informationen über es selbst zu interpretieren vermag. Es ist daher nahe liegend anzunehmen, dass Informationen des anonymen Selbstbewusstseins in die Self-Notion integriert werden. Mit der Integration des Informationsgehalts des nicht-egologischen Selbstbewusstseins in die Self-Notion ist es mit egologischem Selbstbewusstsein verbunden.

Das bedeutet nicht, dass der Informationsgehalt des anonymen Selbstbewusstseins seine Qualität, ein Fall von nicht-egologischem Selbstbewusstsein zu sein, verliert, sobald er in die Self-Notion integriert wird. Schließlich erinnern sich Personen an ihr nicht-egologisches Selbstbewusstseinserlebnis, sodass sie zu sagen vermögen: »Ich erlebte diesen Zustand, aber eigentlich war kein Selbst

beherrschen, besitzen sie zumindest nicht das egologische Selbstbewusstsein, das im Rahmen dieser Arbeit untersucht wird.

550 Vgl. Perry 1998, 95–96, 2002, 203, 2012, 91, Recanati 1993, 123, 2013, 61.

oder Subjekt, *Ich* war nicht vorhanden. ›Es‹ war unheimlich, aber es war nicht ›mir‹ unheimlich.« Dies ist dadurch möglich, dass der Gehalt des anonymen Selbstbewusstseins mit dem zeitlichen Index »vergangen sein« versehen wird und die Information, anonym *gewesen* zu sein, bewahrt bleibt, wenn er in der Self-Notion gespeichert wird. Durch die Integration des Informationsgehalts des anonymen Selbstbewusstseins in die Self-Notion ist jedoch die (nachträgliche) Zuschreibung des ichlosen Bewusstseinszustandes zu einem selbst als einem Subjekt, welches egologisches Selbstbewusstsein besitzt, möglich. Die Einheit des Selbstbewusstseins wird somit durch die Self-Notion gewährleistet sowie durch den Mechanismus, die *kognitive Architektur* des Menschen, die dazu führt und die garantiert, dass unterschiedliche Informationen, die einen selbst betreffen, – körperliche Informationen, Informationen über Gemütszustände, aber bspw. auch anonyme Bewusstseinszustände –, in der Self-Notion gespeichert werden.

Es stellt sich jedoch die Frage, *warum* Informationen des anonymen Selbstbewusstseins in der Self-Notion gespeichert werden? Damit zusammenhängend ist die Frage zu stellen, wie ein Subjekt es vermag, das anonyme Selbstbewusstsein als sein *eigenes* Bewusstsein zu begreifen. Der Hinweis, dass ein Subjekt durch die Integration des Informationsgehalts des anonymen Selbstbewusstseins in die Self-Notion diesen Gehalt sich selbst zuschreibt, erklärt nicht, *wie* diese Zuschreibung erfolgt und warum der Informationsgehalt anonymen Selbstbewusstseins in der Self-Notion gespeichert wird. Diese Fragen sind äußert schwierig zu beantworten. Folgende Antwort scheint aussichtsreich zu sein. Der Informationsgehalt des anonymen Selbstbewusstseins ist nicht unbewusst. Anonymes Selbstbewusstsein enthält einen bewussten Gehalt, etwa eine bestimmte Geruchsempfindung. Zum Zeitpunkt des anonymen Bewusstseinserlebnisses wird der mit diesem Phänomen gegebene Informationsgehalt nicht in der Self-Notion gespeichert. Die Aufnahme in die Self-Notion erfolgt in zeitlicher Hinsicht *nach* der Episode anonymen Selbstbewusstseins. Der Informationsgehalt anonymen Selbstbewusstseins wird daher im Augenblick des Erlebens in einem *anonymen* Buffer gespeichert, das heißt, in einem Buffer, von dem das Subjekt nicht weiß, über welchen Gegenstand bzw. über welche Person dieser Buffer Informationen enthält.[551] Durch das Speichern des Informationsgehalts in dem anonymen Buffer ist es möglich, den Gehalt des anonymen Selbstbewusstseins weiter zu verarbeiten, sodass eine Person, nachdem sie egologisches Selbstbewusstsein wieder erworben

551 Die Annahme eines anonymen Buffers ist nicht abwegig. Wenn Kinder bspw. »Blinde Kuh« spielen und ein Kind eine Person berührt, die sie nicht sieht, weiß sie nicht, von welchem Gegenstand sie Informationen gewinnt.

hat, bspw. in dem sie einen Satz produziert, auf die Informationen in dem anonymen Buffer zuzugreifen vermag. Die These lautet, dass die Verbindung des Informationsgehalts des anonymen Selbstbewusstseins mit egologischem Selbstbewusstsein durch einen kognitiven Akt, ein *Urteil*, hergestellt wird. Es lautet bspw.: Das anonyme Bewusstseinserlebnis war *mein* Erlebnis.

Damit ist die Frage zu stellen, warum eine Person dieses Urteil fällt? Eine Antwort auf diese Frage ist mit Blick auf den zitierten Erlebnisbericht von Frank zu geben. Nach dem Erwachen aus einer Narkose besitzt eine Person anonymes Selbstbewusstsein, ein Bewusstsein von Gerüchen und anderen Eindrücken. Außerdem zeichnet sich dieses Bewusstsein durch eine anonyme Vertrautheit mit diesem Bewusstsein aus. Der Informationsgehalt des anonymen Bewusstseins wird keiner anderen Person zugeschrieben, sondern in einem anonymen Buffer gespeichert. Nachdem die Person egologisches Selbstbewusstsein wiedererlangt hat, ist der Informationsgehalt des anonymen Selbstbewusstseins in dem Buffer – womöglich im Kurzzeitgedächtnis – abrufbereit. Wenn die Person bspw. in einem Spitalszimmer aufwacht und sie sich an das anonyme Bewusstseinserlebnis erinnert und wenn sie sich zudem erinnert, dass sie gerade operiert worden ist, ist es für sie naheliegend und plausibel, das Urteil zu fällen, dass es die eigenen Erlebnisse waren, auch wenn kein Bewusstsein vom Subjekt, von ihr selbst, vorhanden gewesen ist. Mit Blick auf die Rahmenbedingungen ist es rational und es sind gute Gründe anzuführen, warum dieses Urteil gefällt wird. Die Person mag dieses Urteil bspw. auf der Grundlage folgender Überlegungen fällen: Ich habe Informationen über Erlebnisse, Geruchsempfindungen, Eindrücke, die ich mir ursprünglich nicht zuschrieb. Es waren aber nicht die Erlebnisse einer anderen Person. Ich habe gerade eine schwere Operation hinter mir. Es gibt daher keinen guten Grund, diesen Informationsgehalt einer anderen Person zuzuschreiben. Also: Es waren meine Erlebnisse. (Oder: Es können nur meine Erlebnisse gewesen sein. Eine andere Annahme ist absurd oder zumindest nicht naheliegend.) Infolge dieses Urteils wird der Informationsgehalt des anonymen Selbstbewusstseins in die Self-Notion integriert und mit egologischem Selbstbewusstsein verbunden. Diese Erklärung, wie anonymes Selbstbewusstsein in die Self-Notion integriert wird, ist nicht abwegig. Das anonyme Selbstbewusstsein steht ursprünglich nicht mit der Self-Notion oder egologischem Selbstbewusstsein in Beziehung. Anderenfalls wäre es kein Fall von anonymem Selbstbewusstsein, da das Subjekt weiß, dass eine Information, die in der Self-Notion gespeichert ist, eine Information ist, die sie selbst betrifft. Die Integration des Informationsgehalts anonymen Selbstbewusstseins in die Self-Notion erfolgt nicht unmittelbar im Augenblick des anonymen Bewusstseinserlebnisses. Die Verbindung von anonymem Selbstbewusstsein und egologischem Selbstbewusstsein muss daher hergestellt werden. Sie verdankt sich einem kognitiven Akt.

Da die Verbindung von anonymem Selbstbewusstsein und egologischem Selbstbewusstsein durch ein Urteil erfolgt, ist die Möglichkeit eines Irrtums nicht ausgeschlossen. Dieser Irrtum kann den phänomenalen Gehalt des anonymen Selbstbewusstseins betreffen, bspw. indem Geruchsempfindungen verwechselt werden. Die Integration des Informationsgehalts des anonymen Selbstbewusstseins in die Self-Notion kann aber freilich auch unterbleiben. Sie erfolgt nicht automatisch. Sie verdankt sich einem Urteil, einer mentalen Leistung des Subjekts. Es ist jedoch möglich, dass eine Person auf der Basis mehrerer solcher Urteile eine *Disposition* entwickelt, anonyme Informationen, die sie bspw. nach dem Erwachen aus einem tiefen Schlaf gewinnt, in die Self-Notion zu integrieren. Entscheidend ist jedoch, dass dieses Urteil dann möglich ist, wenn eine Person egologisches Selbstbewusstsein besitzt. Anderenfalls wäre es nicht möglich, das Urteil zu fällen: Das ichlose Bewusstseinserlebnis war *mein* Erlebnis, obwohl ›Ich‹ nicht dabei war, das Bewusstseinserlebnis anonym gewesen ist. Es ist nur dann möglich, dieses Urteil zu fällen, wenn eine Person egologisches Selbstbewusstsein besitzt.

Es mag die Frage nahe liegend sein, ob anonymes Selbstbewusstsein nicht auch dann besteht, wenn eine Person (noch) kein egologisches Selbstbewusstsein besitzt? Die Self-Notion besteht allererst in dem Moment, in dem egologisches Selbstbewusstsein vorhanden ist. Schließlich ist sie der kognitive Speicher für Informationen, von denen ein Subjekt weiß, dass es sich um Informationen über *sie selbst* handelt. Ohne egologisches Selbstbewusstsein wäre die Self-Notion keine *Self*-Notion. Es gibt die Self-Notion, weil es egologisches Selbstbewusstsein gibt – und nicht umgekehrt. Die mithilfe der Self-Notion bestehende Einheit von Selbstbewusstsein setzt egologisches Selbstbewusstsein voraus. Das bedeutet nicht, dass es unabhängig vom egologischen Selbstbewusstsein kein anonymes Selbstbewusstsein oder auch körperliches Selbstbewusstsein gibt. Wenn ein Neugeborenes noch kein egologisches Selbstbewusstsein besitzt, vermag es vermutlich anonyme Selbstbewusstseinszustände zu haben und es besitzt sicherlich Informationen über den eigenen Körper. Wenn es noch kein egologisches Selbstbewusstsein hat, gibt es aber noch keine Self-Notion, kein Ich oder Selbst. Die *Einheit* des Selbstbewusstseins ist daher an das Bestehen von egologischem Selbstbewusstsein und die Self-Notion gebunden. Für ein *Subjekt* oder Ich sind nicht-egologisches Selbstbewusstsein oder auch körperliches Selbstbewusstsein nicht vorhanden, bevor es egologisches Selbstbewusstsein besitzt, aus dem einfachen Grund, da es noch kein Subjekt oder Ich gibt.[552] Damit soll nicht bestritten werden, dass unterschiedliche Fälle von anonymem Selbstbewusstsein oder körperlichem Selbstbewusstsein verbunden sein könnten, ehe es

552 Vgl. Kapitel 33.

die Self-Notion gibt und egologisches Selbstbewusstsein entwickelt wird. *Diese* Einheit ist jedoch von derjenigen Einheit des Selbstbewusstseins zu unterscheiden, mit der wir im Alltag vertraut sind und die wir in der Philosophie meinen, wenn wir die Einheit *unseres* Selbstbewusstseins thematisieren und untersuchen. Diese Einheit ist von der Einheit zu unterscheiden, die im Zusammenhang mit der Self-Notion besteht.

Im Anschluss an diese Erklärung, wie unterschiedliche Typen von Selbstbewusstsein verbunden sind, ist es möglich, die Frage zu beantworten, wie das Bewusstsein der Identität des Subjekts gewonnen wird. Es wird durch drei Faktoren gewonnen: Es sind dies die *Self-Notion*, das heißt, der kognitive Speicher für den Informationsgehalt anonymen und egologischen Selbstbewusstseins, sowie die *kognitive Architektur* des menschlichen Organismus, die gewährleistet, dass die Inhalte unterschiedlicher Varietäten von Selbstbewusstsein in der Self-Notion gespeichert werden, und schließlich *Synthesishandlungen*, durch welche die bewusste Information gewonnen wird, dass die auf unterschiedliche Weisen erworbenen unterschiedlichen aktuell bewussten Informationen, die in der Self-Notion gespeichert sind, die bewussten Informationen eines und desselben Subjekts sind.[553] Diese Synthesishandlungen verbinden somit bspw. die aktuell bewussten Informationen, dass *man selbst* ein Wort produziert und dass *man selbst* mit einer Äußerung ein kommunikatives Ziel verfolgt, sodass die Vorstellung gewonnen wird, dass *ein und dasselbe* Subjekt ein Wort produziert und damit ein kommunikatives Ziel verbindet.

Gemäß dieser gewagten Skizze ergibt sich somit folgende Erklärung der Einheit von Selbstbewusstsein und dem Bewusstsein der Identität des Subjekts, die bestehen, wenn eine Person den Satz »Ich bin hier« äußert. Nehmen wir an, dass der Sprecher mit der Äußerung dieses Satzes einer anderen Person seinen Aufenthaltsort mitteilen möchte. In diesem Fall besitzt der Sprecher eine kommunikative Intention. Der Informationsgehalt dieser Intention besteht zunächst zwar (gemäß den Resultaten psycholinguistischer Untersuchungen) in einem nicht-linguistischen Format. Der Sprecher besitzt jedoch das Bewusstsein, dass er selbst diese Intention hat. Der Informationsgehalt der kommunikativen Intention wird daher in der Self-Notion gespeichert. Anschließend produziert der Sprecher die Wörter ›ich‹, ›bin‹ und ›hier‹. Er

553 Es kann an dieser Stelle die Frage unbeantwortet bleiben, ob das Bewusstsein der Identität stets aktuell vorhanden ist oder ob eine Person die Disposition besitzt, das Bewusstsein der Identität zu entwickeln. Diese Frage kann deswegen unbeantwortet bleiben, da das Bewusstsein der Identität des Subjekts von autobiographischem Bewusstsein und dem subjektiven Selbstbewusstsein, mithin von performativem Selbstbewusstsein, zu unterscheiden ist.

besitzt performatives Selbstbewusstsein von der Produktion dieser Wörter und performatives autobiographisches indexikalisches Selbstbewusstsein. Er speichert die damit gegebenen Informationen in der Self-Notion. Wenn der Sprecher zudem die akustische Arikulation des Satzes als seine eigene Leistung begreift, wird auch diese Information in der Self-Notion gespeichert. Die unterschiedlichen Informationen, die in der Self-Notion gespeichert sind, werden durch Synthesisleistungen zu einer Einheit und einem sinnvollen Ganzen verbunden, sodass u.a. das Bewusstsein der Identität des Subjekts besteht. Diese Skizze einer Antwort auf die Frage nach der Einheit von Selbstbewusstsein und dem Bewusstsein der Identität des Subjekts bedarf freilich einer ausführlichen Ausführung und Erläuterung. Sie ist im Rahmen einer Theorie der Einheit von Selbstbewusstsein durchzuführen. Dies ist weder das Ziel noch die Aufgabenstellung dieser Untersuchung. Die diskutierten Fragen verdeutlichen jedoch die Grenzen des dargelegten performativen Ansatzes. Er beansprucht, einen Ausschnitt menschlicher Subjektivität zu erklären, und zwar subjektives Selbstbewusstsein, welches die Produktion eines linguistischen Ausdrucks begleitet, und autobiographisches indexikalisches Bewusstsein. Diese Aspekte sind bedeutend. Das bedeutet jedoch nicht, dass menschliche Subjektivität insgesamt ein performatives Phänomen ist.

KAPITEL 33

Das Subjekt performativen Selbstbewusstseins

Bei der Untersuchung der Frage, was ist unter dem Subjekt des subjektiven Selbstbewusstseins und des autobiographischen Bewusstseins zu verstehen, ist es zweckmäßig, folgende begrifflichen Unterscheidungen zu berücksichtigen:[554] Eine *Person* ist ein raumzeitlicher Gegenstand, der u.a. mentale und physische Eigenschaften aufweist, praktisch auf Gegenstände in der Welt einzuwirken vermag, theoretische Einstellungen zur Welt einzunehmen, sowie egologisches Selbstbewusstsein zu gewinnen vermag. Es ist jedoch nicht erforderlich, dass eine Person aktuell egologisches Selbstbewusstsein besitzt. Wenn jemand aus einer Narkose erwacht und anonymes Selbstbewusstsein besitzt, ist sie eine Person, obgleich sie aktuell kein egologisches Selbstbewusstsein hat.[555] Wenn eine Person aktuell egologisches Selbstbewusstsein besitzt, ist sie zwar weiterhin eine Person. Sie ist aber auch ein *Subjekt* bzw. Selbst oder Ich.[556] Des Weiteren ist es hilfreich, zwischen dem *persistierenden* Subjekt, dem *operativen* Subjekt und dem *integrativen* Subjekt zu unterscheiden. Das persistierende Subjekt ist das Subjekt, insofern es sich als in zeitlicher Hinsicht identisches Subjekt seiner Erfahrungen und Handlungen versteht. Das persistierende Subjekt hat ein Bewusstsein von seiner Vergangenheit, die es als seine Lebensgeschichte begreift, sowie Vorstellungen über seine Zukunft. Das operative Subjekt ist demgegenüber der *Akteur*, der auf bewusste Inhalte reagiert und Ziele verfolgt. Das operative Subjekt konzentriert bspw. die Aufmerksamkeit auf einen Ausschnitt seines Bewusstseins und vermag über sich selbst zu reflektieren. Es ist somit vorausgesetzt, dass bewusste Informationen bestehen bevor das operative Subjekt tätig wird und sie hinsichtlich ihrer theoretischen und praktischen Relevanz bewertet. Die Konzentration auf ein Phänomen, etwa eine autobiographische

554 In der philosophischen Literatur sind unterschiedliche Interpretationen der Bedeutung der Ausdrücke ›Person‹ und ›Subjekt‹ zu finden. Die in dieser Untersuchung dargelegte Interpretation der Bedeutung dieser Ausdrücke erfolgt mit einer bestimmten Absicht, und zwar die Frage zu beantworten, was unter dem Subjekt des subjektiven Selbstbewusstseins und des autobiographischen Bewusstseins zu verstehen ist sowie unter der Person, die bei der Analyse autobiographischen Bewusstseins erwähnt wird. Die terminologischen Festsetzungen werden zum Zweck einer Beantwortung dieser Fragestellung vorgenommen.

555 Vgl. die Ausführungen in Kapitel 32.

556 Fichte 1997, 17.

 | DOI:10.30965/9783957437273_035

Information, setzt (in der Regel) voraus, dass das Phänomen bereits ein marginal bzw. peripher bewusstes Phänomen ist, bevor die Konzentration auf es stattfindet. Es ist außerdem nicht möglich, dass das operative Subjekt seine Aufmerksamkeit auf alle aktuell bewussten Informationen richtet. Es kann seine Aufmerksamkeit nur auf einen Ausschnitt der aktuell bewussten Informationen richten, sodass stets bewusste Informationen peripher bewusst sind.

Von dem operativen Subjekt ist daher das *integrative* Subjekt zu unterscheiden. Es schließt zwar das operative Subjekt mit ein. Es ist aber nicht auf es beschränkt, sondern es enthält zudem die aktuell vorhandenen Varietäten von anonymem und egologischem Selbstbewusstsein, auf deren Inhalte das operative Subjekt zurückgreift. Es enthält bspw. die peripher bewussten Informationen, dass man selbst ein Wort produziert, ein Kribbeln im Fuß verspürt und das Gleichgewicht verliert. Es schließt das Bewusstsein der Identität des Subjekts unterschiedlicher Fälle von Selbstbewusstsein mit ein. Das integrative Subjekt enthält mitunter die bewusste Information, ein Subjekt zu sein, das von seinen mentalen und praktischen Tätigkeiten zu unterscheiden ist. Indes ist es als die Gesamtheit der kognitiven Leistungen und Vermögen zu verstehen, mit denen Selbstbewusstsein in seinen unterschiedlichen Varietäten und Weltbewusstsein besteht. Es schließt u.a. die Self-Notion, die Produktion von Wörtern oder bspw. auch den kognitiven Akt mit ein, durch den autobiographisches Bewusstsein gewonnen wird. Das integrative Subjekt ist somit kein Homunculus oder eine Substanz, die von ihren mentalen und physischen Leistungen unterschieden wäre. Es schließt zwar mitunter die bewusste Information mit ein, von bestimmten Handlungen, die es leistet usw., unterschieden zu sein. Der Sache nach erschöpft es sich aber in seinen Leistungen, Vermögen und seinen unterschiedlichen Varietäten von Welt- und Selbstbewusstsein.

Das integrative Subjekt erlaubt schließlich eine weitere begriffliche Einteilung, und zwar in *Partialbereiche*. Das Bewusstsein der Identität des integrativen Subjekts besteht in der Verbindung bewusster Informationen, sodass unterschiedliche bewusste Informationen vorausgesetzt sind, damit sie als identische Erfahrungen eines und desselben Subjekts bestimmt werden können. Das subjektive Selbstbewusstsein und das autobiographische Bewusstsein sind daher Bestandteile des integrativen Subjekts, die voneinander, aber auch vom Bewusstsein der Identität des Subjekts begrifflich zu unterscheiden sind. Sie werden nicht durch das Bewusstsein der Identität des integrativen Subjekts gewonnen, sondern sind vorausgesetzt, damit sie mit anderen Informationen zur Einheit des Selbstbewusstseins und zum Bewusstsein der Identität des Subjekts verbunden werden können. Wenn daher in Abschnitt 10 das subjektive Selbstbewusstsein als ein Fall von Meinigkeitsbewusstsein (mine-ness) von Subjektbewusstsein (me-ness) unterschieden worden ist, zählt es als ein Partialbereich des integrativen Subjekts zu den bewussten Informationen des Subjekts. Das Subjekt versteht das subjektive Selbstbewusstsein als einen Fall von Selbstbewusstsein, den es besitzt, obgleich es, das Subjekt, sich in diesem Meinigkeitsbewusstsein nicht erschöpft, sondern mehr als es enthält und sich durchaus auch als Subjekt von seinem subjektiven Selbstbewusstsein zu unterscheiden vermag.

Es ist wichtig zu beachten, dass die Unterscheidung zwischen dem persistierenden, dem operativen, dem integrativen Subjekt und den Partialbereichen des integrativen Subjekts *begrifflicher* Art ist. Wenn eine Person bspw. den Satz äußert »Ich war noch niemals in New York«, besteht *ein* Subjekt, welches diachrones Identitätsbewusstsein besitzt, mit der Äußerung ein kommunikatives Ziel verfolgt und peripher bewusste Informationen besitzt. Die Unterscheidung von persistierendem, operativem und integrativem Subjekt bedeutet nicht, dass es bspw. möglich ist, dass das operative Subjekt unabhängig vom persistierenden Subjekt besteht. Es ist ein und dasselbe Subjekt, das persistiert, operativ tätig ist und peripher bewusste Informationen besitzt. Eine Person besitzt nie ausschließlich subjektives Selbstbewusstsein oder autobiographisches Bewusstsein. Das subjektive Selbstbewusstsein besteht selbstverständlich nicht, wenn eine Person keinen Körper besitzt und auch dann nicht, wenn dem Subjekt keine externen Inhalte gegeben sind. Diese Fälle von Selbstbewusstsein sind stets mit anderen bewussten Informationen verbunden.[557] In der dargestellten Theorie wurde von diesen Zusammenhängen abstrahiert, um den *Eigenbestand* des subjektiven Selbstbewusstseins und des autobiographischen Selbstbewusstseins zu erklären.

Unter Berücksichtigung dieser terminologischen Festlegungen lautet die Antwort auf die Frage, was unter dem subjektiven Selbstbewusstsein zu verstehen ist, dass es ein Bestandteil des integrativen Subjekts ist, und zwar der performative mentale Akt. Der mentale Akt selber enthält die Information, dass die eigene Aktivität bewusst ist und dass das Bewusstsein vom produzierten Wort sowie vom mentalen Akt das eigene Bewusstsein ist. Er ist der Träger der Information, dass es die *eigene* Leistung bzw. – aus der Perspektive der ersten Person formuliert –, dass es *meine* Leistung ist, durch die ein Wort produziert wird. Schließlich setzt das Bewusstsein der Identität des integrativen Subjekts voraus, dass unterschiedliche bewusste Informationen bestehen, die als

557 Demgegenüber besteht das integrative Subjekt auch dann, wenn einzelne bewusste Informationen nicht aktuell vorhanden sind. Bspw. ist es möglich, dass das integrative Subjekt die Information enthält, dass es einen Schmerz im Arm empfindet, obgleich es nicht subjektives Selbstbewusstsein hat.

die eigenen Informationen verstanden werden bzw. als Informationen, die einen selbst betreffen. Das Bewusstsein der Identität des Subjekts wird durch die Synthesis bewusster Informationen gewonnen. Der performative Akt ist jedoch auch ein Bestandteil des integrativen Subjekts. Insofern ist es andererseits durchaus sinnvoll, vom Subjekt des subjektiven Selbstbewusstseins und auch von Bewusstsein vom Subjekt zu sprechen, wenngleich der Träger dieses Falls von Selbstbewusstsein der mentale Akt selber ist. Mit dem performativen Akt wird eine Information gewonnen, die in das integrative Subjekt aufgenommen wird und damit ein Bestandteil des Bewusstseins der Identität des integrativen Subjekts ist. Dementsprechend ist das Subjekt des autobiographischen Bewusstseins derjenige Partialbereich des integrativen Subjekts, durch den die autobiographische Information gewonnen wird. Dazu zählen kognitive Leistungen wie bspw. der mentale Akt, der den Informationsgehalt des subjektiven Selbstbewusstseins mit anderen Informationen verbindet, die in der Self-Notion gespeichert sind, aber auch das subjektive Selbstbewusstsein. Wenn bspw. in Kapitel 26 ausgeführt worden ist, dass eine *Person* dadurch autobiographisches Bewusstsein besitzt, dass sie (a) die äußerungsreflexive linguistische Bedeutung des produzierten Ausdrucks versteht; (b) sich bewusst ist, dass sie selbst diesen Ausdruck produziert; (c) die Information besitzt, dass der Referent des Ausdrucks in derjenigen Beziehung zur Person steht, die diesen Ausdruck verwendet, welche der Information der äußerungsreflexiven Bedeutung entspricht und (d) diese Informationen verbindet, dann ist somit unter der Person das integrative Subjekt zu verstehen, da die Person im vorliegenden Szenario aktuell Selbstbewusstsein besitzt. Und wenn bspw. in Kapitel 28 ausgeführt worden ist, dass durch den kognitiven Akt die Information gewonnen wird, dass dasjenige Subjekt, welches den Ausdruck ›ich‹ produziert, eine Person im Sinn der linguistischen Bedeutung dieses Wortes ist, ist unter dem Subjekt ebenfalls das integrative Subjekt zu verstehen. Das bedeutet letzten Endes nicht weniger, als dass autobiographisches Bewusstsein nur dann vollständig erklärt ist, wenn das Subjektbewusstsein und sein Identitätsbewusstsein vollständig erklärt sind. Das ist nicht die Aufgabenstellung dieser Untersuchung. Sie beschränkt sich auf eine Analyse der Konstitution autobiographischen Bewusstseins. Sie erklärt keineswegs vollständig die Bestandteile und Phänomene, die bei der vorgeschlagenen Erklärung vorausgesetzt und in Anspruch genommen werden.

Performatives subjektives Selbstbewusstsein und performatives autobiographisches Bewusstsein sind Partialbereiche des integrativen Subjekts. Das bedeutet jedoch nicht, dass es selber ein performatives Phänomen ist. Das integrative Subjekt schließt unterschiedliche Varietäten von Selbstbewusstsein und kognitive Leistungen mit ein, die es selbsttätig, spontan, zu erbringen hat. Es besteht jedoch unabhängig davon, ob eine Person ein Wort produziert oder nicht. Es besteht bspw. auch dann, wenn eine Person egologisches phänomenales Bewusstsein besitzt und bevor Personen Wörter produzieren und somit subjektives und autobiographisches Selbstbewusstsein haben. Es ist daher kein performatives Phänomen. Außerdem vermag es sich von seinen Tätigkeiten, wie der Produktion von Wörtern, zu unterscheiden. Schließlich besitzt es unterschiedliche Informationen über sich selbst, etwa diachrones Identitätsbewusstsein, sodass es eine Tätigkeit bspw. kraft des subjektiven Selbstbewusstseins zwar als seine eigene Tätigkeit versteht, sich im Zuge einer Reflexion über sich selbst als das Subjekt dieser Tätigkeit von derselben aber noch zu unterscheiden vermag.[558]

Die performative Theorie subjektiven Selbstbewusstseins und autobiographischen Bewusstseins ist an diesem Punkt somit an ihr Ende angelangt und abgeschlossen. Sie erklärt einen Ausschnitt des integrativen Subjekts. Sie erklärt das integrative Subjekt aber nicht vollständig. Es ist kein performatives Phänomen und es schließt Fälle von anonymem und repräsentationalem egologischem Selbstbewusstsein mit ein, die keine performativen Phänomene sind. Dies ist jedoch kein Defizit der performativen Theorie. Menschliche Subjektivität ist zu vielfältig, als dass sie *ein* Modell vollständig erklären könnte. Vielmehr gilt es für unterschiedliche Aspekte menschlicher Subjektivität jeweils spezifische Erklärungen zu entwickeln. Die These, dass ein Modell menschliche Subjektivität vollständig erklärt, ist ein Dogma, das falsch ist. Es gibt unterschiedliche Arten von Selbstbewusstsein, die unterschiedliche Erklärungsmodelle erfordern. Subjektivität ist zu vielfältig und disparat, als dass das *Ein-Modell-Dogma* wahr sein könnte.

---

558 Mit Blick auf die Tatsachen des Bewusstseins sehe ich jedoch nicht, dass ein Subjekt sich in *jedem* Augenblick seines bewussten Lebens von seinen Tätigkeiten und Zuständen unterscheidet. Die bewusste Information, selbst ein Subjekt zu sein, das von seinen Tätigkeiten usw. zu unterscheiden ist, scheint eher eine Information zu sein, die im Zusammenhang mit einer Reflexion über sich selbst besteht. Wenn eine Person bspw. intensiv über ein logisches Problem nachdenkt, hat sie kein Bewusstsein eines Unterschieds zwischen sich selbst als dem Subjekt und ihrem angestrengten Nachdenken.

Regelverzeichnis

1. Der Ausdruck ›ich‹ referiert auf diejenige Person, welche diesen Ausdruck verwendet.
2. Im Fall der Verwendung des Ausdrucks ›ich‹ existiert der Referent dieses Ausdrucks.

2*. In jedem Fall der *Produktion* des Ausdrucks ›ich‹ existiert das Subjekt im Augenblick der Produktion dieses Ausdrucks.

3. Im Fall der Verwendung des Ausdrucks ›ich‹ weiß der Sprecher, dass dieser Ausdruck auf ihn selbst referiert.
4. Im Fall der Verwendung des Ausdrucks ›ich‹ weiß der Sprecher, dass er selbst diesen Ausdruck verwendet.

4+. In jedem Fall der *Produktion* des Ausdrucks ›ich‹ weiß eine *rationale* und *wache* Person, welche diesen Ausdruck *sinnvoll* zu verwenden vermag und ein *Bewusstsein* vom produzierten Ausdruck besitzt, in dem *Augenblick*, in dem sie den *mentalen* Akt der Produktion dieses Ausdrucks vollzieht, dass sie selbst diesen Ausdruck *innerlich* produziert.

4*. In jedem Fall der *Produktion* des Ausdrucks ›ich‹ ist sich eine *rationale* und *wache* Person, welche diesen Ausdruck *sinnvoll* zu verwenden vermag und ein *Bewusstsein* vom produzierten Ausdruck besitzt, in dem *Augenblick*, in dem sie den *mentalen* Akt der Produktion dieses Ausdrucks vollzieht, *bewusst*, dass sie selbst diesen Ausdruck *innerlich* produziert.

5. In einigen Fällen der Verwendung des Ausdrucks ›ich‹ referiert dieser Ausdruck nicht auf diejenige Person, welche diesen Ausdruck verwendet.
6. In einigen Fällen der Verwendung des Ausdrucks ›ich‹ existiert der Referent dieses Ausdrucks nicht.
7. In einigen Fällen der Verwendung des Ausdrucks ›ich‹ weiß der Sprecher, dass dieser Ausdruck nicht auf ihn selbst referiert.
8. In den meisten Fällen der Verwendung des Ausdrucks ›ich‹ referiert dieser Ausdruck auf diejenige Person, welche diesen Ausdruck verwendet.
9. In den meisten Fällen der Verwendung des Ausdrucks ›ich‹ existiert der Referent dieses Ausdrucks.
10. In den meisten Fällen der Verwendung des Ausdrucks ›ich‹ weiß der Sprecher, dass dieser Ausdruck auf ihn selbst referiert.
11. Die Regel 4 ist für den Sprecher allgemeingultig.
12. Die Regel 3 zeichnet nicht eine Asymmetrie aus.
13. In einigen Fällen der Verwendung des Ausdrucks ›ich‹ befindet der Sprecher sich zum Zeitpunkt der Äußerung dieses Ausdrucks nicht am Ort der Äußerung.

14. In einer semantischen Theorie indexikalischer Ausdrücke sind impropere Contexte zu berücksichtigen.
15. Sprecher = Agent_x = Referent
16. In einigen Fällen der Verwendung des Ausdrucks ›ich‹ ist der Sprecher nicht der Agent_x und der Referent dieses Ausdrucks.
17. In jedem Fall der *Produktion* eines linguistischen Ausdrucks α (Demonstrativausdruck, Eigenname, usw.) ist sich eine *rationale* und *wache* Person, welche diesen Ausdruck *sinnvoll* zu verwenden vermag und ein *Bewusstsein* von diesem produzierten Ausdruck besitzt, in dem *Augenblick*, in dem sie den *mentalen* Akt der Produktion dieses Ausdrucks vollzieht, *bewusst*, dass sie selbst diesen Ausdruck *innerlich* produziert.
18. Subjektives egologisches Selbstbewusstsein begleitet die mentale Produktion eines jeden linguistischen Ausdrucks α (Demonstrativausdruck, Eigenname, usw.) in dem Augenblick, in welchem eine Person diesen Ausdruck innerlich produziert, und insofern:
    i. die Person rational und wach ist;
    ii. sie ein Bewusstsein vom produzierten Ausdruck besitzt;
    iii. sie den Ausdruck α sinnvoll zu verwenden vermag.
19. Phänomenales Bewusstsein schließt egologisches Selbstbewusstsein mit ein.
20. Egologisches Selbstbewusstsein begleitet alle aktuellen Gedanken.
21. Egologisches Selbstbewusstsein begleitet nicht die Produktion eines jeden linguistischen Ausdrucks.
22. Egologisches Selbstbewusstsein begleitet alle *bewussten* aktuellen Gedanken.
23. Im Fall der Produktion eines jeden linguistischen Ausdrucks existiert das Subjekt im Augenblick der Produktion dieses Ausdrucks.
24. Das Bewusstsein, dass man selbst (einen linguistischen Ausdruck) produziert und dass man selbst dieses Bewusstsein besitzt, stellen das transzendental-egologische Präfix der Produktion eines jeden linguistischen Ausdrucks dar.
25. Die bewusste Information, dass man selbst Bewusstsein von einem linguistischen Ausdruck besitzt, den man selbst produziert, ist ein Bestandteil des transzendental-egologischen Präfix' der Produktion eines jeden linguistischen Ausdrucks.
26. Die bewusste Information, dass man selbst das Bewusstsein von einem linguistischen Ausdruck besitzt, ist ein transzendental-egologisches Präfix des Bewusstseins von einem jeden linguistischen Ausdruck, den eine Person versteht.

27. Das Bewusstsein, dass man selbst (einen linguistischen Ausdruck) produziert, sowie die bewusste Information, dass man selbst das Bewusstsein von dieser Aktivität besitzt, und die bewusste Information, dass man selbst das Bewusstsein von diesem Ausdruck hat, stellen das transzendental-egologische Präfix der Produktion eines jeden linguistischen Ausdrucks dar.

Literaturverzeichnis

Joseph Almog & John Perry & Howard Wettstein (Hg.): *Themes from Kaplan*. Oxford 1989.

Elizabeth M. Anscombe: *Die erste Person*, in: Frank 1996².

David Armstrong: *What is Consciousness?*, in: Block & Flanagan & Güzeldere 1997.

John Langshaw Austin: *Performative Utterances*, in: Urmson & Warnock 1979.

John Langshaw Austin: *Zur Theorie der Sprechakte* (*How to do things with Words*). Stuttgart 2002.

Kent Bach: *Performatives are Statements too*, in: *Philosophical Studies* 28, 1975.

Kent Bach & Robert Mike Harnish: *How Performatives Really Work. A Reply to Searle*, in: *Linguistics and Philosophy* 15, 1992.

Kent Bach: *Intentions and Demonstrations*, in: *Analysis* 52, 1992b.

Kent Bach: *Context ex machina*, in: Zoltán Gendler Szabó (Hg.), *Semantics Versus Pragmatics*. Oxford University Press 2005.

Dorit Bar-on: *Speaking My Mind. Expression and Self-Knowledge*. Oxford 2007.

Oswald Bayer: *Promissio: Geschichte der reformatorischen Wende in Luthers Theologie*. Darmstadt 1989².

José Luis Bermúdez: *The Paradox of Self-Consciousness*. Cambridge 1998.

Sven Bernecker: *Externalism and the Attitudinal Component of Self-Knowledge*, in: *Noûs* 30/2, 1996.

Ned Block & Owen Flanagan & Güven Güzeldere (Hrsg.): *The nature of consciousness: philosophical debates*. Massachusetts 1997.

Ned Block: *On a Confusion about a Function of Consciousness*, in: Block & Flanagan & Güzeldere 1997.

David Braun: *Indexicals*, in: *Stanford Encyclopedia of Philosophy*. Online-Ausgabe (03.12.2009): http://plato.stanford.edu/entries/indexicals/

Andrew Brook & Richard C. DeVidi (Hg.): *Self-reference and Self-awareness*. Amsterdam/Philadelphia 2001.

Colin M Brown & Peter Hagoort (Hg.): *The Neurocognition of Language*. Oxford 1999.

Rüdiger Bubner (Hg.): *Hermeneutik und Dialektik*, Aufsätze Bd. I. Tübingen 1970.

Tyler Burge: *Individualism and Self-Knowledge*, in: *The Journal of Philosophy* 85/11, 1988.

Tyler Burge: *Mental Agency in Authoritative Self-Knowledge: Reply to Kobes*, in: Hahn & Ramberg 2003.

Judith Butler: *Körper von Gewicht. Die diskursiven Grenzen des Geschlechts*. Berlin 1995.

Judith Butler: *Performative Akte und Geschlechterkonstitution. Phänomenologie und feministische Theorie*, in: Wirth 2002.

John Campbell: *Schizophrenia, the space of reasons and thinking as a motor process*, in: *The Monist* 82/4, 1999.

Herman Cappelen & Josh Dever: *The Inessential Indexical. On the Philosophical Insignificance of Perspective and the First Person*. Oxford 2013.

Wolfgang Carl: *The First-Person Point of View*. Berlin & Boston 2014.

Hector-Neri Castañeda: *Sprache und Erfahrung: Texte zu einer neuen Ontologie*. (Hg. v. Helmut Pape). Frankfurt am Main 1982.

Hector-Neri Castañeda: *Thinking, Language, and Experience*. Minessota 1989.

Hector-Neri Castañeda: *Selbstbewußtsein, demonstrative Bezugnahme und die Selbstzuschreibungstheorie der Überzeugungen*, in: Frank 1996^2.

David Chalmers (Hg.): *Philosophy of Mind: Classical and Contemporary Readings*. Oxford 2002.

Roderick Chisholm: *The First Person: An Essay on Reference and Intentionality*. Minneapolis 1981.

Eros Corazza & William Fish & Jonathan Gorvett: *Who is I?*, in: *Philosophical Studies* 107, 2002.

Anne Cutler & Charles E. Clifton, Jr.: *Comprehending spoken language: A blueprint of the listener*, in: Brown & Hagoort 1999.

Christian Danz & Jürgen Stolzenberg (Hg.): *System der Vernunft – Kant und der deutsche Idealismus*. Hamburg 2011.

Harald Delius: *Self-Awareness: a semantical inquiry*. München 1981.

Dylan Dodd & Paula Sweeney: *Indexicals and utterance production*, in: *Philosophical Studies* 2009 (Online Version vom 18.11.2009).

Sabine Döring: *Philosophie der Gefühle*. Frankfurt am Main 2009.

Fabian Dorsch: *Judging and the Scope of Mental Agency*, in: O'Brien & Soteriou 2009.

Gareth Evans: *Understanding Demonstratives*, in: Parret & Bouveresse 1981.

Gareth Evans: *The Varieties of Reference*. Oxford 1982.

Johann Gottlieb Fichte: *Grundlage der gesamten Wissenschaftslehre: als Handschrift für seine Zuhörer* (1794/95). Hamburg 1997.

Johann Gottlieb Fichte: *Versuch einer neuen Darstellung der Wissenschaftslehre. Vorerinnerung. Erste und Zweite Einleitung. Erstes Kapitel*. Hamburg 1984.

Greg Fitch: *Singular Propositions*, in: *Stanford Encyclopedia of Philosophy*. Online-Ausgabe (28.04.2009): http://plato.stanford.edu/entries/propositions-singular/.

Manfred Frank: *Selbstbewußtsein und Selbsterkenntnis. Essays zur analytischen Philosophie der Subjektivität*. Stuttgart 1991.

Manfred Frank: *Mental Familiarity and Epistemic Self-Ascription*, in: *Common Knowledge*, 1995.

Manfred Frank (Hg.): *Analytische Theorien des Selbstbewußtseins*. Frankfurt am Main 1996[2].
Manfred Frank: *Ansichten der Subjektivität*. Frankfurt am Main 2012.
Manfred Frank. *Präreflexives Selbstbewusstsein. Vier Vorlesungen*. Stuttgart 2015.
Gottlob Frege: *Der Gedanke. Eine logische Untersuchung*, in: Patzig 1993.
Bill (KWM) Fulford: *Mind and Madness: New Directions in the Philosophy of Psychiatry*, in: Griffiths 1994.

Shaun Gallagher: *First-Person Perspective and Immunity to Error through Misidentification*, in: Miguens & Preyer 2012.
Peter Geach: *Mental Acts*. Bristol 1992.
Rocco Gennaro: *Higher-Order theories of consciousness: An overview*, in: Rocco Gennaro 2004.
Rocco Gennaro (Hg.): *Higher-order theories of consciousness: an anthology*. Amsterdam/Philadelphia 2004b.
Ian Gold & Jakob Hohwy: *Rationality and Schizophrenic Delusion*, in: *Mind & Language* 15/1, 2000.
Phillips A. Griffiths (Hg.): *Philosophy, Psychology and Psychiatry*. Cambridge 1994.
Thor Grünbaum: *First Person and Minimal Self-Consciousness*, in: Miguens & Preyer 2012.
Thomas Grundmann & Frank Hofmann & Catrin Misselhorn & Violetta L. Waibel & Véronique Zanetti: *Anatomie der Subjektivität. Bewusstsein, Selbstbewusstsein und Selbstgefühl*. Frankfurt am Main 2005.
Marie Guillot: *I Me Mine: on a Confusion Concerning the Subjective Character of Experience*, in: *Review of Philosophy and Psychology*, vol. 8/1, 2017.

Ulricke Haas-Spohn (Hg.): *Intentionalität zwischen Subjektivität und Weltbezug*. Paderborn 2003.
Martin Hahn & Bjørn Ramberg (Hg.): *Reflections and Replies. Essays in the Philosophy of Tyler Burge*. MIT 2003.
Robert M. Harnish: *Performative Utterances: Seven Puzzles*, in: *Lodz Papers of Pragmatics 3*, 2007.
James G. Hart & Tomis Kapitan (Hg.): *The Phenomeno-Logic of the I*. Indiana 1999b.
Georg Wilhelm Friedrich Hegel: *Enzyklopädie der philosophischen Wissenschaften im Grundrisse 1830. Dritter Teil. Die Philosophie des Geistes. Mit den mündlichen Zusätzen*, in: Werke in 20 Bänden. Band 10, hg. von Eva Moldenhauer/Karl Markus Michel, Suhrkamp, Frankfurt am Main 1992.
Dieter Henrich: *Fichtes ursprüngliche Einsicht*, in: Henrich 1966.
Dieter Henrich (Hg.): *Subjektivität und Metaphysik. Festschrift für Wolfgang Cramer*. Frankfurt 1966.

Dieter Henrich: *Selbstbewusstsein – Kritische Einleitung in eine Theorie*, in: Bubner 1970.

Dieter Henrich: *Fichtes Ich*, in: Henrich 1982.

Dieter Henrich: *Selbstverhältnisse. Gedanken und Auslegungen zu den Grundlagen der klassischen deutschen Philosophie*. Stuttgart 1982.

Dieter Henrich: *Selbstsein und Bewusstsein*, in: *e-Journal Philosophie der Psychologie*, 2007. http://www.jp.philo.at/texte/HenrichD1.pdf

Theo Herrmann: *Theorien und Modelle der Sprachproduktion*, in: Rickheit & Herrmann & Deutsch 2003.

Pamela Hieronymi: *Two Kinds of Agency*, in: O'Brien & Soteriou 2009.

Jaakko Hintikka: *Cogito, Ergo Sum: Inference or Performance?*, in: *The Philosophical Review* 71/1, 1962.

Barbara Höhle (Hg.): *Psycholinguistik*. Berlin, 2010.

Terry Horgan/John Tienson: *The Intentionality of Phenomenology and the Phenomenology of Intentionality*, in: Chalmers 2002.

Terry Horgan & Uriah Kriegel: *Phenomenal Epistemology: What is consiousness that we may know it so well?*, in: *Philosophical Issues* 17, 2007.

Jennifer Hornsby: *Speech Acts and Performatives*, in: Lapore & Smith 2008.

Christoph Jäger: *Selbstreferenz und Selbstbewußtsein*. Paderborn 1999.

Mark Jary: *Are explicit performatives assertions?*, in: *Linguistics and Philosophy* 30/2, 2007.

Andreas Kamlah & Maria Reichenbach (Hg.): *Hans Reichenbach. Gesammelte Werke in 9 Bänden. Band 6 Grundzüge der symbolischen Logik*. Braunschweig & Wiesbaden 1999.

Immanuel Kant: *Kritik der praktischen Vernunft* (1788). Stuttgart 1995.

Tomis Kapitan: *The Ubiquity of Self-Awareness*, in: *Grazer Philosophische Studien* 57, 1999a.

Tomis Kapitan: *First-Person Reference*, in: Hart & Kapitan 1999b.

Tomis Kapitan: *Indexical Identification: A Perspectival Account*, in: *Philosophical Psychology* 14/3, 2001.

Tomis Kapitan: *Indexicality and Self-Awareness*, in: Kriegel & Williford 2006.

Tomis Kapitan: *Egological Ubiquity: Response to Stefan Lang*, 2013. Presentation: September 4, 2013, (Bielefeld/ZiF).

David Kaplan: *Demonstratives. An Essay on the Semantics, Logic, Metaphysics, and Epistemology of Demonstratives and Other Indexicals*, in: Joseph Almog & John Perry & Howard Wettstein 1989a.

David Kaplan: *Afterthoughts*, in: Joseph Almog & John Perry &Howard Wettstein 1989b.

David Kaplan: Reichenbachs *Grundzüge der symbolischen Logik. Der deutschen Übersetzung zum Geleit*, in: Kamlah & Reichenbach 1999.

Matthias Kettner & Helmut Pape (Hg.): *Indexikalität und sprachlicher Weltbezug.* Paderborn 2002.

Tilo Kircher & Siegfrid Gauggel: *Neuropsychologie der Schizophränie. Symptome, Kognition, Gehirn.* Berlin 2007.

Judith Kormos: *Speech production and second language acquisition.* New Jersey/London 2006.

Uriah Kriegel: *Consciousness as Intransitive Self-Consciousness: Two Views and an Argument,* in: *Canadian Journal of Philosophy* 33/1, 2003.

Uriah Kriegel & Kenneth Williford: *Consciousness and Self-Reference.* Cambridge 2006.

Uriah Kriegel (2007): *Self-Consciousness,* in: *Internet Encyclopedia of Philosophy,* http://www.iep.utm.edu/self-con/ (02.05.2013).

Uriah Kriegel: *Subjective Consciousness. A Self-Representational Theory.* Oxford 2009.

Uriah Kriegel: *Brentano's Mereology.* Erscheint in: Uriah Kriegel (Hrsg.): *Routledge Handbook of Brentano and the Brentano School.* Manuskript.

Saul Kripke: *Speaker's Reference and Semantic Reference,* in: *Midwest Studies in Philosophy II,* 1977.

Wolfgang Künne & Albert Newen & Martin Anduschus (Hg.): *Direct Reference, Indexicality, and Propositional Attitudes.* Stanford 1997.

Stefan Lang: *Spontaneität des Selbst.* Göttigen 2010.

Stefan Lang: *Fichtes Programm einer Geschichte performativen Selbstbewusstseins,* in: Danz & Stolzenberg 2011.

Stefan Lang: *Schelling's concept of Self-Consciousness in the System of Tranzsendental Idealism (1800),* in: *Archiv für Begriffsgeschichte* 55. Hamburg 2014.

Stefan Lang: *Performative Vernunft,* in: *Leucorea-Studien zur Geschichte der Reformation und der Lutherischen Orthodoxie.* Irene Dingel/Armin Kohnle/Udo Sträter (Hg.). Leipzig 2018a.

Stefan Lang: *Fichtes Begründung der Erscheinungslehre im 2. Vortrag der Wissenschaftslehre von 1804 und in der Wissenschaftslehre von 1807,* in: *Systembegriffe nach 1800–1809: Systeme in Bewegung.* V. Waibel & C. Danz & J. Stolzenberg (Hg.). Hamburg 2018b.

Stefan Lang: *Hegel über präreflexives Selbstbewusstsein,* in: *Präreflexives Selbstbewusstsein im Diskurs.* Klaus Viertbauer (Hg.). Hamburg 2018c.

Stefan Lang: *Phänomenales Bewusstsein und Selbstbewusstsein. Idealistische und selbstrepräsentationalistische Interpretationen.* Hamburg. Erscheint 2019.

Ernesto Lapore & Barry C. Smith: *The Oxford Handbook of Philosophy of Language.* Oxford 2008.

Joe Lau & Max Deutsch: *Externalism about Mental Content,* in: *Stanford Encyclopedia of Philosophy,* Online Ausgabe (12.03.2014): http://plato.stanford.edu/entries/content-externalism/

Dirk Leube & Katharina Pauly: *Ich-Störungen – Psychologie*, in: Kircher & Gauggel 2007.
Willem J. M. Levelt: *Speaking: from intention to articulation*. Massachusetts 1993a.
Willem J. M. Levelt (Hg.): *Lexical access in speech production*. Amsterdam 1993b.
Willem J. M. Levelt: *Accessing words in speech production: Stages, processes and representations*, in: Levelt 1993b.
Willem J. M. Levelt: *Producing spoken language: a blueprint of the speaker*, in: Brown & Hagoort 1999.
Joseph Levine: *Conscious Awareness and (Self-)Representation*, in: Kriegel & Williford 2006.
Georg Christoph Lichtenberg: *Aphorismen, Briefe, Satiren*. Wiesbaden 1979.
JeeLoo Liu & John Perry (Hg.): *Consciousness and the self: new essays*. Cambridge/New York 2012.
William G. Lycan: *Consciousness as Internal Monitoring*, in: Block & Flanagan & Güzeldere 1997.
William G. Lycan: *The superiority of HOP to HOT*, in: Gennaro 2004b.

Norman Malcolm: *Thoughtless Brutes*, in: Rosenthal 1991, 454–461.
Colin McGinn: *The Subjective View: Secondary Qualities and Indexical Thoughts*. Oxford 1983.
Alfred Mele: *Mental Action: A Case Study*, in: O'Brien & Soteriou 2009.
Ruth Millikan: *The Myth of Mental Indexicals*, in: Brook & DeVidi 2001.
Sofia Miguens & Gerhard Preyer (Hg.): *Consciousness and Subjectivity*. Heusenstamm 2012.
Sofia Miguens & Gerhard Preyer & Clara Bravo Morando (Hg.): *Pre-Reflective Consciousness. Sartre and Contemporary Philosophy of Mind*. Routledge 2015.
Robert W. Mitchell: *Self-awareness without inner speech: A commentary on Morin*, in: *Consciousness and Cognition* 18, 2009.
Alain Morin & James Everett: *Inner Speech as a mediator of self-awareness, self-consciousness, and self-knowledge: an hypothesis*, in: *New Ideas in Psychology* 8/3, 1990.
Jean Moritz Müller & Sabine A. Döring: *Einleitung*, in: Döring 2009.
Kristina Musholt: *Self-consciousness and nonconceptual content*, in: *Philosophical Studies* 163/3, 2013.
Kristina Musholt: *Thinking about oneself: from nonconceptual content to the concept of self*. Massachusetts Institute of Technology 2015.

Albert Newen: *The Logic of Indexical Thoughts and the Metaphysics of the ›Self‹*, in: Künne & Newen & Anduschus 1997.
Albert Newen & Markus A. Schrenk: *Einführung in die Sprachphilosophie*. Darmstadt 2008.
Robert Nozick: *Philosophical Explanations*. Massachusetts 1982[4].

Lucy F. O'Brien: *Evans on Self-Identification*, in: *Noûs* 29, 1995.
Lucy F. O'Brien: *Self-Knowing Agents*. Oxford/New York, 2007.
Lucy F. O'Brien & Matthew Soteriou: *Mental actions*. Oxford 2009.
Audun Øfsti & Peter Ulrich & Truls Wyller: *Indexicality and Idealism II*. Paderborn 2002.
Brian O'Shaughnessy: *Trying and Acting*, in: O'Brien & Soteriou 2009.

Helmut Pape: *Indexikalität und die Anwesenheit der Welt in der Sprache*, in: Kettner & Pape 2002.
Herman Parret & Jacques Bouveresse (Hrsg.): *Meaning and Understanding*. Berlin/New York 1981.
Günter Patzig (Hg.): Gottlob Frege. *Logische Untersuchungen*. Göttingen 1993.
Christopher Peacocke: *Sense and Content. Experience, Thought, and their Relations*. Oxford 1983.
Christopher Peacocke: *Being Known*. Oxford 2005.
Christopher Peacocke: *Truly Understood*. Oxford 2008.
Christopher Peacocke: *The Mirror of the World. Subjects, Consciousness, and Self-Consciousness*. Oxford 2014.
John Perry: *Frege on Demonstratives*, in: *The Philosophical Review* 86/4, 1977.
John Perry: *Cognitive Significance and New Theories of Reference*, in: *Nous* 22/1, 1988.
John Perry: *Myself and I*, in: Stamm 1998.
John Perry: *Identity, Personal Identity, and the Self*. Cambridge 2002.
John Perry: *Thinking about the self*, in: Liu & Perry 2012.
Harald Pilot: *Beruht das Selbstbewußtsein auf einem Denken oder einem Fühlen meiner selbst?*, in: Kettner & Pape 2002.
Albert Postma & Herman Kolk: *Error Monitoring in People Who Stutter: Evidence Against Auditory Feedback Defect Theories*, in: *Journal of Speech and Hearing Research* 35, 1992.
Albert Postma & Herman Kolk: *The Covert Repair Hypothesis: Prearticulatory Repair Processes in Normal and Stuttered Disfluencies*, in: *Journal of Speech and Hearing Research* 36, 1993.
Ulrich Pothast: *Über einige Fragen der Selbstbeziehung*. Frankfurt 1971.
Stefano Predelli: *›I am not here now‹*, in: *Analysis* 58/2, 1998a.
Stefano Predelli: *Utterance, Interpretation, and the Logic of Indexicals*, in: *Mind and Language* 13, 1998b.
Stefano Predelli: *Complex demonstratives and anaphora*, in: *Analysis* 61/1, 2001.
Stefano Predelli: *Intentions, indexicals and communication*, in: *Analysis* 62/4, 2002.
Stefano Predelli: *Think before you speak: Utterances and the Logic of Indexicals*, in: *Argumentation* 18, 2004.
Stefano Predelli: *»I exist«. The Meaning of ›I‹ and the Logic of Indexicals*, in: American Philosophical Quarterly 45/1, 2008.

Stefano Predelli: *I am still not here now*, in: *Erkenntnis* 74/3, 2011.
Jesse Prinz: *Waiting for the self*, in: Liu & Perry 2012.
Joël Proust: *Is there a Sense of Agency for Thought?*, in: O'Brien & Soteriou 2009.
James Pryor: *Immunity to Error through Misidentification*, in: *Philosophical Topics* 26/1, 1999.

François Recanati: *Meaning and force: the pragmatics of performative utterances*. Cambridge/New York 1987.
François Recanati: *Direct reference: from language to thought*. Oxford 1993.
François Recanati: *Perspectival Thought: A Plea for Moderate Realitivism*. Oxford 2007.
François Recanati: *Mental Files*. Oxford 2013.
Marga Reimer: *Performative Utterances: A Reply to Bach and Harnish*, in: *Linguistics and Philosophy* 18, 1995.
Gert Rickheit & Theo Herrmann & Werner Deutsch: *Psycholinguistik/Psycholinguistic. Ein internationales Handbuch. An international Handbook*. Berlin/New York 2003.
Ardi Roelofs: *A spreading-activation theory of lemma retrieval in speaking*, in: Levelt 1993b.
Komarine Romdenh-Romluc: *Now the French are invading England!*, in: Analysis 62/1, 2002.
Komarine Romdenh-Romluc: *›I‹*, in: *Philosophical Studies* 128, 2006.
Komarine Romdenh-Romluc: *First-person thought and the use of ›I‹*, in: *Synthese* 163, 2008.
David M. Rosenthal (Hg.): *The Nature of Mind*. Oxford 1991.
David Rosenthal: *A Theory of Consciousness*, in: Block & Flanagan & Güzeldere 1997.
David M. Rosenthal: *Two Concepts of Consciousness*, in: Rosenthal 2006.
David M. Rosenthal: *Consciousness and Mind*. Oxford 2006.
David M. Rosenthal: *Awareness and identification of self*, in: Liu & Perry 2012.

Oliver Sacks: *Der Mann, der seine Frau mit einem Hut verwechselte*. Reinbek bei Hamburg 1991.
Katia Saporiti: *Ich-Gedanken*, in: Haas-Spohn 2003.
Jean-Paul Sartre: *Selbstbewußtsein und Selbsterkenntnis*, in: Sartre 1994.
Jean-Paul Sartre: *Gesammelte Werke. Philosophische Schriften I*. Hamburg 1994.
Jean-Paul Sartre: *Die Transzendenz des Ego. Skizze einer phänomenologischen Beschreibung*, in: Sartre 1997.
Jean-Paul Sartre: *Die Transzendenz des Ego. Philosophische Essays 1931–1939*. Reinbeck bei Frankfurt 1997.
Ulrich Schade & Hans-Jürgen Eikmeyer: *Produktion von Syntagmen*, in: Rickheit & Herrmann & Deutsch 2003.
John R. Searle: *Sprechakte. Ein sprachphilosophischer Essay*. Frankfurt am Main, 1983.

John R. Searle: *How Performatives Work*, in: *Linguistics and Philosophy* 12, 1989.

Sydney Shoemaker & Richard Swinburne: *Personal Identity*. Oxford 1984.

Sydney Shoemaker: *Selbstbezug und Selbstbewußtsein*, in: Frank 1996[2].

Alan Sidelle: *The Answering Machine Paradox*, in: *Canadian Journal of Philosophy* 81/4, 1991.

Quentin Smith: *The Multiple Uses of Indexicals*, in: *Synthese* 78, 1989.

Gianfranco Soldati: *Begriffliche Qualia. Zur Phänomenologie der Bedeutung*, in: Grundmann & Hofmann & Misselhorn & Waibel & Zanetti 2005.

Matthew Soteriou: *Introduction*, in: O'Brien & Soteriou 2009a.

Matthew Soteriou: *Mental Agency, Conscious Thinking, and Phenomenal Character*, in: O'Brien & Soteriou 2009b.

Marcelo Stamm (Hrsg.): *Philosophie in Synthetischer Absicht*. Stuttgart 1998.

Markus Stepanians: *Frege und Husserl über Urteilen und Denken*. Paderborn 1998.

Graham Stevens: *Utterance at a distance*, in: *Philosophical Studies* 143/2, 2009.

Peter Frederich Strawson: *Einzelding und logisches Subjekt* (*Individuals*). *Ein Beitrag zur deskriptiven Metaphysik*. Stuttgart 2003.

Galen Strawson: *Selves. An Essay in Revisionary Metaphysics*. Oxford 2009.

Ernst Tugendhat: *Vorlesungen zur Einführung in die sprachanalytische Philosophie*. Frankfurt am Main 1976.

Ernst Tugendhat: *Selbstbewußtsein und Selbstbestimmung*. Sprachanalytische Interpretationen. Frankfurt 1997[6].

James Opie Urmson & Geoffrey James Warnock (Hrsg.): *Philosophical Papers*. Oxford 1979.

Robert Van Gulick: *Mirror Mirror – Is That All?*, in: Kriegel & Williford 2006.

Kenneth Williford: *The Self-Representational Structure of Consciousness*, in: Kriegel & Williford 2006. (2006a)

Kenneth Williford: *Zahavi versus Brentano: A Rejoinder*, in: *Psyche* 12/2, 2006b.

Kenneth Williford & David Rudrauf & Gregory Landini: *The Paradoxes of Subjectivity and the Projective Structure of Consciousness*, in: Miguens & Preyer 2012.

Kenneth Williford: *Degrees of Self-Presence: Rehabilitating Sartre's Accounts of Pre-Reflective Self-Consciousness and Reflection*, in: Miguens & Preyer & Morando 2015.

Uwe Wirth (Hrsg.): *Performanz – Zwischen Sprachphilosophie und Kulturwissenschaften*. Frankfurt am Main 2002.

Ludwig Wittgenstein: *Das Blaue Buch. Eine Philosophische Betrachtung.* (*Das Braune Buch*). Frankfurt am Main 1997[7].

Crispin Wright & Barry Smith & Cynthia MacDonald (Hg.): *Knowing Our Own Minds*. Oxford 2000.

Truls Wyller: *Reference, Reflexivity, and Transcendental Idealism*, in: Øfsti & Ulrich & Wyller 2002.

Dan Zahavi: *Self-awareness and alterity: A phenomenological investigation*. Evanston 1999.

Dan Zahavi: *Self and Consciousness*, in: Zahavi 2000.

Dan Zahavi (Hg.): *Exploring the Self. Advances in Consciousness Research 23*. Amsterdam/Philadelphia 2000.

Dan Zahavi: *Subjectivity and selfhood: investigating the first-person perspective*. MIT 2005.